Marthe

Ce livre
est publié dans la collection
LIBRE A ELLES
dirigée par Monique Cahen.

Marthe

Seuil

27, rue Jacob

ISBN 2-02-006047-7

Certaines généalogies, aussi précises et lointaines que possible, comportent leurs zones obscures : un rameau, soudain, disparaît plus ou moins de la chronique familiale, comme il a déjà disparu dans les faits, corps et biens confondus dans la mort et l'oubli. Quelques phrases évasives, à peine, évoquent le moins possible les événements : phrases de brouillage, années de silence. Mais il est impossible d'ignorer tout à fait les êtres : le scrupule de l'histoire de la famille oblige à les nommer, l'horreur des histoires de famille voudrait qu'on les oublie. Les traces maintenues à regret, accompagnées ou non de jugements équivoques, en sont d'autant plus suspectes.

Ainsi de l'histoire de Marthe. Quelques paroles péjoratives, dans les mémoires d'un général à la retraite : c'est le seul souvenir officiel de trois femmes privées de souvenir autant que de descendance.

Mais il y a les greniers. Les greniers avec leurs malles et leurs armoires, avec leurs papiers. Papiers de toutes sortes : parchemins roulés, latin ou vieux français, factures anciennes, correspondances des siècles derniers. On ne peut imaginer avec quel souci maniaque certaines familles ont gardé les moindres traces écrites de leur existence. Comme si, après que leur pouvoir a été longtemps fondé sur leurs titres de propriété (objets de tant de lectures contradictoires et de litiges), la nécessité s'était maintenue de tout garder, de ne laisser disparaître aucun papier.

Ainsi de la correspondance : rassemblée ou dispersée, au hasard des saisons ou des déménagements. Soigneusement enveloppée dans des boîtes ou des tiroirs, ou froissée au fond de quelque débarras, éparpillée à travers les meubles.

Alors ce qui, au début, n'était que l'objet de rencontres fortuites, au cours des après-midi d'été, se mit à devenir une longue relation. Des personnages ont pris de l'existence. Plusieurs temps sont venus se confondre dans le même lieu. Plusieurs époques, plusieurs familles,

7

mémoire et réalité mêlées; une gigantesque mosaïque en désordre, des milliers de lettres, des dizaines d'interlocuteurs lointains, des années bousculées. Plusieurs histoires croisées, souvent inextricables.

Peu à peu cependant, au-dessus de la confusion, une figure s'est dégagée, sujet des tourments de son entourage. De son histoire, il a manqué longtemps des pans entiers : des messages, des noms, des événements sans liens entre eux s'accumulaient, un récit morcelé suspendu à des phrases d'un jour. Et puis, brusquement, n'importe où, une écriture familière surgissait, une lettre manquante, réponse à une demande encore ignorée, ou démarche dont on attendra longtemps le résultat. Parfois aussi c'était la lettre nécessaire à la compréhension de tout un épisode. Comme si le facteur venait de la poser là, échappant à l'ordre du temps pour distribuer le même jour le courrier de 1890 et de 1980.

Il a fallu dix ans pour rassembler les fils de cette histoire. Le temps même qu'elle a pris pour s'ouvrir et se clore. Temps nécessaire pour que les règles du jeu se dévoilent : un jeu sans repos, auquel pourtant chacun se délecte. Une famille, réduite à ses femmes, bascule dans l'errance... Volontairement. Il faut partir et se cacher. Il faut. C'est la loi, naturelle et vitale, des gens « comme il faut ». L'impensable serait de ne pas s'y plier.

Jeu d'hier, jeu de tous les temps, jeu dont Marthe n'imaginait pas qu'elle pût sortir.

Marthe rebelle, Marthe docile, Marthe brutale, Marthe rusée. Marthe victime?
Marthe d'il y a bien longtemps, Marthe si proche.

Personnages principaux
de cette correspondance

(Les âges indiqués sont ceux de 1892, ou de la date d'apparition dans l'affaire.)

MARTHE DE MONTBOURG, 20 ans. Utilise, au début de cette affaire, le pseudonyme de MARIE ROUGEMONT;

ÉMILIE DE MONTBOURG, née de Cerilley, mère de Marthe, 68 ans. Veuve d'Armand de Montbourg.

ÉLÉONORE DE MONTBOURG, sœur aînée de Marthe, 24 ans.

ÉMILE DE MONTBOURG, frère aîné d'Éléonore et de Marthe, mort en 1891 à 28 ans.

CHARLES DE CERILLEY, frère d'Émilie, 66 ans.

HENRI DE CERILLEY, fils de Charles, cousin de Marthe, 30 ans.

ROBERT CARON D'AILLOT, époux de Marthe, 33 ans.

SOPHIE DE MONTBOURG, née de Cerilley, sœur d'Émilie et de Charles, 60 ans. Épouse d'Honoré de Montbourg, frère cadet d'Armand.

MONSIEUR DE SAINT-RENÉ, oncle éloigné et tuteur d'Éléonore et de Marthe de Montbourg. Environ 70 ans.

Arbre généalogique sommaire

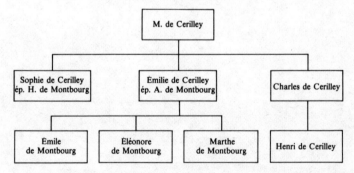

Le château de Saint-Savin se trouve en Normandie, celui de Sangy en Bourgogne. Labastide et le château des Clues se situent dans les Alpes-Maritimes. Les autres noms de lieux sont connus.

Il sera souvent question d'argent dans les lettres qui suivent. Il nous a donc paru nécessaire de rassembler pour le lecteur quelques éléments lui permettant de connaître, ne serait-ce qu'approximativement, la valeur des sommes citées :

1. *Salaires.* Femme de chambre (nourrie, logée, blanchie) : 30 francs par mois. Cuisinière : 50 francs. Retraite d'un capitaine des douanes : 100 francs. Salaire d'un percepteur d'une petite ville : 330 francs.

2. *Aliments.* Une volaille de Bresse : 4 francs; une perdrix : 2,50 francs; un pâté de deux kilos : 10 francs; des biscuits de pâtisserie : 6 francs le kilo.

3. *Divers.* Chemin de fer aller Hyères-Cannes : 10,55 francs; un beau fusil de chasse : 180 francs; prix de vente d'une vache : 300 à 500 francs.

L'ensemble de ces éléments indique que le coefficient qu'il faudrait appliquer pour transformer les chiffres de l'époque en valeurs actuelles est très variable selon l'objet dont il s'agit. Ce coefficient multiplicateur devrait en effet se situer, selon les cas, sur une échelle allant de 10 à 50.

On notera pour terminer ce préambule que la fortune des Montbourg, en 1892, peut être estimée à au moins 500 000 francs de l'époque, soit entre 5 et 25 millions de nos francs actuels.

Correspondance

J'aimerais mieux comme
vous l'indiquez qu'il fût
possible de rencontrer un
inconnu, nul aborieux,
acceptant après réflexion
une situation dont il aurait
compris les dangers. Plus
encore que les aventures.

Mais il y a un élément
dont il faut tenir compte
dans nos préoccupations.

Il peut penser à cette Madeleine
enfant dont l'esprit et les sentiments
sont obtus, presque inconsciente
d'elle-même, et incapable de
tracer par avance une ligne
de conduite et de la suivre

Dans ces conditions, il
est très difficile d'assumer
de ne pas avoir obligé de faire
un choix pour elle et pour
elle.

M. de Saint-René à Charles de Cerilley, 28.11.92 (p. 44).

1892

ÉMILIE DE MONTBOURG
À CHARLES DE CERILLEY
Paris, le 22 août 1892.

Mon cher Charles,

Je suis navrée de la lettre que Marie t'écrit et que ces dames m'ont envoyée toute ouverte, afin que j'en prenne connaissance... un culte!... et elle t'envoie prier sur la tombe de son père, qui tuerait l'odieux polisson! qui la tuerait elle-même!... Quelle inconscience... Crois bien que ses noires tristesses et son profond désespoir ne viennent que de ce qu'elle ne peut continuer l'affreux manège qu'elle a mené. Sa folie ne diminue pas. Elle est plus calme physiquement, mais la raison n'a aucun empire sur elle, encore moins le sentiment. Rien ne peut te donner une idée de son égoïsme par rapport à la pauvre Mme Berteau qu'elle envoie chercher tout ce qui lui passe par la tête pour manger, et par rapport à nous qu'elle fatigue de courses et de dépenses, sans s'informer de nos fatigues et de nos moyens. Et elle voudrait épouser un ouvrier sans le sou!

L'homme d'affaires a fait l'estimation de Saint-Savin. Voici son résumé :

château et 3 hectares de parc jusqu'à la route	50 000
réserve 17 hectares 60 ares	50 000
ferme 46 hectares 25 ares	165 000
Total	265 000

Je t'ai dit que les vingt et un ans ne seront complets que le 17 mai 1893. Cela donne du temps pour vendre, mais il faudra bientôt s'en occuper. Je t'en prie, réponds vigoureusement à cette malheureuse que c'est bien elle qui nous met dans la nécessité de vendre, et à des étrangers, car aucun de la famille ne voudra souffrir des éclaboussures de sa faute, et que pour sa sœur, pour moi, pour elle-même, le séjour dans le pays est impossible! Comment ne sent-elle pas tout ce que cette vente a de pénible pour nous, pour moi qui y ai tant fait travailler, tant souffert pour que mes enfants en profitent, et qu'elle met dans la nécessité de voir en profiter des étrangers! Moi-même dans mes dernières années je deviens errante, sans pouvoir user même de ce qui est à moi, et manquant de tout ce dont j'ai de reste chez moi! Ma pauvre Éléonore, déracinée au moment où elle commence à désirer se fixer, honteuse de vivre sous le même ciel qu'une telle sœur! et remplie de terreur pour les ennuis qu'elle peut lui causer encore, que l'être infâme aussi peut lui occasionner dans l'avenir!... Si Dieu me fait vivre jusqu'à ses vingt-cinq ans, mon frère, je m'embarquerai pour l'Amérique, où il sera peut-être difficile de me trouver pour avoir un consentement que je ne donnerai *jamais!* L'honneur défend de couronner ainsi le plus horrible forfait! Le curé de Tourette me l'écrit en propres termes. Envoie ma lettre ci-incluse à l'homme d'affaires. Je t'embrasse bien tendrement. Ta sœur,

Émilie.

Dis bien à M. que c'est sa conduite qui est cause de la vente de Saint-Savin, car elle m'en rend responsable et m'en veut beaucoup pour cela.

ÉMILIE DE MONTBOURG
À CHARLES DE CERILLEY
Paris, le 23 août 1892.

Mon cher Charles,

Marie a fait des siennes ces jours derniers! Une bouteille de vin de Malaga au quinquina lui a été remise, elle l'a menée trop vite et sa tête en ébullition l'a fait entreprendre de se faire soutenir par les prêtres du Midi dans sa rébellion à la famille. Ces dames m'ont envoyé ses lettres. Je suis obligée d'expliquer la situation. J'espère que ces deux prêtres lui donneront de sages conseils, et du reste, je les prie de m'envoyer leur réponse. Déjà, les jours auparavant, elle avait cherché à monter ses compagnes de table contre ces dames, qui ont agi très sagement en servant Marie à part, dans sa chambre. Je lui ai dit de cesser cette manière d'agir qui est une ingratitude toute pure, attendu que l'on fait tout ce qu'on peut pour elle. On satisfait toutes ses fantaisies de cuisine, entre ces dames et nous qui lui portons tout ce qu'elle demande. Je l'ai avertie sérieusement que si elle continuait, j'en avertirais M. de Saint-René qui la ferait transporter ailleurs où elle serait moins bien. Enfin elle dit tant de sottises que ces dames, aussi bien que ses compagnes ne la désignent que par *la folle.* Un grand bain aurait soulagé ses reins. Elle devait en prendre un lundi; mais dimanche, comme elle me récitait les grandes phrases qu'elle a écrites au curé de Tourette et que je devais lui faire des observations, elle s'est mise en colère, a refusé le bain pour lundi, et déclaré qu'elle ne veut pas me voir de huit jours. Mais elle me fait demander les petits plats qu'elle aime. Elle espère pendant ces huit jours recevoir une réponse qui lui donne raison contre nous, pour me braver un peu plus arrogamment. Elle sera sans nul doute attrapée...

On verra l'effet de cette première réponse. J'ai la lettre qu'elle a écrite ce matin à l'autre prêtre, qu'il faut instruire de sa situation d'esprit, et de la situation qu'elle rêve pour l'avenir. L'opinion publique a plus d'influence sur elle que la nôtre. Ici, elle a pris à la grippe les jeunes filles de la noblesse qui sont outrées de son peu de repentir et de son ingratitude, elles qui ne savent quels pardons demander à leurs familles qui, certes, ne les auraient pas suivies pour relancer leur position; et elle se jette aux filles du peuple qui la flattent et auxquelles elle donne toutes ses affaires. Elle se moque des bontés du Père, qui l'amuse, dit-elle! Je t'assure qu'il ne faut pas penser qu'après la délivrance nous pourrons la prendre avec nous. On sera obligé de la mettre jusqu'à vingt-cinq ans dans un autre établissement, un Bon Pasteur, par exemple, où elle sera tenue comme ici.

Je t'embrasse mille fois ainsi que Madeleine. Il pleut à verse depuis ce matin. Ta sœur affectionnée,

Émilie.

ÉMILIE DE MONTBOURG   Mon cher Charles,
À CHARLES DE CERILLEY   De Saint-Omer on me propose un parti
Paris, le 26 août 1892.   pour Marie. Je vais répondre que depuis
un accident de voiture elle reste souffrante de la moelle épinière et qu'en ce moment on ne peut penser à la marier.

M. de Saint-René est venu nous voir hier; il va bien et part pour la campagne. Nous avons reconnu ensemble que les vingt ans de Marie ne seront révolus que le 17 mai 1893. Cela donne du temps pour la vente de Saint-Savin.

La pluie est venue enfin rafraîchir la température dont on souffrait beaucoup. L'analyse *complète* des urines de Marie a démontré qu'elle manque de phosphate et qu'il y a des vibrions. Qu'est-ce que c'est que cela?... Sont-ce des bêtes, des microbes?

Nous sommes allées au jardin des Plantes qui est *grillé* par le soleil. Éléonore a pris plaisir à voir les bêtes; nous y retournerons. Le tramway passe sur le boulevard à côté de nous et y va tout droit.

Petit à petit je lui ferai voir Paris, hélas, tu comprends que je ne puisse jouir de rien et que tout cela soit corvée pour moi. Il faut encore que j'aie l'air de m'y intéresser car Éléonore a le cœur fin, et ne voudrait plus sortir.

Marie est plus calme, mais elle n'a pas voulu me voir ces jours-ci, parce que je n'abonde pas dans ses idées. Alors elle a mieux reçu Éléonore, par égoïsme, bien entendu! Je vais donner des fleurs artificielles à la chapelle de ces dames, pour les bien disposer à supporter le mauvais caractère de M... Le bon curé de Tourette m'a répondu qu'il est évident que notre honneur ne peut permettre qu'un mariage vienne consommer une pareille conduite d'un misérable. Je suis sûre que le Doyen de Coursegoules sera du même avis. Ces messieurs du clergé actif sont plus à même de juger de cela que les religieux, comme l'aumônier dont Marie se moque.

Nous verrons l'effet produit par ces deux prêtres sur la malheureuse enfant qui s'imaginait que par *conscience* je serais amenée à donner mon consentement.

Puisqu'il y a encore plus d'un an pour les vingt et un ans accomplis, il y en a six pour qu'elle ait vingt-cinq révolus. D'ici là que de choses aurons-nous à voir encore?

Si elle continue à être calme, nous n'aurons besoin de nous préoccuper d'un Bon Pasteur que pour après la délivrance... du reste on n'y reçoit pas dans son état. Elle a été fort attrapée d'être mise à part pour les repas.

Aujourd'hui j'irai savoir du docteur ce qu'il pense du résultat de l'analyse des urines de M... Malgré tout le chagrin qu'elle me fait, il ne faut pas que je puisse me reprocher de n'avoir pas tout fait pour elle.

Il ne faudrait pas attendre la récolte pour envoyer le sac de pommes de terre. Si cela pouvait se faire tout de suite, cela vaudrait mieux, plus tard on pourra recommencer. Il faudra adresser à Mme Moreau et payer le port par petite vitesse. Vois si cela peut se faire tout de suite car la pauvre Mme Berteau qui fait toutes les commissions n'en peut plus! Mon bon Frère, je t'embrasse de cœur. Ta sœur brisée,

Émilie.

ÉMILIE DE MONTBOURG
À CHARLES DE CERILLEY
Paris, le 6 septembre 1892.

Mon cher Charles,
Je te prie de mettre à la poste la lettre ci-incluse pour Adrienne : cette chère enfant a toujours soif de nos affections, et ces jours-ci, anniversaire de ses fiançailles, seraient pénibles à passer, sans un mot d'amitié de notre part. Hélas! Mon pauvre cœur en souffre, de ces rapprochements, et il faut que Dieu y mette la main pour que je n'en tombe pas malade. Mais la contrition de Marie me fait du bien.

Les bonnes dispositions persistent pour ne pas épouser le vaurien. Mais... l'hystérie persiste aussi, et après la grande épreuve, il faudra chercher sérieusement un mari. La phrase de ta lettre qu'elle relit avec plaisir, « il vaudrait mieux faire le bonheur d'un homme pauvre mais honnête », l'a fait revenir en arrière à sa vision de Vence du jeune homme de dix-huit ans, fils du juge de paix, bien de sa personne, bon garçon, mais sans situation acquise ni fortune, ni études spéciales : un fils du premier lit est percepteur. Le juge de paix, autrefois maître d'école sans avoir, a épousé la fille d'un petit, tout petit propriétaire, en secondes noces, d'où trois enfants, celui dont il est question et deux plus jeunes. C'est le regret de quitter Vence, au moment de l'éclosion d'un sentiment violent, qui a causé la fameuse crise. Je regrette qu'elle y pense de nouveau, car elle aurait besoin plutôt d'un guide et d'un appui plus mûr, qui comprenne bien la gravité d'un acte d'adoption; qui ne s'en repente pas plus tard, et ne fasse pas repentir sa femme. La reconnaissance ne suffit pas pour enchaîner les hommes, l'expérience le démontre souvent! Elle-même comprend qu'après son rétablissement, si Dieu le permet, il faudra qu'elle soit à l'abri d'elle-même dans une maison religieuse, jusqu'à un mariage. Hier Éléonore et moi sommes allées à Clamart. Outre les cinquante enfants que nous y avons vus bien portants, dans un vrai parc bien ombragé, il y a dans une petite maison qui en dépend, deux jeunes filles-mères qui élèvent leur enfant, sous la surveillance d'une de ces dames qui ne les quitte pas. Marie ne peut en faire autant, il vaut mieux un autre lait pour l'enfant. Pour l'élever au petit pot, il faudrait une femme qui en ait l'habitude, et il n'est pas prudent de mettre auprès d'elle n'importe qui d'autre que ces dames. Je crois donc qu'il faudra mettre l'enfant en nourrice, de façon à ce que sa trace et la nôtre soient perdues, car je crains que l'on fasse du chantage si l'on nous trouve pour réaliser un odieux calcul. Malheureusement le climat de Clamart est très froid, pour y terminer l'hiver. Je t'en prie, aide-nous à trouver un mari très bien de personne, de santé et de caractère. Marie aura six mille francs de rentes de *présent*. Je n'ose promettre plus; après moi, peut-être bien autant, et Éléonore ne fera pas tort à ses neveux si on est bien pour elle. En vendant Saint-Savin nous lui garderons du linge et de l'argenterie. Je te quitte pour faire sortir Éléonore que le mal de tête prend. Adieu, mon bon Frère. Je t'embrasse bien tendrement.

Émilie.

ÉMILIE DE MONTBOURG
À CHARLES DE CERILLEY
Paris, le 10 septembre 1892.

Mon cher Charles,

Les raisins sont arrivés hier soir en très bon état, ils sont tout aussi beaux et bons que ceux qui se vendent ici huit sous la livre.

Marie souffre d'hémorroïdes internes et externes; à part cela l'état général serait meilleur, c'est-à-dire que la tête et les reins ne souffrent plus. Mais comme les jambes faiblissent et qu'elle maigrit, n'ayant plus d'appétit, malgré la satisfaction de ses nombreuses fantaisies de régime, j'ai envoyé un morceau de flanelle à Bordeaux. Aussitôt la réponse arrivée, nous irons Éléonore et moi à Vence pour faire notre déménagement. La propriétaire nous fait payer la moitié du loyer, comme dédommagement, cela vaut mieux que le tout! Du reste, nous manquons ici d'une foule de choses, notamment de couvertures chaudes et, puisqu'il faut déménager, nous apporterons ce qui nous sera utile ici; et nous adresserons le reste en gare à Sangy, à ton nom. Tu voudras bien, n'est-ce pas, le faire déposer au Moutier. L'avenir est pour nous l'inconnu... il s'agit de passer l'hiver sans trop souffrir du froid, et sans en devenir malades.

Nous partirons vraisemblablement mercredi ou jeudi prochain, voyage circulaire. Quel malheur que les circonstances nous empêchent de nous arrêter à Sangy. Nous serons absentes huit à dix jours, c'est long pour Marie qui a besoin qu'on lui fasse tous les jours à manger, car la cuisine est détestable, et quand on n'a déjà pas d'appétit c'est fini! Hier en circulant pour nous informer pour notre voyage, nous lui avons acheté une perdrix deux francs cinquante. Elle est belle, et dans notre quartier reculé il n'y en a pas. La pauvre enfant commence à apprécier notre voisinage et notre dévouement par comparaison avec les autres et, comme elle est plus souffrante, elle sait bien qu'elle souffrirait encore plus si nous n'étions pas là. Il faut donc que nous abrégions le voyage autant que possible, car je ne pourrai lui laisser de la nourriture fraîche pour dix jours. Éléonore est contente de voyager. Pour moi c'est autre chose, mais il le faut. Éléonore ne peut aller seule aussi loin, je serais trop inquiète. Ne m'écris donc rien *ici*. Adieu, mon cher Charles, je t'embrasse bien tendrement. La vente des bestiaux n'aura lieu que le 2 octobre. Si tu veux un colis de beurre de plus, je l'écrirai. Ta sœur bien affectionnée,

Émilie.

ÉLÉONORE DE MONTBOURG
À CHARLES DE CERILLEY
Paris, le 10 septembre 1892.

Mon cher Oncle,

Je demande à maman une petite place pour y glisser les bien vifs remerciements que je vous envoie ainsi qu'à ma tante pour le superbe raisin que vous nous avez envoyé. Nous l'avons reçu hier soir et maman a tout de suite étendu ces belles grappes sur du linge, de sorte que, grâce à vous, nous avons sous les yeux un petit coin de vendange. Vous savez l'heureux changement qui s'est subitement produit chez notre Marie; c'est déjà une grande consolation, et, tout en continuant à prendre les précautions voulues, nous pouvons espérer que Notre-

Dame-des-Victoires nous obtiendra celle-ci bien complète. Maman va là-bas deux fois par jour et Mme B... me disait hier que Marie désire tellement ces visites qu'elle est toujours prête à se rendre au parloir. Puis encore, quelle grâce d'avoir trouvé cette excellente dame. Elle s'intitule la grand-maman de tout le monde, et les pensionnaires la regardent comme telle.

Nous allons aller faire notre déménagement à Vence, profitant des derniers jours de l'été. Marie ne souffre plus de ces maux de tête qui inquiétaient le docteur et maman laissera une bonne provision de friandises agréables et nourrissantes.

Veuillez agréer, mon cher Oncle, et partager avec ma bonne tante l'expression de ma bien affectueuse reconnaissance,

Éléonore.

ÉMILIE DE MONTBOURG
À CHARLES DE CERILLEY
Paris, le 20 septembre 1892.

Mon cher Charles,

Nous sommes arrivées hier au soir bien fatiguées, mais à bon port. Tu recevras par petite vitesse : une caisse, un sac, une grande caisse à claire-voie que je te prierai de faire porter au Moutier, ainsi que trois paquets de literie et matelas que tu feras mettre sur la table et les chaises que l'on réunira. Le sac de linge aussi. Le tout pour attendre que nous puissions nous fixer quelque part.

Là-bas, j'ai appris la mort du juge de paix qui, étant en goguette à une noce, est tombé d'un escalier et s'est assommé. Il laisse beaucoup de dettes, et pas le sou pour payer. La moitié de la fortune de la femme qui est peu de chose est mangée. Il y a quatre enfants. Ceux du premier lit n'ont rien de père ni de mère. La seconde femme veut néanmoins que les enfants du premier lit paient leur part des dettes, moitié. L'aîné commence une perception : le second, qui avait si fort impressionné Marie et qui a mal réussi dans ses études, se promène la canne à la main. On dit qu'il va essayer de l'école militaire de Saint-Maixent et que s'il échoue il tâchera d'avoir une perception. Tout cela a fort chagriné M... mais elle a compris que ce rêve est irréalisable, et elle en prend son parti.

Le bon curé de Tourette que nous avons cherché dans sa montagne va s'occuper pour Marie d'un jeune homme de sa paroisse. Vingt-trois à vingt-quatre ans. A encore un an de service militaire. Bonne famille, armoiries et devise. Sans particule, à l'italienne. Peu de fortune. Quatre enfants. Le fils et trois filles. Le fils, bien de sa personne, bon sujet, intelligent, a fait de très bonnes études au collège Stanislas, à Cannes, je crois. Est bachelier. En attendant le service militaire, son père le faisait travailler au greffe de la Justice de paix de Grasse avec lui qui occupe cette place qu'il voudrait lui laisser. Mais, si la chose réussissait, Marie préférerait les chemins de fer.

De son côté le docteur s'occupe de M... Comme santé elle va enfin mieux. De Bordeaux, les conseils ont pu être combinés avec ceux d'ici. Le moral s'en ressent. Que Dieu nous aide! Je vais envoyer aussi des cheveux d'Éléonore tombés en se coiffant car il n'y a pas moyen d'en obtenir autrement, et l'on m'assure que ce sera suffisant. Mais voudrait-elle bien suivre les conseils! Cette obstination paternelle, je la retrouve en tous et pour leur malheur, à chacun de façon différente!

Depuis sept jours deux mille deux cents kilomètres, une ascension sous le soleil ardent et le déménagement, c'est beaucoup pour nous deux! Il était temps d'arriver. On fait de grands préparatifs pour le 22. Nous nous reposerons probablement. Adieu, mon cher Charles. Comment vas-tu? Mille tendresses de ta sœur affligée,

Émilie.

ÉMILIE DE MONTBOURG
À CHARLES DE CERILLEY
Paris, le 24 septembre 1892.

Mon cher Charles,

Merci mille fois du service où tu as associé la pensée de mon fils. Je le sens bien au Ciel mais, néanmoins, tu feras faire à mon nom un service anniversaire le 17 octobre prochain. Je le dois au pays. Faut-il en faire commander un à Saint-Savin? Je ne m'en soucie guère, car ce serait appeler l'attention du public sur nous. Il y a bien assez de la vente nécessaire des bestiaux qui aura lieu le 2 octobre. Qu'en penses-tu? Un service, dans ce pays-là, demande des lettres de part, comme pour le décès, nombre de prêtres, pain aux pauvres et des embarras! Que dois-je faire à ton idée? Que ferais-tu à ma place? On me croit à Sangy. Comme précédent, j'avais fait dire plusieurs centaines de messes pour mon pauvre Armand dans l'année, et je n'ai point fait faire de service de bout de l'an. Cela n'étonnera donc pas! La tombe, surtout étant à Sangy.

Marie a offert de tes raisins qui ont fait grand plaisir, et dont elle me charge de te remercier beaucoup.

La mort de son chien qui a dû avaler quelque poison, dans une échappée qu'il a faite, met ma pauvre fille au désespoir; c'était une sollicitude qui l'occupait, car elle s'ennuie beaucoup au milieu du personnel qui l'entoure, malgré mes longues visites deux fois par jour. Elle voudrait qu'on lui permette d'avoir un autre chien de six mois, et ces dames se font tirer l'oreille. La sage-femme qui s'alarme de l'état où elle voit Marie, va en parler au Père directeur de la maison.

J'attends quelques jours pour m'en mêler, car si elle peut prendre son parti de s'en passer, ce serait mieux. Mais si elle devient malade, il faudra prendre un parti, or, Mme Moreau devient si autoritaire, si cassante, que les pensionnaires se plaignent fort, et s'en iraient sans la bonté de Mme Berteau. Malheureusement il est de notre devoir de ne pas mettre Mme Berteau en avant, car elle est fort malheureuse entre le Père et la directrice, et qui plus est, son bon cœur souffre de tout ce que ces deux supérieurs font endurer autour d'elle.

J'avais commandé le second envoi de beurre, en même temps que le premier, ne l'as-tu donc pas reçu? C'est un troisième que j'ai commandé dernièrement.

Si la santé et les circonstances permettent un mariage pour M... on dira tout simplement : mariage d'inclination pour ne pas dire : *d'inclinaison.*

Je plains bien Madeleine de ses jetées de boutons. Si des rafraîchissements suffisent, ce n'est pas grave, mais c'est pénible.

Je t'envoie le programme des fêtes, qui n'ont excité que de la curiosité mais pas d'enthousiasme du tout : il n'y a pas eu un cri de « Vive la République ». Les fenêtres sont encore pavoisées.

Envoie-moi les sept cents francs au nom de Rougemont *ici*. En petits billets si tu peux : sois tranquille je ne conserve que les lettres d'affaires. Toutes les autres sont brûlées.

Tu dois être content de tes jeunes vignes. Reçois toutes mes tristesses fraternelles.

Émilie.

ÉMILIE DE MONTBOURG
À CHARLES DE CERILLEY
Paris, le 28 septembre 1892.

Mon cher Charles,

J'ai reçu bien exactement les sept cents francs que tu m'as adressés le 25 dernier, aussi les trois colis de raisins, dont un pour Marie. Tout arrive à bon port, comme tu le vois. Le sac de pommes de terre fera grand plaisir, car il y a trente-deux bouches à nourrir pour le moins dans la maison; et la malheureuse cuisinière a bien du mal à satisfaire le monde, avec la somme qu'on lui donne pour la cuisine. Je te renverrai ton sac vide avec tes deux jolis paniers, et si ce n'est pas trop lourd pour cinq kilos, j'y mettrai un sac vide à nous, pour avoir, plus tard, un autre sac de pommes de terre.

M... prend son parti de se passer de chien. Elle voit bien qu'elle excite la jalousie, à cause des faveurs qu'on lui accorde et qui sont nécessaires à sa santé. Ma présence autorise ces faveurs, car ces dames savent que je suis là pour la soigner. Du reste, je leur ôte peine et dépenses autant que possible tout en payant cent cinquante francs par mois, et les petits cadeaux entretiennent leur amitié.

Le curé de Tourette ne doit parler à la famille dont il a l'idée qu'en revenant de la retraite qui a commencé lundi dernier 25 à Nice. Il ne reviendra dans sa paroisse que samedi prochain et ne parlera donc que les premiers jours de la semaine prochaine. Ce n'est qu'à la fin que l'on saura si la première ouverture est acceptée ou refusée par les parents. Notre visite avait fait trop d'effet dans le petit village. Par prudence il fallait attendre le retour d'un voyage du curé afin de les dépister.

De Bordeaux, je sais qu'Éléonore n'a aucun organe endommagé. Tous ses maux viennent de faiblesse. Il faudrait absolument changer de régime, mais elle s'opiniâtre et résiste à toutes mes prières.

Prends des rafraîchissants, beaucoup de raisins pour éviter les échauboulures, et laisse l'eau-de-vie de côté.

Je me garderai bien d'écrire à mon vieux curé normand. Ce serait un aveu et je n'ai personne à mettre au courant de la triste position.

Je n'ai point fait dire de messes à Saint-Savin et décidément n'en ferai dire que par des religieux. Et au lieu de donner du pain aux pauvres de Saint-Savin, je donnerai des vêtements aux enfants de Saint-Raphaël. Ce sera une charité profitable pour nous au lieu d'éveiller les mauvaises langues là-bas.

Adieu, mon cher Charles, je t'embrasse bien fort et te félicite de l'espoir de ta grand-paternité. Ta sœur toujours affligée,

Émilie.

M... va peindre à l'huile un bouquet de dahlias pour Saint-Raphaël, devant d'autel, et ensuite un pour la Sainte Vierge. Éléonore lui prépare les fleurs sur velours.

ÉMILIE DE MONTBOURG   Mon cher Charles,
À CHARLES DE CERILLEY   Un coup d'air sur les yeux m'a empê-
Paris, le 1ᵉʳ octobre 1892.   chée de te remercier de suite de ton
envoi de raisins qui nous fait grand plaisir. Éléonore en mange de bon cœur; mais ceux de France valent mieux que les américains. Sophie m'a offert des poires de Sainte-Apolline. J'attendrai que la cholérine soit un peu passée. Ces jours-ci il y avait trois cas dans la rue, dont un à côté de nous, dans la maison. Tous sont guéris ou à l'hôpital, mais il faut être prudent; je n'en sais pas moins bon gré de l'offre. Hélas! nos beaux et bons fruits de Saint-Savin se vendent bien peu et sont surtout volés, et je ne puis en faire profiter mes enfants!

Le bon curé de Tourette revient de la retraite aujourd'hui et va tâter le terrain : il l'a écrit à M..., Dieu veuille que cela réussisse!

Je te prie de faire partir de suite les lettres contenues dans l'enveloppe, il y en a de très pressées.

Les grandes chaleurs sont passées, et maintenant il faudra compter avec le temps pour les sorties. Pourtant Éléonore a grand besoin d'air et d'exercice mais il faut ménager ses névralgies.

M... n'a plus de défaillances grâce au jus de viande ordonné par Bordeaux.

Adieu, mon cher Charles, je vais vite à la boucherie : il faut lui faire à dîner, c'est une cuisine qui ôte l'appétit, paraît-il.

Quand il sera possible, envoie les pommes de terre, je te prie.

Reçois toutes mes tendresses reconnaissantes. Ta sœur affligée,

Émilie.

ÉMILIE DE MONTBOURG
À CHARLES DE CERILLEY
Paris, le 5 octobre 1892.

Mon cher Charles,

Mme Moreau a permis qu'on achète un chien à Marie. Nous lui mettrons une loge dans la cour, et tous les jours Marie l'aura au jardin, il sera censé être à moi; et si les autres veulent la même faveur, on leur dira : « Que vos parents fassent de même. » Cette concession est chose inouïe de la part de la directrice, mais aussi jamais elle n'a eu pensionnaire comme Marie. Je les paie avec une ponctualité qui n'a d'égale que nos gracieusetés constantes. Je vais leur acheter un tapis pour l'escalier où les jeunes filles tombent, et que l'on veut cirer quand même.

Il y a au nombre des pensionnaires une fille très convenable, très calme et de bonne santé, qui se placera nourrice après sa délivrance, afin de gagner de l'argent pour pouvoir épouser le père de son enfant. Elle est de cent lieues d'ici et le jeune homme aussi.

Pour occuper le cœur, le temps et l'imagination de Marie, il serait peut-être bon de lui laisser son enfant à élever avec une nourrice, dans la maison de Clamart, sous l'égide de Mme Moreau. Nous autres, nous logerions aussi près que possible. Que penses-tu de cela?

J'attends une lettre du curé de Tourette qui me dise comment la proposition a été prise. Si Dieu veut que la pauvre enfant s'en tire bien, il lui faudra du temps pour s'en remettre.

Ah! Elle apprécie maintenant le bonheur des bons procédés de famille, car elle a fort à souffrir du contact des jeunes filles du peuple qui la coudoient. Sa chambre est un refuge. Mme Berteau, en vrai bon ange, lui épargne tout ce qu'elle peut de pénible. Mais dans les dames, même, il y a des esprits étroits, bêtes et bas dont Mme Berteau et la directrice ont à souffrir. Le Père est un ascète, il abêtit ces pauvres filles; une d'elles en a les méninges malades à force de trituration et de scrupules. Elle s'institue espionne de toutes, maîtresses et pensionnaires, pour la plus grande gloire de Dieu, aussi est-elle détestée de toutes.

Quand on enverra les pommes de terre (le plus tôt possible), qu'on mette des moyennes pour remplir les vides produits par les grosses. En renvoyant le sac, je mettrai dans un des petits paniers à raisins des oignons de jacinthes et de tulipes que nous avions à Vence et que j'ai rapportés pour la tombe de mon Émile.

Dis bien au curé de Sangy que je demande un service solennel, et paye bien entendu. Merci de vouloir bien nourrir ces messieurs. Que Madeleine prenne de la volaille chez mes fermiers. Je pense que tu as enfin reçu le troisième envoi de beurre commandé. Notre homme a oublié le deuxième et j'en suis bien fâchée.

Mme Gardet m'a écrit que notre départ avait été trop précipité, que *s'il en était temps encore* je ferais bien de faire un voyage en Normandie, mais avec mes filles! Je lui réponds que la méchanceté des langues normandes est bien connue; que pour des commérages, nous n'entreprendrons pas un voyage si fatigant, que sans doute il fallait demander permission au public de partir *vite* quand on est appelé *vite*. Que probablement on allait dire que nous sommes ruinées parce que les partages amèneraient probablement la vente de Saint-Savin. Mais que, sans en demander permission, nous suivrions en cela la direction du subrogé tuteur qui veut pour les deux sœurs égalité de revenus, ce qui n'est pas possible à cause du lot où se trouvera le château. Que quant à moi, depuis la mort de mon fils, je sens que je ne puis plus y vivre. Comme c'est une trompette, elle sera ravie d'avoir cette raison à donner; personne n'avait encore pensé que nous aurions l'idée de vendre Saint-Savin où l'on croyait pouvoir nous juguler jusqu'à la fin. L'apparition du subrogé tuteur dans les partages nécessaires est une bonne raison à mettre en avant, n'est-ce pas? Ma lettre lui montrera que je la dispense de me dire les réflexions du public, et que nous traitons de commérages tout ce que l'on pourra dire.

Adieu, mon cher Charles, plains-moi du rôle qu'il faut jouer. Mais il me devient facile, parce qu'à personne en Normandie je n'ai laissé voir ma peine. Ta sœur affligée,

Émilie.

ÉMILIE DE MONTBOURG
À CHARLES DE CERILLEY
Paris, le 7 octobre 1892.

Mon cher Charles,

La vente du matériel de la réserve a été passable, malgré la mauvaise année de foin qui a tant fait baisser le bétail. Tout s'est vendu avec entrain, l'huissier est ravi plus que moi, car enfin les vaches de cinq cents francs se sont vendues trois cents francs et les outils et voitures de travail se sont bien peu vendus. Il y a cinq mille neuf cents dont il faut défalquer bien des frais. Resteront cinq mille cinq cents à peu près, qui m'appartiennent en grande partie à ce que disait le notaire, parce que tout cela vient de ma gérance après le décès de mon mari. Hélas! tout cela devait appartenir à mon Émile, comme placement de ses revenus, je comptais lui laisser la réserve toute garnie, tu le sais! Mais ce n'est pas payé comptant, et il y aura peut-être bien des vides à l'addition.

La pauvre enfant devient si souffrante que je ne veux rien lui refuser. Je vais écrire à Bordeaux car il y a des coliques persistantes que la sage-femme et le docteur ne savent à quoi attribuer, et des pertes blanches, jaunes, roses même, très abondantes, et peu usitées dans sa situation. Je suis inquiète... et bien ennuyée de ne pouvoir la soigner moi-même, d'autant plus que personne ne s'en occupe, et que la force et le courage lui manquent souvent pour les petits soins qui pourraient adoucir ses souffrances. Ah! je t'assure qu'elle expie! Malgré tout ce que je puis lui procurer d'adoucissements. Sa chambre est humide, il me tarde qu'elle puisse avoir du feu de bois. Mais on attend les ramoneurs, comme pour nous. La chancelière lui est bien utile ainsi que le cylindre à eau chaude et une lampe à esprit-de-vin.

On a renvoyé ces jours-ci, une payante pourtant, qui montait la tête aux autres, et ne voulait pas suivre le règlement de la maison. Je crois qu'on a voulu faire un exemple. Quoique M... ne soit pas toujours facile, son bon cœur et mes cadeaux la font bien tolérer, mais cependant il ne faudrait pas trop tendre la corde, car on m'a fait comprendre que cette œuvre était surtout pour les pauvres. C'est qu'on fait faire tout l'ouvrage par les filles pauvres, même l'entretien de l'orphelinat de Clamart, et qu'on ne peut l'exiger de celles qui paient cinq francs par jour, et qui sont nourries en grande partie par leur famille, comme Marie. La cuisine est déplorable, paraît-il. Ces dames n'ont guère bonne mine, excepté Mᵐᵉ Berteau qui est le bon ange de la maison.

Oui pour deux sacs de pommes de terre.

Adieu, adieu, donne-moi des nouvelles. Je sors pour une loge et un chien. Je t'embrasse bien tendrement. Ta triste sœur,

Émilie.

MARIE ROUGEMONT
À CHARLES DE CERILLEY
Paris, le 15 octobre 1892.

Mon bon Oncle,

Je puis enfin vous écrire sans craindre de vous déranger et vous remercier des délicieux raisins que vous avez eu la bonté de m'envoyer. Grâce à l'ineffable bonté de Mme Berteau, je suis moins sauvage et m'habitue tant bien que mal à Saint-Raphaël. J'ai fait un devant d'autel sur velours à la peinture à l'huile. Toutes les dames l'ont trouvé bien réussi, ce qui m'a encouragée à en faire un bientôt pour l'autel de la Sainte Vierge. Je vous suis vivement reconnaissante, mon bon oncle, de me permettre de garder mon enfant près de moi, ce qui me sera d'une grande consolation. J'espère que M. de Saint-René ne s'opposera pas à cela. J'ai bien le droit de garder mon enfant, c'est bien assez de le priver de son père, sans qu'on le prive de sa mère. Maman vous a parlé sans doute du projet du bon curé de Tourette? Le brave homme veut bien s'occuper de moi, ce dont je lui suis reconnaissante. Je ne me fais cependant pas illusion, je suis devenue d'un placement bien difficile, et je ne sais pas qui voudra bien adopter l'enfant, car sans cela pas de mariage possible. Je tiens à ce que le pauvre petit être soit traité aussi bien que possible, et s'il en était autrement, je me rebifferais d'importance. J'en aurais le droit, une mère a le droit et le devoir de protéger son enfant. Du reste je n'ai pas encore reçu la réponse définitive du bon curé. J'espère qu'elle sera bonne, car, sans en avoir l'air, l'avenir m'épouvante : je ne puis rester sans appui, et l'enfant sans père, et puis le monde est cruellement mordant. On a beau lutter contre lui, il finit toujours par vous écraser sans pitié. Si j'étais seule, encore, ça me ferait moins, mais mon enfant. Oh non, je ne l'abandonnerai pas à ce monde hurlant, je le garderai près de moi. Mais après tout je ne suis qu'une femme. Je sens bien que l'enfant aura besoin d'un défenseur. Vous qui êtes si bon pour moi, guidez-moi, conseillez-moi. Je ne me suis hélas! que trop laissée guider par ma tête, qui m'a menée au malheur. Vos lettres que j'ai gardées précieusement me remontent de temps à autre le moral, que j'ai souvent grandement abattu. Si maman ne venait pas me voir, je crois que je finirais par prendre une maladie noire, mais heureusement qu'elle est là. Aussi, et ce sera surtout pour elle que je le ferai, je me laisserai marier. Du moment que l'enfant sera heureux, le reste m'importe peu. Donnez-moi le plus souvent possible de vos nouvelles, mon bon Oncle, car vos lettres me font toujours beaucoup de plaisir et de bien. Vous êtes le seul qui m'ayez témoigné de la bonté, aussi vous suis-je doublement attachée et reconnaissante.

Veuillez agréer, mon bon Oncle, l'assurance de ma profonde et respectueuse affection.

Marie Rougemont.

ÉMILIE DE MONTBOURG
À CHARLES DE CERILLEY
Paris, le 17 octobre 1892 *.

Mon cher Charles,

Tu vois que les bonnes dispositions continuent, mais la pauvre enfant ne te dit pas qu'elle souffre cruellement et qu'un accident est sans cesse à craindre. Elle ne te dit pas non plus que Mme Moreau ne prend pas la moindre sympathie à ses souffrances, que malgré les cinq francs que nous payons par jour elle est fort mal soignée, que cette dame sans cœur trouve que je vais la voir trop souvent; qu'on lui refuse de me laisser monter dans sa chambre quand les douleurs la clouent dans son lit, qu'on la laisse geler dans sa chambre humide malgré le bois et toute la garniture de cheminée que je lui ai procurés, qu'on oublie parfois de lui porter à manger ce que je lui porte pour suppléer à la cuisine détestable. Bref, je suis fort mécontente et je cherche ailleurs. Quand j'aurai trouvé, je poserai mon ultimatum. J'ai appris de l'aumônier de la maternité que nous avons été mal adressées! Le Saint-Raphaël où nous sommes est bien le berceau de l'œuvre. Mme Moreau y était en sous-ordre, comme Mme Berteau. Il y avait vingt-cinq ans que la directrice gouvernait. Par ses intrigues, Mme Moreau a trouvé moyen de la supplanter et de la mettre dehors. Cette directrice est allée fonder un autre asile Saint-Raphaël rue de l'Abbé-Groult, quartier de Vaugirard. J'y vais tout à l'heure, en voiture, pour voir ce que c'est. On dit cette directrice fort distinguée et la sage-femme très entendue, premier sujet de la maternité. Mme Moreau n'est qu'une ingrate, une autocrate sans entrailles. Je ne puis supporter le supplice de savoir ma fille souffrir sans soulagement et se désespérer toute seule. C'est intolérable et cela changera! Je te rendrai compte de ma journée qui sera peut-être décisive pour notre séjour.

18 octobre.

Mme Moreau a capitulé, quand elle a su que j'avais cherché et trouvé un autre asile de Saint-Raphaël, où l'on me permettrait de voir et de soigner ma fille quand elle en aurait besoin. Alors nous restons ici; mais elle est prévenue que, si elle manquait à nos conventions, nous partons immédiatement. La bonne Mme Berteau à été la cheville ouvrière de la Providence. Les deux sacs de pommes de terre, arrivés ce matin, ont fait comprendre à toute la maison qu'une pensionnaire hors ligne mérite des égards particuliers. Les dames et les pensionnaires ont toutes témoigné à M... leur joie de la voir rester. Je crois que Mme Moreau a compris le tort qu'elle ferait à la maison en s'opposant à me laisser soigner personnellement ma fille. Quand elle a vu que mon

---

* Écrit sur la même feuille que la lettre précédente, directement à la suite *(NdE).*

parti était pris, elle a daigné relire le règlement de la maison où il est dit que : « *La mère, la sœur ou la personne qui a conduit la pensionnaire, pourra monter dans sa chambre si elle ne peut descendre au parloir.* » Il est donc entendu que lorsque M... se sentira souffrante de jour ou de nuit, on viendra me chercher et que je la verrai tous les jours une fois, pendant deux heures, si je le puis, quand elle sera bien, et deux ou même trois fois si elle est agitée d'esprit; je passerai la nuit si cela me convient dans sa chambre. Je ne puis exiger plus.

Je t'embrasse bien tendrement, mon cher Charles. Ta sœur affligée,

Émilie.

Mme GUIBERT DE KERLECH   Chère Madame,
À ÉMILIE DE MONTBOURG
Saint-Lô, le 19 octobre 1892.

... Il s'agit aujourd'hui de l'avenir de la plus jeune de mes demoiselles vos filles, et je sais que pour toute mère de famille c'est l'objet des plus graves préoccupations et des plus ferventes prières. Qui sait si je ne suis pas en ce moment l'instrument de la Providence en venant lui proposer un jeune homme qui a environ trente-cinq ans; il appartient à une des meilleures familles de Saint-Lô où son père a été longtemps directeur des Contributions directes, et a laissé les plus honorables souvenirs. Son grand-père a été maire de Saint-Lô dans un temps où le choix du roi ne remettait l'écharpe qu'en bonnes mains. Mon protégé est, quoique timide, fort intelligent. Il a beaucoup lu et profité de ses lectures; il sait plusieurs langues, il a été cuirassier, il a toujours eu le goût des chevaux qu'il connaissait et montait d'une façon remarquable au dire des connaisseurs.

Il connaît mademoiselle votre fille, il a beaucoup entendu parler d'elle, elle lui plaît et il m'écrit qu'il serait trop heureux si elle voulait bien l'accepter.

Sa mère qui était une sainte et digne femme est morte l'hiver dernier de l'influenza, et deux ou trois jours après cette mort le pauvre garçon a glissé sur la neige en rentrant chez lui et s'est brisé la jambe. Le docteur qui lui a donné les premiers soins a jugé tout de suite combien il serait difficile pour le blessé de supporter une longue maladie sans avoir d'autres soins que ceux d'une femme de ménage plus ou moins fidèle. Le docteur l'a donc immédiatement installé dans une bonne chambre d'officier à l'hôpital où moyennant une bonne pension il a eu tout le bien-être désirable. C'est là que la Providence l'attendait. Il a partagé les loisirs de sa longue convalescence entre l'étude et de sages réflexions. Il a appris ou perfectionné deux ou trois langues. Il a pris de bonnes résolutions, il est revenu aux pratiques religieuses un peu négligées, je crois, auparavant. Il devient un homme sérieux, résolu à se faire un foyer et à y vivre en bon mari faisant le bonheur de celle qui voudra bien être sa compagne. Une bonne vie de famille à la campagne le rendra heureux et s'arrangera parfaitement avec ses goûts. S'il a eu comme bien des jeunes gens des moments d'oubli, il est le premier à le reconnaître et à le regretter. Ne faut-il pas lui savoir gré de sa franchise et ne doit-on pas lui tenir compte de ses bonnes dispositions qui ont beaucoup touché les bonnes sœurs de l'hôpital, qui ne tarissent pas d'éloges sur leur pensionnaire.

Son père et sa mère qui étaient nos amis intimes nous ont toujours fait l'éloge de la douceur de son caractère auquel il n'a manqué qu'un peu d'énergie pour se faire une très belle situation. Il a conservé de ses parents le plus affectueux souvenir, et n'a du reste qu'à se rappeler ce que fut son bon père pour être un excellent mari.

Quant à la fortune, il me semble avoir entendu parler de deux mille francs de rente.

Je fais des vœux pour le succès de ma démarche, d'autant plus vifs que, tout en remplissant les désirs de mon protégé, j'ai la conviction de faire le bonheur de mademoiselle votre fille et le vôtre du même coup. Je suis, du reste, chère Madame, toute à votre disposition pour vous donner tous les détails et toutes les informations que votre sollicitude maternelle pourrait encore désirer.

Veuillez agréer, etc.

E. Guibert de Kerlech.

ÉLÉONORE DE MONTBOURG   **Mon cher Oncle,**
À CHARLES DE CERILLEY   En finissant de copier ces deux lettres que maman soumet à votre sagesse, permettez-moi de vous remercier encore de votre si affectueuse sollicitude pour nous et pour notre enfant terrible. Elle était bien contente aujourd'hui parce que maman a été lui acheter un chien. Ce jeune toutou nous fait mille espiègleries ce soir; il délire un peu de joie en se voyant libre. Je voudrais bien pouvoir marcher aussi vite que lui, mais ma foulure au pied n'est pas encore guérie, et tous les habitués parisiens de ce mal des tramways ne font que prêcher la patience. Heureusement que maman n'a pas repris de bronchite, et, comme nous avons à peu près tous les fournisseurs dans la rue, elle n'aura pas de bien longues courses à faire à pied, puisque nous sommes entre deux stations de tramway. L'autre jour Marie nous a fait acheter des conserves pour que nous n'ayons pas à sortir, et un boa de fourrure pour maman. Le tout était fort bien choisi, et vous voyez qu'elle est bien changée en mieux. Vous savez sans

doute que nous avons été près de quitter cette maison, mais la directrice qui aurait perdu sa meilleure pensionnaire a consenti à tout ce que maman demandait; peut-être donc resterons-nous.

Veuillez agréer, mon cher Oncle, l'expression de ma bien affectueuse reconnaissance. Votre nièce et filleule,

Éléonore.

M. LEBERNIER
À ÉMILIE DE MONTBOURG
Saint-Lô, le 20 octobre 1892.

Madame la Baronne,

Mme Guibert est venue m'apporter hier la lettre que vous trouverez ci-jointe, elle a voulu que je vous l'adresse moi-même afin que vous sachiez que je connais ses projets et que je puisse vous donner aussi des renseignements sur le jeune homme que j'ai toujours connu et dont j'ai connu la famille, une des plus honorables de Saint-Lô. Le jeune homme est bien le portrait qui est fait dans la lettre, et je puis ajouter qu'il est très bon et issu de parents nobles, mais il n'a jamais rien fait que de s'engager dans les zouaves pontificaux, il y a une quinzaine d'années.

Veuillez, je vous prie, agréer, Madame, etc.

I. Lebernier.

MARIE ROUGEMONT
À CHARLES DE CERILLEY
Saint-Raphaël, le 22 octobre 1892

Mon bon Oncle,

Je suis bien inquiète de votre silence, je crains que vous ne soyez malade. Je vous en prie, donnez-moi ou faites-moi donner de vos nouvelles par ma tante, de cette façon je serai tirée d'inquiétude. Je me porte assez bien pour le moment, mais je m'ennuie beaucoup d'être ainsi casematée. Mais je n'ai que ce que je mérite. J'ai si peur de l'avenir, il y a des jours où je m'abandonne au désespoir. Je souffre de cette situation désastreuse. Il est vrai qu'en sortant d'ici je vais à Clamart pour y élever mon enfant, et que j'y resterai à peu près un an, si toutefois Mme Moreau me le permet. Ce qui est surtout ennuyeux pour moi, c'est de ne plus habiter sous le même toit que maman. Éléonore est devenue plus originale que jamais, elle fait des scènes à maman de ce que je suis restée ici au lieu d'aller ailleurs, ma foi j'y suis j'y reste : j'ai eu assez de mal à y faire mon trou, mais elle n'a pas compris ça et bref elle est comme un chat en colère, elle fera bien de ne pas venir me faire des reproches, car je l'enverrais aux quatre points cardinaux. Mme Moreau permet que j'aie un autre chien. Maman ira le chercher dimanche au marché des chiens qui a lieu à midi, je pourrai enfin sortir de ma chambre, car je m'y étais calfeutrée depuis la mort de mon pauvre Doune. Je vous serai reconnaissante de bien vouloir envoyer à maman mes deux *Chasseur français* que vous avez dû recevoir, car ceux de septembre et d'octobre me manquent. Dès que j'aurai une réponse définitive du curé de Tourette, je m'empresserai de vous l'écrire.

Veuillez agréer, mon bon Oncle, l'assurance de ma profonde et respectueuse affection.

Marie Rougemont.

ÉMILIE DE MONTBOURG À CHARLES DE CERILLEY *Paris, le 22 octobre 1892.*

Mon cher Charles,

Ce matin il doit partir à ton adresse en gare à Sangy une couronne pour la tombe de mon cher Émile. Fais-la placer pour le mieux; je l'ai prise toute en perles parce que c'est plus durable. Oh! frère que je suis donc malheureuse! Cet enfant-là était ma vie, mon bonheur! Je l'aimais bien, il m'avait coûté tant de veilles, tant d'angoisses, et Dieu me l'a arraché au moment où je me disais : enfin le voilà!... Le présent, l'avenir, tout a sombré avec lui. Hélas, Marthe n'a pas voulu comprendre qu'elle pouvait, qu'elle devait le suppléer! Elle n'aimait pas ses aînés, et s'est fait une vie en dehors de la famille, en se cachant avec une finesse dont on ne l'aurait pas crue capable, avec la brutalité de son caractère. Croirais-tu qu'elle n'a qu'un demi-remords de sa faute, parce qu'elle lui rend impossible un établissement sur la ligne de la famille! Malgré tous mes conseils, mes prières même, elle ne veut rien changer au genre si déplaisant qu'elle a adopté! Qu'en pourra-t-on faire? Le curé de Tourette ne m'écrit rien, je suis inquiète.

Je te renvoie aussi aujourd'hui les deux caisses, les trois paniers et les deux sacs vides en port dû, car je ne sais ce que cela coûtera comme emballage. Les cinq kilos réglementaires sont dépassés. Tu mettras le port à mon compte. Merci, merci de tout ce que tu nous as envoyé. Mme Berteau est bien reconnaissante des pommes de terre. Mais c'est pour la maison. Voici sa fête, il faut trouver à lui offrir un objet *personnel*.

Éléonore s'est fait une foulure au pied droit en descendant d'un tramway. Croyant que ce ne serait rien, elle s'est obstinée à marcher, sa cheville a enflé, et la souffrance l'a bien obligée de rester tranquille. Elle va cependant mieux. Mais elle est si malheureuse de la position où M... s'est mise, et de la froideur qu'elle lui témoigne, malgré tout son dévouement, qu'elle en dépérira, surtout avec son régime, malgré tout ce que je puis faire. Ah! mon ami je suis bien, bien malheureuse! Et je ne puis rien ajouter aux cases cérébrales qui manquent à ces enfants. J'en ai beaucoup souffert sans me plaindre, j'ai fait ce que j'ai pu sans le dire. Le monde ne peut le savoir et je serai blâmée à outrance. Ainsi va la vie! Hélas! Le monde blâme à tort et à travers; je vais suivant les lumières et les secours que Dieu me donne, avec la volonté de bien faire, sans compter avec moi ni pour moi; s'il ne m'éclaire pas davantage, cela le regarde!

Le froid devient piquant, nous nous chauffons avec plaisir. M... a tout ce qu'il faut aussi. Sois donc sans inquiétude pour nous, de ce côté-là.

Dans la petite caisse fermant avec des crochets, tu trouveras les oignons des fleurs que j'ai rapportés de Vence pour la tombe de mon Émile. Sa fiancée a joui de leurs fleurs l'hiver dernier. Il y a aussi le petit marteau et la petite tenaille qui te faisaient envie à Paris, je les ai achetés pour toi sur le boulevard, c'est très commode.

Adieu mon cher Charles, je t'embrasse bien tendrement, ainsi que Madeleine. Conserve-toi pour elle, pour nous, pour tes chers enfants. Ta sœur désolée,

Émilie.

ÉMILIE DE MONTBOURG
À CHARLES DE CERILLEY
Paris, le 23 octobre 1892.

Mon cher Charles,
Je viens de recevoir une lettre de Saint-Lô que tu m'as renvoyée et qu'Éléonore te copie.

Mme Guibert de Kerlech est une femme fort distinguée et de la meilleure société! Si elle s'occupe du monsieur, c'est qu'elle en pense bien. Mais je vais tâcher de savoir de M. Lebernier s'il est buveur et joueur, et en quoi consiste sa fortune, d'où il est aussi, et s'il a une maison dans quelque coin de la Manche. Ensuite il faudra sa photographie. Je te prie de me renvoyer celle que j'avais envoyée de Marthe. Si les écarts ne sont que des légèretés de jeunesse, on pourrait passer outre pour ce qui le concerne, à la condition qu'il n'ait pas de dettes. Mais ensuite, comment s'y prendre pour M...? Je ne sais si M. de Saint-René voudra s'en mêler, mais il me semble qu'un homme de la famille pourrait mieux que moi obtenir sa confession qui, d'après la lettre de Mme G... n'est pas difficile à obtenir. Si les faits sont acceptables, alors, après avoir fait valoir les avantages de la position sociale et pécuniaire de Marie, on pourrait faire connaître le *grand Mais*, si l'on juge avoir affaire à un homme d'honneur qui puisse garder un tel secret. Qu'en penses-tu? M. de Saint-René serait peut-être trop dur dans l'appréciation du caractère de Marthe? J'aurais plus de confiance en toi pour mener la chose à bien.

J'écris par ce courrier à M. Lebernier pour avoir plus de détails, et à Mme G... pour la remercier et lui demander des renseignements de plus.

M... a encore trois mois et demi avant le grand moment. Il n'est peut-être pas opportun de s'occuper de mariage en ce moment, d'autant plus qu'elle sera probablement longue à se remettre. Que penses-tu de cela? Je ne voudrais pas compromettre sa vie, dans la pensée d'asseoir son avenir. Vraiment je suis bien embarrassée! Elle sera d'un placement très difficile. Conseille-moi. Je vais prier M. de S... de venir pour lire la lettre de Mme G... As-tu reçu la couronne pour mon Émile, tes paniers et tes sacs? Adieu, mon bon Frère, je t'embrasse de tout mon cœur. Éléonore souffre toujours de son pied. Ta sœur bien affectionnée,

Émilie.

ÉMILIE DE MONTBOURG
À CHARLES DE CERILLEY
Paris, le 2 novembre 1892.

Mon cher Charles,

Je reçois les deux lettres que tu m'envoies. Ah mon Dieu, je voudrais bien pouvoir casser tous ces fils qui nous enveloppent quand nous voudrions nous isoler! Le triste anniversaire m'apporte des sympathies qui me seraient douces en d'autres circonstances. Je n'ai rien reçu de Saint-Lô, et je t'autorise pleinement à ouvrir les lettres qui m'en viendront; de cette façon, en me les envoyant tu me conseilleras, pour gagner du temps.

Éléonore ne t'avait pas copié tous les préliminaires de la lettre. La dame disait que peut-être elle était une manifestation, un instrument de la Providence; que son monsieur avait beaucoup entendu parler de M... Cela veut-il dire que l'on sait la concession à faire? C'est vague! Et dans tous les cas, je ne devrais pas accepter un gendre qui aurait le goût du jeu et de la boisson, et qui aurait des dettes. J'ai posé très carrément les questions. Mme G... a dû envoyer ma lettre. Le monsieur, mis en demeure, se retirera peut-être de lui-même, je le souhaite, à cause du lieu et du temps où nous sommes. Que Dieu nous vienne en aide!

Ici la maison se remplit de plus en plus! Un officier de la légion d'honneur, avec sa rosette à la boutonnière, vient d'être accompagné au travers de la cour par Mme Moreau. Cette vue du malheur des autres réconforte Éléonore qui voit que nous ne sommes pas seules malheureuses.

M... se maintient en bonnes dispositions. Mme Moreau lui a permis de se confesser à un autre prêtre. Elle a grand besoin des sacrements pour s'améliorer. La fille choisie pour nourrice est accouchée de cette

31

nuit. Quand elle sera remise elle ira allaiter son enfant à Clamart, et nous paierons sa nourriture deux francs par jour, en plus nous lui paierons quinze francs par mois, pour compenser ce qu'elle ne gagnera pas. Mme Moreau a trouvé cet arrangement équitable, et enfin, quand elle prendra l'enfant de M... on la paiera quarante francs par mois. Comme elle paiera vingt-cinq francs pour le sien, en nourrice, tu vois qu'il lui restera quinze francs. En résumé, nous l'aurons trois mois d'avance, mais c'est une bonne fille, bien saine, de bon caractère, fort convenable, pas pressée de se marier avec un brutal, et ce n'est pas une étrangère et une famille de plus à mettre au courant de nos tristesses. Qu'en penses-tu? Soigne ton rhume. Je me trouve bien du sirop de baume de tolu.

Ta malheureuse sœur,

Émilie.

ÉMILIE DE MONTBOURG
À CHARLES DE CERILLEY
Paris, le 4 novembre 1892.

Mon cher Charles,

Je t'envoie la copie des lettres que je viens de recevoir. L'une est de Mme G..., l'autre du monsieur, écrivant à Mme G... Munie du nom, je vais pouvoir demander des renseignements. J'écris à M. de Saint-René, et je garde la photographie pour la lui montrer. Mais comme elle a dix-huit ans de date, j'en demande une actuelle. Celle qu'on m'a envoyée ne plaît pas à M..., mais depuis dix-huit ans, le monsieur a bien pu changer.

Mais c'est un esprit aventureux, pour ne pas dire aventurier, et je craindrais que Saint-Savin converti en capitaux soit aventuré aussi. Le besoin de s'étourdir par le vin me déplaît beaucoup aussi. Bref, le moment est mal choisi, il faudrait le faire attendre peut-être un an.

Sait-on comment M... se tirera d'affaire? Si M. de Saint-René et toi êtes du même avis que moi, je répondrai que le conseil de famille ayant résolu qu'il faut vendre Saint-Savin pour équilibrer les lots, le mari de M... devra avoir une carrière, s'il n'a pas des propriétés à gérer pour occuper son temps. Et en définitive c'est bien la nécessité où elle s'est mise.

Mais pour n'avoir rien à regretter, je vais chercher des renseignements, avant de répondre, et je ne le ferai qu'après votre avis. Je suis bien sûre que Sophie et Honoré ne pourraient admettre une alliance tout à fait du pays. Cela causerait peut-être de sérieux inconvénients, même si on s'éloignait temporairement, car les Normands reviennent toujours à leur trou.

M... est souffrante et obligée de rester au lit. Elle est énorme et pourtant l'enfant est très petit. Il y a, dit la sage-femme, beaucoup de graisse

chez la mère, beaucoup de liquide autour de l'enfant, dit la somnambule : il bouge beaucoup et ses mouvements font beaucoup souffrir,
ce qui indiquerait un cas particulier. Nous allons essayer une série de
bains de siège. Enfin, nous sommes, comme tu le vois, peu tranquilles
et nous serions bien passées de l'épisode G...

Je t'embrasse bien tendrement. Ta sœur malheureuse,

Émilie.

Mme GUIBERT DE KERLECH
À ÉMILIE DE MONTBOURG
Saint-Lô, le 31 octobre 1892.

Madame,

Mon protégé s'appelle Louis Veuillot
de Bois-Guillaume. J'ai tardé un peu à
vous donner les renseignements que vous me demandiez parce que je
voulais en éclaircir d'une façon plus sûre; j'ai interrogé le jeune homme
lui-même, nul mieux que lui ne pouvant m'assurer la sincérité de ses
sentiments, et je vous envoie ce qu'il appelle sa confession générale.

Vous y verrez, Madame, que ses écarts sont très pardonnables et
que sa franchise est le plus sûr garant de ses bonnes dispositions. Quant
aux dettes, il n'en a pas, et son père, quoique de très bonne famille, ne
lui a laissé qu'une petite fortune.

Ce n'est pas à lui de vous dire qu'il est grand et bel homme, et que
la douceur de son caractère est, certainement, une garantie sérieuse de
bonheur pour la vie de famille.

Dans les entretiens que j'ai eus avec lui depuis quelque temps, il m'a
répété qu'il a remarqué depuis longtemps mademoiselle votre fille, il a
beaucoup entendu parler d'elle, il connaît ses goûts, son genre de vie,
elle lui plaît, et s'il était assez heureux pour être accepté, toute sa pré-
occupation serait de la rendre heureuse.

J'espère, Madame, que vos réflexions seront favorables à M. V...
et qu'il lui sera donné de retrouver dans votre famille la même affection
que ses excellents parents avaient pour lui, et, je suis bien convaincue
que, de son côté, il y répondra. Il comprend toute la gravité d'un acte
tel que le mariage et s'y prépare par les meilleures résolutions.

Je vous envoie, Madame, une photographie qu'il avait fait faire pendant qu'il était à l'école du Pin. Pour le moment, je n'en ai pas d'autre
sous la main. Elle vous donnera une idée de sa physionomie, en tenant
compte toutefois de la différence entre un jeune homme de dix-sept ans
et le même personnage à trente-cinq ans.

J'espère, Madame, avoir calmé vos inquiétudes maternelles que je
comprends si bien et avoir répondu à vos questions de manière à vous
faire partager la confiance que m'inspirent la loyauté et les bonnes
résolutions de mon protégé.

Veuillez agréer, Madame, l'expression de mes sentiments les plus distingués.

E. Guibert de Kerlech.

LOUIS VEUILLOT
DE BOIS-GUILLAUME
À Mme GUIBERT DE KERLECH

Madame,

Comme je ne voudrais jamais, dans une affaire aussi grave qu'une demande en mariage, tromper une mère de famille, je vais vous faire une confession générale, confession qui pourra vous aider à renseigner complètement Mme la baronne de Montbourg sur mon compte.

J'ai eu des écarts dans ma première jeunesse, mais on ne peut me reprocher la plus petite faute contre l'honneur.

Mon premier tort a été de quitter l'école du Pin au moment où j'allais passer officier des haras. Comme excuse, j'alléguerai seulement que je n'avais que dix-sept ans à l'époque.

Mon deuxième moment d'oubli, plus grave, il est vrai, car j'avais plus d'expérience, est d'avoir entrepris dans l'Amérique du Sud des voyages qui, par suite de circonstances imprévues du reste, ne m'ont pas réussi.

Non seulement je ne suis pas joueur, mais je ne sais pas même jouer. J'ai bu quelquefois mais cela dans des moments où je pensais pouvoir m'étourdir.

Je possède une très bonne santé. Quant à l'accident que j'ai éprouvé, les médecins m'ont certifié que d'ici un certain laps de temps, je ne souffrirai pas de la plus légère claudication.

Étant resté assez longtemps absent de Saint-Lô, j'y ai très peu d'amis, mais ceux que je possède sont des plus honorables.

Mon bisaïeul Antoine Veuillot était, avant la Révolution, avocat au Parlement de Normandie et à la Cour des Comptes.

Après avoir offert de défendre le roi Louis XVI à la barre de la Convention, il revint à Saint-Lô, fut nommé maire, et quand l'envoyé du Comité du Salut public vint à Saint-Lô, il sut, par son énergie, empêcher d'y recommencer les massacres de Nantes.

Quant à moi, *l'épreuve que je viens de subir, épreuve peut-être infligée par Dieu pour me punir de mes étourderies passées,* m'a mis du plomb dans la tête.

Je suis bien résolu désormais de suivre le droit chemin, ce que me facilitera l'expérience acquise par moi déjà.

J'ai l'honneur, Madame, de vous présenter mes respectueux hommages.

Louis Veuillot de Bois-Guillaume.

ÉMILIE DE MONTBOURG À
CHARLES DE CERILLEY
Paris, le 4 novembre 1892.

Mon cher Charles,

Je t'ai écrit ce matin, mais je profite des lettres de renseignements que je demande pour te dire que M... avec laquelle j'ai longuement causé après t'avoir écrit ne serait pas fâchée d'épouser un *converti* comme elle, afin qu'il ne puisse pas lui faire des reproches sur le passé. Elle arrive à la raison, dit-elle! Croirais-tu que maintenant elle désire que nous vivions toujours ensemble? Obligée de passer de longues heures seule dans sa chambre, elle réfléchit. L'avenir de son enfant la préoccupe, elle se fait de grands reproches et reconnaît tous ses torts. Elle comprend très bien que la Normandie n'est plus possible et elle cherche toutes les indications de propriétés en Bretagne.

Voilà que deux messieurs sont allés à Saint-Savin. Est-ce pour acheter? Ou serait-ce le monsieur présenté par Mme G... avec un ami, je ne sais. Le bon état des bâtiments ne nuira pas à la vente, non plus que le bon état de la culture. Hélas, je faisais tout cela pour mes enfants et non pour des étrangers!

La nourrice future aura du lait, paraît-il. Je lui ai donné une pelisse pour le baptême, elle en est bien heureuse.

Adieu, mon cher Charles, le temps me presse, je vais faire du jus de viande pour le porter à M... et passer encore du temps avec elle. Je t'embrasse de tout mon cœur. Ta sœur bien affectionnée,

Émilie.

M. LEBERNIER
À ÉMILIE DE MONTBOURG
Saint-Lô, le 7 novembre 1892.

Madame la Baronne,

Je pensais que les dernières lettres de M. V... et de Mme G... pouvaient vous renseigner sur le passé du jeune homme et sur sa famille. Je ne pourrai probablement vous répéter que ce qu'ils vous ont dit.

La fortune serait de cinquante mille francs au moins, c'est plus que ce que Mme G... vous avait annoncé, il a donc peu pris à même son capital, car son père avait déclaré à un de ses amis d'enfance, et cela peu avant de mourir, qu'il ne laissait à sa femme et à son fils que soixante mille francs qu'il avait économisés, et c'est avec le revenu de ces cinquante mille francs qu'il vit.

Sa mère, née de Clairvaut, n'avait pas de fortune, mais appartenait à une des plus honorables familles du pays et son père n'avait eu que très peu de choses de sa famille (quelques mille francs, mais elle était aussi des plus honorables). Lorsque le jeune homme était à Saint-Lô, il montait tous les jours à cheval; puis il faisait de longs voyages.

Ayant peu d'argent, il ne devait pas boire beaucoup, du reste tous ses amis étaient très sobres. Il n'était pas joueur, et je ne lui ai jamais connu de maîtresse à Saint-Lô, et, comme caractère, je ne crois pas qu'on puisse trouver meilleur.

Je ne connais pas ses opinions politiques mais ses amis étaient conservateurs et sa conversion s'est faite depuis qu'il s'est fracturé la jambe, et bien volontairement (la conversion!), c'est-à-dire sans pression, car sa sainte mère était morte ainsi que son père. Je crois que vous pouvez, Madame, vous en rapporter à la confession qu'il vous a faite, et je crois aussi que vous pourrez avoir confiance aux promesses qu'il vous fera, car d'après ses amis, c'est un très loyal et brave garçon. Quant à la famille, elle a été, elle est encore aujourd'hui une des plus honorables et des plus estimées du pays.

Veuillez agréer, je vous prie, Madame la Baronne, etc.

I. Lebernier.

ÉMILIE DE MONTBOURG
À CHARLES DE CERILLEY
Paris, le 8 novembre 1892.

Mon cher Charles,

M. de Saint-René est venu hier pour causer de l'affaire qui nous occupe, il m'a chargé de t'assurer de toutes ses sympathies et de la confiance qu'il a en ton bon jugement.

Il ne repousse pas la chose en principe; mais il veut que nous gagnions du temps, prenant des renseignements plus minutieux que les explications données jusqu'à présent. Il dit avec raison que rien ne pourrait être décidé avant la grande épreuve : que, d'après les lettres, il pense qu'on ne sait rien, et qu'il ne faut rien dire avant de savoir comment cela tournera. Quand nous aurons reçu la photographie de l'âge *actuel*, je te l'enverrai et la soumettrai à M. de Saint-René avec tes réflexions auxquelles il attache beaucoup de prix. Si elle convient à tous en commençant par la plus intéressée, j'écrirai à la dame présentatrice que l'avis du conseil de famille est qu'il faut régler toutes les affaires de succession et de tutelle de mes enfants avant toutes choses, et que la majorité de ma fille est trop proche pour qu'elle soit émancipée.

Néanmoins je demanderai la cause qui a fait quitter le haras du Pin au moment de passer officier des haras. Le motif et le but des voyages dans l'Amérique du Sud, et dans quelle partie de l'Amérique : enfin, d'une manière positive, il faudra savoir en quoi consiste le peu de fortune qui lui reste.

Tu serais bien aimable d'écrire à M. l'Inspecteur général du haras du Pin, par le Bourg-Saint-Léonard, afin de savoir de ce côté la raison qui a fait quitter brusquement le haras par M. V..., à l'âge de dix-sept ans : probablement ce n'est plus le même inspecteur, mais le dossier des jeunes gens reste, et nous saurons peut-être la vérité de cette sortie.

Je me rappelle qu'à cette époque-là, ou à peu près, le jeune V... avait si bien disparu que ses parents au désespoir le faisaient chercher dans la rivière à Saint-Lô craignant qu'il se fût noyé. Bien des jours après, on apprit que le jeune homme, parti à pied, ou autrement, pour se joindre aux carlistes d'Espagne, était tombé dans une bande de républicains espagnols qui voulaient le fusiller le lendemain. Cependant sa jeunesse lui sauva la vie, mais pour le punir de sa témérité, avant de le renvoyer en France, il dut passer entre deux rangées de soldats qui ne lui épargnèrent pas les coups de plats de sabre. Tu as vu que notre homme d'affaire dit qu'il a été zouave pontifical. M. de Saint-René, d'après sa lettre, trouve qu'il est encore enfantin, qu'il peut avoir du bon sens, mais que ce n'est pas un aigle...

M... a dans ce moment un état muqueux et névralgique à soigner. Ces dames sont contentes que je m'en charge et ne font plus de difficultés. J'use de leur bon vouloir, mais sans abuser, ce n'est pas dans ma nature! Dieu merci, il n'y a rien de grave en l'état. La sœur Thérèse donne de très bons conseils, et nous les suivons avantageusement.

Je ne sais plus si je t'ai dit que la fille sur laquelle on comptait pour nourrice, n'a pas de lait. Si l'enfant est assez fort, on essaiera du biberon. Le pied d'Éléonore va mieux. Mais l'autre est faible aussi. Cela devrait lui prouver que le sang manque aux extrémités, et la faire résoudre à améliorer son régime. Oh! quelle opiniâtreté, et quel chagrin pour moi. Plains-moi, cher Frère. Ta sœur malheureuse,

Émilie.

ÉMILIE DE MONTBOURG
À CHARLES DE CERILLEY
Paris, le 12 novembre 1892.

Mon cher Charles,

J'ai reçu les baux à signer pour la maison de Saint-Lô et une réponse de notre homme d'affaires en même temps, contenant les renseignements sur le monsieur en question. Je te l'ai copiée. Il me dit, en outre, que les amateurs de la propriété veulent visiter toutes les chambres. Or, les nôtres sont restées peu en ordre, nous ne pouvons prendre le temps de tout arranger, tu le sais, et je vois qu'il faudra y aller dès que M... sera assez bien pour que je puisse la laisser quelques jours. D'ici là, les renseignements continueront à m'arriver ainsi que la photographie actuelle.

J'ai pensé que notre médecin de Saint-Lô, très discret, très sérieux et qui aime beaucoup M... se chargerait peut-être bien, sur ma demande, de faire connaître l'immense concession à faire. Il doit connaître le jeune homme. Peut-être était-il le médecin de sa famille. Je crois pouvoir compter sur la délicatesse et la discrétion de ce docteur. Comme

37

il ne quitte jamais Saint-Lô, nous n'avions pu avoir recours à lui pour Émile. Il est médecin des hôpitaux, des hospices, et de la clientèle aristocratique de la ville, c'est-à-dire que cela lui suffit de reste.

Donc, si tu es de cet avis, je le mettrai au courant de la triste position, c'est la seule personne sur laquelle je puisse compter, mais dans tous les cas, si le jeune homme ne recule pas, il ne pourrait y avoir conclusion qu'au mois de septembre prochain et l'on mettra en avant les règlements de partages.

Qu'en penses-tu? Tu vois que Dieu me donne le courage de boire le calice jusqu'à la lie! M... se sent heureuse de se voir relevée par nos miséricordes!

Pour le moment cet état muqueux a besoin d'être soigné, mais cela tourne du bon côté. Le pied d'Éléonore va mieux, elle trotte avec plaisir. Le brouillard ne l'arrête pas assez, je crains toujours qu'elle devienne malade, mais elle est si irritée de notre triste situation qu'il n'y a pas grand-chose à lui dire.

Mille tendresses, mon bon Frère. Ta triste sœur,

Émilie.

ÉMILIE DE MONTBOURG
À CHARLES DE CERILLEY
Paris, le 18 novembre 1892.

Mon cher Charles,

Je t'écris sur mes genoux pendant que M... dort. Elle a eu hier une crise qui a duré trois heures et demie et dont elle est encore brisée. Le médecin qui l'avait d'abord traitée en arrivant est malade. On a trouvé celui des sœurs de la rue Cassini qui s'occupe uniquement des maux que nous soignons en ce moment. Il a conseillé deux grammes de bromure pendant trois jours et il reviendra. Le lit absolument. L'enfant est très petit, mais ces crises qu'il croit être hystériques pourraient avancer le dénouement, je ne la quitte plus ni jour ni nuit. On va nous changer de chambre, pour une plus grande. Serons-nous mieux? M. de Saint-René et Sophie sont venus hier, ils ont trouvé la photographie très bien et on accepterait le monsieur d'après les derniers renseignements. Te les ai-je copiés? M... a été si souffrante que je ne sais plus où j'en suis. Mais tout posé et débattu, l'avis absolu de M. de Saint-René est qu'il faut attendre le dénouement et faire attendre en prétextant l'arrangement des affaires entre mes enfants, qui dépend de la vente de Saint-Savin non encore effectuée. Je dois ajourner à trois mois, en assurant que d'ici là nous ne prendrons aucun autre engagement. Pendant ce temps-là, si le monsieur apprend quelque chose, il pourra se retirer de lui-même.

Si le dénouement des neuf mois est bon, il faudra se décider à lui faire connaître la position et pour cela, on emploiera un chanoine de la cathédrale de Paris qui est venu confesser M... et qui l'a prise en goût tout à fait. Voilà le programme du moment. Toute ma crainte est que de peur de manquer le parti, le monsieur veuille des fiançailles dès à présent, et commencer sa cour. Alors que faire? Employer le chanoine de suite, et s'en rapporter à son honneur? Que Dieu nous aide. Lis ma lettre à Mme G... avant de la mettre à la poste. Qui peut savoir comment tout cela va tourner?

Ma pauvre Éléonore en a une névralgie à l'estomac, et je ne puis être avec elle! Heureusement elle a pris l'habitude de se soigner à sa guise et elle tient. Mais elle est bien seule, puisque je ne quitte plus M... Éléonore nous apporte nos repas quand une de ces dames ne peut me remplacer. En ce moment plusieurs sont malades.

Je t'embrasse bien fort. Ta sœur malheureuse,

Émilie.

SOPHIE DE MONTBOURG
À CHARLES DE CERILLEY
Paris, le 25 novembre 1892.

Mon cher Charles,

Dès que cela m'a été possible, je suis venue voir notre pauvre Émilie. Je lui consacre presque tout mon temps. Nous avons beaucoup causé comme tu le penses et elle m'a mise au courant de tous les renseignements sur M. V.... La photographie indique une nature douce. Les renseignements jusqu'ici sont convenables. Il a deux mille francs de rentes pour tout bien présent et à venir. Il a vu Marie l'année dernière; elle ne lui déplaisait pas puisqu'il la demande. Cela est un point certain très important. Mais il est absolument certain aussi qu'il ne sait rien de la santé actuelle ou que, si des cancans ont circulé, rien ne les a prouvés et que par conséquent la première impression n'a pas été entamée. Reste à savoir si de ses sottises de jeunesse il n'est rien resté de fâcheux? En Amérique ou du côté de l'Espagne. M. de Saint-René nous dit que c'est à peu près impossible à éclaircir par les consulats. Restent les dernières années qu'il a passées à Saint-Lô et Émilie y a assez de relations pour le faire disséquer.

Nous avons étudié le problème de toutes les façons avec le cousin. Ou le parti offre des garanties? Ou il n'en offre pas? Dans le premier cas, celui que nous désirons tous : il devra être mis au courant de la position et de la vente de Saint-Savin qu'il désire peut-être comme nid. Par qui? Nous croyons qu'un chanoine d'ici, qui est très bienveillant, serait l'intermédiaire le plus indépendant. Voudra-t-il? Émilie le sondera à ce sujet. Ferait-il au besoin le voyage de Saint-Lô? M. de Saint-René regarde comme impossible de faire venir le monsieur même pour le mettre au courant de la liquidation de la fortune. Il a conseillé de traîner en longueur pour cette raison même de liquidation, jusqu'à ce que M... soit bien guérie. Je l'ai vue une fois, elle est très pâlie, ce qui n'est pas étonnant. Depuis une quinzaine de jours elle a comme des petits accès de fièvre qui la retiennent au lit. Qu'en adviendra-t-il? Dieu seul le sait. Il faut tout le dévouement des siennes pour s'y consacrer. Cette pensée de mariage soutient son moral. Dieu veuille qu'elle n'ait pas une grosse désillusion et que tout se termine pour le mieux!

Éléonore est toute souffrante et ne mange plus rien qu'un peu de bouillie au lait. Sa mère passe nuit sur nuit. J'ai toujours peur qu'elle ne tombe.

Notre année agricole n'est pas fameuse. Il faut de la persévérance et réduire le plus possible nos dépenses, pour pouvoir donner nos dots sans retard. Espérons que l'année prochaine sera meilleure.

Ne me laisse pas sans nouvelles de vous tous, je t'en prie. Moi, je vieillis fort. Il me semble que j'ai cent ans. Honoré s'alourdit aussi un peu et se fatigue souvent. Que Dieu nous vienne en aide à tous. Adieu, mon bon Frère, je t'embrasse bien tendrement. Ta sœur bien affectionnée,

Sophie.

ÉMILIE DE MONTBOURG
À CHARLES DE CERILLEY
Paris, le 29 novembre 1892.

Mon cher Charles,

La lettre du directeur est tellement claire et sévère pour M. V... qu'il me semble nécessaire d'éclaircir au plus tôt les deux questions capitales. Lis ma lettre à M. Lebernier. Si tu y trouves à redire ou à changer, corrige et renvoie-la moi. J'ai envie de m'adresser au médecin de Saint-Lô dont je t'ai parlé. Il me dira la vérité, je l'espère car il aime beaucoup M... et nous tous. Tu penses bien que je ne ferai aucune confidence de notre côté! S'il y a union à l'étranger, le mariage est impossible. Dès que je saurai le nom des pays où le monsieur a séjourné, je m'adresserai aux consuls. M. de Saint-René nous sera peut-être fort utile pour cela.

Le séjour de Sophie, qui a été parfaite, et les occupations incessantes que M... me donne, un gros rhume chez moi m'ont fait oublier de t'accuser réception des quatre cents francs. Excuse-moi. Tu vois que j'ai bien reçu la lettre du haras, et que je suis et serai absolument discrète.

M... a éprouvé de si vives douleurs que le médecin est venu, il a prescrit deux grammes par jour, en deux fois de bromure de potassium, c'est contre l'hyst... et les douleurs ont cessé comme par enchantement; il a recommandé le lit, absolument. Je l'attends ce matin, il me tarde qu'elle puisse un peu se lever pour détourner le sang de la tête. Songe que voilà vingt jours à peu près qu'elle garde la chambre et le lit, et elle a encore six ou sept semaines à attendre.

Je me souviens qu'en 1875 ou 1876, il y avait à Saint-Lô un cirque anglais ou américain. Peut-être que charmé par les écuyères, M. V... les aura suivies? Quoi qu'il en soit, cette vie d'aventurier ne me sourit pas du tout. Et pourtant, je sais que M... s'est créé la nécessité de grandes concessions. S'il y a eu liaison sans mariage légal, ou mariage légal et veuvage, crois-tu la conclusion possible pour M...? Dans tous les cas, l'ivrognerie serait un empêchement absolu, car M... a, comme tu le dis fort bien, besoin d'un guide calme, sûr et ferme quand il faudra. Je communiquerai la lettre du haras à M. de Saint-René, avec la réponse de M. Lebernier et d'autres. Je ne puis lui demander sa visite trop souvent. Mille tendresses, mon cher frère si dévoué. Ta sœur affligée,

Émilie.

Je vais faire adresser à Sangy les dahlias, les glaïeuls et des boutures que j'avais faites. Ton jardinier nous en réservera un peu pour le printemps prochain; à Clamart, nous aurons sans doute un jardin. Éléonore a besoin de fleurs. Ici elle s'arrête avec bonheur devant les boutiques fleuries, mais nous ne pouvons avoir des plantes enracinées sur nos fenêtres. C'est défendu par bail.

ÉLÉONORE DE MONTBOURG
À CHARLES DE CERILLEY
Paris, le 21 novembre 1892.

Mon bien cher Oncle,

Maman vous répond aujourd'hui mais je veux vous remercier moi-même de votre bonne sollicitude. Je ne sais si maman vous a accusé réception des quatre cents francs, car elle ne vous a peut-être pas écrit depuis, mais c'est moi, habituellement, qui suis là au moment du courrier, et je lui ai remis cette lettre, comme toutes les autres. Pauvre maman, la lettre du haras du Pin l'avait toute bouleversée, et il faut avouer qu'il y avait de quoi. On a fait venir un autre docteur pour M..., Mme Berteau l'a questionné en particulier et il lui a assuré qu'il ne trouve rien de grave. S'il n'avait parlé qu'à maman, vous ne le croiriez peut-être pas. Comme la malade souffrait de douleurs névralgiques, il a ordonné de l'antipyrine en guise de quinine, et la voilà bien mieux. Maman est enrhumée. Elle peut dormir un peu mieux, maintenant, et l'on a porté son matelas sur la chaise longue de M... qui peut être organisée comme un lit de repos. Ces dames ont entre elles des procédés d'une dureté très peu édifiante. Il est vrai qu'elles n'osent pas agir ainsi envers les pensionnaires mais cet esprit de fausse perfection est toujours là. Notre pauvre Mme Berteau est épuisée. On abuse de sa bonté de toutes les façons.

Maman a demandé de plus amples renseignements sur M. V... L'important serait sans doute de connaître l'État d'Amérique où il a séjourné pour pouvoir s'adresser au consulat. De Paris, c'est facile. Remarquez bien, mon Oncle, que la lettre du Pin est la seule qui mentionne des faits aussi graves. Je doute qu'à Saint-Lô on puisse élucider ces points si importants. Il serait peut-être préférable que vous eussiez la bonté de demander à ce monsieur qui vous a écrit le nom du pays d'Amérique et des détails plus précis.

On pourrait remonter aux sources, voir s'il a été induit en erreur, et, dans tous les cas, il a certainement droit à une discrétion parfaite.

Recevez, mon cher Oncle, l'expression de mes sentiments bien respectueux et affectionnés,

Éléonore.

SOPHIE DE MONTBOURG
À CHARLES DE CERILLEY
Sainte-Apolline, jeudi.

Mon cher Charles,

En te finissant ma lettre à Paris, Émilie m'a demandé de monter en secret chez M... J'en suis revenue écœurée et bouleversée!! Cette mansarde... avec un horrible chien... ce désordre matériel et moral... me font l'effet d'un de ces romans qu'on ne lit pas. Elle est plongée dans les sensations matérielles; et je crains que chez sa mère la garde-malade ne dépasse tout autre sentiment. La position d'El... là est absolument anormale. Elle se dévoue complètement, courant de ci, de là... lui portant ses repas. Elle est originale pour sa santé; mais sa honte n'est que trop naturelle, et ce qui l'atténuerait... mordrait sur son moral. Son éducation n'a pas les bases solides des éducations ordinaires, et si un jour l'imagination prenait le dessus chez elle avec une santé meilleure...?

Il m'est difficile d'admettre qu'à Saint-Lô on ait autre chose que des soupçons. Mme Gardet a écrit à Émilie qu'elle ferait bien de revenir dans le pays ne fût-ce que quelques jours, *avec ses deux filles* souligné. Ce qui veut dire qu'il y a un bruit à faire tomber. — Pour ce qui est de M. V..., il y a un inconnu redoutable. Croiras-tu qu'Émilie et Marthe auraient voulu un mariage de suite? Pour Émilie, c'est incroyable? Même de pensée. J'envoie ta lettre à Hon. qui doit repasser par Saint-Lô et je lui demande de prendre des renseignements, tout en craignant qu'Émilie (s'ils ne sont pas bons) ne nous en veuille de briser cette unique branche de salut. Enfin ta lettre la mettra peut-être un peu en garde. Il ne nous manquerait plus qu'un cas de bigamie! Certes, on ne peut pas être difficile... Mais il faut que le remède ne soit pas un poison et qu'elle *puisse s'y attacher*. Je déplore que ce soit de Saint-Lô. Si cela ne peut aller, on cherchera au loin c'est certain.

M... déclare qu'elle aimera mieux l'enfant que son mari (c'est la nature bestiale, sans commentaires). Et que, si elle ne se marie pas, elle ne veut pas être sous le même toit qu'El. Elle use de ses soins, mais la déteste tout autant. Qu'arrivera-t-il? Les amateurs réclament de voir l'intérieur de la maison à Saint-Savin. Em... ne peut y aller et ne nous confiera pas les clés. M... a depuis quinze jours certaines crises de souffrances qui la tiennent au lit. Une des dames m'a dit à l'oreille que le docteur croit à une plus prompte solution qu'il ne faudrait. Je suis sur des charbons ardents! Si malheur arrivait à la mère, il faut convenir de quelle maladie elle serait morte? Quel est ton avis? Il est essentiel de s'entendre... *Méningite* comme Émile serait logique. Mais Antoine et Léon ne sont pas établis et cela pourrait leur faire tort. Angine couenneuse? ou péritonite? sont aussi des maladies violentes et, comme à Paris on enregistre les naissances sommairement, cela irait. Elle y serait revenue du Midi pour le partage. Tu comprends que je ne pouvais pas parler de cette éventualité à la pauvre mère. Et j'ai oublié de la traiter avec M. de Saint-René.

Léon est enchanté de sa garnison de Saint-Lô. Son père va l'y présenter à la société. Tu juges si la preuve des cancans nous y serait pénible. Il pourrait entendre chuchoter. On ne peut rien faire à cela. L'intention d'E... serait, avec la vente de la terre, d'acheter pour M... un petit quelque chose, au fond de la Bretagne. Mais la vente n'est pas faite. Je prie Dieu de toutes mes forces de leur venir en aide et à nous aussi.

Adieu, mon bon Frère, je veux que ma lettre parte de suite, je n'ai plus que le temps de t'embrasser bien tendrement. Ta sœur affectionnée,

Sophie.

M. DE SAINT-RENÉ
À CHARLES DE CERILLEY
Paris, le 28 novembre 1892.

Cher Monsieur et Ami,

Dans chacune de mes visites rue Saint-Jacques, j'ai l'occasion de parler de vous, et chaque fois que je me trouve en présence d'un avis à donner, d'un parti à prendre, j'engage votre sœur à vous en référer préalablement parce que je connais et que j'apprécie votre sincérité et votre clairvoyance. J'ai donc été charmé ce matin de constater par votre lettre que nous nous trouvions être d'accord dans la triste affaire qui nous occupe.

Il ne nous est pas possible de réparer le mal accompli, mais il nous reste à chercher les moyens d'en atténuer les conséquences redoutables.

Pour le moment, il me semble qu'il n'y a rien, absolument rien à faire. Pas même à s'occuper de cette proposition de mariage se produisant dans des circonstances si compliquées et dans des conditions si étranges.

J'hésite, plus que vous ne le faites, à croire que M. V... ait une connaissance plus ou moins précise de la situation. Si la supposition en est permise, il faut cependant reconnaître que rien dans les lettres adressées à votre sœur n'y fait une allusion éloignée et ne fasse pressentir que M. V... ait l'intention de profiter des embarras de la famille pour imposer sa personnalité.

J'incline d'autant plus à persister dans cette manière de voir que je ne vous dissimulerai pas que, dans l'hypothèse contraire, je concevrais les plus tristes présomptions sur le caractère et la moralité de M. V... Comme conséquence, son mariage avec M... m'inspirerait de grandes inquiétudes.

Je me méfierais en effet beaucoup d'un *déclassé* qui, de lui-même, irait au-devant d'une situation si compromise et qui ne chercherait dans son succès qu'un bénéfice pour assurer un repos à sa paresse et à son incapacité.

J'aimerais mieux, comme vous l'indiquez, qu'il fût possible de rencontrer un inconnu, un laborieux, acceptant après réflexion une situation dont il aurait compris les dangers plus encore que les avantages.

Mais il y a un élément dont il faut tenir compte dans nos préoccupations. Il faut penser à cette malheureuse enfant, dont l'esprit et les sentiments sont obtus, presque inconsciente d'elle-même, et incapable de se tracer par avance une ligne de conduite et de la suivre.

Dans ces conditions, il est très délicat d'assumer la responsabilité de faire un choix pour elle et sans elle.

Marthe n'a qu'un but : s'assurer de sa liberté d'action. Comment en usera-t-elle? C'est un problème qui se pose.

Quoi qu'il en soit, dans l'état où se trouve la malheureuse enfant, il ne faut pas penser à donner aucune suite avant trois mois à la proposition de M. V... Cela est matériellement impossible.

Le dénouement attendu peut être de telle nature qu'il donne lieu à de nouvelles combinaisons. Il faut donc attendre les événements.

Je ne suis même pas d'avis de continuer, quant à présent, à rechercher des renseignements sur M. V... Son passé et son présent ne nous appartiendront qu'au moment où nous aurions le droit de fouiller sa vie si nous voulions donner suite à la proposition de mariage qu'il a faite et rien n'est moins sûr encore. Vos observations pèseront alors d'un grand poids dans les déterminations à prendre, tant elles sont justes et bien fondées.

Cela est vrai aussi, mais dans une moindre mesure, de ce que vous dites à propos des remarques que motivent les maladies héréditaires. Il est encore inutile de prévoir à ce sujet les malheurs de si loin.

Ainsi que vous le pensez, l'enfant à naître devra être inscrit sur les registres de l'État civil avec le nom de la mère et l'indication de père *inconnu*. Mais ce que vous semblez ignorer, c'est une disposition légale, laquelle permet *toujours* à un *monsieur* quelconque de s'attribuer la paternité de l'enfant. Il suffit pour remplir cette formalité de se présenter à la mairie avec deux témoins et de faire une déclaration *ad hoc*. En cas ultérieur de contestation, le *monsieur quelconque* n'a qu'à établir par preuves assez faciles qu'il a eu des rapports plus ou moins mystérieux avec la mère.

Conclusion : toujours l'épée de Damoclès suspendue. Que de gens, dans le pays que nous savons, qui, s'ils connaissaient cette loi, feraient une course au clocher pour arriver bon premier.

Votre cocher est un brave qui ne recule devant rien, il est tout à la fois vainqueur et victime et je ne doute pas qu'aujourd'hui il ne regrette amèrement son triomphe.

Venez lorsque vous le pourrez, votre présence réconforte votre sœur. Elle supporte avec une merveilleuse énergie les malheurs si grands dont elle est victime. Son courage et sa résignation sont dignes du plus grand respect.

Je désire fort que votre voyage coïncide avec l'époque du dénouement. C'est à ce moment-là surtout que les avis de chacun seront bons et les vôtres tout particulièrement précieux pour votre sœur.

Quant à moi cher Monsieur et Ami, ne doutez pas du plaisir que j'aurai à vous revoir et à vous serrer la main. Bien à vous.

M. de Saint-René.

Ceci n'est pas une lettre, c'est une causerie avec vous.

SOPHIE DE MONTBOURG
À CHARLES DE CERILLEY
Sainte-Apolline, dimanche.

Mon cher Charles,

Ta lettre sur les renseignements V... m'a tellement effrayée que je l'ai envoyée à Honoré avec prière, puisqu'il devait aller à Saint-Lô, de tâcher de faire parler sur le monsieur en question. Émilie ne nous en a pas chargés, nous qui habitons le pays. C'est sans doute qu'elle n'a pas confiance en nous d'une part; ou que d'une autre part elle désire tant marier M... qu'elle ne voudrait pas être éclairée complètement. C'est donc à toi que j'écris le résultat de ma démarche personnelle près d'Honoré. Il a présenté Léon dans les maisons les plus considérables et les plus posées de Saint-Lô. Dans l'une d'elles il a pu glisser le nom en question et demander ce qu'il est : voici la réponse textuelle : « *C'est un misérable!* Son père était un honnête homme, *lui* s'est vautré dans la fange et s'y vautre encore. Il a été renvoyé de partout. Il est capable de tout faire, et plus encore... » Sur la supposition qu'il se serait marié quelque part? « C'est très possible. Il est capable de tout. » En plus, il *se saoule.* Émilie m'a reproché de ne l'avoir pas assez avertie dans le temps sur M... Elle ne m'aurait pas crue et n'a tenu aucun compte de mes conseils. Il en serait sans doute de même cette fois-ci. Et cependant je ne puis garder pour nous seuls de pareils renseignements. Ce serait un second déshonneur et le mal encore plus complet. Elle m'a écrit quelques lignes au reçu de ta lettre où elle me dit qu'elle trouve le directeur du haras sévère et demande confirmation. Je l'ai engagée à prendre elle-même des renseignements à Saint-Lô, en dehors des personnes qui patronnent le mariage en question. Je commence à croire comme toi, que la triste vérité est connue dans la société de Saint-Lô.

Mon Dieu! Quelle horreur! Tâche de faire renoncer Em... à ce triste parti et tourne ses espérances sur le carnet multiple des agences matrimoniales. Elle n'y trouvera pas pire que celui-ci et dans le nombre il peut s'en trouver *un* pauvre mais honnête pour lequel la concession sera moins exorbitante hors de son pays.

Ne nous nomme pas si tu le peux, de peur de la cabrer, puisqu'elle ne nous a donné aucun mandat. D'après les lettres de la marieuse, j'ai été trompée la première et désirais ce mariage comme un secours providentiel. Comme on est trompé tout de même, j'en frémis!

Adieu, mon bon Frère, je t'embrasse bien tendrement. Ta sœur dévouée,

Sophie.

HONORÉ DE MONTBOURG À CHARLES DE CERILLEY *Dimanche soir.*

Mon cher Charles,

L'autre fois en revenant de Saint-Lô, j'ai laissé Sophie t'écrire le résultat de mes investigations pendant que je l'écrivais moi-même à M. de Saint-René.

Je suis content d'ailleurs que mes renseignements soient d'accord avec les tiens. Ils sont d'autant plus certains que je les ai recueillis verbalement et non par écrit *(verba volant)* ce qui ne compromet personne, et d'ailleurs je les tiens de la personne peut-être la plus haut placée dans la société de Saint-Lô.

M. de Saint-René m'écrit ce matin qu'il les a communiqués à la mère de famille sans citer son auteur, comme tu l'as fait toi-même d'après une lettre d'Émilie, contenue dans celle de M. de Saint-René.

Je t'en remercie, quoique j'assume de grand cœur la responsabilité de mes investigations et de mes écrits. Nous l'aurions écrit, Sophie ou moi, que nous n'aurions pas été crus ou au moins taxés d'exagération.

L'affaire est enterrée, ajoute le cousin, et j'en suis ravi! C'eût été un scandale de plus dans le pays.

La mère de famille avait écrit à plusieurs personnes de Saint-Lô qui n'ont pas répondu, et pour cause (*scripta manent,* cette fois). Ceci confirmerait au besoin *nos dires.*

Dans tout cela je ne comprends pas trop le rôle de *l'amie* proposant cette alliance véreuse. De deux choses l'une : ou elle ne sait rien de la position, alors c'est plus qu'une farceuse, ou elle sait tout et le monsieur aussi, et c'est un scandaleux chantage et un mauvais service à rendre que de plonger dans le ruisseau encore davantage les deux êtres en question.

Il faut avant tout que M... s'en aille du pays, que Saint-Savin soit vendu et qu'il n'en soit plus question!

M. de Saint-René paraît avoir une très grande influence sur la mère de famille et c'est trop heureux! Elle lui dit dans sa lettre qu'elle le consultera en tout et pour tout.

Sophie est revenue de Paris, *navrée* de voir sa sœur aînée, celle qui l'a élevée, dans une si triste situation, au point de vue moral et matériel. Quelle chute! Et quelle fin de vie!

On m'a dit cependant à Saint-Lô que cette Mme Guibert est recommandable et on m'a engagé à y faire présenter mon fils en garnison à Saint-Lô, comme tu sais. Mais voyant cela, Sophie m'écrit de n'en rien faire jusqu'à nouvel ordre, c'est prudent.

Que dis-tu du pot aux roses du Panama? Quelle fange! Et comme nous autres, pauvres mais *honnêtes gens,* nous sommes volés! Tout à toi,

Honoré de Montbourg.

ÉMILIE DE MONTBOURG
À CHARLES DE CERILLEY
Paris, le 2 décembre 1892.

Mon cher Charles,
Ta lettre que j'ai trouvée hier matin a eu pour pendant, le soir, une lettre de M. de Saint-René qui disait aussi avoir reçu de très mauvais renseignements, et qu'il faut rompre nettement ce projet. En même temps que ta lettre tu m'en as renvoyé une du monsieur lui-même qui se dit tout heureux de l'espoir que Mme Guibert lui donne, qu'il espère me remplacer le fils que j'ai perdu, etc. J'attends M. de Saint-René pour rédiger la lettre de rupture sans compromettre personne.

J'ai bien l'idée d'écrire à Mme Guibert que, tout compte fait, il est impossible qu'avec sa dot et le peu de fortune de M. V... ma fille puisse tenir un ménage dans les conditions qui lui sont nécessaires; que

47

M. V... étant trop âgé pour faire des études spéciales pour une carrière, la famille a décidé que ce projet n'était pas réalisable et qu'il doit être considéré comme absolument rompu. Voilà le thème, M. de Saint-René trouvera les expressions usitées en pareil cas.

Je suis étonnée que M. Lebernier ne m'ait pas répondu! Serait-ce ce monsieur qui vous aurait écrit à M. de S... et à toi, au lieu de me répondre? Pourquoi ne pas me dire ton auteur? Je lui aurais de la reconnaissance et ne le nommerais jamais. Puis je serais mieux fixée sur le degré de confiance à accorder. Vraiment tu as tort de ne pas me le faire connaître.

Voilà, je l'espère, du mieux pour M..., elle souffre moins, mais elle est forcée de rester couchée le plus possible. Heureusement elle a un excellent et grand lit, dans cette nouvelle chambre. Je profiterai de ce mieux pour aller voir à Clamart l'appartement qu'on lui destinera pour le mois d'avril, en compagnie du bébé et de la nourrice au biberon, car elle est décidée à essayer. Comme elle ne pourra se mettre au régime de la maison, il faudra qu'avec la bonne, elle puisse faire son ménage. Si elle était plus raisonnable, il serait plus avantageux de louer un appartement pour nous toutes, avec un jardin, mais je n'ose me charger de la garder. Enfin, on verra comment la grande épreuve sera traversée. Je pense qu'il lui faudra bien deux mois pour se remettre ici, ces jours-ci je saurai combien on va nous demander pour loger la bonne et l'enfant. Nous nourrirons tout, car ces dames, si elles permettent que cette bonne, leur pensionnaire qui devait nourrir au sein mais qui n'a pas eu de lait, revienne dans l'intérieur de leur maison, ne permettront pas qu'elle communique avec les autres pensionnaires. Tout, ici, exige des permissions spéciales qui doivent être reconnues, par nous, avec de l'argent. Ah! mon ami, nous serions endettées si nous ne nous réduisions pas au simple nécessaire. Le Midi, l'incendie, les conséquences du malheur qui nous tient ici, tout cela cause des dépenses bien fortes, mais nous n'emprunterons pas, grâce à ce que nous avons plongé et secoué la domesticité.

Je t'embrasse bien tendrement, mon cher Charles. Ne fais pas d'imprudences de régime et préserve-toi du froid. On doit envoyer encore à Sangy des boutures et des cyclamens. Nous partagerons ce qui en restera après l'hiver : la tombe de mon Émile et Éléonore ont besoin de fleurs. Ta sœur bien affectionnée,

Émilie.

Merci un million de fois d'avoir pris *toi-même* des renseignements. C'est une grande leçon, je saurai dorénavant qu'on ne dit pas la vérité aux plus intéressés.

ÉMILIE DE MONTBOURG
À CHARLES DE CERILLEY
Paris, le 9 décembre 1892.

Mon cher Charles,

J'attends toujours l'arrivée des pommes de terre pour t'écrire, mais je n'en entends pas parler.

M. de Saint-René, qui devait venir, ne me prévient pas comme il l'avait promis, et le temps m'en dure parce qu'il est urgent d'arrêter l'espoir de M. V... qui sera d'autant plus mécontent qu'il s'y arrêtera davantage. Note qu'il m'a écrit qu'il est heureux de cet espoir. Dis-moi si le motif de rupture invoqué cachera suffisamment le fonds du refus. Il ne faut compromettre personne. Mon vieux médecin m'a répondu en termes généraux que M... ne serait pas heureuse avec un mari qui n'aurait pas les qualités morales dont elle a besoin, et que M. V... n'est raisonnable en rien, dit-on.

M. Lebernier ne m'a pas répondu, c'est peut-être lui qui s'est décidé à t'instruire? Il me tarde, je te le répète, que tout soit rompu et je maudis la neige qui empêche M. de S... de venir.

Cette neige a causé à Éléonore des douleurs névralgiques à l'estomac. Pour M. ç'a été à la tête et au ventre et très douloureusement. Le docteur a ordonné de la quinine pendant six jours. La tête va mieux, et ailleurs les douleurs s'apaisent. Ah! la pauvre enfant se mord bien les poings.

10 décembre.

Mme Berteau n'avait pas pensé à me le dire. Les pommes de terre sont arrivées en bon état, avant-hier. On a vidé les sacs, aussitôt. Je vais les demander, et quand il fera plus beau temps, je les porterai au bureau du chemin de fer. Tu trouveras dedans un livre de mon Émile qui traite des choses de l'Inde. Je l'avais rapporté de Vence à ton intention. En même temps, je t'enverrai pour vos desserts une boîte de chocolats à la crème qu'Éléonore croque souvent dans la journée. Je lui en tiens une boîte en permanence, à portée. Nous sommes près de la fabrique.

Nous sommes bien mieux dans la grande chambre et il est entendu non seulement que M... y subira sa grande épreuve, mais qu'une autre chambre tout à côté et communiquant sera à notre disposition pour l'enfant et la bonne. M... veut essayer du biberon.

Le chanoine qui vient ici pour la messe du matin consent à représenter le curé de Tourette pour le parrainage. Cela vaut mieux que le bedeau. Pour moi, je me garde bien de paraître en tout ceci.

Nous aurons pour soigner M... une des sœurs garde en couches qui m'aidera pour la mère et qui dressera la bonne pour l'enfant. La sage-femme et le médecin sont retenus, tu vois qu'elle ne manquera de rien. Cette épreuve portera de bons fruits, il faut l'espérer! Nous payons cher son retour à de meilleurs sentiments.

La nécessité de rester enfermée avec la malade me fait trouver la température du midi dans la chambre. Je tousse toujours, mais sans bronchite.

Je repousse la prétention du meunier qui nous a trompés tout à fait sur la qualité de la farine qu'il nous avait fournie. Mets, je te prie, ma lettre à la poste.

Mille tendresses pour vous deux. Ta sœur toujours affligée,

Émilie.

ÉMILIE DE MONTBOURG
À CHARLES DE CERILLEY
Paris, le 13 décembre 1892.

Mon cher Charles,

Un rhumatisme aux poignets me fait souffrir et me gêne beaucoup. Cependant je veux te dire que pendant ton absence, j'écrirai le moins possible en Normandie. Ah! Oui! Jamais M... ne pourra comprendre la multitude d'ennuis qu'elle cause.

La somnambule de Bordeaux à laquelle, en consultant pour la santé, j'ai envoyé la lettre de M. V... affirme qu'il ne connaît pas la situation fâcheuse de M..., qu'il a eu une vie très mouvementée, mais qu'à présent, devenu très sérieux, il pense à se faire une famille, que c'est le but de sa demande et que par conséquent l'*intérêt* n'y est pas étranger... que pour *lui-même* il accepterait *par raison* la situation que M... s'est faite, mais qu'à cause de sa famille il ferait des façons; que, cependant la chose pourrait se faire et qu'il rendrait sa femme heureuse.

Mais les façons dont on parle devraient, suivant moi, être aplanies par un pont d'or que je ne puis faire, car un de ces jours derniers, comme je disais à Éléonore désolée de la triste position que M... lui crée : « Ma pauvre enfant! Ce serait encore plus triste si tu voulais te marier! » A cela elle a répondu vivement : « Je me marierai le jour où je voudrai, je ne suis pas nonne; mais, en ce moment, j'ai assez de la vie de famille. » Or, elle sait qu'elle est attendue par un jeune homme très bien allié, bon sujet, qui refuse tout autre parti. Tu vois que je ne puis m'engager à faire tout pour une seule. Par conséquent, à tous les points de vue, je crois urgent de rompre le plus tôt possible avec le M. V..., mais je ne parlerai pas de l'âge, car M... sera peut-être bien obligée d'en faire la concession avec un autre.

14 décembre.

M... a éprouvé de vives douleurs névralgiques à la tête, l'antipyrine en a eu raison; mais les yeux restent douloureux. Depuis que je la soigne, j'ai remarqué qu'elle a souvent de la fièvre. Puisque pendant plusieurs jours les douleurs prenaient à la même heure, le docteur a prescrit du sulfate de quinine. Elle s'en est trouvée fatiguée. Heureusement la somnambule de Bordeaux ou du moins le médecin qui l'emploie et qui m'a été indiqué par Sophie m'a envoyé une formule de pilules où le valérianate de quinine est associé à l'extrait de quinquina et ces pilules ne font pas souffrir. Il a fallu revenir aux jus de viande, car l'enfant épuisait notre malade.

Toujours rien de M. de Saint-René ni de M. Lebernier.

J'espère dans quelques jours avoir la bonne qui devra essayer d'élever l'enfant au biberon. Elle couchera près d'Éléonore, dont elle fera le ménage, et elle passera près de Marie une partie de la journée : de cette façon je serai plus tranquille. Mais il faut attendre, car elle n'est pas encore assez remise.

Mme Moreau est très reconnaissante des pommes de terre. Tant qu'elles durent, c'est une économie d'un franc par jour. Or, comme c'est Mme Berteau qui tient le ménage ici, c'est elle que l'on oblige véritablement. Elle le mérite bien, je t'assure!

M... va se lever, et tâchera de descendre un peu vers les autres pensionnaires, pendant que j'aérerai sa chambre. Ces braves dames ne font que nous monter le bois. Nous nourrissons M... tout à fait, car le régime de la maison ne peut lui convenir.

Je t'embrasse bien fort, mon bon frère, et tes nièces en font autant. Soigne-toi bien... Ta sœur affligée,

Émilie.

ÉMILIE DE MONTBOURG
À CHARLES DE CERILLEY
Paris, le 16 décembre 1892.

Mon cher Charles,

M. de Saint-René est venu hier, et il a eu la bonté de m'apporter un brouillon tout fait de la lettre de rupture à adresser à Mme Guibert. Il n'y a eu que peu de choses à changer pour en faire, il me semble, une lettre très bien pour la circonstance. Personne au monde n'y est compromis pour les renseignements donnés. Le conseil de famille est un bataillon carré que l'on n'ose affronter et le subrogé tuteur s'est mis lui-même en cause. Défaut de carrière, défaut de fortune, on voit tous les jours des projets de mariage ne pas aboutir à cause de cela. Or, comme le monsieur aurait pu, à l'âge de trente-cinq ans, avoir l'une et l'autre, s'il avait voulu travailler, il ne peut s'en prendre qu'à lui. Voilà une affaire finie.

Maintenant, je n'ai qu'à soutenir Éléonore dans l'épreuve morale qui lui fait tant de mal, et M... dans l'épreuve physique qui se prépare.

Nous suivons les conseils de la sage-femme, du médecin d'ici, et de celui de Bordeaux, doublé de la somnambule; je ne crois pas pouvoir faire plus.

La fille que M... a choisie pour bonne à élever au biberon, a conservé une faiblesse de jambe qui aurait dégénéré en phlébite si elle n'était au repos complet. Pendant ce temps nous ne la payons pas. Elle se soigne. On l'a logée tout à côté de M... depuis hier. Dans la journée elle lui tient compagnie. Je vais en profiter pour faire sortir Éléonore. Heureusement le rhumatisme qui me tient les bras et les reins est moins méchant aujourd'hui, et M... est assez bien.

Ta sœur malheureuse,

Émilie.

M. de Saint-René serait d'avis de mettre l'enfant en nourrice et que M... reprenne sa place à notre foyer en même temps que nous notre individualité dans le monde. Mais, mon ami, avec le tempérament connu, ne vaut-il pas mieux lui laisser, dans la retraite d'un asile, remplir les devoirs de la maternité? Cela seul redresse bien souvent des natures où il reste quelques bons sentiments, et Dieu merci, il y a encore de l'étoffe. Nous avons le temps de voir encore, et d'abord il faut avoir franchi le plus mauvais pas.

M. DE SAINT-RENÉ
À CHARLES DE CERILLEY
Le 23 décembre 1892.

Cher Monsieur et Ami,

J'ai été très sensible aux paroles aimables que vous voulez bien m'adresser en saisissant l'occasion des souhaits de fin d'année. Je vous en remercie et vous assure que, de mon côté, j'éprouve les mêmes sentiments d'estime et de sympathie à votre égard. Veuillez, je vous prie, faire agréer à Mme de Cerilley l'hommage de mon respect et de mes vœux de nouvel an.

La proposition de M. Veuillot de Saint-Lô est bel et bien enterrée. Elle ne méritait que cela. Cette circonstance a motivé un échange de lettres avec votre beau-frère Honoré de Montbourg et j'ai été heureux de pouvoir l'assurer de notre parfait accord.

Je suis bien certain que la pauvre Mme de Montbourg reconnaît intérieurement aujourd'hui que, malgré son intelligence et son dévouement, elle a, dans une certaine mesure, échoué dans l'éducation de ses enfants.

Aussi depuis l'effondrement de cette malheureuse famille, tant par les événements tragiques que par la dernière catastrophe, je vois que votre sœur veut s'en référer à nos avis communs. Elle a la plus grande confiance en vous et je sais tout ce qu'elle peut attendre de votre cœur et des efforts de votre ingénieuse volonté.

J'ai été la voir il y a quelques jours et, causant des divers partis à prendre dans ce moment et prochainement pour M..., j'émettais l'avis qu'il y aurait lieu, *aussitôt la délivrance,* de placer l'enfant en nourrice dans un *endroit quelconque* à proximité de la localité où Mme de Montbourg et ses enfants fixeraient leur résidence.

Je lui signalais les avantages qu'il y aurait à trancher net la question *dès l'origine,* que plus on tarderait, plus ce serait difficile et qu'en outre, c'était le *seul* moyen de reprendre une situation de monde sans trop d'équivoques. Je ne vous cacherai pas que je me suis heurté à une opposition assez imprévue et qui, je l'espère, ne sera pas définitive.

Votre sœur m'a dit que M... ne consentirait jamais à se séparer de son enfant, qu'elle n'oserait même pas aborder en ce moment cette question tant elle craindrait pour la santé de M... et pour les crises nerveuses de nature même à mettre sa vie en danger. Votre sœur semble croire, et Éléonore partage son avis à ce sujet, que le seul moyen de ramener l'équilibre dans le caractère et la conduite de M... serait de lui laisser son enfant.

J'ai demandé comment il serait possible de concilier une semblable détermination avec la reprise des habitudes sociales indispensables. Je vois là un point noir nouveau : d'une part l'inexpérience de M..., d'autre part la faiblesse maternelle aidée de la complicité involontaire d'Éléonore peuvent créer des embarras dont les pauvres femmes ne se doutent pas et dont elles seraient encore les victimes.

Éléonore se lasse et s'ennuie. La situation lui pèse, je le vois, de plus en plus, et je crois qu'elle n'entrevoit pas encore l'issue personnelle qu'elle cherche peut-être. Dans son état de santé, avec ses idées baroques, il faut que la charge lui semble lourde pour qu'elle pense au mariage.

Pour bien des motifs que nous connaissons l'un et l'autre, *elle n'est pas mariable,* et c'est le dernier parti que je lui conseillerais de prendre si la pensée lui en venait sérieusement. Nous n'en sommes pas là, Dieu merci ?

Je vous envoie, cher Monsieur et Ami, mes meilleurs souvenirs et vous dis à bientôt, car nous n'en avons pas fini avec cette lamentable affaire.

M. de Saint-René.

ÉMILIE DE MONTBOURG
À CHARLES DE CERILLEY
Paris, le 25 décembre 1892.

Mon cher Charles,

M... et mes rhumatismes aux poignets rendent la correspondance bien difficile. Elle éprouve des douleurs qui font penser que la délivrance ne tardera pas, et puis tout s'apaise... et c'est à recommencer sans cesse. Ah! Si elle cherchait sottement une nouvelle épreuve, il faudrait qu'elle perdît la mémoire.

On ne serait pas bien venu de lui parler mariage en ce moment. Mais je suis bien inquiète du dénouement, car elle est si nerveuse qu'il faut craindre l'éclampsie. La sage-femme et le médecin seront là, je veux aussi une sœur garde-malade. Dieu veuille que tout se passe bien!

Je fais mettre aux colis postaux tes deux sacs enveloppant une boîte de chocolat pour Madeleine et toi. C'est une spécialité fort agréable; et une boîte de nonettes de Dijon que je te prie de faire mettre à la gare de Sangy en payant le port.

Pour les billets de visite à renvoyer, j'attendrai ton retour et t'enverrai un colis postal les renfermant.

Il gèle fort depuis hier, nous nous chauffons.

Adieu, mon bon frère. Reçois tous mes vœux de bonheur pour l'année qui va commencer. Pour moi, je ferme les yeux et, mes pensées ne prévoyant que douleurs et tristesses, que Dieu ait donc enfin pitié de moi!

Je t'embrasse de tout mon cœur, ainsi que Madeleine si elle est près de toi. Ta sœur malheureuse,

Émilie.

MARIE ROUGEMONT
À C. ET M. DE CERILLEY
Le 29 décembre 1892.

Mon bon Oncle et ma bonne Tante Marraine,

Je ne veux pas laisser partir la lettre de maman sans vous offrir mes vœux pour l'année qui va bientôt commencer, et vous remercier de l'affectueuse pitié que vous avez bien voulu me témoigner. Je fais une rude expiation de ma faute, c'est bien dans le malheur que l'on a besoin des soins de sa famille, si maman n'était pas là, je manquerais des soins les plus nécessaires, car à Saint-Raphaël l'on n'est pas tendre. Je suis toujours un peu fatiguée, mais j'approche du moment fatal, dont j'ai grande peur. Je vous assure bien mon bon oncle que je ne recommencerai pas, l'expérience que j'en fais est trop dure. Je veux espérer que vous et ma bonne tante n'êtes pas trop éprouvés par le froid sibérien qui règne partout, et que vous êtes en bonne santé. Maman souffre cruellement de ses rhumatismes et Éléonore de ses névralgies. Pour faire plaisir à maman, je mettrai mon enfant en nourrice. Le docteur qui me soigne m'en a trouvé une dont il répond. Cette femme est du département de l'Yonne, elle possède une vache et se trouve dans une certaine aisance, de sorte que j'espère qu'elle aura soin de mon petit enfant. Du reste, elle en a déjà élevé trois dans la même position, ce qui me donne un peu confiance. Cela fait que je n'irai pas à Clamart, ce dont je ne suis pas fâchée.

Veuillez agréer, mon bon Oncle et ma bonne Tante Marraine, l'assurance de ma profonde et respectueuse affection. Votre nièce et filleule,

Marie Rougemont.

ÉLÉONORE DE MONTBOURG
À CHARLES DE CERILLEY
Le 29 décembre 1892.

Mon cher Oncle et Parrain,
Je voudrais être la première de vos filleules qui vous offre cette année ses vœux de bonheur, moi qui ai tant à vous remercier. Car, vraiment, Dieu vous a choisi pour nous montrer qu'il ne faut jamais désespérer entièrement sous les plus cruelles épreuves; je ne veux jamais non plus l'oublier.

Maman souffre de son rhumatisme qui l'a prise dans les mains, elle me charge de l'excuser pour le retard forcé qu'elle met à répondre à la lettre si affectueuse de ma tante. Soyez bien sûre, chère Tante, que son cœur vous en remercie même avant que sa plume puisse le faire, et laissez-moi vous témoigner aussi toute ma gratitude pour votre bonne sympathie.

Veuillez agréer, mon cher Oncle, et partager avec ma tante, l'expression des sentiments bien reconnaissants et respectueux de votre nièce,

Éléonore.

à parlé sans doute du projet du bon curé de Tourrettes? Ce brave homme veut bien s'occuper de moi, ce dont je lui suis reconnaissante. je ne me fais cependant pas illusion je suis devenue d'un placement bien difficile, et je ne sais pas qui voudra bien adopter l'enfant. car sans cela pas de mariage possible. je tiens à ce que le pauvre petit être soit traité aussi bien que ce possible, et si il en était autrement, je me rebifferais d'importance. j'en aurais le droit, une mère a le droit et le devoir de protéger son enfant. Du reste je n'ai pas encore reçu la réponse définitive du bon curé. j'espère qu'il ... ... sans en avoir l'air, l'avenir ... m'épouvante ... ... rais rester sans appui, et ... ... le monde est cruellement méchant. On a beau lutter contre lui, il finit toujours, par vous écraser sans pitié. Si j'étais seule encore ça me ferait moins, mais mon enfant. Oh Non. je ne l'abandonne pas à le monde hurlant, je le garderai près de moi. Mais après tout je ne suis qu'une femme. je sens bien que l'enfant aura besoin d'un défenseur. vous qui êtes si bon pour moi. guidez-moi, conseillez moi. je ne me suis hélas! que trop laisser guider, par ma tête, qui m'a mené au malheur. vos lettres que j'ai gardées précieusement, me remontent de temps à autre le moral, que j'ai souvent grandement

Marie Rougemont à Charles de Cerilley, 15.10.92 (p. 24)

1893

ÉLÉONORE DE MONTBOURG
À CHARLES DE CERILLEY
Paris, le 20 février 1893.

Mon cher Oncle,
Maman souffre tellement de son rhumatisme aux mains que malgré son grand désir de vous répondre elle me charge d'être son secrétaire aujourd'hui. Elle a reçu exactement les mille francs que vous lui avez envoyés. Maman vous remercie des détails que vous lui donnez dans votre dernière lettre et se félicite de la réserve qu'elle a gardée dans celle qu'elle avait répondue à Henri, réserve qui a déplu, paraît-il, puisqu'elle attend encore la lettre que son filleul avait coutume de lui écrire pour le jour de l'an.

Les inquiétudes, la tristesse et l'extrême fatigue de ces jours derniers ont empêché maman de vous écrire toute son intime sympathie pour votre douloureux anniversaire, mais elle me charge de vous dire qu'elle unit dans son cœur le souvenir des deux cousins qui ont partagé un moment ses soins maternels.

M... continue d'aller aussi bien que possible. Bébé, qui est très joli enfant et très fort, est parti avec sa nourrice. Nous en avons reçu ce matin d'excellentes nouvelles. *Il a été enregistré à l'église et à la mairie sous le plus complet incognito.* Ce conseil a été donné, pour l'intérêt même de l'avenir de l'enfant, par la marraine qui est très au courant des choses praticables en pareil cas. Le parrain qui est le curé de Tourette a été représenté par le prêtre qui a baptisé l'enfant dans la paroisse de la marraine qui n'est pas celle sur laquelle nous habitons. La nourrice nous a été procurée par le docteur qui la connaît depuis bien des années. Elle est, dit-il, digne de confiance sous tous les rapports, et a élevé beaucoup d'enfants sans avoir eu le malheur d'en perdre un seul. Elle connaît à merveille tous les soins à donner aux bébés, et possède tous les accessoires nécessaires. Elle se fait payer très cher, mais il y a sécurité absolue. *Elle ne sait pas notre vrai nom.*

Quant à Saint-Savin, nous n'y retournerons, maman et moi, que pour déménager. C'est l'avis de M. de Saint-René. Il nous conseille encore d'aller à Sangy dès que cela sera possible et de vous prier ainsi que ma tante de bien vouloir recevoir M... pendant notre absence qui ne durera que le temps strictement nécessaire. Aurez-vous cette extrême obligeance?

Votre nièce et filleule,

Éléonore.

ÉMILIE DE MONTBOURG
À CHARLES DE CERILLEY
Paris, le 23 février 1893.

Mon cher Charles,

A force de liniment, calmant et de pilules de térébenthine, mes poignets vont un peu mieux; mais il faudrait un repos absolu qui est impossible. La garde qui était la sage-femme nous a quittées hier soir, mais elle reviendra tous les matins jusqu'au vingt et unième jour, car il m'est impossible de donner à M... les soins nécessaires. De plus, une bonne fille que nous espérions pouvoir garder comme domestique ne peut se relever de l'épreuve subie. Hier le médecin a reconnu enfin une phlébite interne, suite de couches mal soignées. Si M... ne m'avait pas auprès d'elle, qui sait comment elle en sortirait, car il y a des systèmes appliqués à tort et à travers, et manque de soins surtout, dans certains cas.

La montée du lait est très peu de chose. Tout est donc pour le mieux depuis que la rétention d'urine a cessé. Néanmoins la vessie reste souffrante et je vais consulter pour cela.

Éléonore a dû te dire que l'enfant est fortement constitué, joli enfant, et que la nourrice venue, *sur lettre,* doit inspirer toute confiance. On la paie cinquante francs par mois, c'est cher mais il y a toute sécurité. Elle ne sait et ne saura pas notre véritable nom. L'enfant a été déclaré à la mairie et à l'église né de père et mère *non dénommés,* sur le conseil de la directrice de l'autre asile de Saint-Raphaël qui a une expérience certaine de ces sortes de choses, et la preuve que cela peut se faire, c'est qu'à la mairie, la sage-femme qui a fait la déclaration n'a pas éprouvé l'ombre d'une difficulté; nous avons eu bien de l'embarras pour le baptême : figure-toi que le prêtre qui avait *permis* et Mme Berteau qui avait promis ont été désavoués par Mme Moreau qui n'a pas même permis que Mme Berteau fût *représentée.* Nous restions donc avec la ressource des pauvres filles : la sage-femme pour marraine et le bedeau pour représenter le parrain qui est le curé de Tourette. Or, il n'était pas convenable que ces deux personnages se trouvent ensemble sur les registres de l'église. J'ai soumis le cas à deux ecclésiastiques qui m'ont conseillé de trouver une marraine convenable. Où trouver quand on plonge? Note qu'on nous a lanterné cette réponse jusqu'à la veille de l'événement et qu'il fallait agir vite! J'ai couru chez l'ancienne directrice, que Mme Moreau avait outrageusement traitée, et qui s'était retirée avec toutes ses collaboratrices pour fonder un nouvel asile. Je lui ai fait part de mon embarras, et spontanément elle m'a offert d'être marraine. Alors je l'ai priée de parfaire son obligeance en cherchant un prêtre qui voulût bien représenter le curé de Tourette. Elle a demandé que le baptême se fasse dans sa paroisse; cela se pouvait puisque nous sommes comme en voyage, et l'un des vicaires a représenté le parrain tout en donnant le baptême. Cela n'a pas fait un pli. J'ai accompagné l'enfant en voiture avec la nourrice qui le portait et assisté voilée à la cérémonie. La marraine a distribué les honoraires dont nous étions convenus, et très honorablement. Pour reconnaître sa cordiale obligeance et son conseil d'incognito complet, je lui ai remis deux cents francs pour son œuvre. Nous sommes au mieux, tu penses bien, et les dames d'ici ne peuvent se douter du tour que nous leur avons joué.

Nous conserverons notre nom de guerre à Paris et nous allons dépister les recherches si on était tenté d'en faire, car au milieu du mois prochain, nous irons loger dans un autre quartier où nous prendrons logement pour trois mois, afin de donner à M... le temps de reprendre sa taille.

Pendant ce temps-là, M. de Saint-René nous conseille de faire une fugue en Normandie pour chercher l'argenterie, la vaisselle de Chine et ce que nous voudrons vendre à l'hôtel Drouot, d'apporter tous les papiers et de faire dresser une liquidation de capitaux entre nous. Il dit que c'est nécessaire pour la conclusion d'une vente de Saint-Savin. Pendant ce temps, je confierai M... à la marraine, qui m'a offert de la recevoir. Nous dirons qu'elle est restée avec sa marraine à Sangy parce que les voyages sont coûteux et qu'elle n'était pas utile. Nous resterons le moins possible et nous ne démeublerons pas afin de ne pas nuire au coup d'œil. Le déménagement sera pour une autre fois, et la même raison sera donnée. Personne n'osera rien nous dire en face.

M. de Saint-René avait cru que tu avais l'intention de venir à Paris au printemps. Il est venu hier; je lui ai narré tout ce que nous avions fait, notre intention d'aller le plus tôt possible dans un autre quartier, il a paru satisfait.

Mais, mon cher Charles, comment veux-tu que M... pense à se marier quand elle est encore endolorie des premières choses qui l'atteindraient de nouveau, vraiment il faudra lui donner le temps d'en oublier les douleurs, car elle refuserait tout.

La nécessité de s'éloigner de la Normandie fait que nous nous fixerons dans le Midi; c'est pour cela que je veux ne pas m'éloigner de l'influence du curé de Tourette qui sera nécessaire. Après le temps voulu pour pouvoir présenter M... en public, nous irons à Sangy passer deux ou trois mois, et ensuite il faudra aller dans le Midi. J'ai pensé à la ville de Grasse, qui est rapprochée de Tourette, et où les ressources de tous genres ne doivent pas manquer, les étrangers y venant l'hiver. Je vais prier M. le curé de Tourette de nous y faire chercher une maison avec jardin, et le nombre de pièces convenables pour s'y établir confortablement.

Quant à Saint-Savin, nous n'y séjournerons plus jamais.

Mais j'ai pensé que la chaleur nous obligera sans doute à retourner à Sangy pendant les étés, et que des arbres fruitiers d'été seraient à propos dans le jardin. Comme il y a des poiriers plantés trop près, j'ai envie d'en faire envoyer de Saint-Savin, il y a aussi des greffes en pépinière, et des chênes truffigènes, c'est-à-dire qui produisent la truffe noire. Ils sont tout jeunes, ces chênes, tu en prendras la moitié. Que penses-tu de mon idée?

Réponds-moi là-dessus. Ah! Si je pouvais compter sur un avenir pour mes filles, je tâcherais d'embellir mon Moutier qui en vaut bien la peine. Mais!...

Si tu m'envoies cinq cents francs, tâche que ce soit des petits billets. Tu peux m'écrire ici, les lettres arrivent plus vite.

Nous expliquerons notre long séjour à Sangy par mon rhumatisme. Comme nous n'avons plus de chevaux, nous ne ferons pas de visites. Mille fois merci de vouloir bien accepter M... quand nous irons déménager Saint-Savin, mais nous ne pouvons savoir quand.

Adieu, mon cher Charles, j'ai mis une demi-journée à cette lettre, parce qu'il faut m'arrêter à chaque instant pour reposer ma main; mais je tenais à te donner tous ces détails afin que tu sois au courant de tout.

Je t'embrasse bien tendrement. Ah, oui, fais-nous préparer du bois, s'il te plaît, c'est essentiel. Ta sœur affligée,

Émilie.

Je vais me reposer!...

SOPHIE DE MONTBOURG
À CHARLES DE CERILLEY
Rambouillet, le 25 avril 1893.

Mon cher Charles,
Je reviens de Paris, où j'ai passé quatre jours, couchant à l'hôtel du Luxembourg. J'y ai trouvé une organisation bien imprudente, et d'après la lettre de toi qu'Em. m'a lue, je vois que tu t'y es opposé de tout ton pouvoir. M. de Saint-René de même. Leur docteur l'a dit devant moi. M... joue de la crise de nerfs et de la phlébite à volonté, et la faiblesse maternelle

cède aux trois quarts; au lieu d'imposer. La servante a voulu commencer à la faire chanter, bien entendu. Je suis arrivée au milieu d'une scène de M..., qui voulait céder à tout, et a débité des colères et des absurdités à faire frémir... prévenant qu'elle avait mis la fille au courant de son nom... qu'elle se dénommerait du reste bien elle-même. Au lieu de couper court immédiatement comme le docteur le conseille, la mère temporise... La servante a déjà parlé, car le maître d'hôtel qui a descendu ma malle, m'a accompagnée avec une figure narquoise si différente de celle de mon arrivée qu'elle m'en a dit long. J'en préviens Em... qui se méfie si peu, malgré sa cruelle expérience, qu'elle sort souvent de chez elle, en même temps que sa fille aînée, laissant M... avec la servante qu'elle garde dans sa chambre. Je crains *tout, tout* absolument. L'aînée n'a pas le même tempérament, c'est vrai, mais l'absence complète de religion la laissera sans défense contre d'autres genres d'entraînements et le cap des tempêtes n'est pas passé pour elle. Elle exerce sur sa mère une influence qui n'est pas toujours heureuse parce qu'elle manque de l'expérience qui fait prévoir. Et avec cela elle s'oppose systématiquement à toute idée venant d'ailleurs. C'est à pleurer! de voir tout cela aux abîmes sans y rien pouvoir.

Toujours pas d'amateur pour Saint-Savin, paraît-il, et le fermier les fait jeûner. Je vais demander à Hon... la manière dont il s'y prend pour actionner la mauvaise volonté d'un des nôtres. Il est certain que, comme affaires, E... aurait grand besoin d'aller faire un tour à Saint-Lô. Au début de mon séjour, j'avais proposé à E... de venir la remplacer pendant deux jours, avant mon départ de Rambouillet.

Mais je vois que ce serait une responsabilité *énorme* et dans laquelle la sœur aînée me serait plutôt un obstacle qu'une aide. Tu ferais mieux que moi, parce qu'on te craindrait. Je n'ai pas vu M. de Saint-René. Je n'en ai pas eu le temps, et puis notre malheureuse sœur croirait peut-être que je suis pour quelque chose dans ses décisions. Tu peux lui faire passer ma lettre si tu le veux. Nous avons grande confiance en lui et on ne lui dit pas tout certainement.

Quant à la santé de la pauvre mère, elle se soutient par une grâce d'en haut. Son rhumatisme goutteux fixé au bras droit et alternant avec des jetées du côté des bronches la fait seul souffrir.

Adieu, mon bon Frère, je t'embrasse bien tendrement. Ta sœur bien affectionnée,

Sophie.

ÉMILIE DE MONTBOURG
À CHARLES DE CERILLEY
Paris, le 25 mai 1893.

Mon cher Charles,

Le docteur a décidé que nous pourrions partir dès que l'époque de M... aura repris normalement.

Mais voilà Éléonore souffrante d'une espèce de coup de sang à la main, et, suivant sa méthode d'entêtement, elle ne veut pas voir de médecin.

Je souffre plus que tu ne peux l'imaginer des opiniâtretés de ces deux filles qui vont en augmentant avec l'âge. C'est bien l'esprit de leur père, qui ne revenait pas d'une idée mal chaussée. Elles seront leurs propres victimes, je n'y pourrai rien, épuisant chaque jour les observations, les ordres et les prières. C'est dur pour une mère dévouée comme je le suis.

Le docteur auquel je confiais les idées de mariage qui germent dans la tête de M... a déclaré que ce serait dangereux pour sa vie, d'ici à quelques années, et pour toujours dangereux pour son bonheur, parce que le meilleur mari ne manquera pas un moment ou l'autre de lui reprocher le passé, et que n'étant pas femme à courber la tête, il pourrait s'en suivre des malheurs.

Que si, dans le cours des années elle peut rencontrer un homme assez parfait pour accepter loyalement et sans réminiscence la situation faite, alors seulement elle devra se décider, mais il faut un homme d'âge mûr, ayant souffert.

Que Dieu en manifeste un quand le moment sera venu.

Je ne pense pas que nous puissions quitter Paris avant la fin de juin pour que les santés ne demandent pas de soins médicaux à Sangy. Dans la seconde quinzaine de juin, si Éléonore est assez forte, nous irons à Saint-Savin pour choisir et expédier le mobilier dont nous avons besoin pour la villa. J'espère que les affaires seront assez terminées pour que chacun ait ses attributions. Je dois être dans mes meubles et non dans ceux de mes enfants; aussi je suis très décidée à établir tous mes droits.

Le haut prix demandé par ta cuisinière pourrait bien être une honnête occasion de sortir de chez toi, cherchée par elle. La fille que nous avons ici avait invoqué ce prétexte pour quitter ses maîtres quand elle s'est reconnue *en faute*. N'envoie pas ton cocher si parfait dans notre petite maison du Moutier. Quand nous serons arrivées, nous nous tirerons d'affaire avec la femme que tu nous as retenue. Nous avons eu un cocher si parfait, disait-on, qu'on en était à chercher ses défauts : eh bien, c'était un libertin, un ivrogne et un fourbe qui employait son intelligence à cacher ses vices. J'ai peur de la perfection ostensible.

Tu ne me dis pas si le papier de la chambre et la bordure de la salle à manger vont bien.

Adieu, mon cher Charles, je t'embrasse bien tendrement. Ta sœur affligée,

Émilie.

SOPHIE DE MONTBOURG
À CHARLES DE CERILLEY
Sainte-Apolline,
le 29 septembre 1893.

Mon cher Charles,

Le temps est maintenant à la grande pluie. Je souhaite qu'il redevienne beau pour le voyage d'E... et son déménagement. Tu as raison, elle doit se hâter de se fixer à Grasse. Hélas, pourquoi ne l'avez-vous pas poussée à y aller il y a un an? Nous avons appris dernièrement que la belle-sœur de Stéphanie, très versée dans les bonnes œuvres, savait au bout de quinze jours sa présence rue Saint-Jacques! De cette dame à la famille de la jeune fille que notre Antoine aimait il n'y avait pas loin et je m'explique l'opposition absolue de la mère au mariage, malgré la réciprocité d'affection de sa fille! La présence d'E... et de sa fille aînée faisait un effet marquant. La directrice en aura fait réclame...

Thérèse est mariée, c'est sur notre Antoine que le triste effet est retombé!... Il ne l'a pas deviné, heureusement, le pauvre enfant. Ç'eût été horrible pour lui. Il n'a cru qu'à une grande ambition d'argent de la part des parents. Je sens trop bien que leur opposition avait ce côté raisonnable. Tu ne peux te faire une idée de la réprobation qu'une telle tache entraîne! chez ceux qui mettent l'honneur au-dessus de la vie. Cette sévérité est indispensable au maintien des éducations nobles et chrétiennes. La maladie n'excuse rien et n'est jamais invoquée comme prétexte.

Émilie me fait un grand éloge d'Adèle, de sa sagesse, de son bon jugement, de son affection pour vous. J'en suis bien heureuse et j'espère que l'avenir te réserve de bonnes joies par ton bon fils. Pour moi, je voudrais voir l'avenir de notre Léon heureusement fixé avant de mourir. Dieu veuille que l'oubli puisse se faire sur ce qu'Antoine a si injustement expié! Il y a des jours où je tiens à peine debout et où la pensée du ciel est comme voilée par de si cruels souvenirs que mon cœur, mon esprit, tout en reste écrasé!

Adieu, mon bon Frère, je t'embrasse bien tendrement ainsi que tous les chers tiens. Ta sœur bien affectionnée,

Sophie.

ÉMILIE DE MONTBOURG
À CHARLES DE CERILLEY
Grasse, le 28 novembre 1893.

Mon cher Charles,

Marthe nous fait enrager de plus belle depuis quelques jours, à propos de la servante de Paris, et de son idée de vivre avec elle et avec son petit. Mme Clément croit qu'hier, en mettant une lettre ostensible et bien permise à la poste, elle en a mis deux, soit une pour cette servante... Je lui écris pour lui défendre de répondre. Dimanche pendant qu'elle était restée seule un moment avec Mme Clément elle a trouvé moyen de se débarrasser de sa présence et, quand je suis rentrée, la boîte aux lettres qui est à notre porte, dans l'intérieur, avait la serrure dérangée. J'en porte la clé pendue à mon cou. N'attend-elle pas d'autres réponses? Elle est si cachée!...

Le curé de Tourette perd ses efforts à la faire changer d'idées : toute la journée, elle nous dit qu'elle attend ses vingt-cinq ans pour s'en aller et se marier à sa guise, c'est-à-dire dans le cinquième dessous. En aidant à ranger les livres, elle a trouvé un code. Elle l'étudie et me dit résolument qu'elle attend le moment de se ficher de moi et de la famille.

Le curé de Tourette a fait plusieurs démarches pour des employés bourgeois; mais quand il aborde *la chose,* on ne veut plus entendre parler de rien. Je suis navrée de tout cela, Éléonore aussi. La bonne Mme Clément se désole et nous sommes toutes souffrantes, tu le comprends! Je n'ai que le temps de t'embrasser bien tendrement, mon cher Charles, pour porter ma lettre.

Mets à la poste celle que je t'envoie, après l'avoir cachetée.

Ta sœur bien malheureuse,

Émilie.

1894

ÉMILIE DE MONTBOURG
À M. DE SAINT-RENÉ
Grasse, le 3 février 1894.

Mon cher Cousin,

Je suis harcelée par M... qui veut absolument se marier et par le curé qui demande une décision. Je me rabats sur le conseil de famille, vous en tête, car, personnellement, je me sens incapable de résoudre la difficulté d'une telle mésalliance qui est la négation des principes de toute ma vie. Peut-être le caractère doux et sérieux du jeune homme conviendrait-il mieux qu'un autre pour la vie de ménage avec cette terrible fille!

On pourrait sans doute exiger que la carrière soit plus avancée; que ce candidat soit placé à la gare de Grasse qui est plus importante que celle de Tourette, en attendant que l'expérience des différents services permette de le mettre dans l'*administration* des chemins de fer à Nice. Mais cela ne lui donnera ni le nom, ni l'entourage de famille désirable, et quant à la fortune, il ne faut compter que sur les appointements car la mère n'a que mille cinq cents francs de rentes, et il y a trois enfants!

A cause de mes neveux et nièces et de nos connaissances, n'y aurait-il pas moyen, pour sauver les apparences, d'obtenir du gouvernement, moyennant finances, l'autorisation d'ajouter à son nom celui de Beauvoisin? Cette famille sort du Pont de Beauvoisin en Dauphiné. Vous me rendriez bien service, mon cher cousin, en vous informant de cela, le plus tôt possible, et en l'obtenant à pas trop cher; car vous comprenez que si la chose se conclut, toutes les dépenses possibles seront à ma charge.

Le docteur de Paris aurait désiré un plus long repos pour M... mais il ne croit pas qu'il y ait danger.

Je ne prendrai aucune décision sans votre assentiment, mon cher cousin, et sans celui de mon frère. Je vous ai manifesté peut-être trop mes répugnances personnelles, mais je saurai les sacrifier au devoir si vous le jugez à propos, afin d'éviter à cette malheureuse enfant des malheurs sans nom, auxquels le malheureux tempérament qu'elle tient de son père pourrait encore l'entraîner.

Ma pauvre Éléonore ne veut pas dire ce qu'elle pense de tout cela, afin d'éviter toute responsabilité, mais elle s'attriste un peu plus en sentant la pesanteur de la croix.

Me voilà mieux, mais comment être bien avec tout ce qui m'éprouve si péniblement?

Votre cousine affectionnée,

Baronne de Montbourg.

L'autre frère de M. Borderet étant aussi dans le chemin de fer et sur la même ligne, ne pourrait-on donner pour raison de distinguer les frères par l'adjonction du nom du pays?

M. DE SAINT-RENÉ
À CHARLES DE CERILLEY
Paris, le 7 février 1894.

Cher Monsieur et Ami,

En même temps que je recevais votre dernière lettre, Mme de Montbourg, de son côté, me faisait part des propositions qui lui étaient faites pour M...

Je ne voulais répondre à votre sœur qu'après m'être concerté avec vous, mais il y a quelques jours, à la suite d'une nouvelle lettre, très pressante, j'ai cru devoir lui écrire immédiatement. Je vous envoie cette dernière lettre pour bien vous permettre de juger, en substance, les observations que j'ai soumises à votre sœur.

Tout d'abord, ne voulant pas engager ma responsabilité, par un avis décisif, à l'égard d'événements qui se passent si loin de moi, et sur lesquels je n'ai que des renseignements très incomplets, voici ce que j'ai dit à Mme de Montbourg : « Je ne suis plus le tuteur de vos enfants, en conséquence mon rôle et mes conseils ne sont plus que secondaires. Ils s'effacent devant les conseils que peuvent vous donner les membres de votre famille directement intéressés dans les décisions à prendre en commun. »

J'ai ajouté que toutefois je ne me refuserais pas à lui exprimer mon avis, mais que je craignais d'ajouter à ses perplexités plutôt que de lui indiquer le moyen de sortir d'embarras.

Examinons ensemble, cher Monsieur et Ami, la question qui se pose en ce moment, je suis bien sûr que nous serons d'accord.

Je crois qu'il devient de plus en plus désirable de marier M... Toute autre jeune fille dans sa position aurait pu et aurait dû attendre peut-être quelques années. Mais cette malheureuse enfant si incomplète moralement et intellectuellement est inconsciente de sa position. Elle n'obéit qu'à des instincts, nous le savons, presque de bestialité. Dans ces conditions, elle est toujours à la veille de renouveler sa triste aventure. En outre, elle est un perpétuel sujet d'inquiétude, de tromperie pour votre sœur dont elle rend l'intérieur plein d'agitation et de querelle.

Il serait donc désirable de se débarrasser, le mot n'est pas de trop, de cette personnalité dangereuse et compromettante. Mais c'est ici où commence la difficulté. Il serait absolument nécessaire, selon moi, que M... se mariât loin des résidences de chacun des membres de la famille. Or le jeune homme dont il est question habite, ainsi que sa famille, à proximité de l'endroit choisi par Mme de Montbourg pour sa résidence d'hiver. D'où je conclus qu'elle pourra difficilement échapper à de certains rapports·que l'opinion publique lui imposera plus ou moins.

Si votre sœur n'avait pas fait un bail, elle aurait pu marier sa fille et se déplacer, échappant ainsi à la solidarité du présent et d'événements possibles.

Ce n'est pas la position sociale du jeune, ni son peu de relief qui me semblent les choses les plus pénibles à accepter. Ce qu'il y a de triste dans cette affaire, tout particulièrement, c'est d'être, pour ainsi dire, à la discrétion d'une drôlesse, qui inflige de si cruels jours à sa famille.

Donc, tout ce que l'on peut désirer c'est que le jeune homme ne soit ni un aventurier, ni un déclassé et pas trop un coureur de dot.

Il a accepté résolument le fait *accompli,* il est dit-on honnête, il a une position acquise et j'ajoute même honorable. Mais a-t-il déjà vu M..., a-t-il pu juger son caractère, sa nature anormale et violente, n'y aura-t-il pas mécompte d'abord ou désaccord sérieux après mariage? Nous ne pouvons que nous poser ces questions, il faudrait être sur place pour en tirer les réponses probables. Il est encore d'autres aperçus, mais cela me mènerait loin de vous en parler.

Vous remarquerez que dans sa lettre Mme de Montbourg me demande s'il ne serait pas possible que le jeune homme puisse ajouter à son nom de famille le nom de la localité où il est né à Beauvoisin. Votre sœur s'imagine que ces adjonctions de nom se font tout seul, passent comme une lettre à la poste, à prix réduit. Elle se trompe. Il faut, pour faire réussir pareille combinaison, passer par une enquête administrative, subir des avis motivés, un jugement, etc., des rectifications d'état civil, etc.

Il est bien vrai qu'aujourd'hui, dans le monde, nombre de personnes se parent d'un titre ou d'une adjonction de nom qui ne leur appartiennent pas. On peut même ajouter que cela se fait couramment sans inconvénient et sans pénalité, les officiers de l'état civil sont même devenus très coulants à ce sujet; mais cependant ces usurpations ne se régularisent pas toujours facilement.

Je vous avoue que dans la circonstance, pour des motifs que vous approuverez, je le pense, je ne suis disposé qu'à fournir à

Mme de Montbourg des renseignements qu'elle pourra peut-être utiliser.

Je me suis toujours tenu à sa disposition pour lui rendre tous les services en mon pouvoir comme tuteur de ses enfants, et j'ai le sentiment du devoir accompli avec conscience et le plus complet désintéressement, mais je n'ai nulle envie de me mettre en campagne pour une chose qui demande à être examinée et étudiée de près.

Cette longue lettre ne peut se terminer qu'en vous donnant la nouvelle assurance que je vous prêterai toujours mon concours le plus dévoué chaque fois qu'il s'agira du sort et de l'avenir de vos nièces, bien que je n'aie pas trouvé chez mes ex-pupilles l'expansion affectueuse à laquelle je pouvais m'attendre.

Veuillez offrir l'hommage de mon affectueux respect à Mme de Cerilley et croyez, cher Monsieur et Ami, à mes sentiments d'amitié.

M. de Saint-René.

ÉMILIE DE MONTBOURG
À CHARLES DE CERILLEY
Grasse, le 17 février 1894.

Mon cher Charles,

Je t'envoie les lettres que je viens de recevoir. Je soupçonne fort le mari de la demoiselle Borderet d'être un simple ouvrier ou journalier.

Cette gare sans ressources de Tourette ne peut convenir à M..., et la pensée que tous liens de famille seront rompus avec elle me peine tellement que je ne puis me résoudre à consentir à une telle alliance.

D'un autre côté, Mme Clément me prévient qu'un cocher d'omnibus a fixé l'attention de M... ici, et qu'elle y pense!... C'est encore pis! Ah! mon Dieu, qu'est-ce donc qu'une nature pareille?

S'il faut absolument la marier bientôt (et pourtant elle sait que des soins locaux lui sont nécessaires pour détruire un mauvais principe *gagné*), ce sera bien à ses risques et périls, car je ne la doterai pas tant qu'il ne sera question que de partis indignes d'être admis par le rang social de la famille.

Mais j'ai pensé à un parent d'Edwige, dont le père a mangé sa fortune. Il était il y a six ans employé dans les bureaux du chemin de fer à Mâcon. Il a dû avancer depuis. Tâche de savoir cela. Ah! mon frère que je suis ennuyée! Ma pauvre Éléonore s'attriste de plus en plus en voyant le bas égoïsme de sa sœur qui ne se croit pas obligée de chercher pour elles deux un entourage convenable, et pourtant elle lui est si dévouée! Mais cette créature ne pense qu'à manger, à boire et aux amours sensuels! Ah! c'est bien le caractère et le tempérament du père déchu!

Probablement que d'après tout cela la famille préférera qu'elle se marie loin; mais je proteste contre le bas degré social qui établit un milieu incompatible avec le nôtre; si elle tient à déchoir absolument en se pressant ainsi, et que tu juges qu'il faut la laisser faire pour ce M. Borderet, je me chargerai de payer pour l'enfant en nourrice et son entretien, mais voilà tout; je n'ai pas d'autre moyen de protester. Il est douteux qu'elle soit acceptée avec les deux mille francs de rentes que le partage de la fortune paternelle lui accorde de mon vivant. Mais le cocher l'accepterait bien si elle s'en affole.

Deux ecclésiastiques de Paris n'ont pu réussir à lui trouver un mari. Il est bien entendu que si aucun membre de la famille n'assiste à son mariage, nous n'y assisterons pas non plus, et tout sera rompu avec elle de notre part aussi. Je suis révoltée de tant d'ingratitude et de présomption.

Elle a bien l'intention de s'attacher Mme Clément mais si elle n'a que ses deux mille francs, elle ne pourra la payer et la nourrir. Je suis reprise d'une crise de rhûmatismes aigus plus générale, et tout à fait au lit sans pouvoir marcher; il me faut la chaleur du lit et du coton iodé.

Adieu, mon bon Frère. Mille tendresses. Ta sœur affectionnée,

Émilie.

ÉMILIE DE MONTBOURG
À CHARLES DE CERILLEY
Grasse, le 24 février 1894.

Mon cher Charles,

Le projet Borderet est rompu, grâce à Dieu! C'est M... elle-même qui refuse absolument le séjour de la gare de Tourette. Je t'en dirai les raisons de vive voix, ne pouvant les confier au papier. Déjà l'annonce de la résolution de nos familles de laisser le jeune ménage de côté avait fort mécontenté ceux qui croyaient, au contraire, sortir de leur sphère par ce moyen.

J'avais bien parlé de changement de gare, mais le curé menant l'affaire faisait la sourde oreille. Puis ni lui, ni même le maire de Pont de Beauvoisin n'ont voulu faire connaître l'état ou la profession du mari de la fille mariée contre le gré de sa famille. Déjà le frère a épousé la fille d'un charpentier, c'est par trop éloigné du rang social! M... a vu ce que c'est que la trivialité égalitaire ici, par une femme honnête, belle-sœur de l'aumônier de l'hôpital. Cela lui a fait horreur, grâce à Dieu! Elle fuit ces gens-là, et craint de rencontrer les pareils dans la famille B... C'est donc une affaire enterrée. Dieu veuille nous procurer mieux! Mais avec la mauvaise tête de M... je ne suis pas tranquille. Mme Clément heureusement est consciencieuse, et a naturellement besoin de se sentir en bon lieu, souffrant de ce qui est mal ou trivial.

Je doute que le curé de Tourette dorénavant cherche un mari pour M... Deux ont refusé le passé; nous refusons le troisième. Enfin la Providence y pourvoira; je ne puis ni forcer la volonté de M... ni changer la situation.

Ici nous avons des vents violents et des nuits très froides. Je sors à peine un moment dans le jardin, et suis obligée de me soigner beaucoup. Voilà trois rechutes d'influence, et en plus une sciatique abominable dans les reins, la hanche et jusqu'au pied gauche. Je ne suis bien qu'au lit, et ne peux pourtant y passer ma vie, car pendant que je me soigne, M... boit plus qu'il ne faut et fait enrager tout le monde. Sa santé est meilleure et ses idées meilleures en ce moment, du moins en apparence, car je n'ose m'y fier. La pauvre Éléonore voudrait bien voir marier sa sœur pour être plus tranquille, mais d'un autre côté elle craint que nous en ayons d'autres ennuis.

Ta sœur affectionnée,

Émilie.

Le curé m'écrit que la famille B... n'acceptera jamais d'être laissée complètement de côté et refusera cette sorte de dédain. Il avait fait étalage de notre fortune, et quoique les charges dont je me chargeais représentaient trois mille francs de ma part, ce qui faisait cinq avec les deux de M... on trouve que ce n'est pas assez. Je refuse net, d'autant plus qu'avant cette lettre, M... s'était prononcée sérieusement, et en refusant je ne parle que de la décision de la principale intéressée, tout en remerciant cordialement.

ÉMILIE DE MONTBOURG
À CHARLES DE CERILLEY
Grasse, le 7 mars 1894.

Mon cher Charles,

Le docteur de Bordeaux est celui qui par sa somnambule nous a guidés heureusement pendant le pénible état de M..., il est donc très au courant de toutes choses. C'est sa femme qui est sa somnambule, et qui, en consultant pour moi cet hiver a vu que l'avenir et le présent de M... m'inquiètent assez pour atteindre sérieusement ma santé, et comme elle est très bonne, elle m'a *offert* de chercher à la marier. Je ne dois refuser aucune bonne volonté, me réservant tous droits d'examen sérieux. Mais je ne crois pas qu'une bonne clientèle veuille changer de place ni se décider à prendre le bagage du passé, et un changement de lieu serait indispensable dans la position.

Une situation dans les chemins de fer serait plus facile pour cela, quoique moins lucrative.

Tu comprends bien qu'en me retirant complètement du contrat, je voulais faire manquer le projet du curé. C'était le seul moyen. J'ai pu aller à Nice avant-hier pour un corset pour M... et refaire de nouvelles photographies. En passant à T... nous n'avons pas manqué de regarder. Le chef de gare est vraiment bien de sa personne et très digne de tenue; sa mère s'est mise à la fenêtre, le passage des trains étant la seule distraction de ce désert! Ah! mon ami, quelle figure acariâtre et en colère contre le genre humain! On a beau ne pas épouser une belle-mère, il y a des rapports forcés, et avec celle-là qui est du genre sangsue, car je n'ai pu faire lâcher prise qu'en cassant net les subsides, il y aurait eu bien des désagréments pour le ménage, étant donné le caractère des deux femmes. De plus, vraiment cette gare minuscule est insuffisante comme logement, et comme il faut plus d'une demi-heure pour trouver âme qui vive et un morceau de pain en grimpant une montagne impossible à Mme Clément, c'était une difficulté de plus. On aurait encore à la rigueur accepté cette situation pour *un temps limité...* Mais la parenté que tu sais!... celle-là ne peut être changée.

De plus le curé de T... sur lequel on comptait comme voisinage, va quitter sa paroisse le 14 de ce mois pour aller aumônier à Nice. Néanmoins la vue du sujet, qui est vraiment bien, a donné des regrets à M... et à Nice elle a failli avoir une crise. La distraction et les emplettes à faire la concernant ont, Dieu merci, détourné l'attention.

Si un projet de mariage prenait consistance, il va sans dire que je renoncerais pour cette année au caveau à préparer; mais je voudrais le faire exécuter le plus tôt possible. Mon cœur reste malade de la lutte pénible soutenue contre M... et le curé pour le projet rompu; le rhumatisme goutteux qui s'est mis en sciatique et qui remplit une si grande étendue peut se porter violemment au cœur et je puis être prise en peu de temps. Je veux être à côté de mon Émile.

Adieu, mon cher Charles, je t'embrasse bien tendrement. Ta sœur affectionnée,

Émilie.

MARTHE DE MONTBOURG À CHARLES DE CERILLEY *Grasse, le 7 mars 1894.*	Mon bon Oncle, Je vous remercie beaucoup de vos bons conseils, y compris ceux que vous

m'avez donnés à Sangy. Oui le projet de mariage avec M. Borderet est rompu : bien que ce soit un bon garçon je l'ai refusé. J'en ai bien quelques regrets maintenant. Mais c'était impossible. Sa mère que nous avons vue en allant à Nice lundi 5 mars ressemble plutôt à une tricoteuse qu'à une femme. J'aurais peut-être passé par-dessus cela si je n'avais eu d'autres raisons plus graves pour ne pas habiter la gare de Tourette, raisons qu'il ne m'est pas possible d'écrire et dont je vous parlerai à Sangy quand nous irons au mois de juillet. J'espère, mon bon Oncle, que vous et ma tante ne souffrez pas trop du froid en Bourgogne. Ici nous avons un bon climat bien préférable à celui de Nice, si variable!

Veuillez agréer, mon bon Oncle ainsi que ma bonne Tante, l'assurance de mes sentiments d'affectueux respect.

Marthe de Montbourg.

Pour toi seul.

ÉMILIE DE MONTBOURG
À CHARLES DE CERILLEY
Grasse, le 10 mars 1894.

Mon cher Charles,

Comme tu m'as recommandé de profiter de toutes les occasions possibles pour tâcher de marier M..., j'ai fait écrire par Mme Clément à un monsieur de vingt-huit ans qui s'annonçait dans le journal *le Chasseur français.*

Voici sa réponse :

« Madame,

« En réponse à votre lettre, j'ai l'honneur de vous faire connaître que je suis percepteur des contributions directes. Ma résidence est Condé-sur-Ifs, arrondissement de Falaise (Calvados).

« Je suis catholique sincère, j'ai avec tous les prêtres de ma perception les relations les plus cordiales, du reste, M. l'abbé Lefranc, curé de Condé-sur-Ifs avec lequel j'ai les meilleurs rapports et qui me considère comme un véritable ami, j'ose le dire, se ferait un plaisir, j'en suis certain, de vous fournir tous les renseignements que vous jugeriez utiles sur ce point. Quant à faire partie d'une société secrète, cela, comme vous le voyez, n'est pas dans mes idées.

« Ma famille est originaire de la Haute-Marne, arrondissement de Langres. Mes parents habitent Levallois, près de Paris, 41 rue Danton, et vivent de leurs revenus. Ils ont deux enfants, ma sœur et moi. Après mes parents, j'estime que j'aurai pour ma part une somme de trente à trente-cinq mille francs.

« J'oubliais de vous dire que je dépends du ministère des Finances depuis l'âge de vingt ans, que ma nomination au poste actuel, quatre mille francs, date de deux années, et que d'ici un an, deux ans au plus, j'espère obtenir un avancement. J'ai eu vingt-huit ans en novembre 1893. *Je jouis d'une excellente santé.* Je suis brun, taille un mètre soixante-huit.

« Voilà, Madame, *ma situation loyalement* exposée, et espérant que vous voudrez bien donner suite à votre projet, je vous prie d'agréer, Madame, les salutations respectueuses de votre serviteur. Édouard Granjean, percepteur Condé-sur-Ifs. »

Je fais répondre ceci par Mme Clément :

« Monsieur,

« La jeune fille à laquelle je m'intéresse appartient à une très bonne famille. On lui assure cinq mille francs de rentes totales et, après sa mère qui est veuve, elle aura deux ou trois mille francs de rentes de plus. Sa sœur aînée ne veut pas se marier, c'est donc un beau parti, mais... il y a un enfant d'un an *à reconnaître.* Il faudrait aussi changer votre nom de baptême qui rappelle de tristes souvenirs, et enfin, permuter pour notre perception, parce que la mère ne consentirait pas à un grand éloignement.

« Voyez, Monsieur, si vous acceptez ces conditions et répondez-moi. La fortune consiste en propriétés et en rentes sur l'État. Les comptes de tutelle sont rendus.

« Si vous acceptez les conditions, la mère de ma jeune amie soumettra votre position à la famille qui est très unie.

« Permettez-moi, pour ce cas-là, de garder votre lettre du 25, que je m'engage à vous renvoyer, si vous n'acceptez pas.

« Recevez, Monsieur, etc. »

Que penses-tu de la position de percepteur? Je la trouve préférable à celle de petit chef de gare.

La permutation s'impose, le Calvados n'est pas possible du tout, mais je ne le dis pas.

Au ministère des Finances, on pourrait avoir quelques renseignements. Je vais en faire prendre sur les parents à Levallois, par un prêtre de Paris; mais pour le ministère, si tu n'as personne, il faudra M. de Saint-René. J'aurai recours à lui, *si les conditions sont acceptées;* afin de ne pas le déranger inutilement.

Éléonore est si éprouvée par les exubérances de caractère de sa sœur, ses tourments de mariage et toute sa personnalité, qu'il me tarde de voir ce mariage fait.

Reçois toutes mes tendresses de sœur bien affectionnée,

Émilie.

ÉDOUARD GRANJEAN
À Mme CLÉMENT
Le 30 mars 1894.

Madame,

La question de me rapprocher du Midi est une chose toute simple. J'ai des amis au ministère des Finances qui me faciliteront ce changement *quand je le voudrai.* Du reste, mes goûts personnels, si j'avais eu à choisir au moment de ma nomination, auraient été pour le pays du soleil. Quant à changer de prénom, c'est une question accessoire qui ne souffre aucune difficulté.

Mais je désire me marier pour me créer un intérieur et avoir une compagne à laquelle je donnerai toute mon affection. Je désirerais que cela soit réciproque; je ne voudrais pas, en faisant ce mariage, être seulement un prête-nom. Je vous prie donc, Madame, de vouloir bien me dire si la jeune fille a un caractère doux et affectueux et si son cœur n'a plus aucune attache, car, je vous le répète, mon désir est d'avoir une compagne aimante, à laquelle je serai heureux de faire partager toutes mes joies.

Sous cette réserve, j'accepte donc toutes les conditions contenues dans votre lettre.

Vous priant de vouloir me donner aussi tôt que possible quelques détails sur la jeune fille, ainsi que sur la famille, je vous prie d'agréer, Madame, l'assurance de mes sentiments les plus respectueux.

E. Granjean.

ÉMILIE DE MONTBOURG
À CHARLES DE CERILLEY
Grasse, le 2 avril 1894.

Mon cher Charles,

Éléonore te copie la lettre de M. Granjean que nous venons de recevoir. J'écris à un abbé très sérieux de Paris pour qu'il ait des renseignements par le curé de Condé-sur-Ifs sur le jeune homme, et en même temps sur l'honorabilité du père et de la mère qui habitent Levallois, près Paris. Mme Clément, qui va hélas! nous quitter, parce que sa cousine lui promet de lui laisser une bonne partie de sa fortune, me promet de chercher à Levallois dont elle sera voisine, des renseignements sur cette famille qui y habite. Je vais écrire à M. de Saint-René. C'est Mme Clément qui continuera la correspondance, et notre nom ne sera connu que si le Monsieur doit venir ici.

La réflexion à propos de société secrète est tout simplement une réponse à ma question. Par le temps où nous vivons, dès qu'on sort de notre monde, il est bon de s'informer, car les affiliations sont très répandues, surtout parmi les fonctionnaires de l'État.

On lui demande de changer de nom de baptême; Édouard, parce que le père de l'enfant s'appelle ainsi.

Si ce projet réussit, je serai contente qu'il ait ton approbation; mais, mon Dieu! comme Mme Clément va nous manquer, surtout à M...! Elle espère décider sa cousine à venir à Grasse, si elle est transportable, car il paraît qu'elle est menacée d'une tumeur dans les intestins. Elle nous promet de nous revenir si sa cousine décède, ou si elle n'exécute pas ce qu'elle lui promet. La chère dame croit ne pouvoir refuser à cause de sa mère et de sa sœur. Je suis de son avis; mais elle s'est donnée à nous, et une fois libre, elle compte bien nous revenir. Sa famille ne lui tient pas autant au cœur. En attendant, nous voilà bien ennuyées. Je vais prendre à la journée une femme de ménage qui est une sainte fille.

Ta sœur affectionnée,

Émilie.

Je fais répondre que M... a un caractère très affectueux, dévoué et énergique, qu'elle est vive, mais revient vite, que, reconnaissante de voir adopter son enfant, elle aimera doublement celui qui veut bien l'adopter, qu'il peut être tranquille sur le passé, aucun rapport n'est possible, la famille s'est tout à fait dépaysée.

Brûle ma lettre.

ÉMILIE DE MONTBOURG Mon cher Charles,
À CHARLES DE CERILLEY Je t'envoie la photographie du mon-
Grasse, le 6 avril 1894. sieur avec la copie de la lettre qui l'accompagne et qui explique la dureté de sa physionomie. Je n'enverrai celle de M... que lorsque nous aurons les renseignements demandés et attendus, et ne l'enverrai pas du tout s'ils ne sont pas bons.

M... prétend que si Mme Clément ne peut venir avec elle, elle ne veut pas se marier. Mme Clément, tenue maintenant par sa cousine, ne peut quitter, alors il faudrait que le monsieur puisse être nommé à Grasse. Est-ce possible? J'offrirais bien de conserver le jeune ménage jusqu'à ce que Mme Clément soit libre, mais Éléonore ne s'en soucie pas, et je ne dois pas la contrarier.

Tu vois que les choses s'embrouillent, et avec la mauvaise tête maladive de M... on est bien embarrassé. Elle n'est pas séduite par la photographie.

Si par hasard elle change d'avis, il me semble que le mieux serait d'aller à Paris pour se rencontrer et si l'on se convient et s'entend, de se marier à Paris. Mais auparavant, il faudrait qu'il eût sa nomination. J'espère que tu voudrais bien venir pour le contrat et le mariage. M. de

Saint-René serait sur les lieux et rien ne transpirerait *ici*. La reconnaissance pourrait aussi avoir lieu, qu'en penses-tu? Les parents sont presque à Paris, ce serait une raison.

Je sais bien que cela me reviendra cher, mais qu'y faire? Il n'y aura pas de fêtes.

Renvoie-moi la photographie ou bien envoie-la à M. de Saint-René, avec la copie de la lettre.

Ta sœur affectionnée,

Émilie.

SOPHIE DE MONTBOURG
À ÉMILIE DE MONTBOURG
Sainte-Apolline, le 10 avril 1894.

Ma chère Émilie,

Hier, au reçu de ta première lettre, j'ai écrit de suite à quelqu'un qui a des relations dans l'arrondissement de Falaise; et ce matin Honoré a mis aussi un monsieur de sa connaissance sur la piste de M. Édouard Granjean. Condé-sur-Ifs est à dix-huit kilomètres de Falaise. Ce n'est qu'un bourg de 457 habitants. C'est donc un village. Je pense que nous obtiendrons des renseignements sûrs; mais il faut un peu de patience, car cela demandera, je pense, deux semaines. Honoré n'a pas vu ta seconde lettre, étant parti avant le facteur. A son retour, il ira voir le directeur des contributions directes. Il le connaît peut-être. Mais il ne connaît pas du tout le receveur général actuel. Je verrai avec lui s'il ne pourrait pas faire prendre ce renseignement par un contrôleur qu'il connaît.

Évidemment ce parti vaudrait mieux que le premier, socialement parlant. Je ferai glisser la question morale du caractère dans les questions sur ses notes de service. J'ai fait toute une liste de questions pour mon compte : principes religieux, conduite, réputation, éducation, caractère. Je te transmettrai la réponse sans y rien changer. Je demande aussi l'ensemble extérieur. Il est plutôt petit que grand, a-t-on dit ce matin à Honoré. Une perception de quatre mille francs à vingt-huit ans prouve qu'il est reconnu très intelligent ou qu'il est très appuyé, ce qui sera nécessaire pour obtenir un changement de région sans baisser d'émoluments.

Cette carrière est très bonne, permet d'habiter longtemps la campagne, ce que préfère M... Il y aurait indépendance de la belle famille. Enfin beaucoup de bonnes choses si le sujet y répond.

Le départ de Mme Clément doit être pour toi une grande complication! Et j'en désire d'autant plus le mariage de M... Je comprends qu'elle la regrette aussi; mais dis-lui bien qu'un mari aime bien ordinairement que sa femme dépende uniquement de lui et que c'est même souvent sa direction qui l'attache à elle le plus fortement au premier moment. C'est donc pour toi surtout, ma pauvre sœur, que je regrette la présence de Mme Clément pour tout ce qu'elle t'aurait aidé à faire dans cette circonstance. Enfin, comme tu le dis, il était impossible d'exiger qu'elle renonce au pain de ses vieux jours, en refusant d'aller près de sa cousine qui du reste a besoin de ses soins.

Il faut donc se résigner à son absence. Mais qu'as-tu trouvé pour la remplacer? Vous ne pouvez pas rester toutes trois seules. J'espère que ta bronchite est guérie maintenant.

Je recommence à souffrir comme l'été dernier et suis sans aucune force. C'est peut-être l'effet du mouvement du sang au printemps. Nous voilà encore menacés de la sécheresse, comment serons-nous payés? C'est désespérant.

Ta sœur bien affectionnée,

Sophie.

ÉMILIE DE MONTBOURG
À CHARLES DE CERILLEY
Grasse, le 11 avril 1894.

Mon cher Charles,
J'avais déjà écrit à Sophie et je l'ai fait encore quand M. de Saint-René m'a répondu qu'on ne lui avait donné que des renseignements trop superficiels au ministère, et qu'il fallait par Honoré aller aux chefs de hiérarchie plus immédiats, savoir le directeur des contributions et le receveur général à Caen. Je t'envoie la réponse de Sophie.

La photographie que je t'ai envoyée est effrayante de dureté. Si le monsieur est ainsi, jamais je ne pourrais marier ma fille à l'homme dur qui la rendrait malheureuse. Si cette expression de physionomie est due à la mauvaise exécution de l'image, il ferait bien d'avoir à en envoyer une mieux faite. Mais ce n'est qu'après les renseignements reçus que l'on pourra aborder cette question.

Il n'est arrivé aucune réponse du curé de Condé à Mme Clément. Le prêtre de Paris sur lequel je comptais pour écrire au curé s'est récusé, prétextant qu'il s'était promis de ne jamais s'occuper de ces choses-là. Je viens de prier un missionnaire de Marseille de me rendre ce service. J'ai prié Mme Clément d'écrire au maire de Condé-sur-Ifs, Calvados, mais répondra-t-il? C'est bien triste, et tu vois que j'ai grand besoin de Sophie et d'Honoré. Mme Clément devait avoir des renseignements à Paris sur la famille du monsieur, voilà huit jours que nous n'avons pas reçu de lettre d'elle, et nous en sommes inquiètes.

Mme de La Neuville me propose pour M... un jeune comte de vingt-neuf ans qui accepterait la position. Je lui demande des renseignements plus complets, mais je crains quelque tare et ne m'arrête guère à cette idée. Ta sœur bien affectionnée,

Émilie.

Cher Monsieur et Ami,

Puisque Mme de Montbourg vous a annoncé qu'elle m'a écrit au sujet de la *candidature* Granjean, elle aurait dû vous communiquer la réponse que j'ai faite à ses interrogations.

Voici à peu près ce que je lui ai dit : je n'ai pu obtenir au ministère des Finances que des renseignements tout à fait banals, le dossier du monsieur ne semble contenir que des documents relatifs au service. Il est vrai que je n'ai pas au ministère des Finances les facilités que j'aurais peut-être dans d'autres administrations pour obtenir des renseignements tout à fait *confidentiels.*

Mais, je pense qu'il serait possible d'être suffisamment bien éclairé sur la moralité, la conduite, les habitudes de M. G... en s'adressant au directeur des contributions directes du Calvados, au maire et au curé de la localité qu'habite M. G... Par le plus grand des hasards, je crois que Mme de Montbourg obtiendrait ce qu'il lui importe tant de connaître si elle mettait en campagne son beau-frère d'abord et les gens de confiance qu'elle connaît à Saint-Lô. J'indique seulement la marche à suivre sur cette occurrence.

Maintenant, si les renseignements étaient satisfaisants, je crois qu'il y aurait un très grand péril à brusquer le dénouement, c'est-à-dire le mariage. C'est un acte de conscience et de prudence de prévoir aussi humainement que possible les catastrophes qui pourraient survenir plus tard. Il ne faut pas, je crois, faire un mariage d'aventure, comme cela pourrait arriver faute de précautions suffisantes. Il y a déjà dans une *affaire de cette nature* bien assez *d'aléas* redoutables pour en ajouter par trop de précipitation.

Mon avis serait donc que M. G... soit mis en demeure de prendre un congé de quinze jours au moins qu'il passerait auprès de Mme de Montbourg, à l'hôtel, bien entendu. Mais *où, quand* et *comment,* tout cela resterait à fixer. Je ne dirais pas à Paris, parce que le déplacement de Mme de Montbourg et de ses enfants entraînerait pour elle une dépense *éventuelle* par trop considérable si les choses ne s'arrangeaient pas au gré du *consent* actuel. En outre, il est plus facile à un homme seul de se déplacer et de faire un voyage quelconque qu'à une famille.

Il y aurait à déterminer un point de rencontre qui concilierait les intérêts en jeu. Par exemple, si Mme de Montbourg retourne prendre sa résidence d'été en Bourgogne, ne pourrait-on fixer comme point de réunion *Lyon,* qui est une grande ville à moitié route de chacun, ou Marseille, ce qui permettrait après une première ou deux ou trois entrevues de savoir si l'on peut s'entendre et donner suite au projet dont il s'agit.

Cela constituerait une acceptation *au premier degré,* et après un séjour de douze ou quinze jours, soit à Grasse, soit en Bourgogne, M. G... et M... pourraient être engagés définitivement. Je n'entre pas dans tous les détails de cette combinaison, je la livre telle quelle à votre sagacité.

A vous parler franchement, je n'ai qu'une médiocre confiance dans le résultat de cette affaire. Comme Pilate, je m'en lave les mains. Ni l'un ni l'autre des *engagés* ne m'intéressent et je souhaite tout simplement qu'ils me laissent tranquille. Je crains que l'une ne soit qu'une *cascadeuse* passée, présente ou future, et quant au monsieur, il me fera que c'est un raffiné d'honneur. Au surplus, je vois qu'en cela comme en beaucoup d'autres choses nous sommes du même avis.

Je pense enfin que s'il y a des explications sincères, et *circonstanciées suffisamment,* comme elles doivent l'être, si on veut aller au-devant de *désaccords dans le ménage,* ce sera le moment de crier *gare la bombe,* car il y a des choses qu'un futur est en droit de demander et qu'il est impossible de lui refuser quand on fait une transaction de conscience comme celle de M. G...

Je comprends que Mme de Montbourg ait grande hâte de se débarrasser d'une fille insoumise et de conduite équivoque. Je l'engage fort, malgré tout, à ne pas agir avec précipitation. Il est très regrettable que le monsieur habite la Normandie, presque le seul pays interdit à M... et où, d'un autre côté, il sera si facile à un indiscret d'en savoir bien long. Enfin : dans tout cela il n'y a d'intéressant que la mère et la famille.

En résumé, ne retenez de ma lettre que ce que vous voudrez bien. Je persiste dans mon entrevue de quinzaine pour ne pas jeter les malheureux les yeux fermés dans un gouffre. Communiquez de ma lettre ce que vous jugerez convenable à Mme de Montbourg.

Ce qui me reste à vous dire me délasse le cœur et l'esprit, car cela consiste à vous envoyer ainsi qu'à Mme de Cerilley mes meilleurs souvenirs et amitiés.

M. de Saint-René.

P.-S. : Je renverrai la photographie.

ABBÉ LEFRANC,
CURÉ DE CONDÉ-SUR-IFS
À Mᵐᵉ DE MONTBOURG
Condé-sur-Ifs, le 12 avril 1894.

Madame,

Je suis heureux d'avoir à vous communiquer les meilleurs renseignements sur M. Granjean, percepteur à Condé-sur-Ifs.

C'est un jeune homme d'une amabilité exceptionnelle, plein de tact, et d'une délicatesse exquise de procédés, d'une conduite irréprochable, tout entier aux soins de sa perception qu'il gère avec un ordre parfait.

Aussi le jeu et la débauche sont-ils absolument inconnus de lui. Je ne désire qu'une seule chose : c'est que toutes les jeunes filles puissent, au moment de leur mariage, trouver de tels maris.

Agréez, Madame, mes hommages respectueux.

Lefranc.

ÉMILIE DE MONTBOURG
À CHARLES DE CERILLEY
Grasse, le 15 avril 1894.

Mon cher Charles,

Je réponds à ta lettre du 13 :

1º Je n'ai point reçu la photographie que je t'avais envoyée.

2º Enquête est entreprise à Condé-sur-Ifs auprès du curé et du maire.

3º Enquête aussi est entreprise dans la Haute-Marne sur l'honorabilité de la famille.

4º Honoré et Sophie s'informent à Condé, à Falaise et à Caen. Attendons les réponses.

5º Pour gagner du temps et occuper l'impatience du jeune homme qui voudrait bien savoir son sort et avoir une photographie de la jeune personne, j'ai fait écrire par Mᵐᵉ Clément que la dureté de physionomie qu'il avait si marquée sur sa photographie avait produit une impression fâcheuse, et qu'il devrait se faire photographier par un artiste ayant de l'expérience pour détruire cette impression. Si les renseignements ne conviennent pas, on dira que l'impression première ne s'efface pas.

6º On ne doit dire du passé absolument *que le résultat,* autrement on ferait tout manquer. La distance est grande, et le mari sera tout le premier intéressé à voiler le passé. Je le crois très flatté de s'allier à la noblesse.

Vraiment, quand un jeune homme a eu une vie orageuse, en dévoile-t-il autre chose que ce qu'il ne peut cacher? Si tous les jeunes gens se confessaient à la famille de leurs futures, combien peu de mariages auraient lieu? T'imagines-tu, par exemple, que j'aurais épousé Armand si je l'avais su capable de s'être amouraché d'une danseuse à Caen?

C'est pourtant ce qui avait eu lieu, sa famille même n'en savait rien. Je l'ai appris plus tard.

Par conséquent, si tu me fais le grand plaisir de venir à Paris, je te conjure de n'aborder aucun sujet de conduite et de santé. La somnambule de Bordeaux assure que le mariage sera très salutaire.

7° Si les renseignements conviennent, il me semble que ce qu'il y a de mieux à faire, c'est de débarquer à l'hôtel de Normandie, comme dans tous nos autres voyages. Mme Clément écrirait à ce monsieur pour nous le présenter, puisque c'est elle qui est en avant pour les négociations, on ne saura notre nom que si on se convient, et alors nous prendrons un appartement garni si l'hôtel me demande trop cher pour un séjour. Et tout se passerait à Paris, où le monsieur pourrait faire valoir ses protections pour obtenir une perception par ici. Justement un percepteur qui habite en face de notre villa est très malade. Ce n'est pas celui de Grasse.

Je reçois à l'instant une lettre de Mme Clément contenant la réponse du curé de Condé : on ne peut mieux désirer, Dieu soit loué. Je t'envoie la copie. Mme Clément nous reviendra. Sa cousine lui est antipathique. Je suis bien aise qu'elle ait comparé les deux situations et qu'elle nous revienne de son choix. Mais je vais lui demander de prendre patience jusqu'à notre arrivée à Paris. Il faut que je réunisse toutes mes ressources pécuniaires pour tant de dépenses à faire, et des forces pour tant de fatigues. Mme Clément me sera bien utile à Paris.

Éléonore est aussi bien heureuse des renseignements reçus car le mari de sa sœur sera son frère ! Quant à moi, rien ne remplacera mon Émile !

Ta sœur bien affectionnée,

Émilie.

ÉMILIE DE MONTBOURG
À CHARLES DE CERILLEY
Grasse, le 20 avril 1894.

Mon cher Charles,
Honoré a eu des renseignements plus circonstanciés par un monsieur qui s'est adressé encore au curé. Voici copie de sa lettre :

« Monsieur le Baron,

Ne connaissant pas assez le jeune homme dont vous me parlez, je n'ai cru pouvoir mieux faire que de m'adresser au curé de Condé-sur-Ifs qui est très digne. Je vous envoie sa lettre. Quant à moi, tout ce que je puis dire, Monsieur le Baron, c'est que j'ai eu plusieurs fois, à titre de conseiller municipal de Vieux-Fumé, à m'entretenir avec M. Granjean et que je l'ai toujours trouvé très bien à tous égards. Je remarquais l'année dernière qu'il s'était très vite mis parfaitement au courant de ses fonctions et je l'ai trouvé très sympathique et bien élevé. Il a toujours été vis-à-vis de tous, et en particulier de ma famille et de moi-même, d'une exquise politesse. J'aime à penser que la lettre plus complète de M. le curé vous renseignera et vous satisfera complètement. »

Voici cette lettre :

« Très cher Monsieur,

« Je regrette bien vivement qu'une absence de trois jours ne m'ait permis de vous répondre par le premier courrier, d'autant plus que j'ai les meilleurs renseignements à vous communiquer sur la conduite, l'honorabilité et l'amabilité extrême de M. Édouard Granjean, percepteur de Condé-sur-Ifs.

« Tout entier aux soins de sa perception, il sait réunir à l'égard de tous et la délicatesse des procédés et l'accomplissement du devoir, aussi est-il aimé des contribuables, même les plus récalcitrants, et fait-il rentrer tous les fonds.

« Je ne puis rien vous dire de sa fortune, sinon qu'il a fourni la caution nécessaire pour gérer une perception de quatre mille francs de revenus. De même sa famille m'est complètement inconnue. Le père est des Vosges, la mère du midi de la France. Les parents, retirés du commerce des vins habitent à Levallois-Perret, je crois. Je suis dans l'impossibilité d'ajouter le moindre renseignement qui puisse vous être utile, car je ne connais pas ses parents.

« Pour tout résumer, c'est un jeune homme réunissant toutes les qualités nécessaires pour rendre une femme heureuse.

« Veuillez bien agréer, etc. »

Je pense que si les parents s'étaient retirés du commerce en faisant faillite, le fils n'aurait pas obtenu une perception. J'ai idée aussi que si M. G... avait des opinions républicaines avancées, il ne se montrerait pas si désireux de s'allier à la noblesse, surtout avec l'avoir malheureux que M... apporte. Le pauvre garçon a tellement peur que l'impression de dureté de sa photographie fasse manquer la chose qu'il écrit ce qui suit à Mme Clément.

« Madame,

« Je suis désolé que ma photographie ait produit l'effet que vous m'annoncez, je vous affirme que je ne possède nullement cette expression de dureté, *au contraire,* mon caractère est des plus doux et des plus gais, du reste, Madame, si vous le jugez utile, je ferai tout exprès le voyage de Paris pour vous en convaincre, et m'ayant vu, je vous prierais de plaider chaleureusement pour moi.

« Quant à la question de changement, comme je vous l'ai dit, Madame, j'ai des amis influents aux Finances même qui me continueront leur bonne influence et me faciliteront, *j'en suis certain* ma nomination, soit dans les Alpes-Maritimes, ou tout au moins dans les départements voisins : quant à être nommé à Grasse même, qui est de première classe, je vous avoue, Madame, que je ne puis y songer, mais je *suis certain de pouvoir obtenir* ma nomination à un poste équivalent, s'il n'est supérieur, soit dans le département même, ou dans ceux limitrophes.

« Vous connaissez, Madame, ma situation que je vous ai exposée avec la plus grande sincérité et la plus grande franchise. Voilà dix ans que j'appartiens aux Finances et, certes, je crois que mes chefs ne peuvent donner que de bons renseignements sur moi. La seule chose dont je vous prie est de ne point leur parler de *changement,* vous comprendrez, Madame, cette réserve. Ainsi donc, Madame, j'aurai l'honneur de vous présenter mes respects le jour et l'heure que vous m'indiquerez, car je tiens beaucoup à vous convaincre que je ne suis ni morose ni rébarbatif et qu'au contraire j'ai l'air gai, et je dirai même enjoué.

« Vous priant, Madame, etc. »

Comme M... a tant envie que le projet réussisse qu'elle épouserait même les yeux durs, je trouve ce voyage inutile. Pour faire prendre patience, en attendant les renseignements, on a envoyé la photographie de M... faite à Nice dernièrement, et très bien réussie. Il est bien probable qu'elle plaira. Si les renseignements continuent à être bons, j'aurais bien désiré pour tous que tout se passe à Paris; mais Mme Clément est frappée du changement de température, elle sait qu'Éléonore et moi sommes si délicates que nous ne pouvons impunément changer de climat en cette saison. Donc il faudra que l'entrevue ait lieu à Marseille où nous passerons plusieurs jours. Si l'on se convient de part et d'autre, il faudra renouveler la promesse de reconnaître, et on dira notre nom. De là, M. G... pourra étudier les perceptions des environs de Grasse; il doit y avoir un tableau comme pour les avocats. Déjà nous avons su qu'un percepteur des environs de Grasse, y ayant sa résidence par permission, est très malade. Sa perception est peut-être à prendre. J'ai fait dire par Mme Clément qu'il serait à propos de s'informer au ministère. Je ne consentirai au mariage que lorsque la position sera faite et agréée par nous. Je pense que tu approuveras.

En écrivant à Honoré, je lui ai demandé si nous pourrions compter sur un Montbourg pour témoin. Il serait fâché qu'on ne demande pas, mais je doute qu'aucun se dérange pour un mariage si peu flatteur.

Je reviens sur ce que tu me disais qu'il faudrait révéler des détails de santé et de passé, pour te dire que M... serait si malheureuse de la rupture d'un projet qu'elle achète par un si sincère retour au bien, que je ne répondrais ni de sa vie ni peut-être de sa raison; par conséquent une divulgation que les circonstances rendent inutile serait non seulement une faute, mais un malheur affreux. Par conséquent, je fais appel à ta parole de gentilhomme que je te demande pour tranquilliser la pauvre enfant qui sera, n'en doute pas, femme fidèle et dévouée.

Je t'embrasse bien tendrement ainsi que Madeleine. Que pense-t-elle de ce mariage? Hélas, tu sais bien que ce n'est pas ce que je désirais pour mes filles! Dieu s'est complu à briser toutes mes espérances, je me soumets! Après la mort de mon Émile, tout est brisé en moi!... Ta sœur affectionnée,

Émilie.

ÉMILIE DE MONTBOURG   Mon cher Charles,
À CHARLES DE CERILLEY
Grasse, le 26 avril 1894.   Je réponds à ta lettre renfermant celle de Sophie. Je trouve fort qu'elle te dise, à toi, oncle, des choses concernant un futur pour *ma fille* qui doivent encore plus intéresser une mère. Ainsi, ce caractère si vanté, cette amabilité extrême pour les imposés se traduit par des paroles *vertes* alors que c'est *lui* qui est en faute; et plusieurs fois de suite, ce fonctionnaire si exact, d'après le curé, toujours, est absent de son bureau, sans autres bonnes raisons à donner que des paroles *vertes?* Eh bien, c'est un indice de mauvais caractère pour le jeune homme, et de mensonge pour le curé. Et Sophie ne me le disait pas!... Heureusement que les investigations de Mme Clément m'ont fait rompre net, parce que le monsieur a menti en disant ses parents vivant de leurs revenus, et que le curé avait menti en les disant retirés du commerce.

La boutique ouverte et garnie de vins et liqueurs, n'était pas terminée, paraît-il, et Mme Clément est retournée pour voir le complément. Or, voici la description, je copie : L'enseigne ne comporte pas de nom, c'est simplement : *Aux grandes caves de Danton* (c'est le nom de la rue, mais ce peut être aussi le nom de leur héros de parti). C'est un pan coupé. La porte du milieu surmontée d'une grande marquise avec store blanc et or et en grosses lettres : *Dégustation.* Puis de chaque côté l'enseigne *Aux grandes caves de Danton,* et de belles montres, contenant des vins fins et des liqueurs de choix. A l'intérieur six petites tables rondes fort coquettes et en face de la porte un comptoir, où certes il y aura des gens qui viendront y prendre quelque chose. C'est un genre nouveau qui ferait son effet dans les beaux quartiers de Paris, et à Levallois il n'y en a pas de pareil. Le fils pourra me dire si c'est bien pour sa sœur qu'on a fait ce fonds-là, car il se pourrait que ces gens aient dépensé trop d'argent pour cette maison, et veuillent en gagner pour rattraper cet argent.

Dans tous les cas ce sont eux qui font le service du public. Les trois degrés du commerce au débit y sont; le monsieur ne pourra pas dire que c'est le commerce *en grand*. Il n'y faut donc plus penser! Mme Clément doit avoir réclamé la photographie et promis de renvoyer la sienne avec les lettres que j'avais gardées pour communiquer à la famille. Tu me blâmes d'avoir envoyé l'image de M... Hélas! tu ne sais pas comme on prend vivement les bons renseignements, comme on a peine à ajouter foi aux mauvais. Elle *veut* se marier. Que Dieu nous aide. Pourtant elle a renoncé franchement, en face du *café* et du peu de franchise de cet individu qui écrivait : « Je suis catholique sincère », et qui, nous l'avons su, *ne va même pas à la messe*. Il n'a pu savoir notre nom. J'ai défendu au photographe de Nice de le dire, si on le lui demande. Par conséquent, sois tranquille. Mme Clément ne va pas tarder à revenir, nous l'attendons avec impatience. Mon Dieu, que cette chasse au mari est fatigante et pénible, parce qu'il faut se méfier des renseignements. Je te tiendrai au courant de ce qui me viendra de Bordeaux. Si les informations sont bonnes et que M... refuse, je penserai à Adrienne.

Je t'embrasse bien tendrement, mon cher Charles. Ta sœur bien affectionnée,

Émilie.

Retourne-moi lettre et photographie.

Je suis étonnée comme toi que l'on accepte si facilement la grosse condition!... hélas le niveau moral a baissé généralement à ce qu'il paraît; si tu savais la largeur de morale théologique du clergé, c'est effrayant.

ÉMILIE DE MONTBOURG
À CHARLES DE CERILLEY
Grasse, le 5 mai 1894.

Mon cher Charles,

Mme Clément nous est revenue aussi heureuse que nous de la recevoir. J'espère que c'est pour toujours, à présent. Elle a eu deux visites de M. Granjean qu'elle trouve très distingué. Il lui a apporté un *bail notarié* du magasin de vin que ses parents ont ouvert à Levallois. Le bail, est pour douze ans qui commenceront au 15 juillet prochain. Pour mieux louer, ils ont voulu établir le magasin et vendre le fonds. Par conséquent à dater du 15 juillet, ils ne seront plus débitants de vin. En fait, le père est négociant de vin en *gros*, dans les entrepôts de Bercy, ce qui serait plus acceptable quoique le fils ait écrit que ses parents *vivent de leurs revenus*. Il ne savait pas, dit-il, que ses parents avaient résolu d'établir ce commerce de détail pour achalander eux-mêmes leur locataire, et Mme Granjean, ne sachant pas le projet de son fils, n'avait pas cru devoir faire des confidences à Mme Clément.

Leur fille a épousé un jeune homme, fils d'un directeur de poste, qui avait promis une dot emportée par le Panama, alors le père Granjean n'a plus voulu non plus donner la dot de sa fille. Il paraît pourtant que les choses vont s'arranger et que les parents établiront ce jeune ménage marchands de vin au détail. Voilà la parenté de ce côté.

La mère Granjean est de l'Aveyron. Mme Clément va demander le nom.

Le maire a répondu à Mme Clément, voici sa lettre :

« Madame,
« Je dois vous dire que la famille Granjean, originaire de notre commune est une famille très honorable et qui a toujours été réputée pour ce qu'il y a de mieux chez nous, et qui à l'époque où cette brave famille est allée à Paris jouissait d'une fortune assez élevée.
« Recevez, etc. (Et le cachet de la mairie sur la signature.) »

J'ai écrit à Sophie pour qu'elle réclame des détails de la dame qui seule a donné des renseignements mauvais et trop vagues pour ne pas laisser un vaste champ aux suppositions. La certitude que ce débit de vin n'est que temporaire change la question de ce côté-là.

Le père du mari de la fille, sœur de M. E. Granjean, est sous-chef en retraite au ministère des Postes. Il habite aussi Levallois.

M... ne veut pas entendre parler du marquis. Je n'ai donc qu'à rendre sa photographie et à ne pas m'en occuper davantage.

Voilà donc un projet qui reprend vie, en attendant le complément des renseignements de Sophie, si tu acceptes comme moi que le bail notarié change la position. Maintenant pour aborder la pratique de la chose, s'il y a lieu, il y aurait un bien grand obstacle. M. Granjean pense qu'il faudra environ trois mois pour obtenir une permutation du Nord au Midi, et pour lancer cette demande de permutation il voudrait être assuré que le mariage se fera. Il ne sait pas notre nom et nous croit du Midi. Je ne me soucie pas d'accordailles si longues. D'un autre côté, M... ne peut aller en Normandie. Serai-je obligée de passer à Paris les mois les plus chauds de l'été pour que le monsieur puisse faire connaissance? Dans tous les cas, si le mariage doit avoir lieu, c'est à Paris, puisque la légitimation doit précéder le mariage et que la déclaration a été faite à Paris. Pendant ce temps-là les démarches pour changement de résidence pourront se faire, le mariage n'aurait lieu qu'après la nomination.

J'attends avec impatience le résultat des investigations de Sophie. Ma foi, je croyais bien tout rompu!

A propos, M. Granjean a déjà un joli mobilier de garçon. Sa domestique a soixante ans. C'est un bon point de convenance. Dis-moi ta pensée sur tout ceci.

Je t'embrasse en hâte, mon bon Frère, à cause de la poste. Ta sœur affectionnée,

Émilie.

CHARLES DE CERILLEY
À HENRI DE CERILLEY
Sangy, le 28 juin 1894.

Mon cher Henri,

La France entière pousse un long cri d'horreur sur l'abominable assassinat du président M. Carnot. L'Humanité paye sa dette instinctive et honnête, mais les libéraux trop théoriques peuvent mettre du double crêpe, car il est bien évident que l'assassin fait partie d'une bande anarchique tellement nombreuse que tous les gouvernements vont se voir obligés devant ce nouveau forfait d'édicter des lois de plus en plus sévères. La plus urgente est de museler la presse et de s'opposer à tout ce qui n'est pas indiscutable comme opinion. Depuis plus de vingt ans, on permet l'excitation au meurtre, au pillage, on protège presque les grévistes, et on s'étonne après cela que de jeunes têtes exaltées en viennent à la propagande *par le fait!* Tous les libéraux théoriques sont coupables, et ont préparé la muselière qui je l'espère bien va être placée sur la presse.

Quel douloureux voyage que celui de Mme Carnot et de ses fils à Lyon! Comme la passion populaire est aveugle même avec un bon sentiment au fond! Comme si tous les Italiens établis en France étaient responsables de leur scélérat de compatriote? Sûrement ce crime est le résultat d'un complot de l'Internationale.

Si le beau temps dure sans interruption je pense être libre à partir du 10 juillet. J'ai six faucheurs, dix-sept faneurs ou faneuses. Il y a du foin en masse.

Le baromètre baisse malgré le vent du nord fixe. Cela m'inquiète. Merci des détails que tu me donnes sur les chers petits enfants.

Adieu et à bientôt. Ton père affectionné,

Charles de Cerilley.

ÉMILIE DE MONTBOURG
À CHARLES DE CERILLEY
Grasse, le 5 juillet 1894.

Mon cher Charles,

Depuis quelques jours, j'attendais des renseignements pour te les communiquer : une partie seulement est arrivée, mais je vais t'en parler tout de suite.

Voilà : M... a remarqué un jeune homme de la poste au guichet des mandats, il n'est pourtant pas beau! Mais il lui plaît, et il a fallu prendre des renseignements : c'est un monsieur Pradet, natif de Castellane, dans les Basses-Alpes à trois heures de voiture d'ici, à peu près. Castellane est chef-lieu d'arrondissement, il y a mille huit cent trente-huit âmes. Ces détails sont nécessaires pour la situation.

La lettre émane d'un négociant aisé et considéré, ami du trésorier du séminaire de Grasse qui s'est renseigné sans nous connaître sur la demande de l'aumônier de la Visitation, mon confesseur. Je copie :

« Je me hâte de répondre aux renseignements que vous demandez et si j'ai tardé quelques jours, c'est pour pouvoir vous les adresser le plus précis que possible. M. Pradet père, décédé depuis environ quinze ans, était chef cantonnier à Castellane, il avait épousé une veuve ayant une fille unique. De ce mariage, il eut trois enfants, deux filles et un garçon duquel vous me demandez les renseignements. Une des filles s'est mariée avec un boulanger, à Castellane. La mère vit donc actuellement avec la plus jeune, et l'hiver dernier elles sont allées passer les mauvais jours froids à Grasse, avec le fils.

« Les renseignements concernant la moralité sont tout à fait bons de toute la famille.

« Quant à la fortune, la mère possède ici à Castellane une assez jolie maison d'une valeur de sept à huit mille francs, un petit jardin et une propriété qui peuvent valoir ensemble de cinq à six mille francs. Elle possède en plus à Demandolx, commune de nos environs, une assez grande campagne, où il y a des fermiers. Je ne peux vous en donner l'évaluation juste, mais elle est d'un assez bon revenu.

« La succession du père a été partagée en trois portions, et celle de la mère le sera après elle en quatre portions. Le fils a été militaire, engagé à dix-huit ans dans l'infanterie de marine. Il a fait les campagnes du Tonkin. Il est gentil garçon et très tranquille et possède le brevet d'instituteur. Il est entré dans les Postes après l'expiration de son engagement militaire.

« En somme ce sont de braves gens, très honnêtes et jouissant d'une très bonne santé.

« La première fille issue du premier mariage se trouve dans une très belle position et a épousé un rentier, ici, à Castellane. Cette famille n'étant pas originaire de Castellane, je ne saurais vous donner d'autres renseignements. »

Le confesseur de M... a écrit au curé de Castellane. Suivant la réponse, il peut, par des collègues de la poste, qui ont fait leurs études avec lui, et sont entrés à l'administration des Postes, avoir des détails sur le caractère, le genre d'esprit et les habitudes du monsieur. J'espère pouvoir, par mon aumônier, arriver à savoir s'il a de l'avenir. Le beau-frère boulanger est un grand inconvénient, quoi que ce ne soit pas le même nom. Que penses-tu de la chose? Si tu approuves, je ferai tâter le terrain par le confesseur de M... qui demandera au jeune homme (sans nous nommer) s'il accepterait la position et la condition, sous le sceau d'un secret qu'il serait intéressé à garder. Mais je ne sais encore de quel traitement les employés de la Poste jouissent et il faut pourtant pouvoir vivre confortablement!

Il faut savoir aussi le nom de la mère, son origine, le nom de son premier mari, qui probablement était plus relevé que le second, puisque sa fille a une jolie position.

J'ai espéré un moment autre chose, mais il y avait malentendu, la chose n'est pas possible.

Nous avons fait ces jours derniers le pèlerinage de Laghet sans accident ni maladie, Dieu merci, et j'ai promené M... à Monaco ainsi que Mme Clément. E... n'a pas voulu venir, elle est restée à la gare, en face de la mer, à Monte-Carlo, en compagnie d'autres dames.

Le palais du prince que nous avons visité, les jardins, la chapelle, les ont enthousiasmées. M... ne cesse de me remercier de cette visite, puis au retour nous sommes montées toutes les quatre à la Turbie en chemin funiculaire. Cette ascension est effrayante, on monte à pic à peu près, poussé par-derrière par une locomotive, aussi je me suis bien promis de ne pas redescendre par ce moyen périlleux. De la Turbie on fait presque une lieue à pied jusqu'à la chapelle située dans le monastère. Nous sommes parties bravement, sans savoir où il serait possible de coucher, car le monastère ne reçoit pas les femmes. Chemin faisant nous avons rencontré un très nombreux pèlerinage qui revenait avec des chapelets gigantesques en ceintures pour les femmes et des décorations de cœurs en sucre pour les hommes. C'est typique! Enfin nous sommes arrivées bien lasses, et la Providence nous a procuré deux chambres chez une veuve et sa fille veuve aussi. Mais quel dénuement! Sans compter qu'on voit le jour au travers du toit et que les vitres sont cassées! Enfin la fatigue nous a fait dormir de force; à cinq heures le matin, nous étions à la chapelle qui est ancienne et de très bon goût, au milieu des cloîtres qui l'entourent. Tu ne croirais pas *là* que l'humanité devient incroyable; car la foi et la piété la plus sincère sont empreintes sur les physionomies des pèlerins. Les hommes se confessent aux religieux carmes qui desservent la chapelle et édifient par leur recueillement. J'aurais voulu avoir des souvenirs pour toute ma famille. Mais le pèlerinage de la veille avait épuisé le seul magasin qui est aux mains d'un père carme.

Tu as comme nous été consterné de la mort de l'inoffensif Carnot? Il paraît que Casimir-Perier a reçu déjà des lettres de menaces! On dit *ici* que Mlle Chiris, fille du sénateur qui est grand fabricant de parfumerie, à Grasse, a reçu une lettre anonyme disant que si elle n'obtient pas la grâce de Cesario, sa robe blanche sera tachée de sang le jour de son mariage. Or, elle est fiancée au fils de M. Carnot; leurs bans ont été publiés le dimanche matin et le père était frappé le soir! A cause de la famille Chiris, la population demande qu'outre la messe qui a été dite à l'église pour M. Carnot on célèbre encore un office funèbre sur la place du Cours, afin que la ville entière puisse y assister. On dit que l'évêque y consent : « Faites tout ce qu'on vous demandera », a-t-il répondu à M. le curé. Ces dames n'y manqueront pas, Mme Clément en tête, pour moi, je garderai la maison. Le pèlerinage était fort pour moi, j'ai besoin de repos.

Adieu, mon cher Charles, réponds-moi avant de quitter Sangy et trace-moi ton itinéraire. Ta sœur affectionnée,

Émilie.

ÉMILIE DE MONTBOURG
À CHARLES DE CERILLEY
Grasse, le 4 août 1894.

Mon cher Charles,
Notre pauvre Marthe est prise si souvent de crises hys... depuis quelque temps, que j'en arrive à craindre pour sa raison. Les prêtres, les médecins disent que le mariage est le seul remède radical à cet état. Je cherche donc de tous côtés.

De Bordeaux, on m'offre un baron, vingt-neuf ans, allié à de très bonnes familles titrées. La grand'mère fort riche vit encore, ainsi que ses père et mère, donc il n'a pas de fortune de longtemps, il est agent général du cornimphile de Bordeaux (sais-tu ce que c'est? Je l'ignore) qui lui vaut deux cents francs par mois. Il se fait encore deux cents francs je ne sais comment. J'ai demandé de plus amples renseignements.

Ici à Grasse il y a un jeune homme de trente ans qui est arrivé trois mois avant nous, je crois te l'avoir dit. Il a une pharmacie, sans son nom, qu'il exploite avec un jeune homme très sérieux aussi. Elle est intitulée *Pharmacie de l'avenir,* et a pour devise : *la santé par l'économie,* donc pas de nom. M. Martin, c'est son nom, ne va jamais au café et ne fréquente âme qui vive. Il est bon pour les pauvres et les animaux, cela fait espérer de la bonté de cœur dont M... a tant besoin.

J'ai fait prendre des renseignements à la mairie de Carpentras dont la famille est originaire, et je te les envoie, en te priant de me les retourner en me donnant ton avis.

M... déclare qu'elle ne veut pas *s'éloigner de moi*. Si elle pouvait trouver le bonheur à Bordeaux, je l'y suivrais! Mais!... Dans un milieu de comtes et de marquis on fera sentir à M... sa déchéance morale et elle ne voudra ni supporter l'humiliation, ni se faire à des habitudes qui la gêneront. Alors elle campera tout là, et quelle situation pour moi? M. Martin pourrait, dans quelques années, vendre sa pharmacie et trouver dans un grand centre la carrière de premier préparateur dans les grandes maisons de Marseille ou autre grande ville. Tu vois qu'aucun des fils n'a une *enseigne*. Il faut qu'un homme soit occupé, pourtant! Dis-moi bien vite ton avis, car j'aurai à faire poser *la question* par un missionnaire *de Marseille* qui écrira sans nous nommer, et je tiens à avoir ton avis avant tout. Dans la famille, tu pourrais le présenter comme *chimiste;* par le temps qui court, c'est une carrière très avouable, et même en honneur, hélas! La pharmacie n'est plus celle d'autrefois, elle n'emploie que des produits de la chimie et de la physique.

M. Martin a loué une petite campagne où il va chaque soir après la fermeture de la pharmacie, et n'en revient que le lendemain à huit ou neuf heures du matin. Il laisse la gérance à son jeune homme qui lui est attaché comme un frère, et qui est digne de confiance. Une femme ne s'occupe pas de pharmacie, on louerait un appartement près de moi. Pèse tout cela, je t'en prie, et dis-moi ton avis.

Adieu, mon cher Charles. Je t'embrasse bien tendrement.

Émilie.

Pour toi seul.

ÉMILIE DE MONTBOURG
À CHARLES DE CERILLEY
Grasse, le 9 août 1894.

Mon cher Charles,

Ta lettre du 7 août que M... attendait avec une si grande impatience l'a trouvée bien refroidie, parce qu'un autre individu aurait sa préférence. C'est un nouveau chef de gare de la ligne du Sud à Grasse. Il faut trouver cette piste nouvelle. Je n'écris pas encore au missionnaire de Marseille. La pauvre enfant aurait pourtant bien besoin de se fixer, car elle souffre véritablement, et sa pauvre tête en subit de terribles contrecoups. Tu me demandes pourquoi je me prive du séjour à Sangy. C'est parce qu'il y a encore moins de distractions là-bas qu'ici, c'est que les crises de M... se répétant si souvent, Éléonore meurt de peur que l'on s'explique cet état, c'est enfin qu'il m'est plus facile de nourrir Éléonore ici. Nous avons trouvé un marchand de chaussures de soixante-quinze ans, fils du général T..., botaniste encore, ayant des propriétés dont une assez rapprochée, dont il nous permet à peu près la jouissance comme promenade. M... peut y tirer les petits oiseaux, c'est un clos fermé avec une petite cabane et des arbres, cela permet de tirailler sans courir le pays. Et le bon vieillard est ravi d'avoir à qui parler quand il soigne les fleurs des montagnes qu'il a apportées là avec bien des escalades. Tu vois que la Providence nous aide quelquefois.

Pour le cidre, on commence par écraser les pommes, en les mouillant d'eau de manière à ce que l'eau ne coule pas de cette pâte, sans pression. On met ensuite sur le pressoir, en asseyant un lit de pommes écrasées de deux pieds et demi en carré sur quinze centimètres de haut, puis on met un rang de paille de blé bien triée qui dépasse les pommes de dix centimètres. Sur ce rang de paille on remet des pommes écrasées, même épaisseur que le premier lit, puis de la paille, ainsi de suite, et l'on serre. Le lendemain, on desserre, on ôte la paille, on écrase de nouveau les pommes en ajoutant plus d'eau, et on met le tout à fermenter dans un cuvier avec de l'eau, de manière à ce que les pommes, bien remuées avec un fort morceau de bois, soient bien recouvertes d'eau. Après vingt-quatre ou trente-six heures, on remet ce marc sur le pressoir de la même façon que la première fois, avec rang de paille entre les lits de pommes. Quand on veut avoir du pur jus, on ne mêle pas cette seconde façon à la première. C'est ce qu'on appelle cidre mitoyen, c'est celui que les fermiers emploient comme boisson ordinaire; mais quand on ne peut ou ne veut pas faire du pur jus, quand, surtout, on n'a pas de véritables pommes à cidre, on mêle les deux façons de jus, et le tout fermente dans le tonneau.

Il faut mettre un panier assez fin au déversoir du pressoir, pour que le jus sorte bien net.

Enfin, on pile une troisième fois; c'est cette eau, qu'on appelle *eau rompue,* quand les pommes repilées ont encore été pressurées, après un séjour égal aux autres bains, qui s'emploie à mouiller les nouvelles pommes que l'on aurait à piler. Cela n'en finit pas! Mais il paraît que plus les pépins sont écrasés, et plus le cidre a de spiritueux.

Si tu veux donner de la force, tu n'as qu'à mettre du sucre dans le tonneau.

M... travaille son caractère tant qu'elle peut. Elle n'a pas fait le voyage projeté à cause de la grande chaleur, et aussi à cause de la dépense, car si elle se marie, il faudra aller à Paris faire la reconnaissance pour éviter les inconvénients.

Adieu, mon cher Charles, je t'embrasse bien tendrement.

Émilie.

Tes bégonias font notre bonheur. Ils sont en pleine floraison. Brûle ma lettre quand tu auras noté la manière de faire le cidre.

ÉMILIE DE MONTBOURG   Mon cher Charles,
À CHARLES DE CERILLEY   Le jour où j'ai reçu ta dernière lettre, la
Grasse, le 28 août 1894.   poste me faisait connaître l'impossibilité du missionnaire de Marseille de s'occuper d'affaires matrimoniales; le même courrier m'apportait une proposition d'un monsieur
très bien de sa personne, ayant cent mille francs de dot. Mais tout d'un
coup, M... a été reportée par la pensée à tout ce qu'elle avait souffert
et si longtemps! Elle a pris une si grande frayeur du mariage, qu'elle
en était malade. J'ai questionné très intimement M... et elle m'a avoué
qu'en vérité, c'est bien l'huilè sur le feu qu'elle avait éprouvé, et que cet
état ne l'avait pas quitté *jusqu'au bout* des neuf mois, par conséquent
le *remède* que les prêtres croient pouvoir indiquer, ne ferait qu'augmenter le mal.

Depuis dix jours une crise de formation des dents de sagesse rend la
pauvre enfant bien souffrante. Elle a des douleurs d'oreilles et de tête
qui ne cèdent qu'à l'antipyrine et qu'il a fallu couper comme névralgie
parce qu'elles devenaient périodiques toutes les quatre heures.

La voilà mieux, Dieu merci; mais j'ai attrapé un fameux rhume en me
levant en transpiration pour la soulager. La cocaïne mêlée d'huile lui
fait plus de bien que le laudanum dans l'oreille.

Ces jours-ci le pharmacien a décoré son magasin d'un superbe
panonceau *avec son nom,* ceci afin de prouver aux cancaniers grassois,
qu'il a bien payé son fonds. Cela nous est indifférent puisqu'il ne se
doute pas de l'idée que M... avait eue.

Pour le moment, le vent n'est pas au mariage du tout. Nous nous
adressons à plusieurs saints pour obtenir la guérison de cette terrible
maladie et M... a l'idée de se faire recevoir du tiers ordre franciscain
par lequel on est *religieuse dans le monde.* Il y a un an de noviciat.
Ce tiers ordre n'empêche pas de se marier, mais il oblige à la chasteté,
suivant son état. Les gens mariés en font partie s'ils le veulent. Pas
n'est besoin d'entrer dans les détails que tu saisis tout seul. Ce tiers
ordre a été fondé par saint François d'Assise sur la demande des gens
mariés qui avaient grand désir de faire leur salut; et il l'a établi dans la
pensée de sauvegarder l'honneur des jeunes gens, tout en rendant plus
honnête la propagation de la famille.

Si l'imagination et les nerfs de M... en peuvent être tranquillisés, ce sera un grand bonheur pour elle et pour nous.

Nous avons 34° 1/2 depuis hier, il n'avait pas encore fait si chaud et l'on s'enrhume de chaleur. J'ai fait établir une tente devant la salle à manger où nous nous tenons, pour ne pas y griller tout à fait. On soupire après la pluie!

Adieu mon cher Charles. Ta sœur affectionnée,

Émilie.

Prends bien garde aux insolations! Use de l'ombrelle en vrai méridional.

1895

Me MAURIT, NOTAIRE À GRASSE,
À ÉMILIE DE MONTBOURG
Le 16 mars 1895.

Madame,

Voici la réponse que j'ai reçue du greffier. Le montant des créances vérifiées et affirmées est de onze mille quatre cent quarante-cinq francs.

Cependant il faut vous dire que d'après le greffier il est probable qu'il y a d'autres créanciers qui n'ont pas produit, sachant que la faillite n'avait rien.

Cette supposition vient de ce que M. Caron d'Aillot avait déposé un bilan de faillite de *32 594 francs*.

Vous apprécierez.

Veuillez agréer l'assurance de mes sentiments distingués.

Me Maurit.

Note d'Émilie de Montbourg : Bilan de faillite : 32 594, chiffre non déclaré lors du projet de mariage!

ÉMILIE DE MONTBOURG
À Mme D'AILLOT
Grasse, le 19 mai 1895.

Chère Madame,

Je viens de recevoir une visite de l'abbé Bosset qui nous conseille instamment de revenir à notre première pensée de faire le mariage à Labastide. Il paraîtrait que ce projet suscite de grandes jalousies, ainsi que la possibilité d'améliorer la situation de M. Robert. On était si heureux de piétiner sur la noblesse mal servie par les circonstances et les tentatives commerciales, on s'en dédommagerait, à ce que l'abbé a cru savoir, par les observations désobligeantes à haute voix sur le parcours du cortège, et jusque dans l'église. Or, je n'ai pas jugé à propos de mettre les témoins de ma fille au courant du mauvais résultat de ce commencement de commerce. Nous sommes toutes remuées par ces révélations! L'abbé assure qu'un mariage, même à minuit à Grasse, ne préserverait pas des manifestations que le mauvais esprit républicain et les habitudes grossières de la population pourraient occasionner.

95

Nous avons donc pensé qu'il faut tourner la difficulté, sans vous donner le chagrin de faire le mariage à Paris. Je vous remettrai la somme que je destinais au repas à donner à l'hôtel, et de cette façon vous pourrez éviter tous les désagréments dont on nous donne l'inquiétude.

Mlle Yvette qui vient d'écrire tout aimablement à M... lui dit que vous comptez revenir de Labastide mercredi prochain. Si vous faites reposer vos chevaux à Grasse, faites-moi l'amitié de venir avec M. d'Aillot et M. Robert déjeuner avec nous à midi, nous nous entendrons mieux de vive voix pour tous les détails de ce brusque changement de résolutions et pour l'époque du mariage. J'espère que vous allez me répondre que cette halte vous est possible.

Recevez, chère Madame, l'assurance de tous mes meilleurs sentiments.

Baronne de Montbourg.

P.S. : Si vous avez adopté l'idée de faire célébrer le mariage à Labastide, il faut de suite, avant de quitter les Clues, que M. Robert obtienne du maire l'autorisation de se faire porter sur les registres de la commune, *domicilié* à une époque antérieure qui donne six mois de domicile avant le mariage qui pourra avoir lieu du 15 au 20 juin prochain, et il pourrait élire domicile le *1er octobre 1894;* de cette façon la légalité serait observée sans inquiétude. Mais cette formalité est indispensable, et le maire, en connaissant la raison, ne la refusera pas.

J'espère que cette lettre vous parviendra encore à temps, je n'y mets aucun retard.

Mme D'AILLOT
À ÉMILIE DE MONTBOURG
Château des Clues,
Labastide, le 21 mai 1895.

Chère Madame,
Je ne vous dirai pas que votre lettre m'a étonnée; connaissant les habitudes du pays et les idées grassoises cela nous était impossible. Cependant nous avons, je crois, toujours été estimés et honorés des personnes que nous avons fréquentées et nous ne nous rendons pas compte de la chose; j'aime à croire que M. l'abbé Bosset, dans son empressement et son dévouement, se sera peut-être un peu exagéré la chose. Quoi qu'il en soit, adoptons ce dernier projet du mariage fait à Labastide. La chose, je pense, n'en sera que plus gaie. Donc nous acceptons votre déjeuner demain mercredi quoique nos costumes soient ceux de vrais montagnards : gros souliers et costumes à l'avenant. Vous nous excuserez en faveur de la circonstance. Nous retarderons peut-être aussi votre déjeuner car, malgré que nous

ferons tout le possible pour arriver à midi, il serait possible que nous eussions un peu de retard.

Robert me charge particulièrement de le rappeler au souvenir de Mlle Marthe et vous offre ses hommages. M. d'Aillot et moi vous prions d'agréer les nôtres et nous nous faisons un plaisir de penser à demain. Votre toute dévouée,

Mme d'Aillot.

Renseignements pris sur M. Robert d'Aillot et sa famille ainsi que sur ses propriétés par M. l'abbé Bosset, aumônier de l'hôpital de Grasse, lequel aumônier s'est renseigné près du curé de Mougins.

Âge de M. Robert d'Aillot : trente-trois ans. Physique agréable et avenant.
Santé : depuis son départ de Grasse pour s'installer à Mougins ce jeune homme n'a jamais été malade. Quant à la défaillance qu'il avait eue sur la route de Vallauris, c'était un cas passager.
Caractère : il est bon. Sans avoir fréquenté intimement M. Robert d'Aillot, M. le curé de Mougins ne trouve rien de répréhensible dans les rapports généraux connus. M. Robert d'Aillot n'a pas le caractère violent de son frère qui habite Marseille.
Genre d'esprit : il est assez intelligent, à en juger par son extérieur. M. Robert d'Aillot est gai et ne serait pas triste ni mou, mais énergique.
Religion : M. Robert d'Aillot ne pratique pas, mais il est loin d'être hostile au culte, il a la foi (ce qui est déjà beaucoup).
Politique : M. Robert d'Aillot est profondément conservateur.
Habitudes : il ne boit pas, ne va jamais au café ni au cercle, on ne le croit pas joueur. On a un peu jasé à Mougins sur M. Robert d'Aillot avec une domestique affectée à la campagne et ceci est un léger détail, et il n'y aura de jeunesse autour de lui que sa femme; le jeune homme ne fait pas de dépenses, il est rangé et fait bien ses affaires, cela sans bruit. Fortune de la famille : pas de capitaux, une assez jolie propriété de cinq à six hectares à Mougins avec un moulin à huile. Une grande maison dans le village de Mougins dans laquelle loge toute la famille qui loue quelquefois divers étages de ladite maison, et qui peut encore entretenir deux locataires. Une autre propriété située à Antibes. On croit que cette maison appartient à Mme d'Aillot. Il y a quelques dettes courantes, ainsi l'on devait mille cinq cents francs à un maçon, et il reste cinq cents francs encore à payer. Pour les hypothèques : voir à Grasse. La famille d'Aillot vit sur les revenus et sur la retraite du père d'Aillot qui est de mille deux cents francs à peu près. La propriété de

Mougins est aussi à la mère de M. Robert d'Aillot. Ce jeune homme n'a rien de particulier à lui, il travaille sur la communauté. Il y a eu faillite et vente par syndicat de fonds de commerce. M. Robert d'Aillot exploite en partie pour sa famille, il porte le lait et les légumes à plusieurs marchés, M. Robert d'Aillot a deux vaches et trois juments à sa propriété de Mougins.

M. Robert d'Aillot est discret, sérieux et capable d'être chef de famille. *Composition de la famille d'Aillot :* M. d'Aillot père ancien capitaine des douanes en retraite, Mme d'Aillot née d'Evelands.

Enfants : 1° l'aîné des fils, Vincent, habite Marseille avec sa femme dont la famille est d'Aix-en-Provence. Vincent d'Aillot fait à Marseille un commerce de spiritueux. 2° Marie-Thérèse d'Aillot, veuve, avec une petite fille, habite près de Grasse avec son beau-père. 3° Robert d'Aillot et deux autres demoiselles célibataires. 4° Louis d'Aillot, étudiant en médecine, deux ans d'études. 5° François d'Aillot fait son service militaire. La sœur de M. d'Aillot père, Mlle Mélanie, à la langue ardue, a abandonné sa fortune personnelle à son frère à la condition d'être logée et nourrie et d'avoir une pension de trois à quatre cents francs. Cette personne habite avec la famille d'Aillot.

ROBERT D'AILLOT
À ÉMILIE DE MONTBOURG
Labastide, le 1er juin 1895.

Madame,

Votre lettre me plonge dans une grande tristesse et comme je ne veux en aucune façon rendre Marthe malade, je n'hésite pas à faire ce que vous demandez. J'ai trop de délicatesse pour avoir jamais voulu imposer qui que ce soit à Marthe et la persévérance dont vous parlez n'est le fait que d'observations sérieuses reposant sur les bonnes qualités que j'ai pu apprécier depuis huit ans chez Césarine, néanmoins puisque cela doit jeter la moindre ombre dans notre tableau je n'hésite pas à faire ce que vous demandez tout en protestant énergiquement et étant profondément affligé du peu de confiance de ma future femme.

J'ai trop de respect de ma famille et de moi-même pour avoir jamais osé me servir, m'abuser d'une femme que je payais pour mon travail, et ma conduite pendant huit ans n'a donné lieu à aucun scandale dans le pays, ce qui me fait douter des termes peu favorables qu'auront cru entendre prononcer ces dames à mon égard; je suis d'ailleurs un personnage tellement insignifiant que l'on n'est pas toujours occupé de moi qui suis inconnu des trois quarts de la population de Grasse.

Voilà, Madame, les objections pénibles que me provoque votre lettre d'hier, je suis triste et bouleversé de penser que si j'ai inspiré un certain amour à Marthe, je ne lui ai pas inspiré la *confiance,* le vrai gage du bonheur mutuel qui la fait douter de mes sentiments à son égard et surtout du point d'honneur et du sérieux que j'attache au mariage.

Quant à la conduite de ma terre de Mougins, c'est mon affaire personnelle, je connais mieux que personne les besoins de mon terrain et de mon travail, c'est vous dire que votre proposition n'est pas acceptable et qu'il faut là-dessus me laisser guider par ma pratique et mon expérience que j'ai su acquérir à mes dépens.

Je vous laisse, Madame, en vous priant de me rappeler au souvenir de Marthe et d'agréer pour vous l'assurance de ma parfaite considération.

Robert Caron d'Aillot.

CHARLES DE CERILLEY
À ÉMILIE DE MONTBOURG
Sangy, le 16 juin 1895.

Ma chère Émilie,

Les voyageurs sont arrivés hier à 2 h 09 à Sangy à très bon port. Je suis allé les recevoir avec le break neuf et les deux chevaux. M. d'Aillot est très bien, de toute façon, il nous plaît beaucoup. Ce sera un bon mentor pour Marthe dont la joie fait plaisir à voir. Le bonheur est en train de la transformer.

Je prie Éléonore de me tenir au courant de ta santé avec détails, prenez une garde-malade, car Éléonore tombera à son tour, je le crains.

Si vous trouvez deux cent cinquante mille francs de Saint-Savin, lâchez vite. Le château sera de moins en moins séduisant, il perd chaque année; à moins, attendez encore. J'ai fait visiter les quatre fermes bâties. M. d'Aillot est édifié, il voit tout avec l'intérêt du praticien. Je lui montrerai quelques fonds. Nous allons au Moutier aujourd'hui pour ouvrir, je serai là et on ne fouillera rien, tu peux y compter.

Combien nous souhaitons ton prompt rétablissement! Mais ne te fais pas illusion, ce sera long. Ta constitution triomphera, mais je crois que nos climats te sont à tout jamais interdits d'une façon durable, ah, combien je regrette d'être cloué par cette maudite affaire de fermier qui me quitte finalement, c'est grave, très grave.

Je remets à Marthe nos cent francs de cadeau argent. Madeleine l'a mise en possession de ton beau livre de mariage.

Adieu, ma bien chère sœur; nous t'embrassons de tout cœur avec Éléonore. Je suis aussi l'interprète de Marthe, de son fiancé et de Mme Clément que nous avons du plaisir à revoir. Ton frère affectionné,

Charles de Cerilley.

ROBERT CARON D'AILLOT
À MARTHE DE MONTBOURG
Mougins, le 13 juillet 1895.

Bien chère Marthe aimée,

J'ai reçu votre bonne lettre d'hier, je ferai tout ce qui pourra vous faire plaisir, sitôt notre retour de Labastide nous nous occuperons de la construction de la lapinière afin d'y loger toute votre petite famille. Je prendrai toutes les pièces nécessaires afin que rien ne manque cette fois, vous de votre côté, ayez la bonté de retirer mardi soir à la mairie le certificat d'affiches et la publication de l'église; à cause de mes occupations je ne pourrais partir d'ici que lundi soir à huit heures, il me sera donc impossible de m'arrêter chez vous vu l'heure avancée de la nuit à laquelle je passerai à Grasse, au surplus je serai déjà chargé et je crains de ne pouvoir me charger d'autres paquets, cependant, pour vous être agréable, si vous trouvez un moyen de me faire remettre quelque chose sans vous occasionner trop d'ennuis, faites-le en m'avisant. L'heure de mon passage à Grasse sera entre onze heures et minuit trente. Je suis à votre disposition pour ce que vous voudrez mais impossible avant cette heure-là à cause de mon travail qui me retient ici jusqu'à huit heures du soir. Nous passerons à Labastide quelques jours, ensuite nous descendrons ici pour remonter plus tard. J'espère chère amie que vous ne vous ennuierez pas, je ferai d'ailleurs tout ce que je pourrai pour vous rendre l'existence aussi douce que possible, persuadé que de votre côté vous contribuerez à me rendre heureux car en me mariant, c'est le seul but que je cherche à atteindre, la paix, le bonheur et l'union dans le ménage. Je vais assez bien, très chaudement, et mon foin avance assez avec ce temps, aujourd'hui j'en enferme pas mal, plût au ciel qu'il le fût tout.

Adieu, chère petite Femme, je me permets de vous embrasser en vous priant de croire à mon réel et sincère amour, espérant toutefois qu'il sera partagé.

Robert Caron d'Aillot.

CHARLES DE CERILLEY
À HENRI DE CERILLEY
Sangy, le 13 juillet 1895.

Mon cher Henri,

Le contrat de Marthe a été signé le 6 courant. Le mariage qui a failli casser par des violences de caractère de Marthe est retardé de plus de huit jours parce qu'on n'a pas observé les délais d'affiches. C'est inouï! Je n'augure rien de bon de l'avenir. Les d'Aillot font un mariage de fortune dans toute la crudité du terme. Il y a mille à parier qu'il se consolera ailleurs, et qui oserait lui en faire un reproche? Affaire de conscience loyale.

Ton oncle Paul et ta tante Edwige sont allés à Grasse et ont appris à leur arrivée le retard du mariage qu'ils ne peuvent attendre, vu que la grêle a massacré leurs vignes le 1er juillet et qu'il leur faut être présents à l'expertise que va faire la compagnie d'assurances. Il en résulte que Marthe n'aura que sa mère et sa sœur à son mariage. C'est du guignon, mais bien par leur faute.

Mille tendresses de ton père affectionné,

Charles de Cerilley.

CHARLES DE CERILLEY
À HENRI DE CERILLEY
Sangy, le 19 juillet 1895.

Mon cher Henri,

Marthe doit être mariée d'avant-hier jeudi. Quel débarras! Éléonore n'a pas assisté au mariage (qui s'est fait chez les d'Aillot) sous le prétexte qu'elle ne pouvait pas quitter sa mère malade. Celle-ci a eu la faiblesse de me dire que la réserve d'Éléonore aurait été mal à l'aise au milieu de cette gaîté! C'est de la toquade insensée.

Ta tante Émilie a reçu ton cadeau et t'en remercie beaucoup, la maladie l'empêche d'écrire comme elle le voudrait.

Ah, quelle chance a M...! Son mari est trop mieux qu'elle sous tous les rapports pour que les conséquences ne se produisent pas.

Ton père affectionné,

Charles de Cerilley.

Excuse cette affreuse tache qui vient de se produire. Si j'étais dessinateur je ferais des hirondelles allant vers toi.

ÉLÉONORE DE MONTBOURG
À CHARLES DE CERILLEY
Grasse, le 16 août 1895.

Mon cher Oncle,

Maman a enfin vacance de vésicatoires, on les remplace par des onctions d'iode mélangé de laudanum de Rousseau qui empêche son effet corrosif. Nous serions donc un peu tranquilles s'il n'y avait pas ce retour de noce en perspective.

Après la seconde visite de M. Robert, maman a été si souffrante que je n'en réponds plus si de telles émotions se renouvellent encore. Cependant, cet entretien n'a pas duré plus d'une demi-heure, je crois. J'avais dit franchement pour répondre à une question directe que la première visite avait fait du mal à notre malade, mais tout avertissement est inutile. Je suis très décidée à ne pas lui permettre de voir maman quand il amènera sa femme, mais M... trouvera le procédé inqualifiable et nous aurons des scènes de colère qui vaudront à maman une rechute mortelle. Vous ne pouvez vous figurer le mal que ces visites lui ont fait. Depuis, elle a eu, la plupart du temps, des nuits de fièvre et d'insomnie qui l'ont laissée bien faible. Elle est toujours en peine de M... et effrayée de la situation qui lui est faite. La pauvre petite est complètement engluée, fascinée et détournée de nous, aussi nous écrit-elle des lettres furibondes. Et puis, nous ne pouvons avoir personne en tiers. Mme Clément ne compte pas plus que la sœur qui était avec moi dans la maison. En circonstances habituelles je bénis notre isolement — vous-même, à présent, ne pourrez que nous applaudir de l'avoir su bien conserver —, mais aujourd'hui, devant tant de lâcheté et de brutalité, je ne sais plus que faire. Si vous pouviez venir faire une apparition, l'effet serait magique, maman vous payerait un billet bain de mer aller et retour et je n'aurais plus peur pour elle. Pauvre maman! elle vous ferait pitié; je vous en supplie, mon cher oncle, ne l'abandonnez pas dans cette dure épreuve.

Si vous aviez pu voir dans quelle colère était M. Robert au moment où je suis rentrée! En ce moment-là, il parlait d'un ancien camarade qui l'a traité d'« inepte ». M. Robert doit le souffleter, pas dans la rue dit-il, car on l'attaquerait en police correctionnelle, mais entre quatre yeux s'il en trouve l'occasion. Avec un caractère pareil, vous jugerez si j'ai raison de craindre pour notre chère malade si délicate et si faible depuis plus de deux mois...

Je vous écris en hâte, il faut que je repose un peu avant de reprendre faction.

Votre nièce bien inquiète,

Éléonore.

CHARLES DE CERILLEY
À ÉMILIE DE MONTBOURG
Sangy, le 18 août 1895.

Ma chère Émilie,

Que se passe-t-il donc à Grasse? Ce silence depuis le 3 août, date de la dernière lettre écrite par Éléonore, et plus rien de toi, me surprend, me peine et m'inquiète au-delà de toute expression.

Je t'ai écrit, il y a peu de jours : je te proposais de faire des observations à Robert d'Aillot sur son manque de reconnaissance pour les attentions que vous avez pour lui (si tu le juges à propos). J'attends ta réponse, car comme tu me l'as écrit, on juge mal à distance, et il vaut mieux s'abstenir; ton silence me confirme dans cette disposition, et nous n'en parlerons plus.

J'espère que tu n'es plus obligée aux vésicatoires, chose douloureuse et affaiblissante; prends-tu de la force? Tes digestions sont-elles bonnes? J'ai usé avec succès de l'élixir Bonjean, c'est un peu fort peut-être pour toi.

Marthe est-elle descendue de Labastide et de la lune de miel? L'as-tu revue?

Mme Clément se plaît-elle et plaît-elle à tous à Labastide? Je le leur souhaite à tous. Je n'ai reçu depuis le mariage que la lettre de Marthe et celle de son mari en réponse à la mienne motivée par l'envoi de la photographie du cortège nuptial.

Adieu, ma chère Émilie, il me tarde d'avoir une bonne lettre qui me rassure. Ton frère affectionné,

Charles de Cerilley.

Convenons bien que pas de nouvelles veut dire bonnes nouvelles.

ÉMILIE DE MONTBOURG
À CHARLES DE CERILLEY
Grasse, le 27 août 1895.

Mon cher Charles,

M. Robert d'Aillot a refusé la visite médicale au dernier moment. Je les attendais, et au lieu de cela, voici la copie de la lettre que M... m'a adressée, tu apprécieras :

« Ma chère Maman,

« Je n'irai pas à Grasse, mon mari a ses raisons pour cela. Vous pouvez donc prévenir le docteur Barand de ne pas se déranger. Nous verrons plus tard ce que nous aurons à faire. »

Eh bien, que dis-tu d'une telle reculade, après avoir fait tant de vacarme!

Ce n'est pas tout, le même courrier m'apportait huit pages de Mme d'Aillot mère ajoutant aux offenses de son fils en supposant que toutes ces inquiétudes à propos de M... venaient d'un cerveau rendu malade par la maladie. Puis un chantage éhonté tout le temps. Elle a fini en me disant :

« J'ai depuis un mois votre fille à ma table, ainsi que Mme Clément, je la traite aussi bien que je peux, regrettant que mes moyens ne me permettent pas de faire mieux; mais je suis trop fière pour demander rien à personne. »

Or, lorsque son fils est venu chercher le trimestre de la rente dotale de sa femme, il m'a dit devant Éléonore qu'il allait soulager sa mère du poids que son ménage ajoute à la dépense en donnant de l'argent, qu'en définitive son ménage lui coûterait peut-être plus qu'à Mougins. Je n'ai pu qu'approuver cette bonne pensée, ayant payé moi-même pension à mon père aussitôt mon mariage.

Comme il n'aime pas qu'on se mêle de ses affaires, je ne lui ai pas demandé ce qu'il remettrait à sa mère, je suis bien convaincue qu'il l'a fait. Et la dame qui ne me croit pas au courant de la chose, passe la sébile!

M. Barand s'est régalé de cette lettre à laquelle il m'a bien recommandé de ne pas répondre et de ne pas me laisser mener par le chantage, sous peine de n'avoir plus un moment de repos. Je voudrais pourtant bien qu'elle sache que je suis au courant de la chose. M. Barand croit qu'ils ont ourdi un plan tous ensemble et que je dois les laisser se démasquer.

Tu comprends que tous ces tourments contrarient ma convalescence. Je prends une maladie bilieuse, si ce n'est plus grave de l'estomac, il a fallu en revenir aux bouillons de veau, uniquement. Ma pauvre Éléonore souffre aussi de toutes ces commotions.

La pauvre M... s'est laissée piétiner par toute cette famille qui deviendra autant de sangsues, si cela continue.

Je t'embrasse bien tendrement, mon cher Charles. Plains-moi. Je vais faire appeler le notaire afin qu'il révise mon testament. Ta sœur affectionnée,

Émilie.

CHARLES DE CERILLEY
À ÉMILIE DE MONTBOURG
Sangy, le 30 août 1895.

Ma chère Émilie,

Je réponds à ta lettre reçue hier : elle m'a fait grand plaisir par la preuve de la reculade des d'Aillot qui démontre leur chantage. Le docteur Barand t'a donné un très bon conseil! Oui, il ne faut rien répondre pour le moment et les laisser s'enferrer par de nouvelles réclamations qui démontreront de plus en plus leurs visées d'intérêt, tu seras par conséquent de plus en plus armée, cultive *le voir venir*.

Comme toute lettre demande réponse, tu pourrais *seulement* répondre à Mme d'Aillot mère que tu tiens de la bouche de son fils qu'il devait de son chef contribuer aux frais du ménage. Je ne vois pas d'inconvénients à cela. Ceci coupera court à toute velléité de plainte calculée.

Quand je t'ai conseillé de te laisser un peu exploiter, c'était à supposer que la visite médicale t'en aurait créé l'obligation morale. Mais dans le cas contraire, *non, cent fois non*. Joue serré, avec tout le tact possible pour avoir les atouts dans ton jeu.

Toujours point de lettre à moi ni de M... ni de son mari.

La lettre de M... à toi démontre qu'on la fait parler et qu'elle s'y prête d'une façon fâcheuse et peu filiale. Cela est douloureux pour toi, surtout, sa mère. Soigne bien ce mouvement bilieux et qu'Éléonore se soigne bien aussi.

Conserve bien la lettre de M..., elle est très précieuse.

Demain, nous avons un déjeuner de quatorze convives ici. C'est notre réception des vacances.

Adieu, chère sœur, partage nos tendresses avec Éléonore. Ton frère affectionné,

Charles de Cerilley.

MARTHE CARON D'AILLOT
À ÉMILIE DE MONTBOURG
Château des Clues,
le 5 septembre 1895.

Ma chère Maman,

Je suis heureuse de te savoir en pleine convalescence, j'espère que le mieux se maintiendra et que dans quelques jours tu pourras descendre à la salle à manger sans trop de fatigue. Je ne vois pas en quoi j'ai menti?

Oui, mon mari est allé à Grasse, mais il n'a pas voulu aller recevoir de nouvelles insultes! Vous devriez avoir honte d'avoir écrit toutes les choses sans nom que vous avez écrites, non seulement à son égard, mais encore à l'égard de toute ma nouvelle famille. Savez-vous que c'est fort heureux pour vous et pour moi d'avoir trouvé un homme qui a bien voulu m'épouser, et pour le remercier de l'honneur qu'il a bien voulu faire à votre fille en lui donnant son nom, vous l'insultez de la façon la plus indigne! et ne trouvant pas assez d'expressions salissantes, vous ne craignez pas de m'écrire qu'il veut s'entendre avec son frère Louis pour m'envoyer dans l'autre monde. Car vous me l'avez écrit, cela, je ne vous en avais pas encore dit un mot mais comme je vois la continuation de vos mauvais procédés pour lui et la haine qui vous anime, je ne puis résister à vous l'écrire : je souhaite que Dieu en vous rendant la santé change vos sentiments et vous fasse avoir plus de mesure dans vos paroles.

Je ne vous cache pas que je suis très affligée de la façon dont vous avez répondu à la bonne lettre que maman d'Aillot vous a écrite, elle a eu beaucoup de vertu à vous écrire une lettre aussi conciliante car tout ce que vous avez pu dire de ma nouvelle famille, vous l'avez dit; vous dites que vous garderez dans les archives de la famille de Montbourg la lettre de maman d'Aillot, mais si j'avais gardé toutes les lettres que vous m'avez écrites et que je les eusse montrées à mon mari, savez-vous qu'il y avait de quoi vous faire un mauvais parti?

Remerciez-moi de ne pas les lui avoir toutes communiquées, vous avez tort de vous brouiller avec maman d'Aillot et de vouloir cesser toutes relations avec ma nouvelle famille : ils ne vous ont rien fait pour cela!

J'espère que lorsque je passerai à Grasse quand nous irons à Mougins à la fin d'octobre, je vous trouverai en meilleures dispositions pour Robert et mes beaux-parents que je vénère.

Merci mille fois à Éléonore de l'obligeance qu'elle a mise à chercher et envoyer tous les objets que je lui ai demandés.

Votre fille respectueuse,

Marthe Caron d'Aillot.

MARTHE CARON D'AILLOT
À ÉMILIE DE MONTBOURG
Château des Clues,
le 10 septembre 1895.

Ma chère Maman,

Ta lettre me fait beaucoup de peine. Il m'est impossible d'aller à Grasse te voir sans mon mari et je me considère comme étant mise à la porte de ta villa. Vous êtes bien méchante pour mon bien-aimé mari, Maman, lui qui est si bon, si parfait pour sa femme, il ne mérite certes pas d'être ainsi traité; c'est ce que vous pouviez faire de plus ignoble, c'était de nous mettre tous les deux à la porte de chez vous, car la femme doit suivre son mari dans l'adversité comme dans la paix et le bonheur, vous voulez une brouille, soit, ne vous en prenez toutefois qu'à vous seule. Je ne viendrai vous voir que pour prendre mes affaires quand nous passerons à Grasse lors de notre descente à Mougins. Si Robert vient avec moi, j'espère que vous ne nous fermerez pas la porte au nez? Ce serait vous faire mal considérer par les Grassois. Vous voudrez donc bien m'envoyer d'abord mon costume en petit drap gris, puis mon manteau; envoyez-moi aussi s'il vous plaît les six lapins qui sont encore à la villa. Nous prendrons les mères et le mâle lors de notre passage à Grasse, qui aura lieu vers la fin du mois prochain.

J'espère que ta maladie d'estomac ne sera pas de longue durée et que tu seras promptement rétablie.

Je te répète encore, Maman, que tu me fais beaucoup de chagrin de traiter ainsi mon mari et toute ma famille qui ne t'a jamais rien fait que de bonnes manières. Je serais fâchée que tu montasses l'oncle Charles contre Robert, ce ne serait pas juste. Je regrette cette brouille, mais je ne puis être de ton avis contre Robert qui m'aime de tout son cœur et pour lequel j'ai une *profonde* affection.

J'espère que plus tard tu reviendras à de meilleurs sentiments à son égard et à celui de toute ma famille.

Amitiés à Éléonore pour laquelle je continue à faire collection de timbres-poste de toutes les nations.

Adieu. Votre fille respectueuse et affligée,

Marthe Caron d'Aillot.

CHARLES DE CERILLEY
À Mᵐᵉ D'AILLOT
Le 17 septembre 1895.

Madame,

J'ai reçu la lettre que vous avez bien voulu m'adresser et me hâte de vous répondre :

La lettre que vous avez écrite à ma sœur et qu'elle m'a communiquée est bien l'original. Je n'en ai pas gardé copie, ma qualité d'oncle affectueux et dévoué me faisant un devoir de ne pas intervenir dans ces discussions pénibles et que je désire de tout mon cœur ne pas voir se renouveler. Je ne puis me les expliquer un peu qu'en tenant compte d'une part, comme vous le dites, du caractère méridional et très vif de Robert votre fils, et d'autre part de la maladie de ma sœur dont le moral a dû être surexcité par son grave état de santé.

Quant au passage de votre lettre qui devait nous induire en erreur, vu la déclaration que vous me faites, le voici, tel que ma lecture et ma mémoire me le rappellent : *je suis trop fière pour rien demander à personne,* ceci venant après avoir écrit que vous regrettiez que vos ressources très limitées vous empêchassent de faire au point de vue ménage tout ce que vous désireriez faire pour Marthe et Mᵐᵉ Clément. Chez vous la pensée d'un désir indirect de subvention supplémentaire devait, au moins par l'apparence de votre lettre, nous venir à l'esprit, tout le monde en conviendrait, s'il était convenable de le consulter. Néanmoins je suis heureux de notre erreur et vous prie de vouloir bien agréer mon excuse personnelle.

De loin, je ne puis juger sainement des motifs qui ont déterminé mon neveu à s'opposer à la visite de Marthe à sa mère malade. Ces motifs ne peuvent qu'être graves pour être légitimes. Il ne m'appartient pas à moi, oncle, de discuter les droits naturels d'un mari, qui, se sentant violent, a la sagesse de ne pas s'exposer à des manifestations de caractère qu'on regrette toujours. Je le crois fort capable d'être un bon conducteur de famille. Ce que j'ai vu et entendu à Sangy de lui m'ont plu beaucoup, et j'espère bien que ses soins auront plein succès avec Marthe qui s'y prête très volontiers, et avec bonheur, m'écrit-elle.

J'ai bien regretté, chère Madame, de ne pouvoir assister au mariage, mais il se présentera sûrement quelque circonstance qui me fournira l'occasion de faire votre connaissance et celle de votre famille. En attendant, veuillez agréer, chère Madame, mes amitiés pour ma nièce et mon neveu, mes hommages empressés pour vous et mon respect pour M. d'Aillot. Mme de Cerilley s'unit à moi et vous prie de lui servir d'affectueux et gracieux interprète.

Votre bien dévoué.

Charles de Cerilley.

<table>
<tr><td>

ÉMILIE DE MONTBOURG
À CHARLES DE CERILLEY
Grasse, le 22 septembre 1895.

</td><td>

Mon cher Charles,
J'ai bien du nouveau à t'apprendre, en
aurai-je la force? Essayons. M. Louis

</td></tr>
</table>

d'Aillot est venu passer ses vacances à Labastide. Il a dû être frappé de l'air de santé de M... si peu d'accord avec les exagérations de son frère lui demandant des remèdes pour une maladie qui se montre à l'extérieur quand elle existe. Mme Clément m'écrit que de simples injections d'eau de feuilles de noyer ont fait cesser complètement les p... blanches. C'était la peine de faire tant d'embarras, n'est-ce-pas? Et le chantage est-il assez prouvé?

Le tableau dont je t'ai envoyé le brouillon au crayon a suffisamment, paraît-il, démontré que je n'étais pas sortie de mon devoir de mère de défendre la santé de ma fille, car Mme d'Aillot mère a été poussée à chercher la vérité de la conduite de son fils vis-à-vis de moi. Elle a donc demandé à l'abbé Bosset des explications sur ce qui s'était passé, lui recommandant de rester neutre et dans le rôle de conciliateur que le prêtre doit remplir dans les familles. L'abbé m'a apporté la lettre. Il lui a répondu que le rôle de conciliateur ne pouvait empêcher de dire la vérité : qu'il savait, à n'en pas douter, que j'avais eu pour son fils et sa famille tous les bons procédés possibles, que M. Robert était venu me faire deux scènes violentes qui avaient compromis gravement mon existence, que j'avais rempli mon devoir de mère en demandant l'examen du médecin pour sa femme, d'après ses assertions, et qu'en le refusant à la dernière heure, il avait passé sa condamnation, qu'il avait vu avec peine son fils manquer aux procédés auxquels j'avais droit, ainsi qu'Éléonore, qu'il avait cru devoir donner là-dessus quelques bons conseils à M. Robert qui ne lui avait pas même répondu.

Mais ce que j'oubliais de te dire, c'est que, furieux des blâmes que ses frères lui ont donnés, mon gendre, pour se venger, a dit mensongèrement à sa femme que je l'avais monté contre elle en lui disant beaucoup de mal d'elle et de sa mère.

Chauffée ainsi, M... a écrit à l'abbé dans la lettre de sa belle-mère, de ne pas croire un mot de ce que je lui disais : *que tout ce qui sortait de chez moi n'était que mensonges.* J'ai vu la lettre et n'en puis douter. Or cet hiver, cette même fille me reprochait mon culte de la vérité!...

L'abbé a répondu à cela qu'il avait assez d'expérience pour apprécier la véracité de ceux qui parlent, qu'il savait que tous les bons procédés étaient de mon côté, et que même, pouvant laisser son mari dans l'embarras, comme beaucoup d'autres l'auraient fait, pour un acompte à donner à l'entrepreneur de leur maison, le notaire dépositaire des fonds étant absent, je lui avais fait une avance de mille francs.

Mais le jour où l'abbé m'a apporté les lettres de ces dames et ses réponses, j'avais reçu le matin une lettre enragée de M... sous l'impression des mensonges de son mari qui l'avait poussée à écrire à l'abbé. J'en ai été bien souffrante et n'ai pu répondre de suite. Alors j'ai attendu le résultat des lettres de l'abbé.

Vingt-quatre heures après, changement de décor! M... me remercie de mes bons sentiments pour elle, tout en me disant toujours que je suis injuste pour son mari. Si elle voulait me voir seule, je la recevrais affectueusement, mais sans aucun plaisir, car j'ai sur le cœur tout ce qu'elle a dit de moi, tout ce qu'elle m'a écrit et j'aurai toujours la crainte qu'elle me parle de son mari. Éléonore se remet doucement de ses veilles prolongées et des émotions successives qu'elle a supportées. Hélas, elle se cramponne au moindre espoir, mais si j'en reviens, ce sera bien long. La bonne couche la nuit dans ma chambre et me suffit. Le jour Éléonore se fait aider par deux personnes et il faut me soutenir pour marcher. Voilà où j'en suis, pas loin, comme tu vois. Je la fais sortir avec la bonne quand elle veut bien. Elle mange du raisin et prend des bouillons de viande. Toutes les deux nous nous soutenons comme nous pouvons, mais nous avons besoin de calme et de nous soustraire aux grossiers d'Aillot.

J'ai fait envoyer à M... une grande partie de ses vêtements d'hiver, car à mille trois cents mètres d'altitude il doit faire froid et ils comptent rester jusqu'à la fin du mois. Toutes les insistances de ce moment ont pour but de faire engager toute la famille à s'arrêter à Grasse que l'on traverse devant notre maison. C'était un tourne-bride fort commode où l'on trouvait bon dîner, bon feu et bon accueil, mais le temps en est passé, les menteurs, les grossiers et les chanteurs n'y seront plus reçus. M... pourra revenir de Mougins avec Mme Clément pour chercher ce qui reste de leurs vêtements. J'enverrai les meubles par un tapisssier. Je t'envoie la liste des objets que je lui destine et tu verras que malgré ses torts je suis généreuse pour M... Éléonore est la première à m'y engager, quoique M... ait bien des torts aussi envers elle. Je lui ai envoyé cette liste et n'ai pas reçu un mot de remerciements. Qu'en penses-tu? Pas même l'accusé de réception de cette liste, et la lettre a été reçue, car comme j'annonçais l'envoi des trois bagues héraldiques destinées à ses beaux-frères, M... s'est plainte de ce que son mari n'en recevait pas. J'ai répondu que la sienne est faite aussi mais qu'il était convenu qu'il ne l'aurait qu'après sa réhabilitation commerciale. Je sais que les trois frères blâment M. Robert de l'attitude qu'il a prise vis-à-vis de nous dès le commencement, mais ce n'est pas pour cela que les bagues sont données. Ta sœur affectionnée,

Émilie.

Brûle mes testaments.

MARTHE CARON D'AILLOT
À CHARLES DE CERILLEY
Château des Clues,
le 30 septembre 1895.

Cher bon Oncle,

Votre bonne lettre m'a fait beaucoup de plaisir, et je suis heureuse de constater que vous du moins ne partagez pas les sentiments hostiles que maman de Montbourg a contre mon mari et toute ma famille.

Je suis très peinée de voir que malgré tout ce que Robert fait pour me rendre heureuse, maman conserve des sentiments de haine contre lui et je vous affirme, mon bon Oncle, que Robert dont vous avez pu apprécier le bon caractère ne mérite nullement de semblables procédés.

Vous nous rendrez tous bien heureux si vous pouvez venir à bout de changer les sentiments de maman et la rendre plus aimable pour mon mari qui est la bonté par excellence. Vous me dites, cher Oncle, d'aller faire une visite seule à maman? Mais si j'y vais, je n'irai qu'accompagnée soit de mes sœurs, soit de maman d'Aillot, c'est-à-dire que maman d'Aillot ne m'accompagnera que jusqu'à la porte de la villa, car maman de Montbourg l'a priée de ne pas venir la voir et je vous jure, mon bon Oncle, que je n'oublierai jamais des procédés pareils. Maman de Montbourg se conduit d'une façon inqualifiable. C'est d'une infamie à nulle autre pareille. Du reste, qu'en pensez-vous?

Mon mari étant absent, dès qu'il sera de retour, je lui communiquerai votre bonne lettre, il sera bien heureux de votre bienveillante intervention car cette brouille le peine beaucoup, après tout ce qu'il a fait pour moi, il est bien mal récompensé. Je vous en prie, mon bon Oncle, ramenez maman à de meilleurs sentiments à l'égard de mon bien-aimé mari, je vous en serai éternellement reconnaissante!

Les prairies sont toujours bien sèches et sont transformées en de véritables paillassons, cependant hier nous avons eu un peu d'orage qui se continue aujourd'hui. J'espère que nous aurons enfin de l'eau qui permettra de pouvoir arracher les pommes de terre dont il y a ici un champ.

Maman d'Aillot ainsi que mon père vous remercient et sont heureux de voir que, malgré les insinuations malveillantes de maman de Montbourg, vous leur conservez votre sympathie et votre considération.

Veuillez, cher bon Oncle, agréer, ainsi que ma bonne tante, l'assurance des sentiments reconnaissants et affectionnés de votre nièce,

Marthe.

Note de Charles : Sous le joug.

ÉMILIE DE MONTBOURG
À CHARLES DE CERILLEY
Le 10 octobre 1895.

Mon cher Charles,

Hélas! j'ai eu bien des jours de souffrance et de faiblesses désolantes! Les forces ne reviennent pas et la raison s'en montre depuis quelques jours. C'est que décidément les scènes de ce démon m'ont tourné une fois de plus le sang; celui que je tâche de faire en m'efforçant de manger ces bouillies qui me dégoûtent, mais qui seules passent quoique avec peine, est tellement mêlé d'eau que les pieds sont très enflés, ainsi que les jambes et un peu les cuisses. Le docteur prétend que c'est la faiblesse qui en est cause, que je ne mange pas assez, mais il faut pouvoir digérer! et c'est la difficulté! Il m'a ordonné des pilules qui me font tellement mal à l'estomac que je les laisse pour me remettre aux stigmates de maïs et aux globules de térébenthine du docteur Clertan. De mon idée aussi, je prends un peu de rhubarbe. Mais cette faiblesse est désolante et la moindre émotion, la pensée seule des d'Aillot ramène les douleurs au cœur, au foie, et les contractions du pylore. Dans ces conditions tu vois si je puis, si même je dois m'occuper davantage de toutes ces choses désagréables qui me rendent si malade. J'ai pris le parti de répondre aux instances de M... pour recevoir son mari, par ces seuls mots : cesse d'insister, tu n'y gagneras rien, et je ne sortirai pas de là. Fais-en autant de ton côté.

Je suis tellement résolue à maintenir notre indépendance, qui ne peut être défendue ici ni par un mari, ni par un fils et un frère, que l'ordre est donné aux bonnes de refuser l'entrée de la maison à tous les d'Aillot, excepté M..., et si leur outrecuidance insolente les portait à forcer la consigne, ordre encore est donné d'aller chercher le commissaire de police qui verbalisera une violation de domicile. Cela seul tranquillise Éléonore qui craint toujours de les voir arriver les uns ou les autres. Ils ne se doutent pas de la chose, mais ils y seront pris, s'ils ont l'audace de braver.

En attendant, quoique je n'aie pas dit en propres termes à M... que son mari s'entendait avec son frère, mais comme la supposition de la maladie, le conseil et l'envoi des remèdes venaient d'eux, je l'ai pensé, et tu en aurais fait autant à ma place. Je crois même que la chose était

111

préméditée depuis Paris puisque M. Robert m'a dit que cette pauvre M..., si malade et si mal soignée, avait des plaques de couleur singulière à la figure. Or ils ont cherché à tirer parti de tout contre elle, et comme elle m'avait écrit de Paris qu'il lui avait dit : « Je n'ai pas fait de chantage à votre mère, mais je pourrai bien en faire », j'étais avertie par ma fille elle-même qui dans ce moment-là n'était pas subjuguée comme elle l'est maintenant et qui me disait : je crois devoir t'avertir. Or si je n'avais pas fait tapage et mis le Dr Barand là-dedans, je ne sais trop ce qui serait advenu; ce que je sais, c'est que M. Louis doit avoir une fière peur que je fasse tort à sa carrière médicale en faisant connaître à ses professeurs qu'il se permet de conseiller et d'envoyer en province des médicaments dangereux sans avoir qualité et autorité pour cela, car il n'est qu'étudiant. Tu penses bien que je le laisse dans cette sainte crainte et que mon exposé des choses où je disais seulement à M... qu'elle n'avait pas compris ma sollicitude maternelle avait ce but-là. Or, tu vois le résultat : M. Louis a fait écrire sa mère à l'abbé qui a répondu prudemment mais qui leur a démontré qu'il les a percés à jour et ils se tiennent cois, faisant faire maintenant des instances de réconciliation par M... Je n'en veux pas, sache-le bien, et récuse le rôle de pacificateur qu'on te demande. Je reste sous ma tente, sur les sommets de ma position, et armée de toutes pièces. Qu'on me laisse tranquille. Ai-je *raison* de mettre à la porte des forbans qui viendraient me dépouiller de mon vivant? Je lui ai dit qu'elle n'avait pas à compter sur mon mobilier de salon, que je lui donnerais quelques meubles dont nous pouvons nous passer, mais que je ne comptais pas démeubler ma maison, que je ne permettrais pas qu'on vienne déménager dans ma maison et que je lui enverrais par une tapissière ce dont je pourrais disposer pour elle, à mes frais bien entendu. Mais qu'elle n'ait pas à se faire d'illusions, que je ne voulais jamais revoir son mari, qu'elle ait à en prendre son parti si elle se mettait en pénitence en ne venant pas me voir seule, elle n'y gagnerait pas, voilà tout.

Ah! à présent M. Robert veut faire croire qu'il n'a fait que de simples questions sur la santé de M... à cause de la maladie *que son père* lui a léguée et dont je n'avais pas parlé. Or, à cela, j'ai répondu que, le docteur Barand ayant déclaré que cette maladie n'était pas transmissible, je n'avais pas à en parler, et que de simples questions n'auraient pas mis mon existence en péril.

Un de mes docteurs, parent des d'Aillot par sa femme, et qui n'a pas à se louer de leurs procédés, m'a prise en pitié d'abord puis en amitié. Il me disait ces jours-ci : pour moi votre gendre a tenté de vous procurer une congestion cérébrale ou cardiaque afin d'avoir votre héritage plus vite, si le chantage ne réussissait pas.

M... se trouve heureuse dans une situation qui n'aurait pas fait mon bonheur. Je suis très heureuse qu'elle s'attache à sa nouvelle famille, et je ne fais rien pour l'en détourner. Tu te laisses influencer par les mensonges dont ses lettres sont pleines. Je connais mes devoirs et je les remplis. Mais ce grand amour pour les d'Aillot n'est pas une raison pour oublier ce qu'elle doit à une sœur et à une mère qui lui ont été si dévouées. Toutes leurs sottises ne m'empêcheront pas de monter son ménage tant que je le pourrai, puisque les d'Aillot ne peuvent le faire suivant l'usage du pays.

J'y ai mis le temps, mais enfin j'arrive au bout de ce que j'avais à t'apprendre, mon cher Charles. La chaleur est encore grande pendant le jour, et j'ai bien peine à digérer. Cependant le peu semble rendre un peu de forces à cette pauvre machine qui a bien manqué casser tout à fait. Mon Dieu, qu'il faudra de temps pour rétablir les fonctions de la bile dans l'organisme! Cela est dû à la violence des émotions. Je t'embrasse bien tendrement. Ta sœur affectionnée.

Émilie.

Puisque tu vas rester du temps à Sangy, occupe-toi, je t'en prie, du cimetière. Je t'ai envoyé un arrêté de préfecture. Il me tarde que le caveau soit fait.

MARTHE CARON D'AILLOT
À ÉMILIE DE MONTBOURG
*Château des Clues,
le 17 octobre 1895.*

Chère Maman,

J'ai été bien heureuse de t'avoir embrassée lors de mon passage à Grasse. J'espère que ma visite ne t'aura pas trop fatiguée et que l'enflure que tu avais a complètement disparu. Je te conjure de ne pas te désespérer comme tu le fais. Nous sommes arrivés à bon port à Labastide. Ma santé, comme tu as pu le voir, est excellente, mon caractère est plus souple et deviendra avec le temps tout à fait bien; peu à peu je comprends plus de choses et m'efforce de graver dans ma tête tout ce qu'une femme doit savoir.

Je te suis reconnaissante de m'offrir de faire faire des pantalons en finette, mais n'ayant plus rien à faire je préfère les confectionner moi-même, mes excellentes sœurs me les couperont et je les coudrai. Donc, si tu veux bien m'envoyer la pièce de finette bleue que tu as fait venir du Printemps, je crois aussi qu'il y a une autre pièce de finette à rayures grises et roses, que tu avais fait venir du même magasin pour me faire des camisoles, j'en ai un modèle ici, je confectionnerai le tout.

Puisque tu as été assez bonne pour faire border la couverture de voyage de papa, tu pourras la joindre aux articles ci-dessus et m'adresser le tout comme la dernière fois.

Mme Clément te remercie chaleureusement de lui avoir fait apporter ses affaires, mais malheureusement ce n'est pas les effets qui lui sont nécessaires, les autres étant fermés dans la malle en osier.

Les lapins que tu m'as envoyés sont très beaux; je vois avec plaisir que vous avez une bonne qui tient la maison très proprement; elle a surtout grand soin de mes lapins, d'après ce que j'en ai vu par les deux sujets qui sont arrivés ici.

Pourquoi ne te frictionnes-tu pas avec de l'huile ayant brûlé devant la statue de Madame Sainte Anne? Il me semble que cela te ferait du bien, et puis Éléonore pourrait bien demander à Adrienne de lui envoyer un flacon d'huile de la lampe que l'on fait brûler devant la statue miraculeuse de Notre Seigneur à Bruxelles. Je ne me rappelle plus où elle avait pris l'huile qu'elle avait envoyée à Saint-Savin pour le pauvre Émile.

Enfin, prend courage, chère Maman et crois toujours que ta fille t'aime bien et qu'elle ne t'oublie pas.

Je t'embrasse avec toute ma tendresse filiale, bonjour à Éléonore bien qu'elle n'ait pas été aimable du tout pour mes sœurs qui sont cependant charmantes! Je trouve qu'Éléonore est bien sotte de s'être conduite ainsi, je vois avec peine qu'elle devient plus insupportable que jamais, et que son cœur et sa langue n'ont que les choses blessantes à dire ou à penser.

Toute à toi. Ta fille affectionnée,

Marthe.

ROBERT CARON D'AILLOT
À CHARLES DE CERILLEY
Mougins, le 25 novembre 1895.

Mon cher Oncle,

Je profite d'un moment de répit que me laisse mon travail pour vous donner de mes nouvelles et vous entretenir de choses bien pénibles qui, tout en me crevant le cœur, me font regretter amèrement d'avoir accepté de devenir le gendre d'une aussi méchante femme que ma B. M.

Quels sont les griefs qu'a contre moi cette femme, je vais vous les exposer : d'abord celui d'avoir tiré sa fille du déshonneur et de l'ignominie, d'avoir eu des égards et des bontés pour elle, d'être, malgré les horreurs et abominations qu'elle ne cesse de vomir sur moi et ma famille dans toutes ses lettres, un bon mari qui a pris sa pénible tâche avec patience et persévérance afin de rendre cette fille, qui n'était qu'une pauvre fille perdue sans éducation, sans manières, sans qualités, remplie de vices et de défauts, une gentille femme capable de tenir son rang dans un salon, d'avoir dès le début refusé d'être un mannequin en ne permettant pas que ma B. M. remplît elle-même des obligations que m'imposait le contrat. Ensuite ayant appris le passé, la maladie, la mort de M. de Montbourg, l'infection syphilitique laissée à sa femme et la naissance viciée de Marthe, dès ce moment-là couverte de boutons de vérole, cette dernière me disant qu'à l'âge de neuf ans elle eut une éruption, que lors de son accouchement elle en avait encore que l'on soignait avec de la vaseline boriquée et qu'il y a six ou huit mois à peine elle avait eu encore quelques éruptions, avec cela le passé scabreux de Marthe que l'on m'avait caché avec un soin minutieux, sa grossesse qui n'était plus le résultat d'une simple faute de jeunesse ni d'un moment d'hypnotisme comme me l'a toujours si bien dit votre sœur, mais bien d'une vie déréglée et libertine ayant débuté à quatorze ans, menée au grand jour en Normandie, au vu et au su de tout le monde, jusques et y compris sa mère qui fermait les yeux volontairement puisqu'elle n'a point réprimé ces excès malgré les lettres anonymes que plusieurs personnes charitables lui écrivirent; qu'au jour de mon mariage on m'a donné une fille dans un état de santé déplorable, elle avait des pertes blanches et un écoulement tel qu'elle salissait son linge tous les jours, il était donc tout naturel que connaissant tout ce que je viens de vous dire et en mari ayant souci de l'avenir je fisse auprès de votre sœur une petite enquête tout amicale pour arriver à guérir au plus tôt ma femme que j'aime malgré tous ses torts et ceux de sa mère qui ne cherche qu'à troubler la bonne union qui règne chez moi. Cette enquête, je l'ai faite, et votre sœur a même été très bien cette fois-là, malheureusement l'amour propre et l'orgueil de cette femme ont été blessés et, après mon départ pour Mougins, elle a écrit à Marthe des lettres épouvantables d'horreurs et d'abominations sur mon compte, lettres tellement atroces, paraît-il, que ma mère a voulu que Marthe les brûlât avant mon retour de Mougins, chose que je ne cesse de regretter parce que c'étaient des pièces pouvant me justifier aux yeux de la famille. Marthe m'écrivit alors me disant de me défier de sa mère qui ne tarissait point en invectives sur moi et que son but était de nous séparer en la montant contre moi.

A mon retour à Grasse, je m'arrêtais, décidé malgré tout à être très correct et d'autant plus gentil qu'elle serait mauvaise et méchante pour moi. Cela me fut impossible devant les atrocités qui la firent débuter en me disant que si Marthe avait la vérole, c'est moi qui la lui avais donnée. A ces mots je bondis et je fondis en amers reproches en termes vifs, c'est vrai, mais, je lui dis ses vérités, ainsi que tous les mensonges et les duperies dont j'avais été victime dans cette malheureuse affaire, qu'elle avait manqué de loyauté et que si elle agissait ainsi avec moi

115

c'était pour ne point reconnaître le tort qu'elle avait eu de laisser sa fille s'élever comme une traînée, qu'elle cherchait à me salir, ainsi que toute ma famille pour cacher sa propre fange, elle savait très bien qu'elle me dupait et que sa fille était malade puisqu'elle ne cessait de lui répéter : « Si Robert savait tout, il ne te prendrait pas et *tu sais que tu as du sang cancéreux dans les veines, ainsi veille sur toi.* »

Avais-je raison de demander une explication? On vous a envoyé chez le médecin avant la chose, oui c'est vrai, mais le médecin n'a jamais visité Marthe. Or que pouvait-il en dire, rien, qu'elle avait de belles couleurs et qu'on pouvait la marier mais jamais on ne lui a parlé de sang vicié par hérédité et c'était ma terreur. Ensuite j'ai refusé la visite du docteur Barand parce que j'ai compris que ce monsieur, quand bien même il y aurait eu du mal, ne l'aurait pas dit, puisqu'il a à ménager ses intérêts dans la personne de votre sœur qui pour lui est une bonne cliente, meilleure que moi qui grâce à Dieu laisse loin de moi ces sortes de messieurs et puis je n'avais plus aucune espèce de confiance.

Les choses en sont restées là, on n'a plus voulu me voir et de ce jour a commencé une série d'injures et de diffamations atroces sur mon compte et sur celui de ma famille, dans toutes ses lettres; quand nous avons la paix huit jours, le neuvième arrive une lettre d'injures, je les garde précieusement parce que je dois vous dire que si cet état de choses ne cesse pas, je vais lui flanquer un procès en diffamation qui sera un véritable scandale pour toute votre famille car on ne peut s'amuser impunément d'un homme qui la laisse tranquille ne disant jamais ni bien ni mal d'elle sans un jour faire verser la mesure et alors gare à ce jour.

Néanmoins, mon cher Oncle, je suis navré d'une pareille situation et bien souvent, en pensant à l'acte que j'ai accompli et à la reconnaissance que devrait m'avoir cette femme, je verse d'abondantes larmes à l'idée que je suis dénigré et invectivé. Si au moins on me laissait tranquille, sans venir toujours remuer le couteau dans la plaie. Elle est méchante et a du venin de vipère mais gare à elle si je me venge je suis bon, très bon, il ne faut point abuser de cette bonté parce que ça finirait mal. J'aime Marthe, elle est gentille et fait bien tout pour arriver à faire oublier son passé dont elle commence à avoir horreur, les sentiments commencent à lui venir, ce qui me la fait aimer davantage, mais je vous en prie, mon cher Oncle, mettez tout ce que vous avez de pouvoir sur cette femme pour la faire taire, car il n'en résultera rien de bon si ça continue. Mon frère même commence à être vexé de s'entendre vilipender par cette femme et vous savez que l'union fait la force. Je sais que vous avez dit que vous m'aimiez bien, je n'ai point changé, je suis toujours le même, malgré que, d'après votre sœur, vous ayez écrit que tout ce qui arrivait ne vous étonnait point car vous m'aviez jugé comme ça et que vous aviez sur moi une petite opinion. Cependant à la gare de Sangy, lors de votre départ pour le Dauphiné, ne m'avez-vous point dit en m'embrassant : « Le cœur y est et je suis votre ami! » Eh bien, il paraît que vous ne pensiez pas cela de moi et vous l'avez écrit, non mon cher Oncle. Malgré tout je crois ce que vous m'avez dit et je garde dans mon cœur la bonne impression que j'ai rapportée de mon séjour chez vous. Je continue à être votre ami et à vous aimer ainsi que ma chère tante qui elle aussi est si mal vue.

On me reproche dans une récente lettre d'avoir tergiversé un instant chez vous et à Paris pour tenir mes engagements. J'en appelle à vous et à ma tante pour le dire. Et on dit qu'il eût fallu alors tout rompre, plût à Dieu que cela fût arrivé, je ne serais point malheureux comme je le suis et j'aurais continué à vivre tranquille, honoré et respecté de tout le monde, tandis que celle qui devrait me soutenir est la première à me lancer des pierres. Plaignez-moi, mon Oncle, car j'en ai besoin.

Elle prétend que je n'ai pas tenu mes engagements; si quelqu'un ne l'a point fait, c'est elle puisqu'elle s'est engagée, lors des pourparlers, à continuer l'entretien de l'enfant et son premier soin au premier trimestre est de retenir cent cinquante francs sur ma pension pour les mois de nourrice, est-ce bien, cela? Est-ce loyal? Avant même d'avoir pu juger son gendre, elle s'arroge certains pouvoirs qu'à moins d'être un crétin on ne pouvait supporter (elle s'est fait faire par Marthe le 15 juillet un reçu de deux cents francs daté du 18 juillet, le mariage a eu lieu le 18 juillet) signé de mon nom pour sa toilette et me réclame à moi en m'envoyant neuf cents un reçu de mille deux cent cinquante et deux cents de ma femme, ça faisait mille quatre cent cinquante. J'ai envoyé le tout et elle a été vexée, c'est alors que je fus traité de *paysan du Danube sans esprit.*

Aujourd'hui elle revient là-dessus et prétend vouloir se charger de tout, bien, mais pour cela qu'a-t-elle besoin de papiers, qu'elle envoie le montant à la nourrice et le nécessaire et tout s'arrête là, mais non ce sont les papiers qu'elle veut pour me jouer quelque tour qui aura encore surgi de son imagination méchante et endiablée. Eh bien, je garde ces papiers, elle ne les aura point; si elle veut faire, qu'elle fasse, ou bien en me serrant un peu, je ferai moi-même, je suis habitué au travail, la tâche ni la fatigue ne me font peur et grâce à Dieu, j'ai une bonne santé, ce qui me permet de surmonter bien des obstacles et que Dieu confonde cette méchante et ignoble femme qui écrit hier à sa fille lui disant qu'elle est la femme la plus asservie chez ses beaux-parents qui ne lui laissent pas le droit d'avoir son ménage et la privent de manger. Ah! c'est épouvantable de pareilles choses, elle prétend qu'elle ne finira jamais de nous insulter parce qu'elle me tient, elle croit peut-être que par amour de ses quatre sous je me laisserai insulter continuellement. N'étant pas né riche, je suis habitué à tout, le bien-être je le prends volontiers, mais s'il faut trimer, j'ai l'échine souple, les bras solides et je trime nuit et jour.

Donc par ce moyen, elle ne me tient pas beaucoup, et je dois vous dire que je préfère la misère et le bonheur que l'argent et la guerre perpétuelle. Vous voilà, mon cher Oncle, au courant de tout ce qui s'est passé depuis mon mariage, vous voyez que c'est bien triste et que bien des fois je verse quelques pleurs sur mon bonheur perdu, néanmoins j'aime Marthe et suis heureux surtout quand je la vois devenir une femme.

Je compte sur votre influence, cher Oncle, pour arranger tout cela ou tout au moins pour faire cesser un état de choses qui évitera un scandale sûr et certain si elle continue.

Je vous laisse, voilà assez longtemps que je vous ennuie avec mon verbiage et vous prie de m'excuser. Je vous charge de toutes mes meilleures amitiés pour ma chère tante et me dis encore votre ami sincère et dévoué,

Caron d'Aillot.

CHARLES DE CERILLEY
À ÉMILIE DE MONTBOURG
Sangy, le 29 novembre 1895.

Ma chère Émilie,

J'ai d'abord hésité à t'envoyer la lettre que Robert d'Aillot m'a écrite vu sa raideur. Mais elle est si grave par les détails qu'elle renferme que j'estime qu'il faut que tu la lises, tu me la renverras parce que je veux l'envoyer à Honoré, *attendu* que si quelque jour il a à s'occuper de protectorat avec moi pour tes filles, il faut de toute nécessité qu'il connaisse lui aussi toutes les pièces du dossier.

Robert d'Aillot en dit beaucoup plus que je n'en sais moi-même! Qui a pu lui dire tout cela? N'y eût-il que la moitié de vrai, ce serait déjà plus qu'il n'en faut pour l'armer en guerre. Je te conjure de faire le silence *le plus complet* en paroles et en lettres, et au dire de ton gendre tu ne cesses de récriminer.

Je t'adresse ci-incluse la copie de ma réponse à ton gendre. Je l'ai faite très parlementaire parce que je ne veux pas jeter de l'huile sur le feu. Si tu m'accusais de mollesse, tu pourrais demander à Léon et à mon fils si je sais être raide quand il le faut.

De deux choses l'une : ou bien c'est Marthe elle-même qui a raconté tout ce qui précède à son mari, vaille que vaille, et alors il est odieux de voir une fille livrer sa mère : ou bien son mari a fait enquête avant son mariage et, si on lui a narré tout ce qu'il dit, c'est la preuve la plus forte du *mariage d'argent* coûte que coûte.

Il est bien certain qu'on a cherché à faire monter ta bourse à l'échelle. Cela t'a choquée, et tu t'es gendarmée. Peut-être eût-il été plus sage de te laisser faire sans trop te plaindre, tant que les choses n'auraient pas pris des proportions trop grandes. Aujourd'hui, je te dis : sois heureuse de voir ta fille mariée, car avec ses instincts, il lui fallait un mari. Avec son passé, crois-tu qu'avec un autre gendre tu serais plus satisfaite? Dans ce siècle de spéculation, on ne laisse échapper aucune occasion de profiter d'une bonne occurrence, je parle des besogneux. Si M... ne se fût pas mariée, elle serait tombée dans la dernière catégorie des filles cascadantes, car il lui en fallait à tout prix. Je ne crois pas t'apprendre là-dessus rien de nouveau car, sans cela, je n'oserais. Je te le dis encore pour bien te pénétrer qu'il faut à tout prix éviter du scandale. Ta mémoire serait perdue et tu vaux, certes, cent fois mieux que cela. Conclusion : silence d'abord et peu à peu reprise des rapports tout en ménageant les dignités personnelles. Le moment est venu pour moi de parler net et clair pour le plus grand bien de tous. Crois-moi sur parole, ne proteste pas : tu ne m'as peut-être pas tout dit, mais j'en sais assez comme cela pour avoir une opinion très arrêtée et motivée.

Il fait doux et humide dans le jour, frais le matin. Je me porte bien.

Ton frère affectionné,

Charles de Cerilley.

CHARLES DE CERILLEY
À ÉMILIE DE MONTBOURG
Sangy, le 2 décembre 1895.

Ma chère Émilie,

Je te retourne ci-inclus les lettres de M... et de Mme Clément.

Fais le silence qu'on te demande, mais le vrai, le réel, et de toute façon, celui qui le rompra sera le coupable. Ton gendre m'écrit qu'il ne demande que cela. Si la rupture du silence vient d'eux, dis-le-moi avec preuve, et je me charge de le lui dire nettement. J'approuve fort ta bonne œuvre de te charger de l'éducation et instruction de G..., mais quant au contrôle officieux et d'*office* de notre famille, *c'est une illusion* pure à laquelle il ne faut pas s'attacher. Fais-toi autoriser à payer et à diriger éducation et instruction de G..., c'est tout ce que tu peux demander.

M... perd le sens quand elle regrette la reconnaissance faite par son mari, qui a pris la faute à son compte pour lui permettre à elle d'aller *légalement* la tête haute. Dès lors que la reconnaissance est faite, n'est-

119

il pas de leur intérêt de ne pas avoir pour enfant un voyou? Je ne crois donc pas à un refus de leur part. Ce serait odieux.

En fait de protectorat, entendons-nous : j'ai approuvé la reconnaissance que tu as exigée comme condition du mariage. Cette approbation ne m'oblige en rien moralement vis-à-vis de cet enfant que je ne désire point connaître. J'aiderai Éléonore de mon appui moral après toi si je te succède dans la continuation de la bonne œuvre. Je te le répète, tu ne peux qu'avec l'autorisation de ton gendre. Ne sors pas de là. En ce qui concerne le rôle joué par l'abbé Bosset, je n'aime pas à voir les abbés mettre leur nez dans les vilaines affaires.

Je m'occuperai au plus tôt de ton affaire de concession perpétuelle pour trois tombes sur la même ligne côte à côte.

Rappelle-toi combien tu trouvais mauvaise l'ingérence de ta b. mère, ne cessant peu après ton mariage de te prévenir des défauts de ton mari par jalousie de ton influence sur lui. Je te supplie de ne pas commettre la même faute. Recouvrer la paix par le seul silence, c'est facile.

Que le calme renaisse autour de toi, ma chère Émilie, ce sera un brevet de longue vie. Je comprends bien qu'une mère ne peut dresser l'acte d'accusation contre sa malheureuse fille. Sache bien aussi que ceux qui savent une bonne partie de la triste vérité ont eu pour devoir de ne pas déchirer ton cœur inutilement. Aujourd'hui qu'il y a danger, je suis forcé de te prémunir contre les imprudences des récriminations dangereuses. Adieu, chère Sœur, je vous embrasse toutes deux en frère et oncle bien affectionné.

Charles de Cerilley.

Retourne-moi aussi ma copie de réponse à ton gendre. Ceci fait partie de mon dossier.

Je suis bien sûr que la Marquise ne fera pas reconnaître par son gendre, si gendre il y a jamais, l'enfant que sa fille a eu d'un jeune charpentier. Il ne faut pas croire que ce que ton gendre a fait soit fréquent. Mais chez lui l'appât de la fortune lui a donné sur ce point un courage tout à fait particulier. Oui, il a hésité à le faire. M... aussi, mais ta condition et mes conseils l'appuyant ont fait accomplir la chose, qu'on regrette aujourd'hui que le mariage est fait.

ÉMILIE DE MONTBOURG
À CHARLES DE CERILLEY
Grasse, le 12 décembre 1895.

Mon cher Charles,

Depuis que Mme C... est venue il s'est fait une nouvelle révolution dans mon sang et ma bile. C'est inconcevable, jamais je n'avais vu cela. Un sédiment de bile couvre la peau de mon ventre, de mes bras, et me fait souffrir des douleurs à la poitrine comme lorsque j'avais des abcès de nourrissage. Il y a probablement quelques glandes maltraitées par ces abcès, et la circulation y est plus difficile, par moments, j'en ai la fièvre.

Ah! c'est que Mme C... m'a donné de bien grandes inquiétudes! Il ne faut pas croire au bonheur sur lequel M... insiste dans ses lettres, car, étant à Labastide, elle a failli partir à pied pour revenir ici. Une autre fois, elle a dit à son mari que puisqu'il était si malheureux de l'avoir épousée, il fallait se séparer. Plusieurs fois, il l'a menacée de lui mettre la main sur la figure, ce qui n'est pas du tout d'un bon et tendre mari, et pourtant elle fait bien tout ce qu'elle peut pour satisfaire son despotisme.

Ce qui m'effraie c'est cette faiblesse de caractère. Je crains fort qu'elle ne sache pas conserver Mme C... qui est sa sauvegarde. Mme d'Aillot mère a, paraît-il, beaucoup d'influence sur tous. Eh bien, c'est elle qui a fait écrire à M... la lettre dénaturée pour son enfant que je t'ai envoyée. Tout est combiné entre elle, son fils et ses filles, M... n'écrit que ce qu'on lui permet. Voilà la vérité.

Pendant les huit jours qu'elle a passés à Mougins, seule avec son mari et ses belles-sœurs, on l'a circonvenue pour la désaffectionner de son enfant au point que tu l'as vu, par sa lettre que je t'ai envoyée, et on lui a fait promettre de renvoyer Mme C... Seulement comme c'est moi qui paie et que l'on craint les effets du courroux de la famille, on a défendu à M... de m'en rien écrire et à Mme C... aussi. Pourtant ils lui ont permis de venir à Grasse, espérant bien qu'elle m'en parlerait et on l'aurait mise à la porte pour indiscrétion, si j'en avais manifesté quelque chose.

Mme Clément croit que l'isolement complet où l'on veut mettre M... est pour obtenir d'elle un testament. Je le pense aussi, car la dernière fois qu'elle est venue, elle m'a dit sans y être provoquée : « Le peu de fortune que j'ai, je le laisserai à Robert, je détruirai le fichu testament que j'avais fait pour G... avant mon mariage. — Et ton fils? lui ai-je dit. — Eh bien... » Elle a fait un geste pour dire : je m'en soucie bien!...

Quand M. R... sera parvenu à ses fins, la pauvre femme, qui déjà n'est pas soignée quand elle souffre, sera pour le moins abandonnée, si elle n'a pas Mme C...

Croirais-tu que pour inquiéter M... le mari a l'indignité de parler souvent devant elle des femmes qui l'ont charmé, entre autres de la fille de son marchand laitier qu'il aurait épousée volontiers! Et bêtement M... dit à Mme C... : « Eh bien si je mourais, il pourrait se remarier avec qui lui plaît, je lui laisserais de quoi pour cela! » Ah! je suis loin d'être tranquille pour le bonheur et la sécurité de ma pauvre enfant, mon cher Charles, et c'est moins le mauvais factum d'un homme si menteur, si infidèle à ses engagements, si méprisable enfin que l'inquiétude causée par tout ce que Mme C... m'a dit qui a augmenté ma maladie. Songe que ta nièce est tellement esclave que pour prendre un lavement, elle doit se cacher dans la chambre de Mme C... On va jusqu'à compter combien de fois elle urine!... juge du reste... et voilà ce qui les a tant vexés dans le bruit de ville, c'est qu'il est juste!

M. Robert prétend que je ne le laisse pas tranquille. C'est bien lui au contraire qui prend plaisir à nous tourmenter! Écoute : cet été, pendant que j'étais si malade, on a sonné violemment à notre porte, par deux fois, pendant la nuit. La première fois la bonne s'est levée et voulait descendre ouvrir, je m'y suis opposée. La pauvre Éléonore en est restée tremblante jusqu'au jour. La seconde fois, j'ai seule entendu, Dieu merci!

Plus tard quand M... est revenue de Mougins avec ses belles-sœurs, elle nous a dit qu'en venant de Labastide, pendant la nuit, comme à leur ordinaire, et passant à trois heures devant la villa, son mari voulait sonner. Ces dames s'y sont opposées pour ne pas nous réveiller. Oh! il a passé plusieurs fois devant ta porte, a-t-elle ajouté avec un certain air de malice et en me regardant bien. Mais je suis restée imperturbable pour ne pas leur donner la satisfaction de nous avoir ennuyées. Pourquoi son mari sonnait-il en passant, sachant bien qu'on ne le recevrait pas? Pourquoi vouloir sonner quand il n'avait pas l'intention de nous laisser sa femme? Ce n'est pas d'un homme sérieux, mais c'est méchant.

Et maintenant que pour t'obéir je ne réponds rien aux phrases agaçantes que M... m'écrit, et que je fais la bête, M. R... m'a fait remercier deux fois de payer *les mois de nourrice,* parce que méchamment il se propose de faire plus tard du nourrisson un déclassé et un voyou. Si je relevais cette affectation en disant que j'ai entendu me charger de toutes les dépenses de l'enfant pour en faire avec l'aide de Dieu un homme de la condition sociale qu'on lui a donnée, on t'écrirait que j'injurie toute la famille..Je crois que si tu pouvais obtenir qu'ils me remettent les papiers concernant G..., ce serait pour cet enfant des dangers de moins à courir car pourquoi réclament-ils des droits quand ils refusent de remplir les devoirs que ces droits imposent?

Je souffre beaucoup moralement et physiquement, mon cher Charles, il faut que Dieu y mette sa main puissante pour que je traverse une telle épreuve.

Malheureusement, je ne suis pas seule atteinte, la pauvre Éléonore a une gastralgie de toutes ces choses pénibles.

Je t'embrasse bien tendrement ainsi que Madeleine et sa mère. Comment va-t-elle? Ta sœur affectionnée,

Émilie.

Je ne crois pas qu'il soit utile d'envoyer le factum à Honoré, mais si tu le fais, il est juste que tu envoies aussi ma réfutation.

MARTHE CARON D'AILLOT
À ÉMILIE DE MONTBOURG
Mougins, le 16 décembre 1895.

Chère Maman,
Je te remercie de tout cœur de tout ce que tu m'as envoyé, même du gigot que tu avais fait cuire pour moi, malgré que je t'avais dit que je ne savais point l'heure à laquelle je devais arriver.

Mes beaux-parents sont pleins de bontés et de tendresses à mon égard.

Maman d'Aillot ne connaissant point assez mon tempérament a fait venir le docteur Caylat d'Antibes. C'est un médecin très doux avec ses malades. Il a été très bon pour moi et reviendra vendredi avec ses instruments pour me visiter en détail, il me prescrira un traitement qui me remettra sur pied.

Quant à aller, moi, à Grasse, il ne faut pas y songer; pour rien au monde je ne consentirais à me séparer même d'un jour de mon bien-aimé mari et je refuse absolument d'aller à Grasse. Surtout la situation étant assez tendue, tu as écrit trop de lettres plus que blessantes et horriblement injurieuses, et puis je n'oublie point que tu as mis mon mari à la porte de la villa. Ce sont de ces procédés qu'on oublie difficilement!

J'espère, Maman, que cette situation ne restera plus longtemps ainsi et que tu comprendras *les torts immenses* que tu as envers mon mari et ma famille.

Envoie-moi par la poste mon fer à friser que Mme Clément avait mis dans la caisse, ainsi que mon album religieux dont j'ai besoin pour mettre des images de piété.

Le docteur Caylat trouve que tu avais eu bien tort de ne pas me faire soigner avant mon mariage.

Quand je serai debout, j'irai chercher la fournée des lapins, ma lapinière neuve sera alors prête à les recevoir.

Je t'embrasse affectueusement, ainsi qu'Éléonore.

Marthe.

Madame*,
Rassurez-vous, Mme Robert va mieux, elle a eu une petite crise depuis dimanche et elle souffrait assez. Sa belle-maman par prudence a

* Ajouté par Mme Clément, sur la même lettre *(NdE)*.

voulu la faire voir, ce n'est pas grave et vendredi on saura au juste par la visite intérieure ce qui la fait souffrir, nous vous tiendrons au courant car il faut qu'elle reste au lit.

Recevez, Madame, l'assurance de mes sentiments respectueux.

Mᵐᵉ Clément.

1896

Mme CLÉMENT
À ÉMILIE DE MONTBOURG
Mougins, le 22 janvier 1896.

Chère Madame,

Je suis arrivée à bon port et Césarine est venue me chercher au courrier. J'ai trouvé M. Robert très en colère de votre lettre, il ne veut plus la laisser aller de sitôt à Grasse. Elle en est fort peinée, je pense qu'elle se décidera à vous écrire. Ces jours-ci elle vous aime bien et en me voyant revenir elle m'a dit : « Vous me rapportez un peu d'*elles* » (de vous deux), puis elle m'a répété plusieurs fois qu'elle avait langui après moi tant elle est habituée à trouver ce qu'elle a besoin. Je lui ai montré votre lettre aujourd'hui, elle m'a dit : « Pourvu que maman ne parle pas de ce qu'elle m'écrit. » Elle n'a pas besoin de craindre, vous n'en direz rien. Je vous en prie, n'écrivez pas de conseils médicaux, cela les met trop en colère et c'est M... qui en souffre. Ce que vous craigniez pour François est bien vrai. M. R... est jaloux et fait un peu la mine. Il a grondé sa femme hier soir parce que hier on a remarqué à Bellevue qu'elle plaisantait par trop avec lui et sa belle-mère, ses sœurs lui en ont fait une bonne morale, moi qui hier soir lui avais fait vos recommandations, le tout lui est tombé comme une avalanche et elle est décidée à faire attention. Seulement le mari, lui, veille. Ce n'est pas faute d'avoir été prévenue. La lune de miel tire à sa fin, gare, elle me dit que depuis samedi elle aime moins son mari. Sa visite près de vous l'a rattachée à vous. Mon Dieu, comment tout cela ira-t-il ? Elle va se ménager pour ses époques, soyez tranquille, je suis là mais elle est toujours trop confiante et il faut se défier sitôt qu'elle est bien avec son m..., elle dit tout, elle ne peut rien garder, c'est terrible cela. Il nous faut donc la plus grande prudence. Je n'ai pas parlé de Césarine à la belle-mère, laissons cela encore. Si M. Robert devient moins aimable pour sa femme, elle s'en fatiguera vite, lui répondra brusquement et alors vous savez qu'elle n'est pas longue à envoyer tout au diable, assez, elle a eu bien tort de chanter son bonheur pardessus les toits, cela ne vaut jamais rien. Pour le moment qu'elle se soigne bien comme je le lui dis parce qu'avec de la santé on peut tenir tête à l'orage.

M... est bien plus gentille depuis qu'elle sait que son mari me garde. Pauvre chère enfant, elle entrave toujours son bonheur. Elle me disait encore ce soir : « Si je devenais jamais veuve, je ne ferais pas la sottise de me remarier, il est trop tard. » Faisons le mieux possible et attendons, espérons qu'ils pourront s'aimer tranquillement *sans lune de miel,* ce qui vaudrait mieux. Je vous tiendrai au courant.

Veuillez agréer, chère Madame, l'assurance de tout mon dévouement.

Mme Clément.

M... a eu aussi des tourments de *cerveau* comme elle dit, elle se rappelle certains conseils que vous lui avez donnés, elle se tracasse et j'ai eu bien de la peine à la calmer. Voyez d'ici si elle ne m'avait pas là, à qui irait-elle raconter ces *choses?*

Mme CLÉMENT
À ÉMILIE DE MONTBOURG
Mougins, le 10 février 1896.

Bien chère Madame,
Je suis seule et libre de causer un peu avec vous. Votre lettre a été trouvée au gré de tout le monde. Marthe vous a répondu sans la montrer à son mari qui lui en a fait l'observation, ce à quoi elle lui a répondu : « Je l'ai lue à Yvette. » Il a dit alors : « Que m'importe, je t'ai dit de ne pas en envoyer sans me les faire voir », et elle a promis de faire ainsi.

Elle va bien, aussi hier dimanche est-elle partie à Nice avec son mari, il l'a laissée chez sa belle-sœur et est allé la retrouver pour midi. Aujourd'hui elle ne doit, à ce qu'il paraît, ne revenir que demain mardi au soir, il y a une bataille de fleurs demain mardi.

Ce matin il y a eu une expédition. Mme d'Aillot a renvoyé Césarine séance tenante. Il y a, paraît-il, quelque chose de grave, je ne sais rien encore, on a pris une femme de ménage. Votre fille ne sait encore rien puisqu'elle est à Nice. Son mari va le lui apprendre sans doute.

Que de choses j'aurai à vous dire la semaine prochaine quand j'irai vous voir. Si elle passe encore les trois jours de Carnaval, je partirai le lundi pour revenir le mardi. Ici on n'aura pas besoin de moi et je pourrai être un peu avec vous. Continuez, bien chère Madame cette tactique dans vos lettres. Nous serons plus tranquilles et Marthe pourra arriver à vous voir de temps en temps et ses visites chez vous lui feront un bien immense, mais vous savez, il ne faut pas l'effaroucher.

Il est mieux avec moi et me demande ce qu'il a besoin, j'ai l'argent d'une traite qui doit venir aujourd'hui, enfin si je puis arriver à avoir un peu de calme, j'en serai bien heureuse. Marthe ne veut plus entendre parler religion (pour le moment). C'est encore un moment à passer, cela lui arrivait à Grasse, aussi que le bon Dieu nous vienne en aide, je le lui demande de tout mon cœur.

Je vous embrasse mille fois, chère Madame, et veuillez agréer la nouvelle assurance de tout mon dévouement.

Mme Clément.

ÉMILIE DE MONTBOURG
À CHARLES DE CERILLEY
Grasse, le 21 février 1896.

Mon cher Charles,

Ce que tu me cites de la lettre de Marthe à sa tante me prouve que ce que je craignais arrive : c'est que jetant, comme tu le dis, de l'huile sur le feu, l'hist... se développe davantage. A l'occasion du mardi gras, j'ai eu Mme Clément pendant vingt-quatre heures et j'en suis encore malade et au lit avec des difficultés de digestion bien pénibles, enfin les vomissements sont arrêtés aujourd'hui. Marthe a passé cinq jours à Nice pour suivre avec son beau-frère et sa belle-sœur les évolutions de Carnaval. Son mari allant y passer une demi-journée chaque jour.

La division se met dans la famille : M. Robert a eu avec sa mère, tout dernièrement, et devant tous à table, une discussion d'intérêts qui a amené des colères et des gros mots. Le père et la mère cherchent les moyens de faire une coquinerie à leur fils en revenant sur les treize mille francs qu'ils ont dû abandonner pour le règlement de sa faillite. Quoique donnés par contrat de mariage, ils voudraient se faire payer l'intérêt de cette somme pour établir un précédent dont on profiterait plus tard. Naturellement M. Robert n'est pas content et se plaint qu'on l'excède à force de lui soutirer de l'argent. La mère a déclaré dans sa colère qu'elle ne voulait plus du jeune ménage chez elle à partir du 15 mars prochain. Puis elle a réfléchi qu'elle se coupait les vivres, puisque petit à petit elle est arrivée à se faire fournir par M. Robert tout le vin, le pétrole, le blanchissage, les haricots dont on consomme beaucoup, le beurre, les pâtes, les figues et cinquante francs d'argent par mois pour la viande et le pain. Mme Clément travaille pour tous et repasse tout le linge. Alors elle est revenue et a dit qu'elle attendrait la fin de leur construction.

Cette mère *capable de tout pour de l'argent* a loué *dans sa maison* un logement à la famille d'une bonne servante maîtresse de R... dont elle nous avait fait exiger le renvoi. Cette fille est rentrée au service de tout le monde et c'est M. R... qui la paie. Marthe a été assez sotte pour se la laisser imposer, et même s'en engouer. Cette fille la flatte par-devant et se moque d'elle par-derrière, jusqu'à la traiter d'idiote. Elle est devenue la maîtresse de M. François, celui des fils qui, revenu du service, attend un poste de douanier.

L'autre jour Mme d'Aillot qui avait blâmé ce fils de s'adresser aux servantes, tandis que *« l'aîné avait eu le bon sens de s'adresser pendant deux ans à une dame noble dont le mari était en mer! »* a cependant trouvé bon de surveiller M. Fr... et elle l'a trouvé dans le lit de la servante! De là, grand tapage, et la fille mise à la porte. Mais ne voilà-t-il pas que la bécasse de Marthe dont le mari était absent, a pris le parti de cette mauvaise fille et de son beau-frère avec une violence qui a amené une autre scène qui a failli amener un pugilat entre les belles-sœurs et elle. La bécasse en tient beaucoup pour cette brute de François que le mari laisse bien trop souvent seul avec elle. Toutes les exagérations amoureuses que tu m'as citées ne me tranquillisent point, car j'y ai été trompée. Elle simulait un grand attachement pour quelqu'un et témoignait le reste à d'autres. M. Robert s'est aperçu des sympathies plus que fraternelles, il en a fait l'observation, mais depuis qu'il crée lui-même des occasions périlleuses, je crois à un calcul ignoble de sa part, et à un piège où la bécasse pourra tomber.

Voilà le milieu où se trouve la pauvre enfant chez laquelle on a détruit deux forts leviers moraux : l'amour maternel et l'amour filial. Autour d'elle il n'y a aucun respect de l'autorité paternelle. On parle des vieux qui ne claquent pas assez vite. La religion des hommes se borne à critiquer les prêtres, et celle des femmes n'est qu'un semblant.

Tu comprends bien qu'on ne lui permet pas de m'écrire tout cela, et qu'on lui a défendu de m'en dire quoi que ce soit dans les trois apparitions qu'elle a faites ici. Je ne puis rien lui en écrire car ce serait le renvoi immédiat de Mme Clément sur laquelle j'ai bien besoin de compter pour le moral et le physique de Marthe, par conséquent l'inquiétude me dévore, et je ne puis que prier pour elle!

Après la grande scène de Marthe, la mère s'est plainte à M. Robert qui a exigé que sa femme demande pardon *à genoux!* Tu vois quelle position elle se fait au milieu de tous ces orgueilleux qui l'ont déjà tant piétinée! La mère furieuse voulait m'écrire puis elle s'est ravisée et a témoigné à Mme Clément une très grande crainte que je sache toutes ces ignominies.

Mais au milieu de toutes ces violences elle ne s'arrête pas de penser et comme ballon d'essai, je le crois, elle a dit à Mme Clément : « Il faut pourtant qu'on s'occupe du petit G..., on ne peut le laisser avec des paysans. Du reste je serai son tuteur. Je le prendrai et l'élèverai ici *comme enfant de mon fils.* »

Quand Mme Clément m'a exhibé cette pensée de Mme d'Aillot, je lui ai dit : « Si elle vous en reparle, vous lui direz qu'en nous chargeant de G... nous avons entendu l'amener à nos dépens jusqu'à une carrière d'homme, mais que si on nous le retire nous ne donnerons plus rien du tout. » Je suppose que la dame comptait sur un bénéfice sur les six cents francs que je paie à la nourrice. Elle en restera là, j'espère, mais si le contraire arrivait, mon Dieu! il faudrait s'attendre à tout. Et comment arranger la prétention de cette femme avec la lettre de Marthe que tu as lue? Vraiment on se perd dans ce labyrinthe de fourberies.

M. Robert mène si vite les six mille cinq cents francs qu'il a emportés le mois dernier qu'il lui sera bien impossible de payer totalement sa construction et une grande partie du mobilier nécessaire; je dois prendre mes précautions pour pouvoir venir en aide à ma fille, la reprendre au besoin, il m'est donc impossible de prendre des charges de plus. Cette maladie me coûte aussi beaucoup, et ma vie est si nécessaire que je dois m'en préoccuper et ne rien négliger pour sa conservation. Voilà une longue écriture.

Adieu, mon cher Charles, je t'embrasse bien tendrement. Ta sœur affectionnée,

Émilie.

Mme CLÉMENT
À ÉMILIE DE MONTBOURG
Mougins, le 22 février 1896.

Bien chère Madame,
Je ne vous écrirai pas longuement ce soir, je suis très fatiguée et il est tard, mais je veux avant tout que vous ayez des nouvelles car vous seriez inquiète. Le père est toujours très malade, on le croit perdu. Le docteur Caylat n'a pu venir hier et il n'est venu que ce soir à six heures, après dépêche. Je le trouve fort négligent, on dit à Mougins qu'il se *grise*. J'ai été le chercher à sa villa le mercredi, il m'a parlé de vous et m'a dit qu'il n'en parlerait pas, il m'a fait beaucoup de politesse recommandée par vous chère Madame. Cela ne m'étonne pas, mais déjà j'ai trouvé qu'il avait une forte odeur de rhum, il paraissait légèrement *ému*.

La tante Sophie a envoyé son portrait et celui de son mari avec une très bonne lettre de félicitations à sa chère nièce si heureusement transformée d'après son dire en une jeune femme sérieuse et élégante, ce à quoi Mme Robert lui a répondu aujourd'hui en lui portant aux nues l'heureux transformateur qui opère de si belles choses.

Je ne sais ce qui l'empêche de vous écrire, elle remet chaque jour, ce sera pour demain je pense.

Je vous quitte, bien chère Madame, et désire de tout cœur que toutes choses aillent mieux mais la pauvre enfant n'est nullement changée, elle est toujours la même avec un peu plus d'aplomb parce qu'elle se sent *dame,* voilà tout. Son mari la maîtrise mais s'il allait trop fort, elle le mordrait en dessous.

Votre toute dévouée,

Mme Clément.

ROBERT CARON D'AILLOT
À CHARLES DE CERILLEY
Mougins, le 26 février 1896.

Mon cher Oncle,

Un grand malheur vient de nous frapper : mon pauvre père qui était âgé de quatre-vingt-cinq ans et qui jouissait d'une santé florissante a été frappé lundi dernier d'une pneumonie dite des vieillards qui nous l'a enlevé dans huit jours de maladie, il a conservé toutes ses facultés jusqu'au dernier moment et il nous a quittés hier soir à cinq heures trente. Nous sommes tous dans le désarroi que cause un pareil événement, surtout aussi inattendu.

Je vous prie de faire part de notre malheur à ma tante à qui j'envoie mes meilleurs souvenirs.

Marthe va bien, elle est toujours heureuse et se joint à moi pour vous offrir ses meilleures amitiés.

La situation est un peu meilleure avec Grasse, ce dont je suis heureux et vous remercie beaucoup.

Agréez, cher Oncle, les meilleures tendresses de votre neveu dévoué,

R. Caron d'Aillot.

Note de Charles : Comédie à jet continu pour faire croire M... très heureuse chez lui.

CHARLES DE CERILLEY
À ÉMILIE DE MONTBOURG
Sangy, le 1er mars 1896.

Ma chère Émilie,

Robert d'Aillot m'a écrit la mort de son père, me dit un mot de la continuation du bonheur de Marthe, et des rapports meilleurs avec Grasse, voilà tout : il me remercie de mes bons offices pour ramener la bonne harmonie, en d'autres termes ils ont vu que le chantage ne prendrait pas, et désirent sincèrement, je crois, à rentrer en grâce. J'ai répondu avec le ton de la circonstance, sage et prudent.

Je te retourne la lettre de Mme C... Tu as un moyen bien simple pour vérifier si réellement M... a changé dans une certaine proportion : c'est de le voir de tes yeux quand elle viendra te voir et faire un petit séjour près de toi, ce qui est si naturel que cela doit être et sera un jour ou l'autre. Je crois qu'il y a un peu de vrai et tu ne peux qu'en être heureuse. C'est l'histoire de la plupart des jeunes filles après leur mariage : l'équilibre se fait alors chez elle, parce que dame nature est satisfaite.

Oui, je crois qu'il va y avoir de rudes débats d'intérêts chez les d'Aillot, dont la position est amoindrie par la suppression d'une forte part de la pension du père décédé. Il est heureux que le contrat de Marthe spécifie bien l'abandon par le père et la mère de leur créance dans la faillite de leur fils, de ce chef, on serait tenté de te plaindre misère si on n'était fixé sur l'inutilité du *chantage,* qui est la marotte de beaucoup de décavés, mais il faut s'en défendre avec énergie.

Adieu, chère Sœur, partage nos tendresses avec Éléonore. Ton frère affectionné,

Charles de Cerilley.

Mme CLÉMENT   **Chère Madame,**
À ÉMILIE DE MONTBOURG   Je crains toujours que mes lettres ne
Mougins, le 6 mars 1896.   vous donnent trop d'inquiétude et alors
je désire vous écrire de nouveau pour vous rassurer. Marthe est restée triste depuis la dernière explication qu'elle a eue avec son mari. Il lui a montré qu'elle ne serait jamais une bonne maîtresse de maison, qu'elle ne pensait qu'à la bagatelle, qu'elle n'était pas comme les autres femmes, on lui en a parlé à table et sa belle-mère lui a fait aussi des remontrances, la pauvre enfant a promis de mieux faire mais elle ronge son frein en silence et ne fait que me dire : « Quel malheur que je me sois mariée, comme je regrette la villa de ma mère. Ma pauvre maman, comme je languis après *elles* deux », alors elle me dit : « Mon Dieu, si pourtant vous étiez partie, moi qui voulais vous laisser partir... au moins vous êtes un peu d'elles, je puis vous en parler, je puis penser tout haut. » Elle est fort douce en ce moment, elle me demande pardon de m'avoir tant fait pleurer car elle sait bien qu'elle a été très dure. Je lui dis de prendre courage, elle m'assure qu'elle ne me fera plus de peine ni à vous non plus, mais je sais par expérience que lorsqu'elle se sent bien avec lui elle change pour nous. Est-ce encore la venue du fameux Louis qui a de nouveau monté la tête de son mari, je n'en sais rien, mais la lune de miel paraît bien passée, elle s'effraie de l'avenir, elle me parle de vous, toutes les fois qu'elle me voit seule. Elle languit de vous, elle n'ose rien vous dire tant elle a peur qu'il le sache car elle a une frayeur de lui très grande. Ses époques n'ont duré que trois jours, et peu. Toute cette histoire de Césarine lui a fait du mal, il ne faut pas qu'elle voie tout cela de près, c'est bien fâcheux.

Allons, bien chère Madame, il nous faut prendre courage, je la voudrais voir heureuse, elle ne pouvait pas faire la lettre qu'elle vous a envoyée parce qu'elle aurait voulu mettre tout autre chose et ce n'était pas possible, elle se tordait en efforts pour trouver des phrases et me disait : « Si maman sait lire entre les lignes, elle verra bien que je ne dis pas tout. » Elle me demandait si vous seriez contente de sa lettre, enfin, que sais-je? Prions bien pour elle, il faut qu'elle se remonte, mais qu'elle soit ferme. Elle me promet de m'écouter (jusqu'à nouvel ordre). Je vous embrasse bien affectueusement.

Mme Clément.

Elle me disait ce soir : « Je ne l'aime plus beaucoup, Robert. »

Mme CLÉMENT
À ÉMILIE DE MONTBOURG
Mougins, le 10 mars 1896.

Chère Madame,

Je ne doute pas que la lettre de dimanche que vous a envoyée votre fille ne vous ait fait beaucoup de peine, mais soyez bien persuadée que si elle l'a écrite c'est qu'elle ne pouvait faire autrement. Son mari s'en est bien aperçu car il lui a dit : « Tu as écrit cela pour me faire plaisir, mais tu n'en penses pas un mot. » Votre lettre les a mis tous en fureur et la pauvre enfant ne savait plus que dire, elle a été ces trois jours-ci très peinée et ne faisait que me dire : « *Si je pouvais me sauver.* » Depuis cinq ou six jours, il était devenu plus rude pour elle, trouvant qu'elle ne se mettait au courant de rien si bien que dimanche matin avant votre lettre elle lui avait dit : « Je vois bien que je ne pourrai me mettre au courant d'une maison, comme une autre femme. J'aimerais mieux m'en aller à la villa. » Vous pensez bien qu'il ne veut pas qu'elle parte. Alors il a dit : « Tu ne m'aimes pas, ce n'est pas bien. » Enfin c'était triste de les voir ainsi, il a fini par la prendre par la douceur. Ce soir il lui a fait faire du calcul et enfin à l'heure qu'il est ils sont remis et elle se remet à le défendre et à le trouver bien tandis qu'hier il était laid et il était dur, etc. Elle me disait ce matin : « S'il fallait qu'ils vous renvoient, je partirais. » Ce soir, le dirait-elle? Voyez, bien chère Madame, quel ballottage, c'est triste pour nous tous. Nous sommes bien privées toutes deux de ne pas pouvoir vous voir. Elle regrettait tous ces jours-ci de s'être mariée et tout le bien-être dont vous l'entouriez, me l'a-t-elle assez répété, et ce soir elle disait : « Non je ne veux pas le quitter. » Il l'attire comme il veut...

Qu'il ne se doute de rien surtout, je fais passer ma lettre par Mme Martin. Je vous recommande bien de ne pas vous chagriner. Je le dis, et moi-même je me tourmente bien de cet état de choses auquel nous ne pouvons rien.

Recevez, chère Madame, pour vous et Mlle Éléonore l'assurance de ma sincère affection et de tout mon dévouement.

Mme Clément.

ÉMILIE DE MONTBOURG
AU DOCTEUR CAYLAT
Grasse, le 11 mars 1896.

Docteur,

Je vois par une lettre de ma fille que l'on tâche de l'amener à l'idée du pessaire, pour lequel je vous ai déjà manifesté ma répugnance. J'apprends de plus, par des hommes compétents, que ce moyen, en outre de la douleur qui peut amener des accidents nerveux très dangereux pour certains tempéraments, offre des dangers sérieux comme inflammation, infection de la matrice, etc.

Je viens donc vous déclarer que je m'y oppose *formellement,* ainsi qu'à toute opération, et que non seulement je ne vous paierais pas pour cela, mais que s'il arrivait malheur à ma fille pour avoir suivi vos conseils et votre médication, je n'épargnerais rien pour vous le faire expier.

Vous feriez mieux, dans l'intérêt de tous, d'insister pour que ma fille vienne se faire soigner chez moi, car vous savez bien que dans le milieu où elle se trouve elle ne peut avoir ni le repos, ni le confort nécessaire.

Je garde copie de cette lettre qui va être recommandée à la poste, afin que le cas échéant, vous ne puissiez prétexter l'ignorance de mes résolutions.

Recevez, Docteur, l'assurance de la considération que vous méritez de ma part.

Émilie de Montbourg.

ROBERT CARON D'AILLOT
À CHARLES DE CERILLEY
Mougins, le 12 mars 1896.

Mon cher Oncle,

Les rapports meilleurs que nous avions constatés chez votre sœur n'ont pas été de longue durée. Je suis fatigué outre mesure de cette existence qui me rendra malade si d'une façon quelconque je n'y mets un terme. Je vous donne ci-après le texte *in extenso* de deux lettres adressées à Marthe, remplies d'injures et d'insultes à mon égard — les voici :

« *Grasse, le 6 mars 1896.* Ma chère Marthe, je crois devoir te faire observer que ta robe à carreaux bleus bordée d'astrakan ne peut être teinte en noir, parce qu'elle est en coton en grande partie. La robe grise est tout laine, elle prendra bien mais assure-toi de la beige. Il me tarde que vous soyez installés au chalet, ma chère enfant, car tant que tu n'administreras pas ton ménage toi-même, tu ne prendras aucune expérience et tu passeras pour incapable. D'un autre côté, il faut bien te prévenir que je suis traquée par plusieurs membres de la famille qui voudraient me faire engager assez sérieusement dans une œuvre de

133

longue durée qui me prendra les ressources dont je puis disposer pour vous. Quand je cite votre installation à aider, on prétend que c'est une manière de me dérober parce que ton mari met trop de mauvaise volonté à terminer cette maison pour avoir jamais eu l'intention loyale de te faire un chez toi. Et pourtant c'est promis et un morceau de ta fortune a été remis à ton mari pour cela. A-t-il pressé le notaire de lui remettre les fonds *pour payer les ouvriers!* Donc en ce moment on s'occupe de vous autres et je l'engage à presser qui de droit parce que si au 15 avril vous n'êtes pas installés, je ne me déroberai plus et alors vous vous en tirerez pour vous-mêmes comme vous pourrez pour l'ameublement. Mais aussi pourquoi me mettre dans l'embarras? (etc.) »

La fin de la lettre n'a plus rien de particulier et je passe à l'autre sans aucun commentaire, sauf celui cependant que j'entends et je veux être maître chez moi. S'il me plaît de rester à droite ou à gauche, je ne permets en aucune façon à cette femme de venir s'immiscer dans mes affaires qui ne la regardent en aucune façon.

Ceci dit, je passe à celle d'hier qui est pire encore.

« *Grasse, le 10 mars 1896.* Ma chère Marthe, sais-tu ce que c'est qu'un pessaire? Non, n'est-ce pas, eh bien, c'est un gros anneau d'os, un instrument de supplice qu'on introduit dans le corps et que tu ne pourras pas supporter. Tu en aurais des crises de nerfs, peut-être le tétanos! Écoute, en Normandie où les femmes portent sur l'épaule d'énormes cruches de lait en les tenant avec le bras en l'air, il y a fréquence de descentes de matrice. Combien sont venues me dire leurs souffrances! Je conseillais d'aller trouver le docteur. Lui conseillait le pessaire, le mari ne voulait pas en faire les frais, je le donnais et deux jours après la femme venait me dire : " Madame je n'ai pu le supporter ", et pourtant ces tempéraments étaient plus forts et moins nerveux que le tien... Après plusieurs déceptions de ce genre, le docteur a conseillé un anneau de caoutchouc moins dur que celui d'os, mais il avait l'inconvénient de prendre une mauvaise odeur, il fallait le retirer souvent pour le laver et le rafraîchir, le replacer était une difficulté, bref on y renonçait et toutes les femmes en sont venues à une ceinture en grosse toile bien primitive et peu agréable mais qui ne leur coûtait pas cher. Celle du bandagiste Capron est adoptée par les dames du faubourg St-Germain. C'est celle que je t'ai proposée, tu as tort de ne pas l'accepter : si elle ne te fait pas de bien, elle ne te fera pas de mal, dans tous les cas et puisque je la paierai, elle ne te coûtera rien. Ceci dit, j'aborde l'autre sujet de la lettre. Établissons d'abord les principes que l'on semble trop oublier. Tu n'as pas le droit de me demander compte de mes actions ni de me faire des observations sur la manière dont je puis user de ma fortune. Les lois divines et humaines au contraire soumettent les enfants aux observations et réprimandes, au besoin des parents. Je pense que ta belle-mère n'a pas abdiqué ce droit vis-à-vis de toi et je l'ai aussi vis-à-vis de ton mari, bien qu'il affecte de ne pas le reconnaître et de te faire *traiter de pointes* ce que vous devez regarder, et ce qui est en effet *observations* et sujets de réflexions pour vous. Comme je tiens mes engagements avec une rigoureuse exactitude, je puis rappeler à l'exactitude ceux qui s'en écartent. Ton mari avait promis que tu aurais ton ménage le plus tôt possible, qu'a-t-il fait pour cela? Le temps, le *beau temps* même, et l'argent ne lui ont pas manqué et il n'avait pas l'expérience nécessaire pour conduire les ouvriers. Il avait à portée celle de son frère Vincent qui a fait le plan. Donc, *c'est parfaitement sa faute* si la maison n'est pas terminée. Le public et la famille en jugent de même, mais il ne se moquera pas toujours de moi et si *à cause de toi* j'ai eu la générosité de prévenir, tâche d'en profiter et de retrouver un peu d'énergie pratique. Tant que M. Robert persistera dans la mauvaise voie qu'il a adoptée il est bien clair qu'il ne pourra y avoir bonne entente entre nous. S'il s'était montré fils et frère comme nous devions nous y attendre, ç'eût été différent mais qu'il fasse un sincère retour sur lui-même, il reconnaîtra qu'il a fait absolument fausse route. La liquidation de la succession de son père va lui créer des charges. Est-ce le moment de mécontenter la bonne volonté qui pourrait lui être utile? Est-ce le moment de m'amener à lui donner une leçon d'exactitude en retardant le dépôt du trimestre comme il a retardé l'achèvement de la maison pour laquelle il a, aux su et vu des gens d'affaires, exigé assez impérativement les sommes destinées au paiement de l'ouvrage non fait? Je t'ai promis une table pour manger et douze chaises en général, mais non *le mobilier complet d'une salle à manger*. Il manquera bien des choses à votre installation et je m'en serais occupée volontiers, mais si elle n'est pas faite le 15 avril, ne comptez plus sur moi! Tu sais que je ne parle pas en vain, tâche de lire au travers des lignes car la situation que tu te laisses faire ne me permet pas d'en écrire plus. Je t'envoie le billet d'admission pour ton beau-père à la pieuse ligue de prières pour les âmes du Purgatoire. Il est ainsi assuré de plusieurs messes par jour. Remets-le de ma part à Mme d'Aillot. Puisque tu me dis que vous êtes une source de dépenses pour son ménage, je dois compter qu'elle insistera pour que son fils tienne l'engagement de terminer rapidement les travaux du chalet afin que vous puissiez y être le 15 avril prochain. Je t'embrasse bien tendrement, chère Marthe, en t'engageant plus que jamais à ne pas te faire l'instrument de réflexions que tu n'as pas, que personne de ton entourage n'a le droit de me faire. (Signature.) »

Voilà, mon cher Oncle, les lettres que votre sœur écrit sans motif aucun de ma part, je puis vous l'assurer, car s'il y a quelqu'un d'indifférent pour cette femme, c'est moi. Elle a donc recommencé les hostilités. Cette fois je suis décidé à les faire cesser d'une façon radicale. C'est pour cela que j'invoque votre influence si vous vous sentez capable de les faire cesser. Je m'en rapporte à vous, sinon quoi qu'il doive m'arriver et quoi qu'il doive m'en coûter je suis déterminé à l'assigner en diffamation devant les tribunaux afin d'obtenir le silence que je garde de mon côté et que sur vos sages conseils je me serai bien gardé de rompre ayant eu toujours entière confiance en vous. L'affaire est plus grave qu'elle n'a l'air de vous paraître, voici pourquoi : ma belle-mère, au lieu de se tenir tranquille et de se dire que, sa fille mariée, elle n'avait plus aucune voix au chapitre, s'est permise de mal juger le choix que j'avais fait en prenant le médecin de notre famille pour donner des soins à Marthe lors de son indisposition. Elle s'est permise de lui écrire une lettre dont j'ignore le contenu et dont le docteur Caylat ne m'avait parlé en aucune façon en venant voir mon pauvre père durant sa maladie, mais hier en même temps que celle que je viens de vous copier, elle lui en écrivait une autre recommandée dont je puis vous donner le compte rendu que voici :

« Monsieur, je dois vous prévenir que je m'oppose à l'application d'un pessaire, ainsi qu'à toute espèce d'opération dont je vous rendrai responsable au cas où il arriverait quelque chose à ma fille — et je vous le ferai expier par tous les moyens possibles.

« Je vous engage fort à insister auprès de ma fille pour qu'elle vienne se faire soigner chez moi parce que, dans le milieu où elle vit, elle ne peut avoir ni le confort ni les soins nécessaires. Inutile de continuer vos visites à ma fille que je ne vous paierai pas.

« Je vous prie d'agréer, Monsieur, l'assurance de ma considération que vous mériterez, j'espère. (Signature.) »

Voilà le résumé de sa lettre que je pourrai vous envoyer du reste *in extenso* si cela pouvait vous intéresser. Vous devez comprendre, cher Oncle, que je suis homme avant tout et que sous peine de passer pour le dernier des imbéciles, je ne puis supporter plus longtemps une pareille vie qui me rend malade et me mettrait au lit ou me pousserait à quelque extrémité regrettable. Je vous prie donc de mettre toute votre influence pour faire cesser cet état de choses car, je vous le répète, je prends mes conseils et réunis tout mon dossier (et il est nombreux) sitôt votre réponse. Je le mettrai entre les mains de mon avoué à Grasse avec ordre de poursuivre, n'importe le scandale que pourra faire un pareil procès, je suis sûr d'en sortir moi et ma famille la tête haute, tandis qu'on aura remué la vase et la boue de la famille de Montbourg qui servira à la salir plus qu'elle n'est, ce qui n'est pas peu dire. Une conduite pareille est honteuse.

Je suis navré, mon cher Oncle, d'avoir toujours à vous entretenir de choses aussi pénibles mais aussi vous devez comprendre combien une pareille situation me fait de mal, moi qui suis aimé de ma femme et qui l'aime, moi qui ai fait de cette petite monstruosité que vous connaissez une femme comme toutes les femmes, moi qui suis d'une justice extraordinaire et qui me garde, vu les mauvais rapports, de me mêler à quoi que ce soit des affaires de ma femme dans ses rapports avec ses parents. Tout ce qu'elle écrit je le dis devant Dieu et si nous arrivons au tribunal, je ferai déférer le serment à ma femme pour le dire, je n'y mets même pas les yeux et c'est de son *proprio motu* qu'elle fait ses réflexions. Eh bien non c'est moi, toujours moi qui suis la bête noire et que l'on charge comme un bandit. Eh bien, faites votre possible pour faire cesser cela, mais alors radicalement car sans cela je le ferai, et alors gare.

Je vous demande pardon, mon cher Oncle, voilà assez longtemps que je vous ennuie, mais je connais votre bon cœur, c'est pour cela que je vous prie de vous intéresser à moi dans cette circonstance.

Je vous charge de mes meilleures amitiés pour ma tante et vous envoie une provision de caresses de Marthe et de moi.

Robert Caron d'Aillot.

Mme CLÉMENT
À ÉMILIE DE MONTBOURG.

Chère Madame,

Que vous dire encore, il a récrit à M. de Cerilley une longue lettre qu'il m'a lue. Vous en saurez le contenu par monsieur votre frère. La tante Sophie a écrit à Marthe pour lui dire de se presser de se mettre chez elle parce qu'on vous presse de venir en aide à une famille dans la gêne et que si cela retarde encore, vous serez obligée de céder. Ils ne peuvent croire que ce soit vrai et disent que vous arrangez tout cela pour presser l'installation.

Au revoir, bien chère Madame, croyez à toute mon affection. Je suis désolée de vous voir si peu appréciée dans cette famille et je prévois toutes les peines qui nous attendent tous. *Silence toujours,* ils ont l'air assez bien avec moi, mais puis-je m'y fier?

Toutes mes amitiés et remerciements.

Mme Clément.

Mme CLÉMENT
À ÉMILIE DE MONTBOURG
Vendredi soir, 10 heures.

Mme CLÉMENT
À ÉMILIE DE MONTBOURG
Vendredi soir, 10 heures.

Chère Madame,

Mon Dieu que vos lettres nous mettent dans l'embarras, vous saurez par M. de Cerilley combien il est fâché et ce qu'il veut faire.

Je vous en conjure, dans votre intérêt, comme dans le nôtre, arrêtez-vous! Votre fille n'est pas en danger, je ferai tout pour lui épargner de la peine, mais n'écrivez plus ainsi, il nous est défendu expressément de vous écrire. Ne vous étonnez pas si Marthe ne vous répond pas, et moi on me l'a répété *plusieurs fois,* j'ai donc dû m'incliner, il le faut. Je vous ferai passer des nouvelles par ma sœur, c'est-à-dire que je mettrai une lettre fermée dans la sienne et elle vous la fera parvenir. Je n'userai plus d'autres moyens, mais ne parlez pas de mes lettres ou alors faites-moi rentrer chez vous car il me chasserait impitoyablement s'il savait que je vous écris depuis longtemps. C'est plus sérieux que vous ne pouvez le croire. Marthe ne dit pas grand-chose, elle aime son mari en ce moment, vous savez qu'elle ne va pas beaucoup au fond des choses.

Si vous saviez ce que j'ai de peine de vous voir si chagrinée et comme je vous prie de cesser toutes hostilités dans votre intérêt et dans celui de Mlle Éléonore. Vous allez un peu mieux et voilà que vous allez encore vous rendre malade avec tous ces tracas.

Veuillez, chère Madame, croire que je prends une grande part à vos soucis, mais elle est mariée, elle le *soutient,* dit à tous qu'elle est heureuse, il n'y a rien à faire. La loi est pour lui et il ne la maltraite pas et il est son maître. Vous n'auriez que de la peine et de sérieux ennuis si vous vouliez lui être utile malgré elle. Croyez-moi, je pèse les choses froidement, mais au nom du ciel, n'entamez pas de luttes avec eux, vous seriez *sabrée.* C'est certain.

Je vous embrasse bien affectueusement. Je ne veux pas vous inquiéter, mais il faut prévenir quand on le peut. Toute à vous,

Mme Clément.

CHARLES DE CERILLEY
À ÉMILIE DE MONTBOURG
Sangy, le 15 mars 1896.

Ma chère Émilie,

Ma sciatique va mieux; j'ai bien souffert.

Il y a deux jours, j'ai écrit à ton gendre dans le sens que tu m'as indiqué et dont j'approuve le fond. Il a promis, il a reçu l'argent pour achever son chalet, il doit tenir sa parole. S'il ne te donne pas satisfaction, à moins de raisons valables, il ne ménagera pas ses intérêts. J'ai traité ce sujet avec *précision* et avec *tact.* Mais voilà que je reçois de lui ce matin une longue lettre qui renferme la copie de deux de tes lettres où je ne trouve rien à redire pour le fond, la forme laissant à désirer. Mais il y a la copie compte rendu de la lettre que tu as adressée au docteur Caylat : au surplus je copie : « Monsieur, je dois vous prévenir que je m'oppose à l'application d'un pessaire ainsi qu'à toute espèce d'opération dont je vous rendrais responsable au cas où il arriverait quelque chose à ma fille, et je vous le ferai expier par tous les moyens possibles. »

Ceci n'est, dit ton gendre, que le compte rendu de ta lettre. Est-il exact? Si oui, *tu es sortie de ton droit, tu te compromets.* Je t'ai souvent dit que tu te montes la tête dans bien des circonstances. Tu prends la violence pour de la fermeté, et tu gâtes tes meilleures causes de cette façon. Tu as donc donné barre sur toi; aussi, ton gendre en profite-t-il pour me dire que si je ne parviens pas à te faire taire, il t'intentera un procès en diffamation, et que son dossier est prêt.

Fanfaronnade que cela, car où cela le mènera-t-il? Le résultat financier serait désastreux pour lui à mon point de vue, mais il spécule sur ta crainte du scandale, et sur ta sollicitude maternelle, ce qui n'est pas beau.

Conclusion finale : te taire, et déclarer sans phrases que *comme on fera, tu feras.* Voilà tout. Si tu approuves cette formule, je suis prêt à la transmettre à Mougins. Ton gendre se garde bien de parler ni du chalet, ni de l'argent reçu pour l'achever, ni de sa promesse de ménages séparés. Il veut être son maître, *voilà tout.*

Les parents ont sûrement droit de conseils, de remontrances au besoin, mais il y a des limites à respecter, comme forme et même parfois comme fond. Récapitule toute ta vie, et dis-moi s'il ne t'est pas arrivé de dérailler. Cela m'est arrivé à moi, je le confesse, mais plus rarement qu'à toi. Je te dois la vérité dans cette occurrence délicate.

De grâce, ne danse pas sur la corde tendue; ne t'aveugle pas sur les conséquences du mariage de Marthe, qui pourraient être différentes peut-être avec un autre mari; il est certain que tu aurais trouvé ailleurs des inconvénients sérieux, et *tel qu'il est,* j'estime que tu es encore heureuse que les choses soient ce qu'elles sont. Sophie est tout à fait de mon avis, car elle sait aussi la position.

Tiens, voilà un passage de la lettre adressée par Marthe à Edwige tout dernièrement. Savoure moi ça : « C'est que, chère tante, il est fièrement bon mon seigneur, chat chéri, je voudrais mettre tout l'univers à ses pieds; si j'avais vingt vies à lui donner, je les lui donnerais toutes. Je veux bien vous dire par là que je me dévoue corps et âme à ce bon chat; il est d'une bonté à nulle autre pareille, et je l'adore, je l'adore mon lapin chéri, mon adoré, mon tout!... »

Eh bien, qu'en dis-tu? Dans tous les cas, devant cette exaltation amoureuse, je te recommande d'être très réservée dans tes réflexions.

Marthe écrit à ses tantes pour bien prouver contre toi son parfait bonheur conjugal, cela fait partie de la politique des d'Aillot... Toi, ne te donne pas des torts, même de forme.

Je ne laisserai pas ignorer à ton gendre que je ne prends pas au sérieux du tout la menace de procès en diffamation, cela sent trop le chantage (qui serait nuisible à son auteur).

Regarde donc ce qui se passe dans d'autres familles, et vois comme les parents interviennent moins avec violence dans le ménage de leurs enfants, tout en gardant leurs opinions très justes au fond. On t'a toujours reproché cela, à toi. Permets-moi de te le redire, c'est un devoir de frère dévoué que je remplis, et je désire de toute mon âme que tu me comprennes.

Je te quitte, je souffre en ce moment. Je t'embrasse de tout cœur, Ton frère affectionné,

Charles de Cerilley.

ÉMILIE DE MONTBOURG
À CHARLES DE CERILLEY
Grasse, le 17 mars 1896.

Mon cher Charles,

Hier au soir, j'étais si pressée par l'heure que j'ai oublié de t'envoyer le double de ma deuxième lettre à Marthe en réponse à celle qu'elle m'avait adressée après ma première relative à la terminaison du chalet et dont je n'ai malheureusement pas gardé copie. Mais je me la rappelle assez pour la reconnaître, si M. Robert a fait la copie exacte. Envoie-moi son factum, — que je te renverrai — car il est bon que je sache à quoi m'en tenir aussi à fond que possible sur le personnage, sans écrire à nouveau. J'ai dit ce qu'il fallait et n'y reviendrai pas. Le rabâchage n'est pas dans mes habitudes.

Pour le docteur, je suis bien aise d'être arrivée à temps, car de deux choses l'une : ou M. Robert lui aura écrit d'aller à Mougins, et sans nécessité puisque Mme Clément dit que Marthe va bien, et pour s'excuser il aura écrit le compte rendu de ce que tu m'as cité hier, ou bien M. Robert sera allé à Antibes pour s'entendre avec lui une fois de plus. Les coquins auraient trouvé très ingénieux et divertissant de me faire payer les frais de ce qu'ils feraient souffrir à ma fille. Mais le médecin aura craint pour sa clientèle et afin de montrer son impuissance de coopération mauvaise, il aura livré ma lettre. Je n'avais pas le choix des moyens, mon frère, j'ai dû faire ce que j'ai fait. Souviens-toi que si j'avais agi comme d'autres, dans le temps, notre sœur Clémence serait morte désespérée dans la maison des fous, comme l'avait décrété son mari. Ayant eu une sœur morte folle (soi-disant) vous auriez tous établi vos enfants comme vous auriez pu et il y en aurait eu pour des générations, donc il y a des moments dans la vie où il faut sortir de l'ordinaire.

Tu dois te rappeler qu'après avoir reçu des renseignements inquiétants sur ce docteur d'Antibes, je l'ai fait venir ici pour tâcher de le juger un peu moi-même. Pour le gagner s'il y avait moyen à sa cliente je lui ai dit que je me chargerais du paiement de ses honoraires. Puis, ayant appris que sa médication avait amené une perte et que ma fille était fort affaiblie, je lui ai écrit pour lui demander d'y changer les degrés, le priant de m'adresser sa note par séries de cinq visites. Il m'a répondu qu'il avait non seulement maintenu ses quarante-sept degrés pour les injections, mais conseillé d'y adjoindre des lavements à quarante-cinq degrés... J'ai fait alors venir le docteur Barand qui a blâmé les degrés. Alors la Providence m'a envoyé Mme Clément laquelle a compris et a baissé les degrés; aussi la perte n'est pas revenue. Tu vois qu'il s'agit de déjouer les méchants! Ma pauvre Marthe a fait un testament pour son mari, j'aurai bien de la peine à la sauver!

Aide-moi, je t'en prie. Pourquoi ne dirais-tu pas à M. Robert qu'un mari qui aime sa femme et tient à l'estime de sa famille appelle cette famille au conseil quand elle est souffrante et qu'elle a besoin de soins particuliers? Comment, s'il s'agissait de ta fille, prendrais-tu le mystère dont on entoure la mienne? Quand on n'a rien à cacher, on ne se cache pas! et quand on se cache, c'est qu'on est coupable.

Adieu, mon cher Charles. Ta sœur affectionnée,

Émilie.

CHARLES DE CERILLEY
À ROBERT CARON D'AILLOT
Sangy, le 18 mars 1896.

Mon cher Neveu,
Ma dernière lettre s'est croisée avec votre réquisitoire contre votre belle-mère.

Je vais mieux, le temps est beau, le soleil brille, tout me porte à la gaîté. Nous allons donc dire des vérités en riant.

J'ai lu avec attention, et voici mon impression : vous montez sur de trop grands chevaux et prononcez de trop gros mots pour des sujets qui ne le comportent pas du chef de ma sœur. Vous me donnez vraiment une représentation de fantasia tarasconaise transportée en Provence, représentation à bénéfice. En effet le texte des lettres de ma sœur que vous copiez n'est nullement blâmable pour le fond. La forme seule pourrait être adoucie, mais veuillez bien vous rappeler que depuis votre mariage vous ne lui avez donné aucune satisfaction. Si vous en prenez à son caractère, usez, je vous prie, de votre miroir, et mettez-vous en plein jour. Puis, mon bon Ami, vous parlez trop de vos droits, et pas assez de votre devoir qui consiste à observer la parole donnée, savoir achever votre chalet avec l'argent donné *ad hoc* par votre belle-mère. De cela vous ne me dites pas un mot dans votre lettre, mais vous vous gendarmez de ce qu'on vous le rappelle! Est-ce bien raisonnable?

Vous parlez de procès en diffamation, de scandale, avec une aisance telle qu'on dirait que cela ne vous touche pas. Eh bien non, je n'y crois pas du tout, car à moins de devenir fou, vous ne pouvez gâcher à plaisir votre présent et votre avenir, n'en déplaise au désintéressement que vous formulez, mais qui ne peut exister. Mais c'est vous qui seriez coupable de diffamation en mettant le public au courant de ce qu'il n'a pas besoin de connaître. Quand ma sœur se plaint ou fait des représentations, elle n'adresse pas ses lettres au public!

Vous ne m'avez pas donné le motif du non-achèvement de votre chalet, quoique me copiant tous les griefs de ma sœur sur ce sujet. C'est étrange.

La sollicitude maternelle de ma sœur est en éveil, d'autant plus que vous empêchez votre femme de communiquer librement avec elle. Votre tante et moi ne serions pas contents si notre gendre tenait ainsi notre fille au secret.

Veuillez bien vous rendre compte de la situation que vous avez faite jusqu'ici, et qui n'est pas admissible eu égard à toutes les bontés de ma sœur pour votre ménage. Je serai franc-parleur comme vous-même, et vous ne pourrez vous en choquer, puisque vous m'avez donné l'exemple. Ceci est pour moi la douce garantie que vous ne verrez là que ma bonne et cordiale amitié pour vous.

Sur ce, mon cher Neveu, je vous serre la main avec toute mon affection. Votre tante vous fait ses amitiés, ainsi qu'à Marthe. Votre oncle affectionné,

C. de Cerilley.

CHARLES DE CERILLEY
À ÉMILIE DE MONTBOURG
Sangy, le 18 mars 1896.

Ma chère Émilie,
Je vais bien mieux, je commence à marcher et je dors pas mal.

Ci-incluse la copie-projet de ma lettre à ton gendre. Je lui dis de grosses vérités sous une forme presque joviale pour les faire passer si possible. Ne suis-je pas un peu trop piquant? Lis-moi bien et oublie-toi pour bien juger. Si tu n'y trouves rien à redire, renvoie-moi ma copie et ma lettre sera copiée en original *telle quelle*. Fais-moi toutes observations motivées, et je les pèserai. En fait de franc-parler, tu vois que je sais en user quand je le juge à propos, et de toute façon pas mal de gens le savent bien.

Je crois que ton gendre ne se vantera pas de ma lettre. Il était temps que je lui dise mon sentiment net et clair. Mon terme de *représentation à bénéfice* signifie chantage de sa part, c'est clair comme le jour, mais le mot cru n'y est pas, et ne devait pas y être pour le moment.

J'ai dû en parlant de ta sollicitude maternelle estimer que ta lettre du docteur dépassait la limite, sous peine de paraître partial, et dès lors incapable de te défendre *utilement,* réfléchis bien à cela. Dans cet ordre d'idée, on doit beaucoup pardonner aux écarts du cœur alarmé d'une mère.

Depuis quelques jours ma plume ne chôme pas. Heureusement ma réclusion m'en donne bien le temps.

Voilà le beau temps, il fait presque chaud et pas mal de végétaux boutonnent. Un peu de grand air me fait beaucoup de bien.

Mon terme de *fantasia tarasconaise transportée en Provence* est pour dire à ton gendre qu'il joue le rôle de Tartarin de Tarascon de Daudet. Je n'ai pas voulu lui dire le mot cru, mais c'est bien le fond de ma pensée, et il le comprendra bien. Adieu, ma chère Émilie je t'embrasse en frère bien dévoué.

Charles de Cerilley.

Parle moins que jamais et ne sors pas de cette formule : *comme vous ferez, je ferai.* Ceci dit avec opportunité, tu seras forte ainsi.

ROBERT CARON D'AILLOT
À CHARLES DE CERILLEY
Mougins, le 19 mars 1896.

Mon cher Oncle,

Je réponds à votre lettre et vous donne les quelques renseignements que vous me demandez. Je commence par vous dire qu'en me mariant je n'ai point eu l'intention de prendre une tutelle, pour commenter, discuter et diriger mes faits et gestes. J'ai voulu faire comme tous les jeunes gens entrés dans la vie sérieuse, tâcher de me créer une famille et un intérieur; c'est vous dire que je ne reconnais nullement à ma belle-mère, soit par sollicitude, soit dans tout autre but le droit de se permettre de discuter mes actes ni de se mêler à quoi que ce soit de mes affaires privées, en tant surtout qu'elles ne contribuent en rien à rendre ma femme malheureuse et qu'au contraire son bonheur est pur et parfait parmi nous. Ce principe établi, voici le motif qui fait que malgré tout le désir que j'ai d'être chez moi je n'y suis point encore, et ne puis malheureusement fixer le moment de mon installation. L'entrepreneur, homme du pays, à son aise, et maçon de la famille depuis trente ou quarante ans, à qui je me suis adressé lors de mon intention de faire construire, s'est engagé verbalement à me livrer ma bâtisse en fin octobre; sur ces entrefaites un autre chantier s'est présenté et il a mené les deux à la fois sans augmenter son personnel; si, quand je lui ai proposé l'affaire, par délicatesse d'abord et intérêt ensuite, parce que plus tard s'il faut faire réparer une toiture ou mettre un carreau on ne peut plus s'adresser à un entrepreneur d'une ville voisine qui ne se dérangerait pas, il m'avait refusé, j'aurais cherché ailleurs; il a accepté et j'ai dû subir mon entrepreneur qui n'a pas voulu s'engager autrement que verbalement, me disant qu'il ne tenait point à avoir d'ennuis. Il savait d'ailleurs très bien que, quand bien même il aurait été tenu par écrit, et qu'il eût été en retard, jamais je n'aurais osé le poursuivre devant un tribunal sous peine de mettre sur mon dos tout le pays; j'ai donc dû en passer par là et tâcher de réagir avec ses lambineries par des secouades renouvelées assez souvent, lambineries qui m'ont mené jusqu'à présent et qui menacent de durer encore un mois ou deux malgré toute l'ardeur que je mets à le pousser. Ce n'est donc pas parce que je ne le paie pas que la maison n'avance pas; ce n'est donc pas parce que je ne veux pas me mettre chez moi que la maison ne se termine pas; ce n'est donc pas parce que je suis déloyal que je ne veux pas donner un chez elle à ma femme, puisque moi, le premier, je souffre de ce manque de maison qui me tient loin de mon travail et me force tous les jours à sortir de mon lit à deux heures trente du matin, alors que je ne me lèverai qu'à trois heures trente pour partir pour Nice. Vous voyez donc que ce sont des injures gratuites que me lance votre sœur, et ce sont ces injures que je veux que vous fassiez cesser, autrement, quoi qu'il arrive et quel qu'en doive être le résultat, je la traînerai devant les tribunaux parce qu'une pareille situation est intolérable. Nous sommes avant tout gens de cœur et l'amour de l'argent ne nous pousse pas à insulter notre prochain sans motif. Toute ma famille est outrée de ces procédés et je vous préviens que nous nous réunirons tous pour la faire taire si vous ne vous sentez pas assez d'influence pour cela. Je veux et j'entends être maître chez moi, je lui interdis de se mêler à quoi que ce soit qui me regarde et puisqu'elle ne tient aucun compte de mes interdictions, je cesse avec elle toute relation, de cette façon elle n'aura plus de sujet pour s'immiscer dans mes affaires. Vous croyez donc que la peur d'être déshérité me fera faire des bassesses, non, cent fois non, et dussé-je plus tard aller mendier mon pain, j'entends me faire respecter avant tout. Si elle donne ses quatre sous à un autre, elle prouvera une fois de plus que les promesses faites au début du mariage n'étaient qu'une comédie qu'elle jouait pour mieux me rendre sa dupe. Voilà la grande reconnaissance qu'elle m'a promise dans son salon (en me tenant les mains dans les siennes) alors que je consentais à épouser sa fille avec un bâtard à qui je donnais mon nom, tant il est vrai qu'aujourd'hui la malhonnêteté se loge partout, même chez les personnes les plus chrétiennes *ou qui se disent telles.* Je suis outré, mon cher Oncle, car la coupe de fiel, on me la fait boire jusqu'à la lie, on m'abreuve d'ignominies, il n'est pas d'horreurs et d'abominations qu'on n'ait dites et écrites sur mon compte et sur celui de ma famille, on m'a traité d'assassin et de spoliateur : ces lettres je les ai et les produirai en justice, alors la lumière se fera et on verra qui des deux mérite l'estime du public (puisqu'elle en parle tant du public), nous la mettrons au jour, au grand jour cette vie de honte qu'*elle a laissé mener sciemment* à sa fille depuis l'âge de quatorze ans. Nous ferons établir d'une façon certaine si c'est moi qui ai pu infester ma femme comme elle m'en a accusé *verbalement et par écrit* ou bien si ça lui vient de ses père et mère et j'espère qu'après, alors que les moindres détails de sa vie seront connus du public et que la nôtre aura également été mise à jour, nous verrons qui restera propre dans une pareille affaire. De pareils sujets sont tellement pénibles que je m'arrête pour ne plus vous ennuyer, j'ai le cœur serré et suis au paroxysme de l'énervement, je compte sur votre influence pour rétablir le calme afin de m'éviter la peine de ce scandale qui aurait un retentissement général en France. Mettez donc tout votre savoir pour cela et tenez-moi au courant car je reste déterminé à sévir, tout mon dossier étant prêt. Je pense que votre indisposition ne durera pas et fais des vœux pour votre rétablissement très prochain. Marthe est navrée de tout cela, elle me charge de vous envoyer ses caresses à partager avec ma tante. Ma mère également a été sensible à votre bon souvenir, elle vous en remercie sincèrement et moi, mon cher Oncle, tout en vous renouvelant le chagrin que me cause cette situation, je vous prie d'agréer ainsi que ma tante mes meilleures caresses.

Robert Caron d'Aillot.

ÉMILIE DE MONTBOURG
À CHARLES DE CERILLEY
Grasse, le 20 mars 1896.

Mon cher Charles,
Quand tu as composé ton brouillon de réponse à mon gendre, avais-tu reçu et lu les quatre lettres que je t'ai communiquées, savoir : une de Marthe, ma réponse et celle que j'avais adressée au docteur et une de Mᵐᵉ Clément. Si oui, je trouve que tu as tort de blâmer ma lettre au docteur et les circonstances me donnent raison, puisqu'elle a produit bon effet : Mᵐᵉ Clément m'écrit aujourd'hui que Marthe *va de mieux en mieux.*

Les coquins se sont vus déjoués et ils ont eu peur! Il n'est donc plus question de moyens douloureux ni d'opération. Mon Dieu, soutiens-moi au lieu de me blâmer. Tu as bien fait de me communiquer ton brouillon de réponse qui, pour le reste, est très bien. Je ne sais si M. Robert comprendra par représentation à bénéfice que tu sous-entends le mot de chantage, mais il sentira toujours bien que tu le railles agréablement.

A propos de diffamation, dis-lui donc bien qu'il change les rôles : c'est lui qui ferait de la diffamation en mettant le public au courant de ce qu'il n'a pas besoin de savoir. Quand je me plains ou que je fais des remontrances, c'est par lettres cachetées adressées à ma fille et non au public.

J'espère que ta lettre *corrigée* fera bon effet. C'est un gaillard qu'il faut d'autant tenir plus ferme que le père n'est plus là, et que la mère ne voyant que par ses yeux, n'offre aucune ressource que l'on puisse invoquer. Mais au fond, il est lâche comme tous les méchants par bêtise. Si Marthe qui se montrait si terrible de volonté à la maison savait conserver une énergie digne et persévérante vis-à-vis de son mari, au lieu d'être tyrannisée comme elle l'est, c'est elle qui ferait la loi et avec d'autant plus de raison qu'elle a le nerf de la guerre, c'est-à-dire la fortune. Mais elle se laisse triturer le moral, et arracher ce qu'elle avait encore de bon dans le cœur. Si plus tard le mari s'en plaint, on lui répondra que c'est son ouvrage.

Ne manque pas de me renvoyer les lettres que je t'ai communi-quées, et si tu veux bien m'envoyer le réquisitoire de mon gendre, je te le renverrai après copie.

Ta sœur affectionnée,

Émilie.

Merci de ton aide fraternelle.

CHARLES DE CERILLEY
À ÉMILIE DE MONTBOURG
Sangy, le 20 mars 1896.

Ma chère Émilie,

Je te retourne tes lettres, et le factum de ton gendre à moi adressé. Tu me le renverras. Les copies de tes lettres par ton gendre sont exactes. Je blâme très fort ta lettre au docteur, elle te ferait pendre et tu ne le comprends pas! Mais sans doute, moi père, si je réprouvais telle médication, de par autorité contraire, je m'y opposerais énergiquement mais je n'irais pas menacer de faire *expier par tous moyens*. Tu accu-sais par avance, tu as fait une grande faute, c'est ainsi que la violence irréfléchie a souvent gâté les plus belles pages de ta vie, tu ne peux en disconvenir, ou bien tu es appelée à dérailler encore. Quiconque te connaît bien te juge ainsi.

Oui je pourrai ajouter à mon projet de réponse à ton gendre une réflexion au sujet de l'œuvre de charité à laquelle la famille *te* convoque et *moi* aussi, c'est-à-dire, œuvre à laquelle j'apporterais aussi mon concours. Je crois que cet os à ronger est appelé à produire un très heureux effet. Quant à dire à ton gendre que je ne prends pas ses tartarinades au sérieux, je le crois très utile, voilà déjà trop longtemps qu'il m'en blesse l'oreille, son toupet monterait trop. Songe donc qu'il n'a pas intérêt à renverser, à casser l'assiette au beurre. S'il faisait un coup de tête, il ne faudrait pas le rater, et alors le regret serait amèrement sincère, mais *trop tard*. Cependant si tu as peur, je consens à supprimer ce passage de ma lettre, mais avec regret, je t'assure. Ah, si j'étais à tes côtés constamment, je t'éviterais bien des fautes, mais de loin j'arrive trop tard. Adieu, ma chère Émilie. Ton frère affectionné,

Charles.

Mme Clément a raison de te dire : « Soyez prudente. » Il importe qu'elle reste à Mougins. Tu vois toujours le crime partout. C'est ta maladie répétée par trop souvent, étant donné un principe vrai au fond, tu le pousses souvent trop loin et pèches gravement par la forme, ce qui est parfois très grave et capable de gâter le fond. L'admets-tu?

ÉMILIE DE MONTBOURG À CHARLES DE CERILLEY *Grasse, le 23 mars 1896.*

Mon cher Charles,
Voilà le pot aux roses qui se découvre! C'est un nouveau chantage de M. Robert. Tu verras par la lettre de Mme Clément que l'on a dit devant elle que le chalet monterait à quatorze mille francs. Il y en avait un tiers au moins à utiliser, et il me paraît impossible que son frère M. Vincent qui a fait le plan avec un devis de six mille francs ait pu faire erreur à ce point! Le Génie qui l'emploie le conserverait-il pour architecte s'il se trompait ainsi? Qu'en penses-tu? Il est à croire que M. Robert aura dépensé à autre chose l'argent destiné au chalet, et qu'il voudrait obtenir par chantage, de quoi payer sa maison. Si je n'avais pas pressé l'achèvement, la pauvre Marthe était condamnée à plusieurs années encore de belle-fillage et le public ne se trompait pas. Afin de gagner Sophie, M. Robert lui a écrit une longue lettre qu'elle m'enverra, je l'espère.

Tu verras aussi que la mère d'Aillot en revient à son idée de prendre chez elle le petit Georges. Décidément ces gens-là n'ont point de vergogne. Quelle situation pour Marthe et quelles inquiétudes pour nous! Puisque M. Robert n'a pu supporter le petit chien qui ne lui faisait aucun tort et que Marthe a dû le donner pour qu'il ne soit pas tué à coups de pied, qu'adviendrait-il au malheureux enfant *« qui entrave sa carrière »,* m'a-t-il dit, en me reprochant d'avoir tenu à la reconnaissance. Outre ces inquiétudes, réfléchis à la situation qui serait faite au jeune ménage dans la famille et la société d'ici. Dans le temps tu étais très opposé à la présence de l'enfant dans le pays.

Et de quelle inconséquence font-ils preuve, en voulant prendre *dans la maison de la mère* cet enfant qui, il y a trois mois à peine était une boue, etc. C'est que le père de famille existait il y a trois mois, qu'il en imposait encore et que, maintenant, on se croira tout permis.

Bien sûr que si on retire l'enfant dont on m'avait certes assez pressée de prendre les dépenses à ma charge, je n'y contribuerai plus du tout. Éléonore fera de même pour les vêtements, et ils feront comme ils pourront. Mais nous ne pouvons en ce moment rien savoir de leurs projets, il faut les voir venir.

En attendant, l'indignité du caractère de Marthe devient si visible pour nous, que si elle ne veut pas aider à la sauver elle-même, il faudra bien se résoudre à l'abandonner au sort qu'elle se fait. Mon Dieu, quelle pénible fille, et qu'elle répond mal à toutes les bontés, à tout le dévouement que nous avons eus pour elle!...

Je t'embrasse bien tendrement. Envoie-moi la lettre de M. Robert. Ta sœur affectionnée,

Émilie.

Il n'est plus question de pessaire ni d'opération, mon but est atteint, la colère des méchants dépistés ne m'étonne pas. La pauvre Éléonore est renversée de la prétention de la mère d'Aillot après les débats d'il y a trois mois!

CHARLES DE CERILLEY   Ma chère Émilie,
À ÉMILIE DE MONTBOURG   Je te communique la lettre ci-incluse de
Sangy, le 23 mars 1896.   ton gendre, tu en feras ton profit.

J'attends ta réponse pour écrire à ton gendre. Pèse bien tout ce qu'il dit. Si malgré tous mes efforts la guerre renaît sans cesse, je n'y pourrai rien. Tu te crois obligée à de la violence alors que de la simple fermeté parlementaire serait plus sage. Si malheureusement Marthe t'était rendue ou si elle voulait se sauver un beau jour, qu'en ferais-tu, scandale à part? Et si tu venais à mourir, que pourrais-tu pour elle? Là où la chèvre est attachée, il faut bien qu'elle broute, dit le proverbe populaire. A ta place je ne parlerais plus ni du chalet, ni du ménage séparé. C'est à Marthe à tenir à l'exécution de la promesse de son mari; car *si* elle désirait le ménage commun pour ne pas avoir l'ennui de la conduite d'une maison qu'elle ne connaît pas, irais-tu exiger le ménage séparé en vertu de la promesse qu'on t'a faite? et cela *malgré, quoique?* Marthe manquera toujours de volonté raisonnée et tu ne seras pas toujours là pour y suppléer. Agis donc comme si tu n'existais pas. Borne-toi aux conseils *parlementaires*. Si cela t'est impossible, gémis en silence au nom de la paix et de la crainte du pire.

Je ne suis pas satisfait de l'état du gros intestin de Madeleine, il y a irritation chronique. Parfois ce sont des glaires, de loin en loin un peu de sang, presque toujours un sentiment de fatigue locale. Traitement long.

Il faut prendre ton parti de voir les d'Aillot spéculer sur le revenu de ta fille. Je le répète, après toi, ce sera pire. C'est inévitable, tu n'y peux rien ou peu de choses. Tu ne peux punir ta fille de manquer de caractère, et comme elle se présente comme une exception, on ne manquera pas de dire que c'est ton œuvre de trop de complaisance. Tu vois ce que ton gendre dit déjà dans la lettre que je te fais passer ci-incluse.

Le 25 mars.

J'ai reçu tes lettres hier. Je mets au net ma lettre à ton gendre en tenant compte de tes corrections et insistant sur le devoir de tout mari de s'entendre avec la famille directe de sa femme sur la médication à lui faire suivre dans les cas sérieux, comme aussi sur le caractère privé et de droit de tes remontrances non destinées au public. Le diffamateur serait donc *lui*.

Ne perds pas de vue l'état moral de ton gendre depuis l'affreux aveu de Marthe, à lui fait, sur sa vie privée depuis l'âge de quatorze ans. Ceci est d'une gravité extrême, et a un choc en retour contre toi pour manque présumé de surveillance, quoi que tu puisses dire. Pardon de te le redire, mais il le faut pour que tu ne perdes pas la boussole. Oui, je blâme ta fin de lettre au docteur que tu salues avec la considération *qu'il méritera (sic)*. C'est injurieux au premier chef. Oh les femmes! puis, le ton de la lettre! Mauvais, mauvais, il faut que je sois aussi franc-parleur avec toi, souffre-le, ou bien je me tairai tout net, et avec tous.

Je vais de mieux en mieux mais en pente douce, très douce.

Adieu, ma chère Émilie, ce beau soleil doit te faire du bien. Ton frère affectionné,

Charles de Cerilley.

Les explications du retard de la bâtisse sont excellentes, *si elles sont vraies*. Sauf preuve du contraire, tu dois les prendre pour bonnes, mais ton gendre les fait connaître trop tard, et comme pour le besoin de la cause.

CHARLES DE CERILLEY
À ÉMILIE DE MONTBOURG
Sangy, le 25 mars 1896.

Ma chère Émilie,

Je te retourne la lettre de Madame Clément qui t'est bien utile à Mougins.

Oui, il est à croire qu'on prépare deux nouveaux chantages *si tu veux bien te laisser faire :*

1° Coût très exagéré du chalet qu'on murmure devoir être de quatorze mille francs après un devis de six mille! chalet dont tu as exigé l'achèvement, on fera sonner cela bien fort.

2° L'introduction de Georges dans leur intérieur et on plaindra misère jusqu'à ce que tu fasses les mêmes frais que pour la nourrice. Tu n'as pas le droit ni moral ni légal de t'opposer à ce que ton gendre adorant aujourd'hui ce qui l'a brûlé hier reçoive chez lui l'enfant qu'il a reconnu pour *sien*. Dès lors qu'il y a reconnaissance, on ne peut l'éloigner de sa famille directe. Ah, par exemple, je te répète et déclare que pour mon compte, *je ne veux jamais le voir*. Inculque bien ce principe à qui de droit. De plus, *de mon vivant,* on ferait dans mon panier jusqu'à l'anse si on l'amenait au Moutier. Tu dois comprendre que je ne me touche pas de voir loucher le public.

Marthe te donnera toujours de l'ennui par sa versatilité et son manque absolu de caractère. Fais donc, dans la limite du possible, comme si tu n'étais plus de ce monde. J'insiste sur ce bon conseil, et sache bien ce que tu veux. Si on te voit monter à l'échelle, on ne s'arrêtera jamais dans les réclamations. A ta place j'éviterais de prendre des engagements, dont on ne sait plus de gré, passé les premiers remerciements. Je préférerais lâcher de loin en loin un subside isolé et bien volontaire et bien motivé. La nécessité est plus impérieuse que toutes les théories. Mais, comme on a besoin de toi, arrange-toi de façon qu'on mérite ton aide. *Sinon* laisse manger de la vache enragée, ce sera même juste et moral. Aide, mais ne te substitue pas à eux à la légère.

Adieu, ma chère Sœur. Ma lettre à ton gendre est postée. Ton frère affectionné,

Charles de Cerilley.

ÉMILIE DE MONTBOURG
À CHARLES DE CERILLEY
Grasse, le 27 mars 1896.

Mon cher Charles,

Je ne puis t'écrire longuement, étant très souffrante. Mais je veux protester contre les mensonges de mon gendre. Non, je ne lui ai jamais parlé de reconnaissance d'épouser ma fille, et ne lui ai jamais fait de promesses pour l'avenir, ni tenu ses mains dans les miennes, autrement que comme c'est la mode aujourd'hui du check hand* commun. Je ne me suis jamais occupée de ses affaires personnelles autrement que pour réclamer cette promesse de ménage à part, et parce que Marthe m'a dit qu'elle souffrait d'être belle-fille. Pour la santé, je devais m'en inquiéter, puisque l'on me faisait mystère de sa médication. Je te remercie d'avoir fait à ta réponse les corrections nécessaires.

D'un homme qui ment au point de faire le serment qu'il ne dirige pas les lettres de sa femme, tandis qu'il la tient sous une telle pression morale qu'elle ne peut écrire une ligne sans son contrôle, d'un homme qui se fait fort de faire faire un faux serment par sa femme à la justice, peut-on compter sur un sentiment d'honneur?

Je t'envoie la lettre de Mme Clément qui m'est arrivée hier au soir. Tu verras que Marthe est disposée à faire connaître la naissance de Georges à sa tante Hedwige. Crois-tu que de son plein gré elle peut en arriver là? et nous ne pouvons rien dire pour ne pas compromettre Mme Clément. Quel peut être le but de M. Robert qui sait que cette branche de la famille ignore la chose?

L'indisposition de Madeleine m'inquiète comme toi. Il est probable que le séjour prolongé des matières aura produit des points d'irritation. Sache donc de son médecin si après avoir dégagé le gros intestin un lavement de bouillon de mou de veau ou de pied de veau à répéter souvent ne serait pas bon pour cet état?

Pour Marthe, j'ai fait les observations que je devais faire. Si on ne les a ni comprises, ni admises, tant pis, je rentre sous ma tente, bien décidée à faire comme l'on fera. Pour le moment tout envoi et correspondance ont cessé et cela durera autant que leur mauvaise attitude.

Je ne puis copier la lettre de M. Robert aujourd'hui mais je te la retournerai plus tard. Il est bien certain que les excuses du retard de la bâtisse ne sont pas toutes vraies. L'exagération du prix de revient en est la preuve. M. Robert est bien le fils de sa mère qui en passant la sébile dit : *« Je suis trop fière pour demander »*, mais qui fait du chantage quand même.

Adieu, mon cher Charles. Ta sœur affectionnée,

Émilie.

* *Sic (NdE).*

151

CHARLES DE CERILLEY
À ÉMILIE DE MONTBOURG
Sangy, le 29 mars 1896.

Ma chère Émilie,

Si ton gendre a le toupet d'écrire le malheur de Marthe à Hedwige, je lui écrirai d'une façon poivrée. C'est qu'il sera capable de tout et je briserai moi aussi tout rapport avec lui, mais je crois à un chantage sur un nouveau mode. De la menace à l'acte il y a loin, sauf le cas de folie.

Je suis bien aise que, grâce aux lettres de Mme Clément, qui est sur place, tu comprennes enfin la nécessité du silence, et de ton désintéressement *de fait* sur tout ce qui se passe et peut se passer à Mougins. Tu aurais mieux fait de le pratiquer dès le début. Marthe n'a ni caractère ni tête, elle est versatile au suprême degré et te sacrifiera, toi sa mère. Par conséquent, prie pour elle et *rien de plus* comme démonstration.

Quant à Georges, laisse-les faire à leur guise, *sans mot dire,* et quant aux subsides, pratique au moins le : *comme on fera, tu feras.*

Mais *pas d'engagement pour l'avenir,* car alors, adieu la reconnaissance. C'est le sort des droits conférés, mets bien les points sur les i pour qu'on ne fasse ni induction ni déduction fallacieuses de faits isolés. Garde copie de tout.

Ton gendre ne m'a pas accusé réception de ma lettre. Il ne s'attendait pas, je pense, à mon nouveau ton, inspiré et motivé par le sien.

Adieu, ma chère Émilie. Ton frère affectionné,

Charles de Cerilley.

Le docteur a déjà conseillé à Madeleine les lavements de pied de veau, ton avis la décide à le faire. Merci à toi de sa part.

Mme CLÉMENT
À ÉMILIE DE MONTBOURG
Mougins, le 31 mars 1896.

Bien chère Madame,

J'ai reçu à cinq heures ce soir la lettre de ma sœur. Votre écriture est un peu changée, je crains que vous ne soyez malade, j'en suis bien inquiète. J'ai un grand espoir, celui d'aller vous voir lundi prochain, pourvu qu'il ne dise pas non. Marthe lui a glissé tout doucement que je pourrais aller chercher les lapins puisque la lapinière est sèche, il n'a rien répondu mais il a paru plutôt accepter que refuser, j'en suis bien joyeuse et Marthe aussi.

J'ai bien engagé Marthe à ne pas écrire à sa tante Edwige, elle ne le fera pas. Du reste il est calme, il n'est plus question de Georges, il ne le veut pas absolument, il a raison. Marthe n'est plus pour Césarine, elle est du côté de ces dames. Il a reçu une lettre de la tante Sophie qui l'a remis de bonne humeur, il me l'a fait lire, je vous en parlerai. Il est calmé aussi du côté du docteur Caylat et ce dernier ne dit plus rien.

Chère Madame, après un pareil assaut on a besoin de repos, j'en suis brisée, car si vous saviez combien c'est pénible d'être muette quand on voudrait parler. La maison marche un peu, il y a deux pièces carrelées, enfin je crois que le mois d'avril l'avancera beaucoup. A présent Marthe dit qu'elle s'ennuiera de quitter ses beaux-parents. Que voulez-vous? La pauvre enfant est fantasque vraiment et je crois qu'elle sera toujours ainsi. Elle s'ennuie de vous tout de même et sera bien aise d'avoir de vos nouvelles.

J'espère que vous allez bien et que vous ne vous faites plus trop de peine. Elle parle de vous assez souvent, vous savez son inconstance en tout, elle est toujours montée contre la religion, sa tête lui fait mal souvent, cependant de moins en moins, les Pâques l'ont beaucoup fatiguée comme état moral; elle est comme à Grasse, seulement qu'elle a des expressions plus triviales, elle copie son entourage. Ce soir à table, leur cousine disait en parlant des deux frères : « Vous avez des mots qui ne devraient jamais sortir d'une bouche aristocratique, les paysans parlent mieux. » La mère en est bien cause, elle aurait dû réprimer tout cela à mesure.

Marthe a eu mal au cœur mardi et mercredi dernier et encore un peu ce matin, elle croyait que ce pouvait être un commencement, quoique rien ne l'indiquât, mais c'est plutôt une mauvaise digestion d'abord et ensuite son état habituel, car vous savez qu'à Grasse elle avait mal au cœur au moment de ses crises de nerfs. Je lui donnerai de la poudre de nénuphar, je crois que cela lui fera grand bien.

Veuillez, chère Madame, me rappeler au bon souvenir de Mlle Éléonore et recevez pour vous l'assurance de mon sincère attachement.

Mme Clément.

MARTHE CARON D'AILLOT
À CHARLES DE CERILLEY
Chalet Marthe, le 3 avril 1896.

Cher bon Oncle,

Je ne veux pas laisser partir la lettre de mon mari sans y joindre quelques lignes vous assurant que je ne vous oublie point, ainsi que ma bonne tante. Je suis bien contente que Robert me trouve à son gré, je n'ai d'autre volonté que la sienne, ce qui me fait trouver tout agréable et facile à faire.

Nous avons une cousine charmante sur laquelle je vais me modeler de mon mieux pour achever par moi-même ce que mon mari a fait de moi et ne jamais quitter le sentier du droit et vrai chemin. Quel temps avez-vous à Sangy? Ici il est tantôt beau, tantôt le mistral y règne avec grand fracas, mais heureusement il ne dure pas longtemps. Ses visites n'en sont pas moins peu agréables.

153

Je me suis remise à la peinture, Robert me montre à dessiner, de sorte que je peux me faire mes modèles moi-même quand je n'en ai point d'autres sous la main.

Je vous laisse, cher bon Oncle, ne voulant point vous fatiguer par une trop longue lettre. Toute à vous en nièce bien attachée.

Marthe.

CHARLES DE CERILLEY
À ÉMILIE DE MONTBOURG
Sangy, le 9 avril 1896.

Ma chère Émilie,

Reçu ta lettre et celle de Mme Clément, puis vu le docteur en visite chez moi. Je lui ai parlé des pessaires, os, ivoire, caoutchouc. Il professe que tous rendent beaucoup de services et ne sont jamais cause d'accidents, que s'ils fatiguent parfois, c'est parce qu'ils demandent une *autre forme* ou un *autre volume*. Tu vois donc qu'il ne faut pas les proscrire en masse et en principe sur ce point, le docteur t'engage à consulter un spécialiste à Nice par exemple. Je suis bien aise d'avoir parlé de cela au docteur.

Ton écriture semble trembler, et je crains que tu sois bien faible. Je t'en prie, vis dans le calme, vois les choses de haut, et comme si tu n'étais plus là — chose peu facile, je le sais —, mais tu t'agites par trop, et cela a toujours été ainsi chez toi. Je participe un peu à ce défaut, mais dans une mesure bien moindre. Laisse Marthe et ton gendre arranger leur vie à leur guise; sois morte pour eux à ce point de vue. Je t'en prie, fais cela.

Je t'embrasse de tout cœur en frère affectionné.

Charles de Cerilley.

Nous devenons immeubles, Madeleine et moi, les moindres voyages rompent l'équilibre de notre santé. Tout a une fin, hélas!

Marthe m'avait écrit pour me demander de nos nouvelles et me *chanter* son bonheur conjugal. Je lui ai répondu que le *vrai bonheur* ne voulait pas tant de *trompette* pour être pris au sérieux.

MARTHE CARON D'AILLOT
À ÉMILIE DE MONTBOURG
Mougins, le 11 mai 1896.

Chère Maman,

J'espère que tu es en bonne santé ainsi qu'Éléonore. Moi je me porte très bien, parfaitement bien.

Je suis toujours *bien bien heureuse* et je profite de ce que Mme Clément va à Grasse pour t'écrire quelques lignes. Nous avons l'espoir d'emménager la semaine prochaine et Mme Clément porte la mesure des fenêtres.

Tu serais bien aimable de préparer tout ce qui reste à prendre pour moi à la villa. Mme Clément ira de nouveau à Grasse pour aider à cela.

J'ai une jolie couvée de poulets, ce qui exerce beaucoup ma patience. Les lapins se portent bien.

Je crois que maintenant vous pourriez vous dispenser d'habiller Georges en bleu et blanc puisqu'il a trois ans. Quand vous écrirez à sa nourrice, embrassez-le bien pour moi.

Soigne-toi toujours bien. Toute à vous deux. Ta fille affectionnée,

Marthe.

MARTHE CARON D'AILLOT
À ÉMILIE DE MONTBOURG
Mougins, le 6 juin 1896.

Chère Maman,

Nous sommes arrivées à bon port. J'ai bien dormi cette nuit et n'ai point trop toussé.

Mon chat a eu la bonté de se lever deux fois cette nuit et de ramener les couvertures sur sa petite femme qui les avait repoussées d'un coup de pied en dormant.

Chéri me charge de te remercier affectueusement de sa bague qui lui a fait grand plaisir.

J'ai été bien heureuse de te voir, crois-le bien. Nous t'embrassons tous deux de tout cœur ainsi qu'Éléonore. Ta fille affectionnée,

Marthe.

P.-S. : Si tu trouves le filet d'une des épuisettes, envoie-le-moi, ainsi que mes pantoufles grises que j'ai laissées dans la table de nuit. Puis, s'il te plaît, envoie-moi une demi-boîte de pastilles au charbon pour faire disparaître la fétidité de l'haleine, tu me rendras bien service, car cela m'incommode beaucoup.

ÉMILIE DE MONTBOURG
À CHARLES DE CERILLEY
Grasse, le 9 juin 1896.

Mon cher Charles,

La visite de vingt-quatre heures de Marthe avec Mme Clément m'a fait grand plaisir, mais grand peine aussi, car la pauvre enfant m'a avoué avoir cruellement souffert des procédés de la famille de son mari et du mari lui-même qui se laissait monter la tête.

Ah, que j'ai été bien inspirée d'insister pour l'achèvement du chalet et que je me reproche de ne l'avoir pas fait plus tôt. La mère d'Aillot tire de son fils tout ce qu'elle peut, et ils sont toujours à la misère.

M. Robert, bien disposé au chantage toujours, n'a pas eu honte de m'envoyer ma fille sans le sou pour s'acheter des chaussures et des gants. Je lui ai donné cinquante francs et ai payé le voyage. Tu le vois, je paie sa visite, et pourtant elle a deux cents francs par trimestre pour sa toilette. Sur ces cinquante francs elle a acheté aussi des vêtements d'été pour son mari.

Je pense qu'il laissera revenir sa femme d'autres fois. Marthe tousse beaucoup : c'est un rhume, dit-on, mais qui a besoin d'être soigné. J'ai fait venir le docteur qui n'a rien trouvé de grave, mais qui aurait néanmoins voulu étudier cet état pendant quelques jours. Mais la pauvre enfant a une telle frayeur de son mari qu'elle n'ose pas lui dire qu'elle a consulté ici. Elle prendra ses sirops dans la chambre de Mme Clément.

Je l'ai trouvée triste, pâlie et maigrie. Décidément Robert est un sot, méchant, et Marthe reconnaît qu'écrasée par tous ces gens-là elle n'a pas su faire sa position. Maintenant cela va changer, il faut que petit à petit elle sache établir son influence et son indépendance. M. Robert lui a dit être *fier d'elle,* ce qui l'a un peu relevée à ses propres yeux. La belle-mère, les belles-sœurs et la tante vont partir pour quatre mois à Labastide, pendant ce temps-là il faut que Marthe s'établisse bien chez elle et qu'elle ne les attire guère au retour.

Les meubles partiront demain, je leur envoie aussi des provisions pour le commencement du ménage. C'est le présent du pain et du sel que l'empire russe a fait au tzar comme bienvenue.

Monsieur le vaniteux aurait voulu que je monte tout son mobilier de suite pour pendre luxueusement la crémaillère, mais cela est hors de mes moyens pour le moment, et moi je ne me suis pas montée tout de suite. Ils iront comme d'autres pas à pas.

Si, dans les objets de livrée que je t'ai donnés il y a des choses qui ne vont pas à tes domestiques, je te prie de me les envoyer pour eux, car Marthe en sera bien aise. Ils ont un jeune homme de dix-huit ans à leur service.

Le frère de M. Robert est enfin à Marseille dans les douanes. C'est un bon débarras de toute façon !

La confirmation de l'esclavage dont je me doutais pour ma pauvre Marthe m'a fort affligée et remuée. L'opiniâtreté de son mari rendra son indépendance plus difficile. Elle se sentait heureuse de nos affections dévouées et sincères, et nous a promis de tâcher de venir plus souvent, mais pour cela on me fera payer les visites, je m'en doute. Elle m'a demandé bien des pardons de ses ingratitudes provoquées par l'entourage. Croirais-tu que lorsqu'elle voulait me soutenir ses belles-sœurs disaient à M. Robert : « Mais, fais-la donc taire à coups de fouet ! » Sa belle-mère lui faisait croire qu'on nous déteste ici, ce qui n'est pas vrai du tout, tandis que les villageois de Mougins ne saluent même pas Mme d'Aillot et ses filles qu'ils exècrent à cause de leur insolence. Heureusement, au contraire, on est chapeau bas devant Marthe qui est, *elle, la bonne* Mme d'Aillot.

La pauvre enfant a été accueillie ici avec un respect affectueux par nos fournisseurs qui se sont montrés ravis pour elle de son prochain établissement au chalet.

Je t'embrasse bien tendrement, mon cher Charles. Ta sœur affectionnée,

Émilie.

ÉMILIE DE MONTBOURG
À CHARLES DE CERILLEY
Grasse, le 16 juin 1896.

Mon cher Charles,

Je te remercie des cinq cents francs que tu m'as envoyés et qui sont arrivés bien à temps, car je n'avais presque plus rien. Merci aussi des objets de livrée que tu m'as renvoyés pour Marthe. En vérité cela ira bien mal avec leur voiture, espèce de chariot découvert bien incommode.

Étant en avance d'argent avec un tapissier auquel j'ai rendu service pour lui éviter une faillite, j'avais proposé à Marthe de lui faire faire par cet homme des rideaux pour sa chambre, et j'avais consenti aux draperies demandées par M. Robert. Mais l'étoffe solide, jute bleu et jaune, ne lui convient pas; il veut une espèce de chose très légère que le marchand n'a pas, et je ne puis pourtant l'obliger à se mettre en frais pour fournir ce qu'il n'a pas. Or je ne me laisserai pas pousser à l'échelle par M. Robert, puisque ce que j'offre ne lui convient pas, je me retire et le laisse faire à sa convenance. Il va être furieux encore une fois, qu'y faire?

Tout dernièrement, la vieille tante Mélanie, ayant eu à se plaindre de leurs procédés, a dit à Mme Clément : « J'avais eu l'idée de mettre dans leur chalet ce qui me reste de faïence, ils en auraient eu la surprise, mais je ne le ferai pas. » Mme Clément a dit cela à Marthe qui l'a répété à son mari, lequel a réussi à persuader la pauvre tante qu'elle avait promis cette faïence et qui la lui a fait donner. Marthe, quand elle est venue, m'a raconté cela et a voulu me jouer le même tour à propos de mon armoire à glace. Mais je ne suis pas la tante Mélanie, et je tiens à leur prouver qu'ils ne me feront pas marcher comme elle.

Tu n'as pas l'idée de la vilenie chez de tels caractères! Et cependant *Marthe en souffre au point qu'elle nous a avancé avoir cherché plusieurs moyens pour se détruire.* Maintenant que les harpies sont à Labastide, elle n'aura plus affaire qu'à son mari et elle sera, je l'espère, moins malheureuse. Mais elle a manqué dès le début en se laissant piétiner par tout ce monde. Dieu veuille petit à petit lui faire reprendre sa place.

Je t'embrasse bien tendrement, mon cher Charles. Ta sœur affectionnée,

Émilie.

La pauvre Éléonore a cruellement souffert d'un courant d'air dans l'oreille pris le jour du chargement pour Mougins. La voilà mieux, mais moi j'ai repris par l'inquiétude les difficultés de digestion.

ÉMILIE DE MONTBOURG
À CHARLES DE CERILLEY
Grasse, le 19 juillet 1896.

Mon cher Charles,

Je suis inquiète de ne pas recevoir de vos nouvelles. Ici la chaleur est si forte que tout le monde en souffre plus ou moins.

Marthe fait un séjour chez sa belle-sœur avec son mari. Je ne suis pas sans inquiétude à ce sujet-là, car cette dame, sèche, cupide et hypocrite, a beaucoup d'influence sur son frère. Elle n'aime pas Marthe et je la sais fort capable de complots intéressés que le mari adopterait avec bonheur. Il me tarde bien que ma fille revienne à Mougins et qu'elle vienne me voir ici. Je lui paie ses voyages et lui donne de l'argent pour ses commissions, parmi lesquelles elle fait toujours figurer les plus beaux vêtements pour son mari. Voilà comment j'obtiens quelques visites maintenant! Cela lui fait du bien car elle dégonfle un peu son cœur qui me revient. On a laissé Mme Clément à Mougins. C'est une inquiétude de plus pour moi. Oh! mon frère, on est bien malheureux quand on ne peut avoir confiance!

Les bains de mer, trop excitants pour Marthe, sont tout à fait défendus. Néanmoins M. Robert a fait emporter un *costume de bain de mer* à sa femme. Pour te faire juger de l'individu, sache que pour pavaner sur la plage en beaux habits, il a mis au *Mont de Piété* la bague qu'il avait donnée à sa fiancée — ou plutôt c'est la tante Mélanie qui l'avait donnée. Comment trouves-tu cela? Je ne me laisserai pas mettre à la misère par lui, je t'en réponds! Quand on est gêné, on reste chez soi! Garde le secret, brûle même cette lettre car la pauvre Marthe serait perdue s'il apprenait que je suis instruite du fait.

Je t'embrasse bien tendrement, mon cher Charles. Donne-moi des nouvelles, je t'en prie. Ta sœur affectionnée,

Émilie.

ÉMILIE DE MONTBOURG
À CHARLES DE CERILLEY
Grasse, le 24 juillet 1896.

Mon cher Charles,

C'est de Marthe elle-même que je tiens ce que je t'ai écrit relativement à la bague. Crois-tu que je serais capable d'inventer une infamie? Mme Clément savait la chose et n'avait pas osé m'en parler de crainte de me faire de la peine. Comment Marthe a-t-elle consenti, tu me le demandes, mais, mon ami, elle doit trouver bien tout ce que fait son mari, sous peine d'être menacée; et outrant son triste rôle, elle cherchait à m'apitoyer sur l'individu qui faisait semblant de pleurer en prenant la bague pour la porter au Mont de Piété. Je n'aurais pas envie de parler de cette ignominie de plus, mais je crains que les bijoux et l'argenterie que j'ai donnés à ma fille prennent le même chemin!

Enfin, les voilà revenus à Mougins.

Tâche de diminuer le nombre des voyages, puisqu'ils te font souffrir, mon cher Charles et jouis en paix du calme de ta sciatique. En ce moment tous les rhumatisants souffrent plus ou moins sérieusement.

Je t'embrasse bien tendrement. Ta sœur affectionnée,

Émilie.

MARTHE CARON D'AILLOT
À ÉMILIE DE MONTBOURG
Chalet Marthe, le 3 août 1896.

Chère bonne Mère,

Je profite que mon mari est allé faire une course pour t'écrire un peu. La lettre que tu m'as fait remettre m'a touchée beaucoup. Comme tu es bonne, chère Maman, je ne saurais jamais te rendre tous les bienfaits.

Comme ta lettre d'hier ne renfermait rien qui puisse blesser ma ratote chérie, je la lui ai montrée. Quand il n'y a rien qui puisse le mécontenter il est préférable de ne pas lui faire de mystère. Seulement je ne lui ai pas fait voir la lettre que tu as écrite à Mme Clément, car mon pauvre chat aurait été jaloux de voir que nous avions chacune une missive. Il finira, je crois, par se rapprocher de toi qui mets toujours au bas de tes lettres que tu m'embrasses bien fort. Il voudrait lui aussi être embrassé, je le vois bien. Mais si tu m'écris de nouveau, ne me parle pas de la lettre que je t'écris actuellement. Comme toujours, il te faut avoir beaucoup de prudence dans tes lettres à moi.

Tout ce que tu nous as envoyé nous a fait le plus grand plaisir et ton coulant de serviette lui est allé au cœur, il s'en sert. J'en suis tout heureuse, il est plein de bontés le pauvre rat.

J'espère aller te voir dans le courant de ce mois, mais pour le moment il fait par trop chaud. Ne me parle pas de ma lettre quand tu m'écriras.

Je t'embrasse à plein collier, de toutes mes forces, ainsi qu'Éléonore et mon cher exilé. Toute à vous deux,

Marthe.

MARTHE CARON D'AILLOT
À ÉMILIE DE MONTBOURG
Chalet Marthe, le 11 août 1896.

Maman à moi,

Je profite de ce que chéri n'est pas encore de retour pour t'écrire aussitôt que j'ai fait bon voyage.

Cette première lettre que je t'écris maintenant sera suivie d'une seconde quand la ratote sera de retour car évidemment devant mon cher tyran je devrai t'écrire pour te dire que j'ai fait bon voyage. Il me faut bien user de ruse avec lui. Je garde la boîte de thé pour Mme Clément et moi sans en parler à la ratote. Je suis bien heureuse d'avoir pu rester quelques heures de plus avec vous deux. Pardonnez-moi mes interjections, j'en suis désolée, mais je suis si violente que je ne sais point me retenir et dame je dis de tout.

Tes canes sont très belles. Merci encore, chère bonne Mère, je voudrais pouvoir rester près de toi, mais il me faut compter avec mon tempérament et j'aime du reste profondément malgré tout le poignard auquel je suis enchaînée pour l'éternité.

Mme Clément fait comme moi, elle va prendre son courage à deux mains et puis nous aurons patience. Le temps et Dieu surtout sont des grands maîtres.

Je t'embrasse si fort si fort, Maman chérie à moi. Prudence et silence partout. Sois tranquille: Tu as rallumé de nouveau, ainsi que l'abbé Bosset, le flambeau de l'honneur chez moi. Merci mille fois. Je veux être digne de nos ancêtres et ne point être honnie d'eux. Je veux faire aussi honneur à la devise que je me suis choisie et qui est : le bonheur se trouve dans le dévouement et le devoir.

Ta fille affectionnée. Oh! ma bien-aimée Mère, comme je paye cher toutes mes sottises!

Marthe.

Mille baisers à Georges.

ÉMILIE DE MONTBOURG
À CHARLES DE CERILLEY
Grasse, le 13 août 1896.

Mon cher Charles,

La visite de Marthe m'a tellement ébranlé les nerfs que je n'ai pu t'en rendre compte tout de suite, et encore aujourd'hui, j'ai peine à conduire ma plume. La pauvre enfant est si malheureuse! Cette fois-ci elle me l'a avoué en pleurant et, comme je lui reprochais d'écrire à tout le monde un bonheur qui est loin d'exister, elle m'a dit qu'elle y était forcée par son tyran. Son séjour à Sainte-Maxime a été une torture, la belle-sœur montant son mari contre elle tout le temps, ils n'ont cessé de lui dire des paroles blessantes, de lui reprocher le passé, de l'accuser d'épuiser son mari qui lui est encore plus passionné qu'elle; et dans le public il dit qu'ayant reçu sa femme en mauvais état il ne la voit *jamais*. Or ce sont deux dames de la connaissance de cette famille — l'une même leur est cousine — qui ont raconté cela à un de nos amis, en pleine rue, et Mme Clément m'assure au contraire qu'il poursuit sa femme nuit et jour!...

Depuis leur retour au chalet, non seulement les injures et les menaces ont continué, mais la pauvre petite *a été battue*... un soufflet qui a marqué, un coup de pied et deux claques qui ont laissé des noirs. J'ai vu la trace de la dernière et elle est menacée de mort si elle instruit sa famille de quoi que ce soit qui les concerne! Quand elle pleure, il se moque d'elle ou la menace de coups. Et pourtant elle travaille constamment pour lui, qu'elle raccommode complètement, pour son entretien à elle et pour le linge du ménage. Mme Clément rend le témoignage qu'elle fait tout au monde pour satisfaire son mari, qu'elle va bien trop au-devant même de ses fantaisies et qu'elle n'en reçoit que des reproches. La pauvre dame en est bien affligée, et aussi M. Robert cherche à la mettre à bout en l'accablant de travail afin que ne pouvant plus y tenir, Marthe reste isolée, et complètement à sa merci. J'ai recommandé à Marthe de faire en sorte de la conserver, car je ne lui paierai personne autre! Voilà que M. Robert qui a fait distiller trente litres d'alcool de nèfles du Japon pour son usage personnel se met à boire de l'eau-de-vie. Il ne manquait plus que cela!...

La situation morale est bien triste, juge de la situation pécuniaire. Quand il s'est marié, il devait, paraît-il, les quatre vaches de son exploitation. Au lieu de les payer avec le bénéfice du lait, il s'est obstiné malgré père et mère à en acheter cinq de plus, de très grande taille et sans s'assurer du placement du lait, dont il a fallu jeter une partie considérable, puisqu'il n'a jamais voulu en engraisser des cochons. Malgré les mille deux cent cinquante francs de trimestre, il a emprunté six cents francs à un homme auquel il devait déjà. Voulant avoir six autres cents francs, il a mis au Mont de Piété la parure de brillants de trois mille francs que j'avais donnée à Marthe. Et ce qu'il y a de terrible, c'est que ses goûts de luxe et de bien-être semblent augmenter encore. Quarante à cinquante francs de parfum ne lui semblent pas trop pour sa personne! Il vient d'acheter cinquante ou soixante francs un service de verres particuliers pour boire de la bière. Il se fait servir comme un sultan et ne fait absolument rien. Il ne tardera pas à se donner le luxe d'une maîtresse! Croirais-tu qu'il a eu l'indignité de se vanter à sa femme et à Mme Clément d'avoir dépensé à Paris les deux cents francs qu'Éléonore avait donnés en cadeau de noces à sa sœur, et que Marthe avait eu la sottise de lui confier pour acheter un morceau de ménage, avec les femmes de Paris *« dont les c.ls sentent si bon! »*... Or il avait gagné là une maladie qu'il a traitée avec son frère l'étudiant en médecine. C'est ce qui a valu à Marthe le point d'irritation dont il tirait parti contre elle; tu vois qu'à la longue tout se sait, ou du moins beaucoup de choses se découvrent et que je ne m'étais pas trompée! Vois-tu maintenant pourquoi il a reculé devant la visite du docteur Barand? Grâce à Dieu maintenant la santé de Marthe est bonne, ce qui n'empêche pas le chagrin de la faire maigrir et pâlir.

Il s'est vanté aussi d'être venu me faire les scènes que tu connais, dans l'intention de me faire mourir et d'avoir envoyé son frère carillonner à la porte pendant la nuit pour nous inquiéter toutes, moi surtout qui était si malade.

Marthe m'a recommandé de ne jamais l'admettre dans la maison car il n'a que des intentions homicides à notre égard. Elle se sent elle-même si peu assurée de sa vie qu'elle a voulu faire son testament, et qu'elle m'a priée de te demander de recevoir le double d'un des deux exemplaires. Je te l'enverrai ouvert et après lecture tu le cachèteras. Je lui ai donné cent francs pour qu'elle puisse se procurer ce que son mari lui refuse ainsi qu'à Mme Clément, car c'est lui qui commande tous les détails du ménage, et parfois il est très avare pour les autres. Je tiens aussi à ce qu'elle ait toujours de quoi payer son voyage si elle n'y peut tenir. Je lui ai offert de la reprendre pour la mettre en sûreté, elle m'a répondu qu'elle a trop besoin d'un mari et qu'elle l'aime quand même. Elle m'a recommandé de ne pas lui donner d'argent à lui parce qu'il deviendrait insatiable. Je l'ai encore comblée de provisions de ménage et je vais lui envoyer deux kilos de jambon cuit parce que le frère aîné de M. Robert vient passer samedi et dimanche avec eux et que père, mère, deux enfants et la bonne font cinq personnes. Tu vois que malgré les mauvais procédés je n'abandonne pas Marthe que l'adversité nous ramène.

Embrasse bien ton cher entour pour Éléonore et pour moi et reçois toutes mes tendresses. Je suis contente de te savoir entouré. Ta sœur bien affectionnée,

Émilie.

Réunis cette longue lettre au dossier, je n'ai pas la force de la recopier.

ÉMILIE DE MONTBOURG
À CHARLES DE CERILLEY
Grasse, le 20 août 1896.

Mon cher Charles,

Je me hâte de t'envoyer le testament que Marthe m'a demandé de te remettre, car elle a toute confiance en toi et en ton fils. Puisque son malheur est connu, il n'y a plus d'inconvénient à en parler à Henri et nous espérons qu'il compatira en soutenant Éléonore quand elle en aura besoin.

Cette canaille de Robert d'Aillot crie à sa femme les injures les plus graves et les reproches les plus sanglants pendant que leur petit domestique sert à table ou mange dans la cuisine à côté de la salle à manger. Il n'a pas plus de convenances devant les ouvriers qu'il emploie. Eh bien, malgré tout, Marthe est si digne, si bonne pour tous, qu'on la plaint et qu'on l'estime plus que toute leur famille. Tout le monde la salue chapeau bas, quand elle paraît dans le village, aussi Mme d'Aillot mère a recommandé à M. Robert de l'y laisser aller le moins possible; mais il ne l'empêche pas d'aller à la messe le dimanche, et les gens de Mougins affectent de ne saluer que Marthe.

A propos de la tuberculose dont tu me dis qu'il gratifie Éléonore, si elle voulait se marier, cela pourrait lui faire tort, mais comme elle ne le veut pas, il me semble qu'il vaut mieux ne rien dire en ce moment. C'est une arme que tu as bien sûr à conserver dans tes mains, mais osera-t-il se remettre en correspondance avec toi?

La conviction où il est que je ne vivrai pas longtemps le fait sans sourciller creuser le gouffre des dettes, pensant bien qu'il saura forcer sa femme à aliéner sa fortune après moi pour les payer. Croirais-tu qu'il s'est plaint à Mme Clément de ce que Marthe *n'a pas de vices?*... « Si elle était au moins comme les femmes en général, dit-il, MAIS ELLE N'A PAS DE VICES !!! » Quelle est donc sa tactique? Par ses conversations et les lectures qu'il lui fait faire il cherche à la démoraliser. Par ses menaces, ses reproches, ses injustices, ses accusations de toutes sortes, il attente à sa raison et par tous ces moyens combinés, il détruira sa santé.

Je t'ai dit qu'il se donnera le luxe d'une maîtresse. Il a dit à sa femme : « *Je ne veux pas te donner d'enfants, mais j'en donnerai à ma maîtresse et je les élèverai avec ta fortune.* » Et comme la pauvre enfant à bout de souffrances morales lui disait : « Mais tue-moi donc tout de suite, cela vaudra mieux! — Non, a-t-il dit, il y a *des moyens plus cruels.* » Est-il atroce?... et il force sa femme à écrire à tout le monde qu'elle est très heureuse!...

T'ai-je dit qu'il a déclaré qu'il refusera de signer la vente de Saint-Savin, à moins que je ne m'engage sur papier timbré à ne pas déshériter Marthe. Comme je ne veux pas prendre cet engagement, je ne m'occuperai plus de chercher à vendre...

Il a dit aussi qu'il s'opposera à ce que nous ayons le petit Georges à la maison. Cependant il ne veut pas l'avoir chez lui. Mais il y a encore du temps pour prendre une décision et d'ici là les circonstances peuvent changer.

Comme le jardin potager est prêt pour être planté et qu'il a plu abondamment, je vais envoyer à Mougins une quantité de plançons de légumes, puis encore des poules pour la basse-cour. Tout cela occupe Marthe, la distrait et servira dans le ménage.

Je t'embrasse bien tendrement, mon cher Charles. Ta sœur bien affectionnée,

Émilie.

MARTHE CARON D'AILLOT   Chère Maman,
À ÉMILIE DE MONTBOURG   J'ai reçu en parfait état tout ce que tu
Chalet Marthe, le 30 août 1896.   nous as envoyé et qui nous a fait bien
plaisir. Merci des poules et de tout, car ma basse-cour a besoin d'être repeuplée. J'aime tout ce petit monde et le soigne bien, tu peux en être convaincue.

Rassure-toi, nous serons bien empaquetées, de sorte que nous ferons le pied de nez au froid que je ne crains nullement.

Maintenant ne parle plus de tout cela et abstiens-toi de toutes ces réflexions qui font de la peine. Ton amour maternel te fait dire des choses blessantes. Assez sur ce sujet, n'est-ce pas chère Maman?

Je t'embrasse de tout cœur ainsi qu'Éléonore. Toute à vous deux.

Marthe.

MARTHE CARON D'AILLOT   Chère Maman à moi,
À ÉMILIE DE MONTBOURG   Je reçois à l'instant la bourriche qui me
Chalet Marthe, le 15 octobre 1896.   fait bien plaisir car j'étais au bout du
vin de Bayard et de la laxatine, comme je te l'ai dit hier. A propos ne m'envoie rien en fait de lettre par ton commissionnaire, il faut une grande prudence car nous ne risquons rien moins que notre tête à toutes deux. Il faudrait que l'oncle Charles, quand Robert lui écrira, lui dise qu'il n'approuve pas que Robert prenne l'enfant chez lui et qu'il ne laisse pas soupçonner à mon mari qu'il sait le contraire car ce serait terrible pour nous. Il faut prendre beaucoup de précautions, il me faut dissimuler beaucoup et pour que Robert me laisse aller te voir, si toutefois il se décide à me laisser aller à Grasse, je feindrai d'abonder dans son sens, de cette façon je pourrai aller te voir peut-être dans le courant de novembre. Comme il faut tout prévoir, Robert croyant que

je suis de son avis écrira peut-être à l'oncle Charles que je suis d'avis avec lui de prendre Georges chez nous. Comme tu sauras le contraire, tu pourras détromper l'oncle Charles et lui expliquer ma ruse. Je ne veux pas avoir Georges chez nous parce qu'il est mieux où il est, mais il me faut bien ruser avec Robert. Robert veut mettre l'enfant chez sa mère afin de doubler les rentes de celle-ci. Je ne veux pas que mon fils soit chez cette femme. Cependant j'ai une frayeur mortelle de Robert et je n'ai pas le courage de lui tenir tête sachant très bien qu'il ne reculerait pas à me tuer s'il savait que je t'ai avisée. Donc, prudence, ne réponds pas à cette lettre-ci car ta réponse n'aurait pas le temps de m'arriver avant son retour qui a lieu, je te l'ai déjà dit, samedi soir. Réponds à ma précédente lettre que tu dois recevoir aujourd'hui avec la photo de Georges. Je t'envoie encore cette lettre, mais n'y réponds pas et prudence, prudence, ma chère mère, de tout et de tout. Tu es la perle des mères. Je dirai à Robert que j'ai reçu une bourriche et que je t'en ai remerciée, donc il est inutile maintenant de m'écrire en me disant que je te redemande de la liqueur laxative puisque tu m'en as envoyé. Je t'écrirai te remerciant de l'envoi du pain des chiens quand Robert sera de retour, de cette façon tout ira pour le mieux.

Toute à toi, chère Maman, je t'embrasse bien tendrement ainsi qu'Éléonore. Mme Clément te remercie avec tout son cœur de tout ce que tu fais pour elle.

Marthe.

La tête m'en pète de toutes ces écritures. J'en ai assez. Fais attention, j'ai une peur terrible de mon mari.

ÉMILIE DE MONTBOURG À CHARLES DE CERILLEY *Grasse, le 16 octobre 1896.*

Mon cher Charles,
Je t'envoie les deux lettres de Marthe que j'ai reçues hier soir, tu jugeras mieux ainsi de la position : ce qui est clair pour moi c'est que M. Robert poursuit deux buts : 1° de contribuer au bien-être de sa mère par la pension de Georges qu'il croit continuer à me faire payer en me faisant croire qu'il est au chalet quand il serait chez elle. 2° d'exaspérer sa femme qu'il continuera d'invectiver des mots les plus infamants devant l'enfant comme il fait devant les domestiques et les ouvriers; en maltraitant même l'enfant comme il fait pour le pauvre petit chien, son souffre-douleur, qu'il a fallu donner pour qu'il ne le tue pas. Le sentiment maternel ne pourra supporter cela, Marthe fera quelque violence et on en profitera pour la faire passer pour folle. Déjà, par le conseil de son frère Louis, l'interminable étudiant en médecine, il lui fait subir

des émotions capables d'occasionner des troubles sérieux, à ce que m'ont dit des hommes compétents. La situation se tend, comme tu le vois et il est très important que nous soyons tous d'accord pour défendre la mère et l'enfant contre ces loups féroces qui n'ont ni cœur ni honneur. Dieu veuille que M. Robert t'écrive! Ce sera sans doute pour te demander d'obtenir que je continue à payer la pension de Georges en te faisant croire que c'est pour le prendre chez lui. Dans ce cas, comme dans l'autre, je n'y consentirais pas.

J'ai frémi, mon bon Frère, en apprenant qu'une imprudence t'a rendu si malade, et remercie Dieu de t'avoir sauvé encore une fois. Mais, de grâce, ménage ta santé, à nos âges, c'est la vie qui est atteinte. On ne devrait jamais te laisser *seul* puisque tu ne sais pas résister à ton besoin d'activité. Pense que tu es indispensable à ceux qui t'aiment et à nous en particulier dont tu es le seul bon défenseur dans les circonstances tristes où nous sommes.

Que tu étudies les champignons comme science, c'est une occupation de naturaliste à la campagne, mais les étudier pour les expérimenter comme nourriture, c'est une suprême imprudence à laquelle je prie Madeleine de veiller, et que je te supplie de ne pas faire. Saint François de Sales disait que le meilleur champignon ne vaut rien, et pourtant, dans son pays, il y en a qui ont bonne réputation. N'y a-t-il donc pas assez d'honnêtes légumes que l'on peut manger sans inquiétudes? Si tu veux du changement, cultive les nouveautés de Vilmorin; il y en a de vraiment bonnes, et dont ton estomac fatigué se trouvera mieux que des champignons toujours suspects.

Éléonore va mieux depuis qu'elle prend du charbon de Bellac et des aspirations d'Ozone par le carburateur.

Sans les émotions constantes causées par les d'Aillot, nous reviendrions à la santé, mais il y a toujours du nouveau avec eux, et je crois que c'est par atroce calcul. Je t'embrasse bien tendrement, mon cher Charles, ainsi que Madeleine. Donne-moi de vos nouvelles en détail. Ta sœur affectionnée,

Émilie.

Mets les lettres de Marthe au dossier.

ÉMILIE DE MONTBOURG Mon cher Charles,
À CHARLES DE CERILLEY Je n'ai pu t'accuser plus tôt réception
Grasse, le 30 octobre 1896. des 800 francs que tu m'as envoyés
dans ta lettre du 24 dernier. Une jetée de rhumatismes sur les entrailles m'a causé un si fort dérangement que, la faiblesse habituelle aidant,

j'en suis restée sourde, vacillante et la tête tournant, ou du moins tout tournant autour de moi, avec la sueur froide pour la moindre occupation. Du bouillon léger, qui peut passer, m'a rendu un peu de forces, et j'ai pu me lever hier.

Mme Clément en m'accusant réception de son mois de traitement me dit que la tentative de M. Robert n'est pas pour tout de suite. Peut-être est-ce un ballon d'essai et que l'attitude de Marthe lui aura fait craindre d'insister en ce moment car il est lâche et méchant. Peut-être espère-t-il que l'hiver et la maladie auront raison de moi? Bref, en ce moment, il y a accalmie. Mais n'appuie *jamais* sur les droits que la loi lui donne, car il ne les exercera que pour le malheur de Marthe et de l'enfant. Sache bien qu'il n'en parle qu'en crachant de mépris, et avec les termes les plus méprisants. Sa vue l'exciterait encore davantage, il invectiverait encore plus la mère, apprendrait à l'enfant à l'insulter, et aux enfants du village à insulter l'enfant.

J'attends Marthe demain soir. Sa lettre qui sans rien dire a des traces de larmes me tient encore en inquiétude. Hélas! Tu ne peux encore comprendre la méchanceté de son mari. Tu ne le crois que ferme, il est atroce, et je ne comprends pas qu'elle puisse rester avec un être si indigne de son estime. J'ai pourtant bien souffert moralement dans le temps pour conserver un foyer à mes enfants, c'est ce qui me donnait du courage; elle n'a pas ce mobile, puisque par indigne calcul il pousse à l'hyst. sans donner satisfaction au tempérament féminin par une grossesse. Comment se laisse-t-elle injurier, bafouer, menacer et même battre sans s'en aller puisqu'elle souffre en pure perte?

Marthe vient cette fois avec le prétexte de reprendre la couturière qui l'habillait avant son mariage. Son mari qui lui prend sa pension sans vergogne pense que je paierai les notes, car cette couturière est la mienne. Mais il se trompe, je l'enverrai chez le notaire où se paient les trimestres, c'est bien assez de nourrir le ménage en grande partie, la basse-cour, les chiens, de payer le médecin et les pharmacies coûteuses pour ces dames, la pension de Georges, Mme Clément, tous les voyages à Grasse et de l'argent de poche. Je ne me laisserai pas imposer l'entretien de Marthe retenu par le contrat. Songe que pour ne rien diminuer à leurs cinq mille neuf cents francs, je garde à ma charge les impôts et tous les frais de Saint-Savin. Tu le vois, on abuse et je tiendrai bon pour la couturière.

Je t'embrasse bien fort. Ta sœur affectionnée,

Émilie.

Tu comprends que ces tristes jours anniversaires me soient pénibles. As-tu reçu la bourriche?

MARTHE CARON D'AILLOT
À CHARLES DE CERILLEY
Grasse, le 4 novembre 1896.

Cher bon Oncle,

Je profite de ce que je suis chez Maman et que la volonté de mon mari ne pèse pas sur la mienne pour vous prévenir que si mon mari m'obligeait à vous écrire que je tiens à avoir Georges chez moi, *pour vous déclarer que je ne veux pas avoir l'enfant à la maison* à cause de tous les ennuis et inconvénients qui en résulteraient pour lui et pour moi. Conservez le secret de cette lettre dans laquelle je risque ma tête. Si Robert connaissait cette lettre et celles que vous avez en votre possession, il serait homme à nous maltraiter, Mme Clément et moi.

J'aimerais mieux, cher Oncle, que vous brûliez les deux précédentes lettres que vous avez à cause des expressions peu correctes qu'elles contiennent, mais j'étais si en colère que je n'ai pu me contenir. Quelles que soient les épreuves que l'avenir me réserve, soyez assuré que je resterai toujours digne de votre estime et de celle de la famille.

Ne répondez pas à ma lettre, je vais repartir pour Mougins, il faut donc, cher Oncle, ne pas correspondre avec moi, car mon mari tourne et retourne dans tous les sens les lettres que maman m'écrit et scrute tous les mots afin de trouver quelque chose dont il puisse tirer parti soit contre moi soit contre maman.

Toute à vous en nièce bien attachée,

Marthe.

P.S. Si vous désirez m'écrire, je serai heureuse d'avoir de vos nouvelles ainsi que de celles de ma tante, mais ne parlez jamais dans vos lettres à moi de l'enfant ni de ce qui peut s'y rattacher, vous me feriez assommer, cher Oncle, pensez-y. Je fais les mêmes recommandations à ma tante.

Note de Charles : Preuve du terrorisme exercé par le mari sur sa femme.

HENRI DE CERILLEY
À ÉMILIE DE MONTBOURG
Lyon, le 27 décembre 1896.

Bien chère Tante Marraine,

Adèle se joint à moi pour vous adresser ainsi qu'à Éléonore et Marthe nos vœux les plus ardents pour que 1897 vous soit une heureuse santé d'abord et une période de consolations après tous les chagrins que vous avez subis et auxquels nous compatissons de tout notre cœur. Papa vous a dit comment un hasard nous a instruits de vos épreuves maternelles. J'aurais voulu au plus tôt en causer plus longuement avec vous, si n'eussent été un sentiment de discrétion, comme mobile principal, puis l'éloignement et enfin la prudence à l'égard des correspondances qui ne se prêtent que jusqu'à une certaine limite aux confidences. Quoi qu'il en soit, nous sommes liés par les plus tendres liens de l'affection et vous, comme mes cousines, pouvez compter, dans le sens le plus entier du verbe, sur mon dévouement. J'ai trop l'habitude professionnelle de revivre le passé pour que mon cœur oublie votre beau dévouement familial, si j'avais besoin de cela pour me rappeler et vos bontés envers moi et ce que la tradition a conservé pieusement de votre rôle de remplaçante de grand-mère de Cerilley.

De notre côté, nous avons aussi nos amertumes. Le testament de ma belle-mère déshérite Adèle dans toute la rigueur légale et la conclusion inéluctable sera qu'en fin de compte ma femme sera tenue de rapporter notable partie de la dot qu'elle n'a reçue qu'aux quatre cinquièmes alors qu'il n'y a pas sept ans, je me suis marié sur la foi d'une lettre de la défunte assurant trois cent mille francs à venir un jour, et toute la fortune reposait sur ma belle-mère.

Ici les deux bébés se portent on ne peut mieux, mais Adèle a depuis quelque temps une sensibilité bronchique qui éveille la sollicitude et les soins minutieux sans qu'il y ait toutefois caractère inquiétant sur l'affirmation du docteur qui l'ausculte fréquemment.

Pour mon compte, je vais d'une façon très satisfaisante.

Votre superbe boîte de mandarines fait les délices de grands et petits qui tous vous remercient de tout leur cœur et vous embrassent de même ainsi que les cousines.

Votre filleul affectionné,

Henri.

que nous serions dans une grande
ville et dans une maison très-
habitée. Mais pas plus. Elle m'a dit
que son mari disait que puisque
nous ne faisons pas connaître le lieu
où nous irions, nous sommes bien
capables de ne pas donner notre
véritable adresse. Cela nous a fait
penser à adopter la poste restante
jusqu'à nouvel ordre, quand nous
serons à Nantes. M. nous a prévenu
que son mari disait que s'il savait
un moyen de nous tuer sans se
compromettre) il l'emploierait tout de
suite. Que s'il ne craignait pas la
gendarmerie, il viendrait nous
étrangler ! Il y a quelque temps il
cherchait comment il pourrait me
faire enfermer comme folle. Il
lui a dit que j'ai eu la plus
mauvaise réputation. « Oh ! lui
a répondu la vieille bonne, c'est
bien tout le contraire, m. me et
Mademoiselle qui paient tout
comptant, qui sont bonnes pour
les pauvres et pour les ouvriers
sont regrettées d'avance, et l'on se

Émilie de Montbourg à Charles de Cerilley, 7-8-97 (p. 193).

1897

MARTHE CARON D'AILLOT
À MADELEINE DE CERILLEY
Chalet Marthe,
le 6 janvier 1897.

Chère Tante Marraine,

Je suis bien un peu en retard pour vous offrir mes vœux de nouvel an. Croyez cependant que malgré cela ils n'en sont pas moins sincères et affectueux. Robert y joint les siens pour vous et notre bon oncle auquel j'offre également les miens.

J'espère, chère Tante, que vous êtes complètement rétablie. Je voudrais bien que notre oncle Charles abandonne tout à fait ses travaux si rudes qui le fatiguent tant qu'ils finiront par lui faire quelques mauvais tours s'il ne les laisse point complètement de côté.

Nous sommes maintenant bien installés dans notre chalet et je fais de mon mieux pour diriger mon intérieur pour lequel j'ai une grande affection prenant grandement plaisir aux devoirs de maîtresse de maison. Robert ayant su dompter par son affection votre volontaire Marthe, je me suis mise à faire comme les autres, à m'occuper de ma maison. Du reste, chère Tante, je ne veux nullement faire mon éloge, car je suis encore terriblement loin de mériter le compliment de bonne maîtresse de maison, n'ayant point vos talents et votre expérience en toutes choses.

Distribuez autour de vous, chère Tante, tous nos vœux bien affectueux de bonheur et gardez pour vous nos meilleures caresses. Votre nièce et filleule bien attachée,

Marthe.

Note de Charles : A garder. Lettre écrite sous l'influence de son mari.

ÉMILIE DE MONTBOURG
À CHARLES DE CERILLEY
Grasse, le 7 janvier 1897.

Mon cher Charles,

J'ai bien reçu les six cents et les mille deux cents francs que tu m'as envoyés. Mes fermiers m'ont rendu, sans le savoir, un bien grand service car il m'a fallu remettre ces jours-ci à Marthe deux mille francs pour leur éviter le désagrément d'être saisis. Il y avait des traites déjà renouvelées et les créanciers ne voulaient plus patienter.

M. Robert m'a envoyé la liste des sommes payées sur la construction du chalet, et celles de fournisseurs et ouvriers à payer de suite. J'ai fait venir le notaire qui a fait un acte pour ce nouvel avancement de deux mille francs. Dans cet acte, M. Robert reconnaît qu'il a déjà employé huit mille francs (sur les seize mille qu'il a reçus) pour cette construction et qu'à la dissolution du mariage il sera redevable de dix mille francs à sa femme, employés à la construction. Il m'a fait dire toute sa reconnaissance de mon aide, et il voudrait bien que le passé n'existât pas, mais je ne suis pas pressée de le revoir, car il est d'accord avec sa famille pour une comédie nouvelle à propos de Georges et ce serait de ma part une rupture nouvelle, car je ne céderai pas.

Lui, fait l'aimable pour sa femme et parle de l'enfant en termes émus désirant l'*avoir avec eux,* etc. La mère s'est mise aux genoux de Marthe lui demandant pardon de l'avoir traitée sévèrement, jusqu'à Simone, l'enfant de sa belle-sœur à qui l'on fait joindre les mains devant Marthe comme devant la Sainte Vierge!... C'est écœurant de vilénie!... Et tout cela pour amadouer Marthe, et nous par conséquent, afin que nous livrions le malheureux petit que l'on a tant maudit, tant exécré!... Ah! Mais l'on espère que je continuerai la pension d'abord, et puis que la vente de Saint-Savin sera un capital digne de convoitise!...

Je suis outrée d'indignation et j'en suis malade, mon frère, car je les crois capables de toutes les canailleriees et Marthe de toutes les faiblesses possibles.

Mais quant à me laisser prendre à leur pantinades, nenni! Et pour le capital fourni par la vente de Saint-Savin, la part de Marthe arrivera sous forme de rentes sur l'État français, la chose est réglée par le contrat et j'aurai entre les mains la moitié du capital pour ma moitié de jouissance, donc pour le moment les d'Aillot n'y pourront rien toucher : mais l'idée de l'argent leur fait l'effet de la chair fraîche aux loups!

Marthe est fière et heureuse du mobilier de son salon. En ce moment, je lui fais encore venir une cafetière en métal anglais pour quand elle reçoit la famille de son mari, et je lui brode un sac à ouvrage avec les armes de la famille. Tu vois que je fais tout ce qu'il est possible pour la poser bien dans son ménage et dans le public. Malheureusement son mari et sa famille lui ont fait bien du tort. Ah! Mon ami, que de réputations usurpées il y a dans le monde!

Je t'embrasse avec l'âme angoissée, mais bien tendrement.

Émilie.

CHARLES DE CERILLEY
À ÉLÉONORE DE MONTBOURG
Sangy, le 20 janvier 1897.

Ma chère Éléonore,

J'ai reçu ce matin la lettre de ta mère renfermant celle de Marthe utile au dossier et la tienne que j'approuve entièrement. Oui, il est très important que le petit Georges n'aille pas à Mougins de longtemps. Ceci est à faire valoir à ton beau-frère en s'appuyant sur des considérations *morales, sociales,* et s'il est possible, sans les choquer. Réfléchissez bien qu'il est armé de son droit sur lequel nous ne pouvons pas marcher sans nous mettre en tort vis-à-vis de lui. Ceci est un atout qu'il ne faut pas mettre dans son jeu. Henri est très fort de cet avis; nous avons élaboré, lui et moi, à plusieurs reprises, la politique à suivre avec sagesse, prudence et fermeté pour finir. L'avantage de vingt mille francs pour ta sœur à prendre sur la quotité disponible ne serait connu de ton beau-frère qu'à l'ouverture du testament de ta mère. S'il refuse la condition, ils en sont privés et tu es armée pour tout le reste. Ce serait fou à lui de refuser. Jusqu'au décès de ta mère, ils seront dominés par le *comme vous ferez, je serai, vous trouverez.* J'admire son exigence de connaître l'avenir dès à présent. S'il traitait ce sujet avec moi, j'ai des masses de raisons triomphantes à lui opposer.

Je caresse l'espérance d'aller vous voir vers la fin janvier après ma visite de quelques jours à Lyon. Je vous donnerai une semaine au moins. Je logerai à l'hôtel que tu m'indiqueras car je ne connais pas la ville et je tiens à être aussi près de vous que possible. A moins d'obstacles de santé, tu peux compter sur moi. Ce sera aussi très utile pour conférer, car je m'attends bien à ce que M. Robert ne se rende pas du premier coup. Le *comme vous ferez, vous trouverez* est une formule, os à ronger de toute puissance. C'est aussi fort que la force d'inertie bien conduite. Être fort c'est ne pas donner barre sur soi.

Tu comprends l'utilité d'un codicille au testament de ta mère pour cette faveur de vingt mille francs, *sous condition* que la direction *intégrale* du petit Georges te sera laissée jusqu'à *sa majorité,* car vous ne pouvez pas aller au-delà, ce serait contraire à la loi.

Vous ne semblez pas épouser cette idée, d'avantage conditionnel,

173

c'est pourtant de la sage politique, bien discutée avec ton cousin Henri dont le sens est très sage, et prudent.

Oui, ta mère a raison en disant qu'il ne faut pas appuyer sur l'idée d'abord émise et suggérée par moi à M. Robert que le petit Georges était un fruit à lui d'un écart de jeunesse, cela vous ôterait toute qualité pour vous occuper de lui. Cette idée est très juste, mais comme *il faut* s'appuyer sur une base de raisonnement pour ne pas se donner l'air d'agir par caprice tyrannique, je trouve que le point de vue financier peu fort bien s'articuler en le corroborant des considérations *sociales*. Ce *terme* est vague, je le sais bien, et j'ai des masses de raisons à formuler toutes plus raides les unes que les autres, mais qu'on ne peut formuler qu'*in extremis*. Un échantillon : M. Robert ne peut aimer cet enfant, et au contraire, il l'a formulé à ta tante, pas à moi, cela du reste coule de source, par conséquent *pas de dévouement du tout,* d'autant plus qu'ils sont *très besogneux.* Les aveux de Marthe renforcent terriblement cet argument.

Je me charge de le réduire au silence *raisonnable*. Quant aux folies méridionales, si elles se font jour, je lui dirai : pour raisonner il faut du calme, sinon je pousse le verrou de ma langue.

Adieu, ma chère Éléonore, je t'embrasse de tout cœur avec ta mère. Ton oncle affectionné,

Charles de Cerilley.

ÉMILIE DE MONTBOURG
À CHARLES DE CERILLEY
Grasse, le 13 février 1897.

Mon cher Charles,
La mort de Léon m'a fait une vive peine.
Notre frère s'est fait bien du mal par son imagination, mais ses enfants lui en ont fait terriblement plus, en lui arrachant sa maison de son vivant, et au moment où, par un travail enfin bien entendu, il pouvait retrouver par le succès de ses vignes un peu de repos d'esprit. Le sentiment et la griffe de la misère en permanence, quelle chose pénible surtout quand on n'en a pas l'habitude!

Mme Clément va mieux pour l'albuminurie, mais son estomac ne peut toujours digérer que du lait. Voilà que Marthe devient très dure pour elle, et qu'après avoir refusé de la laisser venir, elle va me l'envoyer. Ah! mon cher Charles, tu me dis de me méfier du calme et de craindre un nouveau chantage. Il y en a long à te dire à ce sujet, mais j'attendais ton retour à Sangy.

Sache donc que malgré tout ce que j'ai donné, ces temps derniers, Marthe demandait sans cesse. Au lieu de payer tout ce qu'ils devaient, ils se sont mis à recevoir davantage, à courir sans cesse sur les routes, ils ont même loué une chambre à Nice pour aller au spectacle le soir, leurs chevaux passaient la nuit à l'hôtel, en payant bien entendu! Marthe me disait qu'ils payaient tout comptant et ce *n'est pas vrai!* et même ils n'ont pas retiré les diamants du Mont de Piété, quoiqu'elle me l'ait assuré. Il est donc bien inutile de me gêner pour les aider car tous deux manquent de raison pour rester dans les limites de leur fortune. Pourquoi nourrir deux chevaux, puisqu'ils sont obligés cette année d'acheter pour trois cents francs de fourrage? Pourquoi friper ses vêtements en étant sans cesse sur les routes, en voiture découverte? Pourquoi employer constamment des hommes quand on a trente-cinq ans et qu'avant son mariage on a su manier les outils? Maintenant, Monsieur assiste dans un fauteuil au travail du jardinier en fumant des heures entières. Marthe ne me permet pas une observation, et elle quémande sans cesse; ma foi, j'ai pris la mouche et après l'avoir menacée bien des fois, j'ai déclaré que je n'enverrais plus de provisions et qu'ils devaient baser leur budget là-dessus. Tu penses quelle fureur, car la mère d'Aillot savait bien en profiter aussi! Mais je suis décidée à maintenir cette résolution, ils abusent de ma bonté et s'ingénient à me conter des càlembredaines.

En voilà une qui va t'amuser : un soir de grand vent, je reçois une lettre de Marthe disant qu'elle est fort inquiète d'un gros rhume de son mari et me priant de lui envoyer *de suite* des pharmacies. Or, comme la bonne était fort enrhumée elle-même et qu'il n'y avait plus de courrier le soir, j'ai attendu au lendemain matin. L'élève en pharmacie a porté les remèdes à la poste en allant prendre son repas à l'hôtel qui est juste en face. Il n'a pas été peu étonné d'y trouver M. Robert d'Aillot attablé, il était venu en bicyclette!...

Le soir de ce jour-là, le notaire est venu me dire que mon gendre était venu à son étude pour prendre connaissance de l'acte de partage et règlement de comptes avec mes enfants. Je lui ai demandé s'il était bien enrhumé? «Mais non, dit-il, il n'a pas toussé une seule fois. — Mais est-il enroué, a-t-il du coryza? — Rien du tout, Madame, il est en parfaite santé. »

Quelle était donc l'intention de Marthe? Si j'avais refusé la commission, elle n'aurait pas manqué et eux tous de crier que je suis haineuse et sans pitié; j'ai fait partir les remèdes, mais le pharmacien les a ajoutés à leur compte, ce qui est juste, il me semble. Aussi, à première vue, j'ai dit à Marthe qu'elle ne m'avait dupée qu'à moitié puisqu'elle paierait son mensonge, et je lui ai cité les deux hommes qui avaient *vu* son mari sans rhume.

Ils ont voulu aussi à propos de Mme Clément me faire croire à une maladie incurable, afin de me faire payer une remplaçante. Mais j'ai répondu qu'après Mme Clément, ils n'auraient pas à compter que je leur paierais une domestique.

Enfin, Marthe est venue l'autre jour pour me parler toilette à propos d'une noce où elle doit aller, c'est un cousin germain de M. Robert. Il s'agissait aussi d'un repas de retour de noce; ils venaient de recevoir leur trimestre et se trouvaient plus à l'aise que moi, j'ai fait la sourde oreille. Alors, elle m'a fait une scène de sensiblerie à propos de Georges disant qu'elle ne peut plus s'en passer, qu'il le lui faut absolument, que son mari le désire, etc. J'ai répondu que mes résolutions ne changeraient pas à cet égard et que s'ils le reprennent, c'est pour toujours et à leurs dépens. Elle a pleuré, tempêté un peu et s'est calmée bien vite, quand Éléonore qui revenait de commissions, mise au courant de la tentative, lui a répondu avec beaucoup de calme : « Eh bien, ce seront autant d'économies, mais pour nous! Tu n'en auras rien de plus. »

Adieu, mon cher Charles, je t'embrasse bien tendrement ainsi que Madeleine qui doit être bien contente de ton retour. Ta sœur,

Émilie.

ÉMILIE DE MONTBOURG
À CHARLES DE CERILLEY
Grasse, le 24 février 1897.

Mon cher Charles,

Mme Clément m'est arrivée avec une femme de Mougins, sans un mot de Marthe. Le médecin de Grasse n'a pas trouvé trace d'albumine dans son urine qu'il a fait bouillir devant nous dans une cuillère de fer au-dessus d'une lampe allumée. Il a regretté que le docteur d'Antibes n'en ait pas fait autant devant elle à Mougins. C'est dire beaucoup en peu de mots! Il a conseillé de revenir peu à peu à un régime normal, ne trouvant aucune des maladies rêvées par son confrère. Il a conseillé une ceinture hygiénique pour soutenir le ventre qui est très gros (comme chez sa mère et chez sa sœur). Il dit que le poids seul de cette partie du corps dérange la digestion par le tirage des organes et peut amener des maladies des voies digestives.

Tout ce que j'apprends me prouve qu'il est plus que temps d'arrêter mes largesses et que j'aurais tort de continuer à me priver de bien des choses pour des gens qui abusent.

Le chalet devient une maison de godailles pour les provisions que j'envoie. Quand on n'y mange pas, on va manger ailleurs, boire aussi, Marthe autant que les messieurs; et pour s'achever elle fume la cigarette : deux choses bien sérieusement défendues pour elle. Je ne puis ni blâmer, ni conseiller, Mme Clément non plus, car le mari approuve ce qui fait du mal à sa femme. Ils ont loué une chambre à Nice pour aller au casino et au spectacle. M. Robert a même fait jouer Marthe à la roulette et comme elle a gagné huit francs elle voudrait bien recommencer et elle y prendra goût!... Enfin on ne s'occupe que de cuisine, de toilette, de plaisir et des moyens mensongers de me soutirer de l'argent pour s'amuser et fournir aussi à la famille. Aussi je suis très décidée à retirer mon aide, il faut qu'ils arrivent au raisonnable de leur position et fassent rendre leur propriété pour vivre. Ma résolution de quitter Grasse est bien arrêtée, ils ne le sauront que lorsque nous serons installées ailleurs, par conséquent ne le dis pas. Je ferai la paix autour de nous de cette façon-là car elle ne viendra plus me faire des scènes de sensiblerie et des séances de mensonges. Éléonore aussi a besoin de calme pour sa santé.

Je garderai Mme Clément jusqu'à ce qu'ils la redemandent et ce ne sera pas sans conditions pour sa santé.

Je viens d'être très souffrante pour gros de pain comme une petite noix. Tu vois où j'en suis encore.

Ta sœur affectionnée,

Émilie.

ÉMILIE DE MONTBOURG
À CHARLES DE CERILLEY
Grasse, le 23 mars 1897.

Mon cher Charles,

Ici nous sommes très occupés par la santé de Mme Clément, dont le ventre tendu de plus en plus nous inquiète. Depuis son arrivée, le docteur a cherché la cause d'un tel état. Celui de Mougins s'est trompé trois fois lourdement ou a voulu se faire un grand mérite de la sauver de maladies qu'elle n'avait pas. Quant à la cause de cette hydropisie, elle est restée inconnue jusqu'à ces derniers jours que des douleurs vives au foie et des vomissements de bile verte ont montré le siège du mal au foie. Une forte purgation au calomel a dégagé le ventre hier, le lait passe mieux aussi à l'estomac, le ventre a bien diminué, mais la jambe et la cuisse gauche ont une enflure douloureuse. J'attends le docteur pour savoir que penser et que faire. Un peu de fatigue a dérangé la sciatique dont je souffrais ces temps derniers et l'a portée à la poitrine. Me voilà reprise de bronchite et incapable de soigner la maladie. J'ai pris une garde pour soigner Mme Clément. Cette chère dame accepte comme dus tous les soins et dépenses qu'elle m'occasionne, et crierait à la spoliation si je ne lui payais pas le traitement qu'elle ne gagne pas en définitive.

De Mougins on lui écrit des lettres plus ou moins chaudes, suivant qu'elle va plus ou moins bien car on aurait voulu qu'avant de partir elle donnât tous ses meubles au chalet, on a même été mécontent qu'elle ait emporté ses clefs, parce qu'on ne pourra fureter comme on se gênait peu pour le faire en son absence, M. Robert tout le premier. Pendant qu'elle y était malade, on cherchait à lui soutirer son argent sous prétexte de petits emprunts!... Tout cela est ignoble et malheureusement la pauvre Marthe se laisse dominer par les harpies qui l'entourent!... Depuis que Marthe m'a écrit des impertinences et que son mari s'en est permis de nouvelles vis-à-vis de moi, je n'écris plus à Marthe et je ne le ferai que lorsqu'elle m'aura adressé des excuses. Mais je lui ai envoyé deux fois une liqueur laxative dont elle fait un usage avantageux pour sa santé, et des plantes de notre jardin pour le sien au chalet. Tu vois que je ne suis pas du dernier raide, et qu'elle pourrait au moins m'écrire merci!... Mais comme dans ce monde-là on n'apprécie que l'argent ou ce qui se mange, le reste ne compte pas. Si je ne puis assez raccommoder Mme Clément pour qu'elle reprenne un service actif, je ne fournirai pas une remplaçante.

Je t'embrasse bien tendrement, mon cher Charles. Ta sœur affectionnée,

Émilie.

ROBERT CARON D'AILLOT
À CHARLES DE CERILLEY
Chalet Marthe, le 3 avril 1897.

Mon cher Oncle,
Vous recevrez par pli séparé nos photographies ainsi que celle du chalet. Je suis heureux de pouvoir vous les adresser, ce qui me donne l'occasion de vous écrire, car je suis un véritable paresseux en matière épistolaire, je le reconnais, bien que de correspondre avec des parents soit une chose bien agréable. Je n'en pense pas moins à vous, cher Oncle, de temps à autre, surtout au bon accueil que j'ai reçu de vous à mon passage chez vous, le souvenir en est resté gravé dans mon cœur et ne s'en effacera jamais. Je vous demande donc pardon de ne pas vous écrire plus souvent, mais le motif de mon silence doit être seul attribué aux causes déjà énoncées et non à de l'indifférence. Notre vie est toujours à peu près aussi calme et monotone, les distractions et les amusements n'abondent pas loin du fracas des villes, aussi la vie d'un jour ressemble à celle de toute l'année. En fait de nouvelles, je peux vous annoncer avec bonheur l'heureux changement de Marthe, pétrie et remaniée par mes soins, j'ai réussi à en faire une gentille et charmante petite femme, sérieuse et d'intérieur. Elle fait tout et prend réellement plaisir à arranger sa maison, elle est très occupée et fait de son mieux pour songer à tout depuis surtout que Mme Clément nous manque, car vous devez

savoir la maladie de cette dernière et son départ pour Grasse. Les sentiments qui paraissaient éteints dans ma femme ont été allumés et cela contribue à lui donner du bon sens et du sérieux. Aujourd'hui, mon cher Oncle, la Marthe d'autrefois, celle qui a mené une vie si orageuse et si désordonnée, n'existe plus et j'ai à sa place une jolie petite femme gentille, aimable, charmante, ayant ajouté à sa beauté morale une jolie tournure physique, aussi j'en suis fier et c'est avec amour que je regarde et contemple mon œuvre et me fais une joie de l'annoncer à toute sa famille. Mon bonheur, mon cher Oncle, serait au comble si les choses pouvaient bien marcher avec Grasse. Là, hélas! je ne puis pas parler avec tant d'enthousiasme car on ne veut pas reconnaître et croire que j'aime ma femme et ce n'est qu'avec haine et mépris que l'on parle de moi à quelqu'un, me traitant de tyran et de comédien au besoin. Tout cela est bien triste, je l'avoue, et c'est un vilain revers de médaille pour moi, surtout qui ne crois pas avoir mérité pareille façon d'agir. Je serai si heureux de pouvoir vivre en bonne intelligence sans être exposé à des accrocs perpétuels qui arrivent toujours à propos de bottes et quelquefois pour des motifs encore plus futiles. J'aimerai bien vous voir pour causer avec vous : il est des choses qui sont trop longues et qu'on a de la peine à confier au papier, malheureusement pour nous la distance est trop grande, car je suis persuadé que vous réussiriez à mettre la paix dans cette maison et finiriez par faire entendre que je ne mérite pas la rigueur qu'on me tient et les paroles dures que l'on glisse de moi de temps à autre à Marthe. J'espère toujours que le temps qui est un grand maître remédiera à tout cela, c'est, je vous l'assure, mon seul et unique désir, comme de faire de ma femme ce que j'en ai fait était mon unique but et mon seul espoir.

Je vous laisse, cher Oncle, en vous embrassant tendrement,

Robert Caron d'Aillot.

ÉMILIE DE MONTBOURG
À CHARLES DE CERILLEY
Grasse, le 12 avril 1897.

Mon cher Charles,

Je te remercie de m'avoir communiqué les lettres d'Aillot, j'en ai fait juge Mme Clément qui a assez vécu avec eux pour juger de la véracité du mari. Le fait est que Marthe s'habille et se coiffe au goût de son mari, qu'elle a pris dans le monde et partout un aplomb qui dépasse la mesure du bon ton, et que pour son entourage *(quand elle ne le craint pas),* elle est devenue très difficile.

Elle n'a plus cœur de mère, de fille ni de sœur, tout est à la coquetterie et à la passion brutale. Si elle a gagné comme physique, c'est à l'âge et au créateur de toutes choses qu'elle le doit, le mari n'a pas à s'en glorifier. Pour moi, je ne lui saurai jamais gré de lui avoir fait perdre ce qu'elle avait encore de bon, pour le remplacer par des recherches sans consistance et qui ne reposent sur rien de solide; qu'un accident ou la maladie empêche le mari de satisfaire aux besoins surexcités de la femme et tout deviendra à redouter pour elle!

Je crains que la pauvre enfant se prépare de grandes peines morales et physiques, et nous prépare à nous d'autres chagrins. Aussi je m'applaudis d'avoir pris la résolution de quitter Grasse. Aussitôt que la saison et ma santé le permettront, nous chercherons une demeure.

Mme Clément est toujours dans un état inquiétant. Le docteur me disait hier qu'il faut profiter du mieux obtenu pour l'envoyer dans sa famille, parce que plus tard cela ne se pourra plus.

Il ne croit pas que la cirrhose soit absolument établie, mais il a constaté un état grave de l'estomac et du foie et une hydropisie acide qui va et vient jusqu'à ce qu'elle ne se déloge plus. Par des ponctions on peut prolonger la vie, quand l'enflure menace d'étouffer, mais les deux docteurs ne croient pas à une guérison possible : c'est peu encourageant et sa cousine n'a pas encore répondu. Le médecin d'ici qui connaît nos santés voudrait bien la savoir dans sa famille. Demain il y aura huit jours que la lettre de Mme Clément est partie!...

Je suis contente de te savoir avec tes enfants, mon bon Frère. Partage avec eux nos meilleures tendresses. Ta sœur bien affectionnée,

Émilie.

Mme CLÉMENT
À ÉMILIE DE MONTBOURG
Mougins, le 18 mai 1897.

Chère Madame,

Je vous aurais répondu dimanche, mais ayant su que tout le monde allait à Antibes aujourd'hui, j'ai préféré attendre pour causer librement. Marthe est dans de bonnes dispositions, elle sait que je vous écris mais elle ne m'a pas donné de lettre pour vous parce que sa tête lui fait trop mal et elle a besoin de calme, elle se rattache bien à vous et vous aime toutes deux beaucoup. Votre départ lui fait une grande peine, dans son idée vous étiez près et si un jour elle avait besoin de vous cela lui semblait plus facile. Espérons que nous n'en viendrons pas là, mais elle l'aime moins et voit plus clair. Cela durera-t-il? Je l'ignore. Il ne fait rien d'extraordinaire, c'est toujours la même chose. Quand la famille sera partie, nous serons plus tranquilles, car il subit l'influence de sa mère qui n'est pas aimable du tout.

Marthe s'occupe bien dans son ménage, elle a bien à faire, trois belles couvées à soigner puis sa cuisine qu'elle fait bonne. Elle est si contente de me ravoir, elle m'appelle sa maman Clément et il paraît qu'elle a bien des fois regretté mon départ et elle disait « Si jamais elle revient, je la ménagerai, car si je l'avais un peu aidée, elle aurait été moins fatiguée. » Son mari lui m'a dit : « Depuis qu'elle sait que vous venez, elle est contente, vous nous avez manqué. » Pourquoi alors ne l'ont-ils pas écrit, cela nous aurait fait plaisir. Je suis bien mon régime, je n'ai pas vomi depuis mon arrivée, je mets un pot-au-feu tous les deux jours, un demi-kilo de bœuf.

C'est un grand bien que je sois revenue. Marthe est si contente, nous travaillons toutes les deux et M. Robert est tranquille, il va et vient. Elle n'est plus si triste car il paraît qu'elle s'ennuyait bien. Chère Madame, ne vous inquiétez pas, elle ne fera pas de sottises, elle est bien plus calme et revient aux siens. Je crois que ce sera durable d'autant plus qu'elle n'a plus cet enthousiasme qui l'empêchait de voir clair.

Je vous embrasse bien affectueusement, chère Madame, toutes mes amitiés à Mlle Éléonore. Votre toute dévouée,

Mme Clément.

ÉMILIE DE MONTBOURG
À CHARLES DE CERILLEY
Grasse, le 22 mai 1897.

Mon cher Charles,

Pour répondre à ta lettre du 16, j'attendais des nouvelles plus détaillées de la rentrée de Mme Clément à Mougins. Or, M. Robert inspire une si grande crainte par ses vérifications de lettres qu'elle a attendu un jour où toute la famille allait dîner chez leurs cousins et encore, elle a adressé sa lettre à la femme de notre pharmacien de Grasse qui me l'a fait passer. Vois-tu comme le monsieur tient à ce que l'on manque de procédés vis-à-vis de moi? Il tient à me faire souffrir d'inquiétudes et d'impolitesses, ne pouvant pas faire autre chose pour le moment.

Marthe ne songe pas à faire du chantage, elle, et ses idées de suicide qui la poursuivent parce que l'absolutisme de son mari l'excède sont malheureusement très sérieuses. Elle n'a pas le courage de se rendre indépendante, et Mme Clément a tellement peur de ne pas conserver sa position qu'elle outre les services vis-à-vis du tyran. Elle n'est donc qu'une compagne de captivité, quand elle pourrait faire mieux. J'ai bien essayé de le lui faire comprendre, mais elle est bien personnelle! Enfin, sa présence est tout de même un secours pour

Marthe qui gémissait de son absence sans oser le dire, car il lui est défendu de me savoir gré de quoi que ce soit. Elle est donc contente d'avoir ce pauvre secours, et va le ménager davantage pour ne pas l'user.

C'est à Montpellier que nous pensons aller, en choisissant un quartier bien exposé. Dans une grande ville il y a plus de ressources de tous les genres et Éléonore aura plus de distractions, puis il y a de bons médecins et aussi nous serons assez loin pour que la bicyclette de M. Robert ne nous fasse pas des frayeurs. Marthe pourra même plus facilement lui échapper par la grande ligne du chemin de fer, s'il la rend trop malheureuse. Je donnerai cent francs en réserve à Mme Clément pour cette éventualité possible. Je t'embrasse bien tendrement, mon bon Frère. Ta sœur affectionnée,

Émilie.

ÉMILIE DE MONTBOURG
À CHARLES DE CERILLEY
Montpellier, le 21 juin 1897.

Mon cher Charles,

Nous sommes ici depuis huit jours, mais le voyage m'a tellement fatiguée les entrailles qu'après une matinée de recherches pour un appartement il a fallu me mettre au lit. Une diarrhée avec glaires sanguinolentes et coliques a fait appeler le médecin qui n'a pu venir qu'après la crise passée. Il m'a trouvée bien faible et m'a prescrit des paquets de glycérophosphate avec du bicarbonate de soude, du lait pour boisson et un régime léger. Mais je vais cesser la drogue et reprendre mon eau de riz, car les coliques me reprennent. Tu vois comme je suis devenue délicate. Éléonore en marchant dans la ville a glissé sur quelque chose de gluant, et en faisant un mouvement brusque pour s'empêcher de tomber, elle a dû se froisser quelque muscle dans le dos, car elle en souffre depuis, mais elle se contente d'huiler l'endroit douloureux et ne veut pas qu'on y touche.

Nous sommes ici dans une pension de dames tenue par des religieuses franciscaines. On nous y offre quatre pièces et un cabinet de toilette; la nourriture et le service pour quinze francs chacune, c'est-à-dire trente francs pour nous deux, chauffage, éclairage, blanchissage à nos frais en plus. On me permettra d'y avoir Georges jusqu'à l'âge de le mettre en pension pour la première communion. Il y a dans la maison une dame qui a deux petits garçons qu'elle fait conduire tous les jours à l'école. Mais je veux en plus une chambre disponible pour Marthe dans le cas où elle viendrait me voir, ou à être trop malheureuse dans sa nouvelle famille. Cette chambre, dans tous les cas, me serait nécessaire pour mettre du mobilier dont nous aurons trop pour les autres pièces.

La Supérieure est fort bien et les sœurs qui servent sont polies, douces et obligeantes. De cette façon nous serions bien tranquilles. Étant servies chez nous, nous restons indépendantes de tous cancans et commérages, et nous n'aurons pas à craindre les irruptions de M. Robert ni ses agissements pour gagner nos servantes. Éléonore était toujours en suspicion et en crainte de tout à Grasse. Elle se détendra ici de sa sollicitude inquiète et cette tranquillité lui fera accepter le calme claustral de la maison. Comme elle fera les commissions, cela lui procurera de l'exercice. Le jardin des Plantes est tout près, il est fort beau, dit-on, et deviendra notre promenade, on y porte son ouvrage comme au Luxembourg à Paris.

Nous allons nous remettre de ce premier voyage, ici, avant de commencer à Grasse les caisses et les paquets. L'appartement ne sera libre qu'en août et notre bail à Grasse ne finit que le 29 septembre, cela nous donne du temps.

Si tu ne réponds pas immédiatement, attends que nous soyons rentrées à Grasse. Ta sœur affectionnée,

Émilie.

Je te prie de mettre à la poste la lettre ci-jointe, ne voulant pas que l'on sache encore notre future adresse. N'en dis rien à Marthe, son mari ne cherche qu'à nous ennuyer pour nous rendre malades.

ÉMILIE DE MONTBOURG
À CHARLES DE CERILLEY
Grasse, le 6 juillet 1897.

Mon cher Charles,

Marthe est venue nous surprendre hier matin, plaignant misère, comme toujours, *et n'ayant pas eu de quoi payer l'omnibus de la gare qui lui a fait crédit jusqu'au soir!*... voilà comment agit mon gendre!... lui était venu à bicyclette et a fait un bon dîner à l'hôtel!... J'ai donné quarante francs à Marthe afin qu'elle puisse attendre son trimestre; mais je suis bien sûre qu'il ne lui aura rien laissé. Et c'est ma fille qui fournit à tout, puisqu'il ne veut rien faire que la séquestrer moralement de plus en plus. Je l'ai trouvée pâlie et maigrie. Depuis sa photographie elle est bien changée. Or, tu sais combien il se glorifiait, comme il a envoyé cette photographie à toute la famille? Pourquoi un changement si rapide? Je suis inquiète. Marthe n'a plus d'énergie, la peur des colères et des coups de son mari la paralyse.

Elle m'a prévenue que si nous avions l'intention de prendre le petit

Georges avec nous, nous nous attirerions des scènes de violence de son mari. Je lui ai répondu que cette question doit être résolue d'ici à peu de temps, parce que si son mari continue son système d'opposition, je n'enverrai plus rien à la nourrice. Elle espère que cette femme gardera Georges à l'œil jusqu'à ce que ma mort que l'on souhaite prochaine (je parle de M. Robert) leur donne moyen de la payer. Ou bien ils feront ramener l'enfant par la nourrice et le garderont avec eux (si la mère d'Aillot le veut bien). Jusqu'à ce qu'ils puissent le mettre interne au collège, il ira à l'école du village de Mougins. Or, ce milieu de paysans, celui du chalet où mari et femme blasphèment à qui mieux, et mentent de même, l'exemple de tous ces moqueurs de la vieillesse et des prêtres, tout cela ne constitue pas une atmosphère morale désirable pour un enfant. Mme Clément a beaucoup souffert des manières et des conversations pires que triviales qui choquaient ses oreilles et ses yeux, et, pourtant elle n'est pas issue de la cuisse de Jupiter! Sa mère a gardé les vaches et son mari était entrepreneur de bâtiment, ayant commencé par le plâtre et la peinture. Tu vois que les circonstances doublent ma raison de ne pas fournir à une *mauvaise* éducation.

Je t'embrasse bien tendrement, mon cher Charles. Ta sœur affectionnée,

Émilie.

ÉMILIE DE MONTBOURG
À HENRI DE CERILLEY
Grasse, le 7 juillet 1897.

Mon cher Henri,

Puisque par ses indiscrétions M. d'Aillot t'a fait connaître nos malheurs et que tu m'as assurée de ton sympathique appui, je vais en toute confiance y faire appel, car je te tiens pour loyal gentilhomme.

Tu sais qu'avant toute autre chose, la personne qui s'est occupée du mariage a fait connaître d'abord la situation avec la condition expresse de la reconnaissance de l'enfant et l'inviolable secret de tout ceci, même vis-à-vis de sa famille. M. Robert a donné sa parole, j'en ai l'attestation par écrit. Tu sais comment il l'a tenue cette parole? J'ai payé ses dettes afin qu'il puisse faire réhabiliter son nom, donné de l'argent pour la construction de leur chalet. Eh bien! il refuse de s'occuper de sa réhabilitation; j'ai eu beaucoup de peine à obtenir l'achèvement du chalet, par conséquent l'indépendance du ménage. Tu vois quelles complaisances on peut avoir eues. Quelques jours après le mariage, et pendant que j'étais bien malade, il est venu me faire des scènes vraiment homicides au cours desquelles il m'a reproché violemment d'avoir exigé la reconnaissance de l'enfant, disant que j'avais ainsi brisé sa carrière. Il a manifesté sa haine pour ce pauvre petit être qui n'est pourtant pas responsable. (Il y a tout un dossier de cette triste entreprise entre les mains de ton père.)

Or, dans quelques mois, il faut absolument retirer de nourrice cet enfant qui a quatre ans et demi. Pour arriver à une carrière, il faut commencer à temps. M. d'Aillot a changé de tactique, il ne veut pas me laisser prendre l'enfant qui a encore besoin de soins maternels pendant quelques années avant l'internat du collège. Nous voudrions l'envoyer à une école maternelle fréquentée par des enfants bien soignés. M. d'Aillot n'aura pour ressource que l'école du village où l'enfant apprendra le mal plutôt que le bien et comme grâce aux largesses qu'il fait à sa famille, il est toujours à la misère, où prendra-t-il de quoi vêtir et faire instruire cet enfant dont il compte faire une victime de chantage vis-à-vis de nous. Crois bien que nous ne nous laisserons pas faire, je te l'assure. D'un autre côté, la malheureuse Marthe, déjà si humiliée, si séquestrée moralement par son mari et sa famille, comprend très bien qu'on la fera encore plus souffrir devant l'enfant, et pour lui et même par lui, donc elle ne désire pas sa présence, d'autant plus que tentée déjà plusieurs fois de se détruire, elle craint de ne pouvoir supporter un surcroît de peines. Son mari lui a dit que si nous retirions l'enfant, il viendrait renouveler des scènes de violence terribles cette fois. Elle m'a conjurée de ne pas nous les attirer, elle-même a tellement peur d'être battue et violentée, qu'elle n'a plus ni volonté ni énergie et ne saurait plus défendre personne. Je voudrais une solution d'ici à trois mois, c'est-à-dire vers la mi-octobre. Il me tarde que cette question soit réglée car après moi dont la frêle existence tient à un fil, Éléonore prendra la survivance de la charge; et cette assurance lui donnerait un but à sa vie. Ce serait pour nous deux une tranquillité d'esprit relativement à mes deux filles. Éléonore opérera pour temporiser encore en faisant donner des leçons de lecture et d'écriture chez la nourrice. Qu'en penses-tu?

Si tu es de cet avis, je te demanderai, mon cher neveu, de soutenir les coudes de ton père pour une déclaration énergique; car en tout ceci, je n'ai pas été toujours bien satisfaite de son attitude. Il m'a souvent blâmée parce qu'étant plus à portée je voyais plus vite et plus juste que lui. M. d'Aillot le flatte et il se laisse trop prendre aux comédies qu'on lui joue. La situation est grave! Ne dis pas à ton père que j'ai recours à toi : il est jaloux de la suprématie de son âge et du titre de chef de famille, il faut ménager cette susceptibilité, mais tu pourrais mettre toi-même la conversation sur ce chapitre et donner ton avis carrément comme une chose qui tombe sous le sens commun : « Puisque ma tante va quitter Grasse, pourquoi ne prendrait-elle pas cet enfant pour commencer son éducation? » Ne me brouille pas avec ton père qui ne me pardonnerait pas s'il savait que je m'adresse à ta jeune énergie. Je t'avoue que je ne l'aurais pas fait dans la crainte de nous compromettre tous avec lui, mais Éléonore a tant de confiance en ta délicatesse et ta prudence que je crois bien faire en cédant à ses instances.

Je t'embrasse bien tendrement, mon cher Henri, ainsi que ta femme et tes enfants. Ta tante affectionnée.

Émilie.

Mme CLÉMENT
À ÉMILIE DE MONTBOURG
Antibes, le 7 juillet 1897.

Chère bonne Madame,
Je vous suis bien reconnaissante de votre lettre, des bonbons qui me sont si utiles et de votre attention de m'envoyer le mois en avance. Si j'avais su, je n'aurais pas eu recours à M. Robert qui n'a pas su s'en tirer. Il n'est pas fin pour tout cela, vous avez été étonnée que je n'aie pas assez d'argent. J'avais encore soixante-dix francs, il m'en fallait quatre-vingt-dix, mais si Marthe avait bien voulu vous éclairer, elle vous aurait dit que son mari, le jour de mon départ de Mougins, m'avait priée de lui avancer cinquante francs, ayant des fâneurs à payer et n'ayant pas de francs en poche! Du reste, il est toujours ainsi! Comme il avait vendu du foin, je pensais qu'il me les rendrait dans le courant du mois. Il a un fameux aplomb. Mais je vais le pincer, je vous le promets, s'il ne me rend rien le 18 juillet. C'est trop fort! *De toute cette lettre pas un mot à Marthe, je vous en prie.* Elle me défend de vous parler qu'il est parti à Marseille, hier, pour huit jours; mais je l'ai dit à Mme Martin ne sachant pas qu'elle vous en ferait un mystère; bien au contraire, on aurait profité de cette occasion pour s'écrire et jouir d'un peu de liberté. Elle vient me voir tous les deux jours et j'ai dû me fâcher tout à l'heure : elle voulait partir la nuit, à pied, pour Grasse et rentrer le lendemain matin comme si sa santé permettait qu'elle fasse une chose semblable! et ensuite se mettre dans ses torts s'il le savait. J'en suis retournée et bien fatiguée, elle m'a promis et a compris puisqu'elle vous reverra le 19. Ce n'est pas utile de faire des choses pareilles pour vous tourmenter et aggraver la situation. Pour le petit, il va écrire à la famille pour avoir leur avis, il faudrait que tous lui conseillent de vous le laisser, arrangez-vous pour cela. Autrement il est têtu. Hier il était très monté, il ne veut pas avoir un ennemi plus tard; il veut l'élever dans ses idées. Oui, lui apprendre à mépriser sa mère! Cela est inévitable, le pauvre petit, il entendra dire et il croira! C'est triste! Quel malheur que Marthe, intelligente et fine, se soit laissée dominer à ce point de n'avoir pas dix centimes dans sa poche pour enregistrer un paquet. Cela m'a fait une peine. Voyez-vous, jamais je n'aurais pu me laisser abaisser à ce

point, et il n'a pas de cœur de la laisser sans argent, ainsi. C'est terrible! Marthe n'est pas heureuse et ne le sera jamais. Elle ne veut pas le quitter et lui conte tout. Malheureusement, lui, profite de sa faiblesse et la mène comme un chien! Voyez-vous ce que c'est fâcheux qu'elle ait si peur! On peut le dire, il n'y a rien à faire. Je vous en prie, pas un mot de tout cela, vous ne voudriez pas me causer d'ennuis. Il profite bien qu'il est seul avec elle pour lui en faire plus. Que je voudrais être guérie pour retourner près d'elle, pauvre petite, je l'ai bien grondée de sa faiblesse. Hélas! où est son énergie de jeune fille? et faut-il que pour un homme on s'abaisse à ce point!

J'avais besoin de m'épancher un peu avec vous, mais je vous fais de la peine et vous aimez savoir. Qu'elle ne se doute pas de tout ce que je vous dis, je vous le recommande encore une fois. Faites bien attention quand vous la verrez de ne pas vous tromper.

Chère Madame, au revoir. Je ne vais pas trop mal. Je suis bien fatiguée de tout ce qui se passe. Ma pauvre tête n'en peut plus. Je vous embrasse mille fois de tout cœur. Bien à vous.

Mme Clément.

ÉMILIE DE MONTBOURG
À CHARLES DE CERILLEY
Grasse, le 9 juillet 1897.

Mon cher Charles,

Comme tu m'accuses souvent d'exagération dans mes appréciations, je t'envoie la lettre de Mme Clément.

Tu vois que la présence de l'enfant à Mougins deviendrait pour Marthe un surcroît affreux de peines! C'est infâme de faire mépriser une mère par son enfant! Tu vois par la lettre de Mme Clément que M. Robert abreuve sa femme de paroles outrageantes, puisqu'elle dit : « *Le pauvre petit entendrait et croirait!* » Marthe pâlit et maigrit, elle n'a plus d'énergie, j'en suis inquiète sérieusement. Elle mourra de consumption si elle ne se détruit pas, car elle sent sa triste position, et n'a plus qu'un sentiment : *la peur!* Oui, la peur d'être battue, tuée même, par ce méchant homme qui la traite comme *un chien,* dit Mme Clément! qui l'empêche de se plaindre à sa famille en la menaçant et qui vous écrit à vous autres oncles et tantes des gentillesses! Il force sa femme à vous écrire qu'elle est heureuse, quand c'est tout le contraire!

Il faut donc que tu t'entendes avec Sophie pour que vous lui fassiez comprendre tous les deux que la place de l'enfant est *avec nous* qui voulons bien nous en charger, que pour eux c'est tout avantage, et que s'il veut que plus tard Georges se montre poli avec lui, il faut qu'il nous donne sujet de le juger *en bien*, tandis que depuis son mariage il a manœuvré à rebours de ce qu'il devait faire, même dans son intérêt.

Mais ne fais pas d'allusion à la misère à laquelle il soumet Marthe pour ne rien se refuser *à lui;* car elle le paierait cher! Ce qu'il y a de malheureux, c'est qu'elle lui *donne* tout, ou qu'elle se laisse prendre pour avoir la paix!

Je te quitte, mon cher Charles, fatiguée et malheureuse de voir que Marthe faiblit au point d'abdiquer toute dignité. Ta sœur affectionnée,

Émilie.

ÉMILIE DE MONTBOURG   Mon cher Charles,
À CHARLES DE CERILLEY
Grasse, le 11 juillet 1897.

As-tu reçu ma lettre renfermant celle de Mme Clément? La tienne me désole, car je vois que M. Robert réussit trop dans son jeu auprès de toi à force *d'obliger* sa femme à t'écrire un bonheur mensonger, tu ne veux pas croire qu'à la fin, à bout de souffrances morales, elle ose enfin dire la vérité sur ce point!

Écoute : Mme Clément était fort mal avec Éléonore et voyait sa position peu assurée à la maison. Aussi elle s'est raccrochée passionnément à l'idée du mariage de Marthe qui lui promettait de la garder chez elle. Pour réaliser ce mariage, me voyant devenir malade, elle m'a caché bien des choses qu'elle apprenait dans la ville et qui aurait décidé la négative. Elle m'a caché aussi ce que Marthe a eu à endurer de toute cette famille à Labastide et à Mougins, tant qu'elle a été chez la mère d'Aillot pour maintenir sa situation; elle-même a eu à dévorer des avanies sans nom. Elle m'a laissé déchirer et calomnier par tous. Maintenant qu'elle se sent très malade, elle a le remords d'avoir compromis, par intérêt personnel, le bonheur de ma fille et manqué aux devoirs que ma confiance et son traitement pécuniaire exigeaient. Elle s'est décidée à dire davantage la vérité, mais elle est encore sous l'impression de terreur que M. Robert lui inspire. Tu le vois, c'est la première lettre confidentielle qu'elle m'écrit et c'est quand elle a été bien sûre qu'il était parti pour Marseille. Donc, il faut tenir *pour vrai,* en grande partie ce que tu trouves trop odieux pour être *croyable.*

Quant à l'impossibilité de payer la place d'omnibus, c'est *absolument vrai!* Marthe avait dit au conducteur qu'elle paierait le soir et qu'il eût à la reprendre en passant devant la villa. Cet homme a oublié de s'arrêter, et elle a été obligée de redescendre à pied par la traverse. J'ai fait chercher un commissionnaire pour porter un gros panier, notre femme de confiance a pris le sac de Marthe, l'a accompagnée à la gare, et lui a tenu compagnie jusqu'à l'arrivée du train qui était en retard. Cette femme *a vu* le conducteur de l'omnibus réclamer à Marthe le paiement de sa place du matin. Toutes deux l'ont grondé d'avoir oublié de s'arrêter en redescendant pour le train du soir. Déjà à Antibes, Marthe n'avait pu faire enregistrer son panier vide et n'a pu payer que le soir! Tu vois à quelles souffrances d'amour-propre M. Robert condamne ma fille! Et lui ne se refuse rien! Ce voyage à Marseille est une partie de plaisir, occasionnée par une réunion du Touring-Club auquel ces messieurs se sont faits inscrire avec les désœuvrés de Provence qui sont nombreux. J'ai su cela par le journal, et aussi par le ménage Martin, car Marthe se serait bien gardée de me parler de cette dépense inutile. Il lui enjoint, sous les menaces les plus terribles, de me cacher tout ce qui les concerne; et je te l'ai dit, la peur, une peur maladive à présent, paralyse toute énergie chez elle! Mᵐᵉ Clément lui est encore un appui que son mari supporte. Si elle vient à la perdre et que nous soyons loin à Montpellier, Marthe ne sera-t-elle pas prise de désespoir? Je n'ose espérer que l'énergie lui reviendra, elle est trop énervée pour cela et trop séquestrée moralement par toutes les sangsues qui l'entourent. Aussi je suis bien perplexe et sans la nécessité de retirer Georges de nourrice, et de soustraire Éléonore aux émotions incessantes que nous avons ici, je n'aurais pas le courage de m'en aller loin de la pauvre enfant. Mais alors il faut que ce soit *vraiment utile,* qu'Éléonore puisse s'attacher à l'enfant pour le présent et l'avenir et n'avoir pas sans cesse la crainte de le voir exposé à tout dans cette famille. Tu ne m'as rien répondu à ce sujet!... Ta filleule n'est pas satisfaite de cette abstention. Dis-nous donc nettement quelle est ton appréciation, et le fond certain de la réponse que tu feras à M. Robert. Si tu crains la responsabilité d'une décision, consulte-toi avec Henri qui sera appelé à te succéder comme chef de famille. Puisqu'il est instruit de l'existence de Georges, on peut et même on doit le mettre au courant de toutes choses le concernant.

Tu crois bien difficilement le mal, mon cher Charles, notre sœur Clémence eût été victime dans le temps, si la Providence ne m'avait mise en travers. Heureusement notre père vivait alors!... Les méchants ont besoin de sentir une main d'homme, tout le dévouement des femmes ne peut suffire.

Ta sœur affectionnée,

Émilie.

MARTHE CARON D'AILLOT   Chère Maman,
À ÉMILIE DE MONTBOURG
Mougins, le 12 juillet 1897.   Je te conjure à genoux de ne plus m'écrire comme tu l'as fait. Heureusement ta
lettre et son bon ne sont pas tombés entre les pattes de Robert qui, il est vrai, est allé faire une promenade. Je n'ai pas osé te le dire, j'avais

189

peur que tu ne me grondes de ne pas m'opposer à cela, vu notre position toujours gênée, mais je ne peux tenir tête à mon mari, je ne cesse de vous le répéter. Il rentre demain soir. Je suis allée moi-même à la poste toucher le bon de dix francs, merci, chère Maman, je garde cette somme pour le cas où j'en aurais besoin. Quand j'irai prendre le trimestre, nous causerons bien toutes les deux, mais jusque-là plus de lettres que je ne puisse montrer. Je répondrai à ta lettre du 8 juillet quand il sera de retour demain, car celle-là il peut la voir.

J'ai brûlé ta lettre avec soin. Va brûler la mienne, mais ne sois pas si imprudente de m'écrire comme cela. Foutre, fais très attention à tes lettres, tu risques de me faire battre. J'ai caché avec soin mes dix francs, il n'est pas parti sans me laisser quelque argent, mais je garde ce que tu m'as envoyé pour le cas où j'en aurais besoin.

Je t'embrasse bien tendrement, chère Maman, ainsi qu'Éléonore, et je porte moi-même la lettre à la poste. Toute à toi.

Marthe.

ÉMILIE DE MONTBOURG
À CHARLES DE CERILLEY
Grasse, le 16 juillet 1897.

Ah, méchant Frère, tu veux me faire mourir d'inquiétude à ton sujet! Puisque le cruel eczéma de ton bras n'a pas suffi à te servir de leçon! J'espère que l'on t'a purgé sérieusement pour faire descendre au plus vite cette enflure de la tête? Juvénil enragé, ne peux-tu donc faire le mort devant une bêche ou une pioche? C'est plus facile pourtant que de faire la morte devant les indignités de M. Robert pour *ma fille,* et tu ne cesses de m'en faire une loi!...

Mais toi, tu peux essayer d'amoindrir tes maux en renonçant au petit verre qui ne manque jamais d'accompagner ton café. Qui sait, même, si tu n'en prends pas d'autres dans la journée? Eh! bien, je les accuse formellement d'entretenir, de provoquer chez toi une agitation, une force factice que tu cherches à dépenser aux dépens du fond de ton existence. Donc, renonce, je t'en conjure à ces excitants dont les meilleurs ne valent rien. Ce ne doit pas être plus difficile que de renoncer à fumer, et il y en a qui y parviennent. Donne-moi cet exemple d'énergie et alors j'espérerai parvenir à faire la morte à force de volonté! Est-ce convenu? Ne revenons pas sur le passé, mon cher Charles. Nous avons cherché à remplir notre devoir à nos points de vue particuliers. Moi, je n'ai pas eu la satisfaction de voir passer la justice humaine sur les canailleries de M. Robert. Il a pu parader à son aise sur sa scène du monde. Mais le temps de la miséricorde passera, et alors, devant la justice divine, je pourrai clamer tant que je voudrai et pourrai espérer voir châtier les mauvais. Je vis dans cette espérance. Je t'ai dit nos projets, tâche de faire décider les choses pour le mieux d'ici là! Éléonore est bien de mon avis, il sera temps. Mais ce que nous ne pouvons admettre, c'est le stoïcisme en face du malheur de Marthe, car si c'était ta fille, tu en parlerais autrement.

Je t'embrasse bien tendrement. Ta sœur affectionnée,

Émilie.

ÉMILIE DE MONTBOURG
À CHARLES DE CERILLEY
Grasse, le 21 juillet 1897.

Mon cher Charles,

Je suis très heureuse de tes meilleures nouvelles de santé et je demande à Dieu d'affermir tes bonnes résolutions pour l'avenir, car, tu le vois, toutes les imprudences deviennent sérieuses à notre âge, et nous devons les éviter par affection pour notre entour.

Je suis contente aussi que tu arrives à voir qu'il sera bientôt temps de cesser les mois de nourrice, et je te remercie de vouloir bien prendre en mains l'ouverture de cette négociation avec mon gendre. Mais comme il vient de recevoir le trimestre, il faut attendre un peu. Dans un mois l'argent sera déjà rare chez lui, car il a toujours à payer des traites pour ce moment-là, et on les lui consent à cette condition. Le boucher et le boulanger, le marchand d'avoine et de son, de charbon et autres sont à l'affût du trimestre! Donc, il faut attendre au moins un mois pour aborder la question. Il est très nécessaire que cette question soit réglée de mon vivant et du tien, puisque tu as quelque influence sur cet obstiné. Il faut donner à Éléonore des garanties pour la continuation de l'œuvre, mais lesquelles sont possibles? Tu le vois, c'est à établir. La santé de Marthe ne me satisfait pas du tout, elle maigrit, pâlit et s'aplanit moralement de plus en plus. Elle ne ressemble plus à la photographie du tout! Il y a évidemment un surmenage qui retentit sur le cervelet et amènera, je le crains, après les excès érotiques, une atrophie physique, et une vie courte! Pars de là pour suivre le jeu de l'individu comme intérêt! Il profite de ce progrès d'affaiblissement pour la terroriser de plus en plus. Elle a, je te le dis, un effroi *maladif* à présent. N'as-tu pas vu dans le lettre de Mme Clément que pour une tache faite à sa robe, elle a dit à plusieurs personnes sa crainte d'*être battue!* Hier, Mme Clément me fait savoir qu'elle a reçu des visites de Mougins, et qu'on y parle des scènes de ménage du chalet.

Nous avons ici une chaleur intense et je voudrais bien pouvoir guérir la douleur au cœur qui me tient depuis la visite de lundi; sans se mettre un vessicatoire, ah! mon Dieu!

191

Il faudra faire la situation de son enfant sans qu'elle s'en mêle, car elle n'est plus qu'un instrument entre les mains de son mari.

Ta sœur affectionnée,

Émilie.

ÉMILIE DE MONTBOURG
À CHARLES DE CERILLEY
Grasse, le 7 août 1897.

Mon cher Charles,

Je veux te rendre compte de la visite de Marthe. Elle est arrivée mardi dernier sans s'annoncer et n'est repartie que vendredi soir. Tout le temps elle n'a cessé de se plaindre de son mari et elle a tenu à le faire devant la bonne qui nous sert depuis quatre ans, fille âgée et respectée de toute la ville, pensant que son témoignage pourrait lui être utile le cas échéant. Elle nous a répété plusieurs fois que son mari l'injurie de toutes les façons *devant les domestiques,* même qu'il la menace de la battre continuellement, même de la tuer, qu'elle en a reçu un soulier à la tête, parce qu'elle refusait de regarder la photographie ou des cheveux d'une de ses maîtresses, qu'elle a reçu un coup de pied pour avoir été trouvée dormant, dans la journée, sur la chaise longue que je lui ai donnée, qu'il lui a fait de telles frayeurs, en l'éveillant la nuit avec de brusques clameurs, et en faisant le soir des hou-hou dans les escaliers et à la porte de sa chambre qu'elle en a les nerfs ébranlés, au point que pendant qu'il était à voyager pour son plaisir, elle a eu un accès de fièvre presque cérébrale, parce que la jument difficile qu'il lui avait recommandé de conduire s'était emportée. Et pourtant, avant toutes ces secousses de frayeurs, elle avait plutôt de l'audace que de la frayeur. Sa belle-sœur l'a trouvée tellement malade qu'elle a envoyé chercher un médecin à Cannes pendant la nuit.

Malgré toutes ses supplications, elle n'a pu faire cesser les cris et les bruits faits par son mari en vue de l'impressionner, qu'en menaçant de tirer dessus. Maintenant, quand on voit la nuit quelque chose de blanc, il veut lui faire croire que c'est l'âme d'une morte. Je lui ai recommandé de ne rien croire de tout ce que son mari pourra lui dire encore en fait de fantômes et lui faire entendre de bruits insolites, et de dire tout de suite, comme nous l'avons fait pour les carillons à notre porte, pendant la nuit : *c'est lui,* n'ayons pas la faiblesse de nous impressionner pour satisfaire sa méchanceté!

Tu comprends que ces procédés homicides, rappelés du savetier Simon qui les employait pour le malheureux Louis XVII, pourront être mis en pratique pour le pauvre petit Georges...

Marthe nous a recommandé de nous bien garder, et s'est inquiétée de l'entourage que nous aurions, car elle pensait que pour avoir un jardin, nous serions presque à la campagne. Je lui ai dit d'être tranquille, que nous serions dans une grande ville et dans une maison très habitée. Mais pas plus. Elle m'a dit que son mari disait que puisque nous ne faisons pas connaître le lieu où nous irons, nous sommes bien capables de ne pas donner notre véritable adresse. Cela nous a fait penser à adopter la poste restante jusqu'à nouvel ordre, quand nous serons à Montpellier. M... nous a prévenues que son mari disait que « s'il savait un moyen de nous tuer (sans se compromettre), il l'emploierait tout de suite. Que s'il ne craignait pas la gendarmerie, il viendrait nous étrangler! ». Il y a quelque temps, il cherchait comment il pourrait me faire enfermer, *comme folle!* Il lui a dit que j'ai ici la plus mauvaise réputation. « Oh! lui a répondu la vieille bonne, c'est bien tout le contraire, Madame et Mademoiselle qui paient tout comptant, qui sont bonnes pour les pauvres et pour les malades sont regrettées d'avance et l'on dit : " C'est bien malheureux, les bons s'en vont et les méchants restent! " »

Marthe craint qu'après notre départ son mari nous noircisse de toutes les façons et a demandé à cette bonne, dont le jugement est respecté, de nous défendre contre les calomnies. M. Robert prétend que je le décrie dans le public? Mais mon ami, ce ne serait pas honorable pour nous : c'est le peuple, qui le sachant pauvre, et toujours sous le poids de sa faillite, puisqu'il ne veut pas se faire réhabiliter, dit en le voyant passer : *« Vois-tu, voilà un grand fainéant et un gourmand qui ne fait rien, depuis que sa femme lui a apporté de quoi manger. »* Deux personnes nous ont cité ces paroles *populaires.* En provençal, elles ont plus d'énergie qu'en français.

Marthe ayant dit devant la bonne mais sans s'adresser à elle qu'ils n'avaient plus que vingt-quatre francs chez eux, elle n'a pu s'empêcher de prendre la parole car elle était indignée : « Comment cela se peut-il, Madame, il y a quinze jours que j'ai porté mille deux cent cinquante francs chez le notaire pour le trimestre! C'est moi qui les porte à chaque fois. Qu'est-ce donc que M. Robert fait de cet argent? Il trouvait pourtant moyen de vivre avant de se marier, mais il travaillait, et maintenant il est fainéant et gourmand, et puis il doit se laisser tirer par sa famille. »

Tu vois que l'opinion du public n'a pas besoin de la mienne; mais il préfère me jeter dessus le mécontentement qu'il éprouve de l'appréciation de sa conduite. Menteur comme il l'est, cela ne lui est pas difficile! Croirais-tu qu'il voulait faire croire à Marthe que si nous apprenions qu'il la bat, nous nous frotterions les mains de satisfaction en disant : *« Ah! tant mieux, nous triomphons! »* N'est-ce pas abominable?

Tout dernièrement il voulait obliger sa femme à m'écrire une lettre d'injures, absolument gratuites. Il lui reproche de ne pas nous faire des scènes de violence quand elle vient nous voir, et l'accable de mauvaises paroles à son retour. Croirais-tu qu'il lui a dit que tout ce que je leur envoie des objets que je n'emporterai pas, c'est parce que je considère leur maison *comme un dépotoir!* Or, c'était dans la pensée de leur être utile que je le faisais. Je suis allée du coup chez un marchand d'objets d'occasion qui m'achètera ce que je ne donnerai pas aux mains des gens qui seront heureux de recevoir et pour trois meubles que je leur avais promis, j'ai déclaré, d'après le conseil du notaire, qu'il me fallait une reconnaissance *de tout* ce que j'ai envoyé depuis le mariage et que j'ai donné *à ma fille.* Ceci est dans le double but d'empêcher que l'on saisisse le mobilier qui sera reconnu *dotal,* et que l'on ne puisse aussi le faire tomber pour moitié dans la communauté d'acquêts car la belle-sœur a déjà dit à Marthe que ce mobilier appartenait à la famille de son mari.

Un homme de bon sens reconnaîtrait qu'il s'est trompé de tactique, mais, orgueilleux et opiniâtre comme il l'est, voudra-t-il en changer? C'est douteux.

Les diamants que j'ai donnés à Marthe sont encore au Mont de Piété! Il dit qu'il les retirera à la fin de l'année, probablement par un nouvel emprunt.

J'ai chargé mon notaire ici d'écrire au directeur que s'ils ne sont pas retirés avant l'époque de la vente, il le prie de les lui vendre. C'est naturellement pour mon compte, mais sans mon nom. Il m'a dit qu'on n'avait pas dû prêter plus de six cents ou huit cents francs sur cette valeur de trois mille francs.

Marthe m'a chargée expressément de te dire à toi et à Sophie que si son mari l'oblige à t'écrire qu'elle est d'accord avec lui pour retirer Georges de nourrice et le prendre avec eux, ou s'il te l'écrit lui-même, *il ne faut pas le croire;* mais que vous agissiez par vos conseils sans parler d'elle pour ne pas l'exposer aux mauvais traitements de paroles ou de coups. Elle m'a promis de ne s'en aller de Mougins qu'à la dernière extrémité car elle connaît son tempérament et, tout en l'agonisant de sottises et de terreurs, son mari sait bien comment la prendre. Je t'ai dit la stricte vérité, sans commentaires, je le fais toujours, et je ne comprends pas où tu me supposes enfiévrée, si ce n'est qu'à ma place tu serais aussi inquiet que moi.

Voilà une bien longue lettre qui m'a bien fatiguée. Je t'embrasse tendrement. Ta sœur affectionnée,

Émilie.

MARTHE CARON D'AILLOT
À ÉMILIE DE MONTBOURG
Mougins, le 9 août 1897.

Chère Maman,

Nous sommes allés voir Mme Clément deux jours de suite car elle est bien fatiguée, elle vomit toujours tout ce qu'elle prend : le poulet ne passe plus, ni le bouillon avec le jus anglais, et ne peut prendre que des boissons glacées. Elle est dans un état de faiblesse tel qu'elle ne peut plus se lever. Nous craignons une catastrophe d'un moment à l'autre, ce qui nous cause une vive inquiétude, elle ne peut plus se tourner toute seule dans son lit, elle fait vraiment pitié. Ce n'est plus qu'un squelette et nous irons plus souvent encore la voir, je te tiendrai au courant. Je t'envoie la reconnaissance que tu m'as demandée, elle est signée et faite sur papier timbré par mon mari. J'ai fait planter les poireaux et les salades. Merci de tout cela. Je t'enverrai un de ces jours la caisse qui renfermait les grignons, plus le tablier, la serviette et un grand sac qui contient une bourriche que j'avais complètement oubliés dans l'atelier. La chaleur est toujours bien rude et par surplus nous avons eu un vent terrible qui finit de dessécher les malheureux arbres fruitiers.

Prie beaucoup pour notre pauvre malade.

Je t'embrasse tendrement ainsi qu'Éléonore. Toute à toi,

Marthe.

MARTHE CARON D'AILLOT
À ÉMILIE DE MONTBOURG
Mougins, le 10 août 1897.

Chère Maman,

Je t'écris dans les lieux. Robert ne va pas à Labastide maintenant, je ne sais pas quand il ira. Mme Clément est si mal que je crains bien qu'elle ne passe pas la semaine. Je t'ai envoyé aujourd'hui la reconnaissance que tu m'as demandée, je ne sais pas si elle te conviendra comme elle est, mais ne m'en demande pas une autre car j'ai eu bien du mal à avoir celle-là. Je te recommande encore bien de la prudence car avec un homme comme celui que j'ai il faut être d'une rude prudence. Je ne sais pas quand Robert écrira à l'oncle Charles et à la tante Sophie. Il n'en parle plus, mais je t'en prie, fais bien attention à tes écrits et à tes paroles car, quand je songe à tout ce qui pourrait arriver s'il venait à savoir tout ce que je t'ai dit, j'en ai le frisson d'épouvante. J'ai gardé et mis en lieu sûr de l'argent sur ce que tu m'as donné. Je n'ai mis dans mon secrétaire que peu de chose pour le ménage. Mon tempérament m'empêche de partir avec vous, mais un jour, quand le temps et les années auront apaisé mes ardeurs, j'irai vous rejoindre. Mais je serai plus tranquille pour vous quand vous ne serez plus à Grasse. Ne m'écrivez jamais de lettre en cachette de Robert car vous me feriez tuer, pensez-y bien. Je ne me suis plus rappelé ce que vous m'avez dit pour Saint-Savin et je ne lui en ai pas parlé du tout. Il m'a demandé si nous avions parlé de Georges. Je lui ai répondu que j'avais demandé de ses nouvelles et c'est tout ce que je lui ai dit.

Maintenant, Maman chérie, je t'aime bien, crois-le, et c'est encore vous rendre service en n'allant pas avec vous. Je m'arrangerai de façon à ne pas être battue et je ne donnerai jamais de signature, je te le promets, ainsi sois tranquille. Fais bien attention, je t'en conjure. Prudence toujours.

Marthe.

MARTHE CARON D'AILLOT Chère Maman,
À ÉMILIE DE MONTBOURG Les souffrances de notre pauvre amie
Mougins, le 24 août 1897. sont finies pour toujours, elle est morte
hier soir à huit heures. Son inhumation a lieu demain à huit heures du matin. Nous y serons tous deux bien entendu, elle n'avait plus que nous, la pauvre femme. Ainsi c'est fini, bien fini. D'elle, il ne reste plus rien, je ne la verrai plus jamais, jamais. C'est quand les gens n'y sont plus qu'on sent à quel point ils vous sont devenus chers. Je voudrais bien que tu me donnes la photographie de cette pauvre dame, elle est dans le grand album. Vous ne faites rien de ce portrait et cela me fera tant de plaisir de l'avoir que vous pouvez vous en dessaisir en ma faveur.

J'irai passer avec toi la journée d'après-demain. Prie pour notre pauvre Mme Clément, chère Maman, ça me fait tant de chagrin de ne l'avoir plus. J'aurais bien voulu la revoir une dernière fois, mais Robert a craint que ça ne me fasse impression de voir Mme Clément morte et il m'a tant demandé de ne pas aller la voir que je n'irai que pour l'accompagner, avec Robert, à sa dernière demeure.

A bientôt donc, chère Maman. Je t'embrasse tendrement. Pauvre Mme Clément. Toute à toi en larmes,

Marthe.

MARTHE CARON D'AILLOT Mon bon Oncle,
À CHARLES DE CERILLEY Notre pauvre Mme Clément a fini de
Mougins, le 25 août 1897. souffrir en ce monde. Son inhumation
a eu lieu ce matin à Antibes. Nous y étions tous deux. J'ai beaucoup de chagrin de cette mort. Mme Clément m'aimait beaucoup et moi je lui étais très attachée. Je sens combien elle m'était chère à la peine

que j'éprouve de cette séparation, malheureusement éternelle. La pauvre femme est morte en pleine connaissance. Elle parlait de sa fin avec un calme, un courage admirables. Toutes les personnes de Mougins la regrettent, elle avait su s'attacher tous les cœurs.

J'espère, mon cher Oncle, que vous êtes en bonne santé et que vous ne vous fatiguez pas trop, car je sais que vous vous surmenez parfois un peu trop. Nous allons bien. Je m'occupe beaucoup dans la maison. Robert est satisfait de moi. C'est un encouragement précieux pour moi.

Donnez-nous de vos nouvelles, cher bon Oncle, et croyez aux sentiments bien affectueux de votre nièce et de votre neveu.

Toute à vous, cher Oncle,

Marthe.

Note de Charles : Conserver.

MARTHE CARON D'AILLOT
À CHARLES DE CERILLEY
Grasse, le 4 septembre 1897.

Mon bien cher Oncle,

Profitant de ce que je suis chez maman, je tiens à vous mettre ma situation au clair : croyez absolument tout ce que vous dit ma mère au sujet de mon mari qui est un vilain monsieur. En parlant de vous et de toute la famille, tant de Cerilley que de Montbourg, il dit, et cela non seulement à moi en particulier, mais à toutes les personnes que nous connaissons, qu'il vous emmerde et vous pisse au cul, tant que vous êtes !...

Il m'a dit à moi et en criant tout de sa tête que s'il trouvait un bougre capable de tuer ma mère et ma sœur, il lui donnerait cinquante francs pour cela. Il me l'a dit non seulement en colère, mais à froid, et ce propos a été entendu par mes domestiques et les gens qui revenaient de leurs travaux. Je n'exagère rien, il m'a même dit qu'il tuerait Georges à coups de fusil.

Mon bon Oncle, je suis femme, épouse et mère et je ne veux pas que l'on me tue mon fils. Mon tempérament me force à rester où je suis, mais, de grâce, gardez mon fils sous votre autorité, sans l'avoir avec vous. Lisez entre les lignes, je suis pressée par le train.

Toute à vous,

Marthe.

Note de Charles : A garder.

ÉMILIE DE MONTBOURG
À CHARLES DE CERILLEY
Marseille, le 13 septembre 1897.

Mon cher Charles,

Ce soir, nous serons à Montpellier. Tu pourras m'y répondre à la dernière lettre que je t'ai écrite renfermant une de Marthe bien importante et inquiétante. Mais ne donnez pas notre adresse du tout. Mon gendre la cherchera par tous les moyens possibles. Défends absolument à la poste de Sangy de donner notre adresse. *C'est très important pour notre sécurité.*

J'ai le cœur navré de laisser ma pauvre Marthe sans défense dans une telle situation; mais je dois préserver Éléonore qui n'a rien fait pour mériter les mauvais desseins de ce méchant Robert.

Réponds-moi bientôt. Nous allons tout à l'heure à la petite vitesse pour faire adresser notre wagon de mobilier à Montpellier. Pour dépister, nous l'avons adressé d'abord en gare de Marseille à notre premier voyage, nous avons demandé au directeur de nous accorder cette permission, tu l'approuveras, toutes ces précautions sont bien pénibles. Ta sœur affectionnée,

Émilie.

Comme il n'est pas prudent que mon adresse soit divulguée, je te prie de ne donner mon adresse *à personne,* à Marthe encore moins qu'à d'autres.

CHARLES DE CERILLEY
À ÉMILIE DE MONTBOURG
Sangy, le 16 septembre 1897.

Ma chère Émilie,

J'attendais ton arrivée à Montpellier pour te répondre : Henri, qui est ici, et moi blâmons fort les précautions extrêmes que tu prends pour cacher ton adresse. Cela va, à la longue, étonner bien des gens et faire faire mille suppositions qui ne peuvent que te nuire. Tu prends trop au pied de la lettre le terrorisme calculé de ton gendre qui exploite celui de Marthe. C'est un infâme calcul et tu ne peux que le renforcer dans son esprit. Qu'as-tu à redouter derrière les grilles d'un couvent?? Absolument rien : pèse bien ce que je te dis et en attendant je te promets le silence absolu.

Madeleine a broyé du noir tous ces temps derniers : elle souffrait de son ventre et se voyait perdue à court terme, mais heureusement, elle a reçu une lettre du docteur qui lui déclare que sa terreur n'a aucun fondement, et qu'elle peut faire quatre-vingts ans avec son infirmité intestinale. Cela l'a rassurée d'une façon très visible, j'en bénis le ciel car cet état d'âme me navrait. Son état est chronique et repose sur une base de rhumatisme errant qui s'est porté sur les intestins. La preuve, c'est qu'elle n'a plus de douleurs aux bras et aux mains comme avant.

Sa sœur a eu un rhumatisme au cou et va bien maintenant, c'est donc le même principe sous une autre forme.

Comment as-tu fait avec Marthe pour qu'elle puisse te donner de ses nouvelles? Il faut bien qu'elle sache où t'écrire. Ah! Je voudrais bien pouvoir lui remonter le moral, mais c'est impossible directement. On abuse de sa faiblesse et de la crédulité qu'on exploite odieusement. Fasse Dieu qu'elle profite des leçons de sage énergie que tu as pu lui donner pour qu'on compte avec elle plus que par le passé. La clé de voûte de l'avenir, c'est d'armer Éléonore de façon à tenir son beau-frère en bride par l'intérêt. Ce moyen bien employé sera tout puissant. Henri le comprend à merveille et il est homme d'énergie et de bon conseil. Après moi on peut avoir confiance en lui.

Fais choix à Montpellier d'un bon conseiller magistrat indiqué par la supérieure du couvent. Mets-le au courant *de tout* comme un confesseur, pour éclairer sa religion. C'est rigoureux. Je suis convaincu qu'il approuvera tout ce qu'Henri et moi conseillons.

Tu diras toi-même à Sophie ce que tu veux pour son mode de correspondance, à cause de l'adresse que je ne lui donne pas. Tout cela est trop exagéré! Je te préviens que pour l'avenir je refuse de m'associer à une mesure que je considère comme affreusement compromettante pour toi et pour Éléonore et aussi pour Marthe. Vous vous posez comme des criminelles qui se cachent. Au nom du ciel, ressaisis-toi, car jamais tu n'as erré à ce point. Si ton gendre encouragé par votre frayeur a l'audace de poursuivre le système, je me charge de le faire taire en lui écrivant une seule lettre. N'aie donc pas peur.

Adieu, chère Sœur. Ton frère dévoué,

Charles.

ÉMILIE DE MONTBOURG
À CHARLES DE CERILLEY
Montpellier,
le 19 septembre 1897.

Mon cher Charles,

Mme la supérieure m'a remis ta lettre. Ta carte l'a beaucoup flattée et, le wagon de mobilier arrivant le même jour, elle s'est multipliée pour m'éviter la pleurésie dont le changement de climat et la fatigue me menaçaient. Évidemment c'était un déplacement de rhumatisme. Une forte transpiration et du feu dans ma chambre m'ont encore sauvée une fois, avec la potion qui m'a souvent réussi. Il fallait bien s'attendre à une épreuve qui va me fermer pour quelques temps. Patience! Il faut vivre d'abord.

Je regrette que nous ne soyons pas du même avis sur les précautions que nous avons à prendre pour les correspondances. Mais tu ne les trouverais pas si ridicules, si tu savais comme nous avons été espionnées tous ces derniers temps. Jusqu'à la gare on était là pour écouter au guichet des billets, et comme nous avons demandé Marseille, le receveur m'a dit d'un air singulier : « Ah! c'est pour Marseille? — Oui Monsieur. »

Comme notre wagon était aussi enregistré pour Marseille, ils ont été dépistés ainsi que les oreillards qui n'étaient pas nombreux, car nous avions choisi un jour de fête qui emmenait bien des curieux ailleurs.

Afin de connaître le jour de notre départ, tous les jours M. Robert me faisait demander quelque chose par sa femme; j'ai envoyé jusqu'au dernier moment, et annoncé par lettre qu'une commission ne pourrait partir que deux jours après. De cette façon notre départ n'a pas été connu. Sais-tu qu'il y a peu de temps un gendre dont la femme partait avec sa mère s'est embusqué dans un compartiment voisin et a tiré au travers de la cloison sur les malheureuses femmes? D'après les propos de M. Robert qui courent le pays on pouvait nous en faire autant.

Des amis auxquels je demandais de m'écrire poste restante, ont insisté pour nous faire prendre un nom de guerre, afin qu'Éléonore ne soit pas épiée et suivie pour savoir notre demeure ou la maltraiter. Tu vois que ces personnes-là sont encore plus prudentes que nous! Ici, dans la maison, nous ne pouvons changer notre nom. Je sais bien que nous ne pourrons toujours être cachées, mais laisse-moi juge de l'opportunité de lever le masque. Tu vas un peu vite en trouvant puériles et erreurs des précautions qui sont jugées nécessaires par les gens qui connaissent le méchant homme mieux que toi et que nous.

Je t'embrasse bien tendrement, mon cher Charles. Ta sœur affectionnée,

Émilie.

MARTHE CARON D'AILLOT
À ÉMILIE DE MONTBOURG
Château des Clues,
le 24 septembre 1897.

Maman bien-aimée,

Je profite de ce que mon mari est à la chasse pour pouvoir causer librement avec toi. Oh! Maman, Maman, comme je suis malheureuse! Il est devenu si méchant, si méchant depuis que nous sommes ici! Sa mère le monte contre moi et, devant moi, elle lui dit pis que pendre de sa femme, et pourtant je ne cesse d'être bonne, dévouée (plus qu'il ne le mérite Maman, tu le sais bien). Oh! je t'en conjure, que mon pauvre enfant ne vienne jamais à Mougins, il me le tuera, j'en suis sûre! Tu avais raison, Maman, en me disant qu'il n'aimerait jamais mon pauvre Georges! J'avais encore des illusions mais elles ont disparu! Oh, quel misérable! Dire que toute ma vie je serai liée à un être pareil! Ah, j'en ai appris de belles sur sa famille *ici*. Si plus tard mon tyran me laisse aller te voir, je te nommerai cette digne personne qui a pleuré avec moi, m'a consolée et qui va mettre cette lettre à la poste pour moi. En allant chasser ce matin, je vais passer chez elle, elle a aussi souffert par les d'Aillot.

J'ai eu hier une querelle terrible avec ma belle-mère et mon mari au sujet des treize mille francs qu'ils veulent me voler, *je leur ai déclaré que jamais je ne donnerai de signatures* et que, comme je suis mariée sous le régime dotal, et que par conséquent mon mari ne peut disposer de ma fortune sans une signature de moi, qu'ils ne comptent jamais en avoir une de ma part.

J'ai retrouvé mon énergie, chère Maman, et mon mari dût-il me demander une signature en me mettant le fusil à la figure, je ne consentirai jamais à la donner. Sois sans crainte, Mère chérie, je ne faiblirai quand même cet homme méprisable me menacerait de ne plus s'approcher de moi. J'ai de la poudre de nénuphar et j'en prendrai afin que mon malheureux tempérament n'aille point contre ma volonté qui est de fer. Si un jour Robert se dérange de son ménage, ce ne sera pas une raison pour que j'en fasse autant, je veux le laisser tout à fait dans ses torts. Je n'estime pas Robert, mais je veux à force de tendresse le ramener à Dieu, faire comme toi, ma sainte Mère, afin qu'un jour nous allions au ciel ensemble si faire se peut. Je mène une vie de martyre mais qu'importe si le résultat est bon. Tu m'as relevé la foi, je crois à une autre vie, merci, ma Mère chérie! Ne me réponds pas, garde-t'en bien, nous quitterons ce séjour maudit lundi. J'ai soin de moi, mon angine est finie, je t'assure. Si j'avais eu besoin de la potion, j'en aurais pris, mais le saucisson et des gargarismes boriques m'ont complètement remise sur pieds.

Encore une tendre caresse, Mère chérie, et toi aussi pauvre Sœur, pardon encore de vous avoir ainsi déchiré le cœur, j'expie quadruplement et c'est justice. Dieu le veut sans doute. Que sa volonté soit faite et non la mienne! Surtout ne me réponds pas. Je t'écrirai une autre lettre que mon mari verra demain probablement. Silence, prudence.

Ta fille qui t'embrasse en pleurant,

Marthe.

MARTHE CARON D'AILLOT
À ÉMILIE DE MONTBOURG
*Château du Fermet,
le 4 octobre 1897.*

Maman bien-aimée,
Je profite de ce que Robert est allé faire une promenade à Grasse pour t'écrire quelques mots.

Je t'écris de chez mon oncle Alexis Tavelle du Fermet chez lequel je suis allée déjeuner, ainsi que sa femme, ma chère bonne tante. Ils me plaignent de tout leur cœur d'être obligée de vivre avec un pareil être. Ils m'ont dit ces paroles : « Je ne comprends pas ces gens-là, et votre mari est une crapule! »

Dans ta prochaine lettre, Mère chérie, ne me parle ni de famille, ni de rien qui puisse me faire frapper. Quant à ce qui est d'avoir de la consolation de la part de ma belle-mère et de mes belles-sœurs, il n'y faut pas compter car elles rient de mes larmes, ce sont toutes des riens qui vaillent.

Je me suis fait envoyer par M. Martin quatre flacons de glycéro-phosphates et deux flacons de ma liqueur, car ayant eu deux fois mes r... pour le mois de septembre et très abondamment, cela m'a bien fatiguée et j'ai besoin pour mon fils de vivre. Si tu as reçu ma lettre du 24 septembre, tu mettras ces mots dans ta prochaine lettre : « *caresses à ton chien Dick* ». Il me faut avoir un courage à toute épreuve et ma pauvre Mme Clément veille sur moi bien sûrement du haut du Ciel.

Je me ferai du jus de viande et j'aurai soin de moi avec l'argent contenu dans ta lettre, quand Robert aura les talons tournés. Comme nous n'avons plus que vingt et quelques sous, je ne veux pas qu'il me vole ce que tu m'as envoyé et je l'ai caché avec soin.

Ne t'inquiète pas de moi, je suis d'une fermeté que rien ne peut corrompre, mais j'ai le cœur brisé.

Merci, merci, chères Mère et Sœur si bonnes. Qui sait quand je vous reverrai? Je ne veux pas le quitter, vous savez pourquoi, mais que l'expiation est dure. Maman, je pleure en t'écrivant encore une fois. Je t'aime, crois-le bien. Garde mon Georges près de toi, comme je regrette de lui avoir donné un tel père en Robert! Surtout, ne parle pas dans ta prochaine lettre de tout cela.

Ta fille qui peine,

Marthe.

Gros baiser à ma bonne et chère sœur. Merci, merci.

MARTHE CARON D'AILLOT
À ÉMILIE DE MONTBOURG
Chalet Marthe,
le 18 octobre 1897.

Maman bien-aimée,

Merci, chère bonne Mère, de ton billet de cent francs. Je l'ai caché soigneusement et personne n'est fichu d'en trouver la cachette. Je profite de ce que Robert est allé à Grasse prendre le trimestre pour t'écrire librement car tu sais bien qu'il faut faire et refaire les lettres que je t'écris devant lui. C'est très pénible pour moi de subir un pareil esclavage, mais je n'y puis rien. Je profiterai de toutes les occasions pour t'écrire quand il ne sera pas là car ça m'est si douloureux de ne plus te voir, Mère chérie, d'embrasser ton visage vénérable. Oh, Maman, Maman, je pleure, oh oui je pleure en t'écrivant. Que de courage, de résignation il me faut pour supporter une vie pareille. La semaine dernière mon mari n'a fait que m'injurier de toutes les façons me criant de telles infamies que si ce n'est que je me suis enfuie au fond de la propriété (qui n'est pas bien grande) j'aurais fini par lui faire un mauvais parti tant j'étais outrée de m'entendre traiter ainsi. Les garces, p..., doubles charognes et tout le tremblement lui sortaient de la bouche comme une fontaine. Va, il s'est fait une jolie réputation dans le pays, tout le monde me plaint et me trouve bien malheureuse car je ne lui fais que de bonnes manières, c'est une injustice tellement criante qu'un habitant de Mougins lui en a fait des reproches, lui disant avec énergie : « Franchement, Monsieur Robert, votre femme est trop brave (ça veut dire trop bonne) pour mériter que vous lui fassiez une vie comme celle que vous lui faites, vous êtes bien heureux de l'avoir trouvée et vous devez trouver du changement car autrefois vous meniez une vie de pauvre paysan comme moi. » Il paraît que mon mari est resté penaud, mais penaud comme tout. On ne parle jamais de moi sans dire la bonne Mᵐᵉ Robert. Je te dis tout cela, chère Mère, non pas pour me vanter de la considération que j'ai pu acquérir par ma façon d'être et de faire, mais pour te donner un aperçu clair de l'opinion publique à mon égard.

Tu ne pourras plus m'écrire sous le couvert de Mᵐᵉ du Fermet car elle est repartie pour Nice, cette bonne tante a été reprise d'une douloureuse maladie de nerfs qui lui menace en même temps le cœur. L'année dernière elle a failli en mourir et si je la perdais, cette bonne tante, ce serait bien malheureux pour moi car elle me considère comme sa seconde fille. Que de fois elle m'a dit : « Ah, Marthe, comme je voudrais que vous eussiez épousé mon Eugène, je ne serais pas si seule et mon mari non plus. » Donc il faut supprimer maintenant toute correspondance cachée de ton côté. Moi, je puis continuer à t'écrire quand Robert a les talons tournés. Ne t'inquiète point.

Quoique Robert me témoigne beaucoup de repentir, je me tiens quand même sur mes gardes car il est si changeant que je ne puis pas y compter bien fort. Enfin, pendant que j'ai la paix, je la prends, mais je t'en prie, Mère chérie, n'écris rien qui puisse le faire mettre en fureur car je suis si faible que je n'ai pas besoin de scènes. Cette courante ou diarrhée m'a mise à plat de lit. Je suis allée depuis sept jours que je suis malade, au moins quatre-vingts et quelques fois, j'attendais le docteur hier, mais il n'a pas pu venir, il viendra sans doute demain. Ainsi reste tranquille, quelles que soient la douleur et la juste colère que tu aies eues en lisant cette lettre qui est bien longue pour mes faibles forces.

Aussi suis-je obligée de me reposer de temps à autre. Ne m'écris ni poste restante, ni autrement en cachette de Robert, je te supplie de ne pas essayer. C'est trop grave et j'ai besoin d'un océan de paix et de tranquillité, base-toi là-dessus.

Je t'embrasse, bien-aimée Mère, plus tendrement et plus câlinement que jamais. Je me fais toute petite vers toi, Mère chérie, et tendre sœur, je vous aime bien toutes les deux. Encore encore mille tendresses. Amitiés tendres à l'oncle et à la tante.

Marthe.

Note de Charles : La vérité sort enfin de la bouche de Marthe. Quel martyre!

CHARLES DE CERILLEY
À ÉMILIE DE MONTBOURG
Sangy, le 25 octobre 1897.

Ma chère Émilie,
J'ai reçu hier une lettre fort correcte de ton gendre avec un mot ajouté par Marthe. Dans la pensée que nous pourrions aller à Antibes, ton gendre se met à ma disposition pour tous renseignements et se réjouit de nous revoir. Il me donne des nouvelles de Marthe disant qu'elle est presque rétablie de sa diarrhée. Pas un mot de toi. Il serait bon que je la voie pour voir de ses yeux et entendre de ses oreilles, pour enfin aborder la question Georges. Sa lettre très correcte rend cette visite possible, car autrement, me vois-tu allant à Mougins y entendre des choses à repousser avec énergie et sous son toit! C'est peu pratique. Si ce n'était la question bourse, ce serait plutôt au neveu de se déplacer. Voilà un programme à étudier. Trace-moi ma voie et ta manière de procéder pour que j'en juge de mon côté, cas auquel je te ferai mes observations.

Mais, dis-moi un peu où tu as pris *que je nie ce qui est odieux :* voilà une réflexion venue au bout de ta plume assez légèrement. Ma vie entière proteste contre cela, et il me serait trop facile de te prouver le contraire. Sache bien que je suis à la fois ferme et réfléchi, que je ne me détermine qu'à mon heure. Je me tiens en garde contre toute excitation tant que l'heure de l'action n'a pas sonné.

Ceci dit, je te répète que je suis effrayé de la facilité avec laquelle tu parles séparation et divorce pour Marthe le cas échéant (et quel cas?). Mais tu sais bien que la conséquence matérielle sera pour elle *la rue,* tu m'entends bien, *la rue* tant que l'âge n'aura pas refroidi *à fond* son ardeur maladive. Elle a eu elle-même la loyauté de te le dire ou à peu près.

Garde-toi donc de jeter de l'huile sur le feu, il y a conscience et énorme responsabilité pour toi. Songe aussi que si Marthe se sauvait chez toi, il y aurait probablement procès, et que ton gendre est malheureusement trop armé pour te faire jouer devant la justice un rôle des plus désagréables comme défaut de surveillance maternelle, ou manque élémentaire de perspicacité, sans compter le soupçon de tromperie à son endroit. En vérité, penses-tu bien à tout cela?

Partons bien de ce principe que Marthe manque de l'équilibre voulu, surtout par les circonstances, et que dès lors la créance absolue ne peut lui être due, pas plus qu'à son mari dont je reconnais tous les torts, et l'odieuse spéculation. Tu n'as de prise sur lui que par l'intérêt, et je ne puis croire qu'à moins de folie absolue il veuille provoquer la faillite de son présent et surtout de son avenir.

Adieu, ma chère Sœur. Ton frère affectionné,

Charles de Cerilley

MARTHE CARON D'AILLOT
À ÉMILIE DE MONTBOURG
Chalet Marthe,
le 28 octobre 1897.

Chère Maman,

J'ai bien reçu le bismuth et si je n'ai pas redonné de mes nouvelles c'est que j'attendais une réponse à ma lettre du 20 de ce mois, lettre dans laquelle je te demandais quelques bouteilles d'eau de Vals n° 3, source vivaraise. Mon estomac s'en trouve très bien et c'est un individu qu'il ne faut pas contrarier sans quoi il se cabre et alors la colique et tout le reste arrivent. Je vais mieux maintenant, les selles sont beaucoup moins fréquentes et par là les nuits sont meilleures, les jours aussi, mais la faiblesse existe encore, mon pauvre chat est tout plein d'attentions pour moi, il me prépare lui-même mes potages, veille à ce que je ne me fatigue pas, bref il est bien gentil et ses chatteries me font grand bien et me font prendre ma foirade en patience.

Je te suis bien reconnaissante, chère Maman, de m'offrir d'aller passer ma convalescence chez toi, ce serait pour moi un véritable bonheur mais c'est de toute impossibilité en ce moment-ci. La bonne que j'avais m'a brusquement quittée pour un caprice qui lui a passé par la tête et celle qui l'a remplacée est tellement emportée que parfois je la pèlerais volontiers, elle met ma patience à de rudes épreuves et ferait jeter les hauts cris au Père éternel. C'est te dire que ma présence est utile chez moi, je ne puis pas laisser mon pauvre chéri tout seul. Que deviendrait-il, ce pauvre chat, sans sa chatte, mon Dieu! Plus tard, quand ma tourte sera devenue une miche élégante (c'est-à-dire dégrossie), je te viendrai, ce n'est pas l'envie qui me manque d'être avec toi, mais il faut compter avec les événements.

Je ne pourrai pas te faire l'envoi du tapis car ma maladie m'a obligée de le laisser en route, mais je vous peindrai quelque chose à toutes les deux, le sac lui aussi a subi un retard forcé et ce n'est que petit à petit que je me remets au travail et je n'en fais pas beaucoup à la fois.

Je t'embrasse à plein collier, chère, chère Maman, ainsi qu'Éléonore. Toute à toi,

Marthe.

ÉMILIE DE MONTBOURG **Mon cher Charles,**
À CHARLES DE CERILLEY
Montpellier, le 30 octobre 1897.   Je reçois une lettre de Marthe qui va mieux, quoique la diarrhée dure encore, ce qui est tout à fait contre son tempérament, et c'est toujours son mari qui cuisine ses potages, chose qui ne me rassure pas du tout, car cette maladie est arrivée à la suite de l'affront que le paysan de Mougins a fait à M. Robert à propos des scènes de fureur démente qu'il fait à sa femme. Or, son immense orgueil, qui ne sait pas reconnaître un tort, n'a-t-il pas voulu se venger sur sa victime bâillonnée par la terreur? Une bonne intelligente et dévouée à ma fille est remplacée par une sotte incapable qui fait enrager sa maîtresse. On dit que la bonne est partie par caprice! Je n'en crois rien, c'est un témoin qu'il fallait éloigner...

Tu me demandes où j'ai pris que tu nies les faits que tu trouves odieux, mais, cher Frère, dans ta propre correspondance! Au mois de juillet dernier, après une visite de Marthe à Grasse, pendant laquelle son cœur avait enfin débordé, me faisant connaître son esclavage pour ses lettres, la gêne dans laquelle son mari la tient, les scènes d'injures qu'elle subit, je t'en avais écrit, et tu m'as répondu ceci (je copie) : « Le séquestre (moral), l'esclavage où tu crois que Marthe vit avec ter- reur, *je n'y crois pas,* parce que ce doit être tout vrai ou tout faux; car si c'est vrai, c'est tellement révoltant que ton gendre se compromettrait gravement pour le présent et pour l'avenir. Resterait donc le faux qui cadre admirablement avec le chantage. »

Ainsi tu penses que Marthe fait du chantage de concert avec son mari, eh bien, *cela n'est pas!* sa belle-mère et lui le lui reprochent du reste.

A ta négation si formelle, j'ai répondu par des détails circonstanciés qui devaient ne te laisser aucun doute sur la véracité des faits cités, mais tu n'as pas soufflé mot, j'ai conservé copie de ma réponse, elle est annexée à ta lettre.

Ma pauvre enfant témoigne un tel désir de te voir ainsi que sa tante, *et bientôt,* qu'elle pourrait bien avoir à vous parler en particulier, mais le *pourra*-t-elle? Je t'en prie instamment, mon cher Charles, quand Madeleine sera remise de son voyage à Hyères, va à Mougins pour voir Marthe, mais méfie-toi de M. Robert. Il épiera et fera payer cher à sa femme ses confidences.

Je t'embrasse bien tendrement, mon cher Charles. Ta sœur affectionnée,

Émilie.

MARTHE CARON D'AILLOT
À ÉMILIE DE MONTBOURG
Chalet Marthe,
le 31 octobre 1897.

Chère Maman chérie,
Je profite de ce que Robert est parti pour Labastide chercher toute sa clique de famille pour causer librement avec toi que j'aime tant! Je tiens tout d'abord à te remercier avec tout mon cœur de tout ce que tu fais pour moi, je ne sais vraiment quels termes employer pour t'exprimer ma reconnaissance. Hélas! Dire que je ne puis pas aller te voir, cela me crève le cœur, mais pour le moment ceci est absolument impossible tant que ma bonne n'est pas décrottée, je ne puis laisser Robert seul avec cette fille qui tout en étant d'une grande probité et honnêteté est sous le rapport de la cuisine, même la plus simple à faire, d'une rare ignorance. Et puis Robert a tellement peur de sa mère qui lui a absolument interdit de me laisser aller te voir que ce serait à se tenir les côtes de rire en voyant un grand gars qui fait le rodomont avec les autres personnes mais qui se mettrait dans un trou de souris quand cette femme a parlé. Oui, je le répète, ce serait à rire si ce n'était pas si cruellement triste et douloureux pour moi. Pourtant il m'a presque promis de me laisser aller te voir plus tard. Je n'ai eu qu'à m'incliner, que veux-tu que je fasse d'autre, m'en aller d'avec lui? Ah mais non, par exemple, avec un tempérament comme le mien ce serait terrible; me passer de Robert, ne plus avoir ses caresses, mais ce serait affreux. Je vous embarrasserais d'une façon horrible, j'ai un homme, je le garde et tâche maintenant de me faire le moins de mauvais sang possible. Je m'en suis fait assez comme cela, car ce sont ses méchancetés qui m'ont donné la dysenterie que j'ai depuis quatre semaines.

Il m'a demandé pardon et tu sais que je le lui ai accordé. Mais ça m'a fait hier du mal et je me sens bien fatiguée. D'abord quand je m'écarte le moindrement du régime, je foire d'une façon affreuse, tout liquide chaud me fait foirer également comme une fontaine, de sorte que je prends tiède le lait et tous les liquides (j'avais eu la malencontreuse idée de prendre du chocolat au lait le matin), ça m'a fait ravoir la dysenterie de nouveau car elle s'était arrêtée pendant trois jours et je me croyais guérie. Ah! bien oui! Ça a repris de plus belle. Je vais reprendre les tisanes d'écorces de grenades, c'est ce qui m'a fait le plus de bien.

Que le diable caresse ma belle-mère! En voilà une que je piétinerais avec bonheur. Quelle charogne emmerdée! Oh! mais je la hais d'une

207

façon! Va, le jour où elle crèvera, je ferai chanter à Nice, à Sainte-Réparate un Te Deum pour une grâce obtenue! Que le tonnerre de Dieu l'assomme, vieille rosse, va! Je me soulage un peu en disant tout cela, chère Mère, mais j'en pense encore bien d'autres à son endroit. Si un jour je vais te voir, nous causerons longuement car j'ai bien des choses à te dire.

Je m'arrête pour écrire aussi à la bonne Éléonore. Je t'embrasse de toutes mes forces, Mère chérie et malgré ta colère de voir ainsi traiter ta fille, ne m'écris rien qui me fasse avoir des coups, car, vrai Dieu, je lui ferais sauter la cervelle s'il me frappait, et je te répète qu'il me faut bien du calme car mes forces ne sont pas grandes. Encore mille tendresses, Maman, Maman à moi.

Marthe.

Note de Charles : La vérité sort à plein bord, la tyrannie n'y peut plus rien.

ÉMILIE DE MONTBOURG
À CHARLES DE CERILLEY
Montpellier, le 10 novembre 1897.

Mon cher Charles,

Je t'envoie une lettre de Marthe qui est sérieusement aux prises avec une entérite que je crois mal soignée par ce docteur Caylat; il l'a brûlée de naphtol en injections et maintenant il traite les entrailles de même. Tâche de savoir du médecin de Madeleine si l'entérite ne doit pas être traitée au contraire par des adoucissants de tous genres. Je suis mortellement inquiète et au désespoir d'être si loin! Si Marthe se décidait à se laisser soigner par nous, je lui ferais savoir que nous serons dans une pension de dames et près de très bons médecins quand nous le voudrons.

Tu as tous droits d'aller voir ta nièce malade, sans y être invité, tu vas savoir de ses nouvelles, il suffira de prévenir de ton arrivée. Tu jugeras *de visu* de ce qui est à faire. Tes rapports avec M. Robert ne sont pas les mêmes que les nôtres. Il ne t'a pas injurié comme moi, il ne t'a pas fait du chantage comme à moi, il ne t'a pas calomnié comme moi, il n'est pas ingrat pour toi comme il l'est pour moi. Son orgueil peut donc lui permettre de t'envisager en face.

S'il te demande notre adresse, tu lui répondras : mais vous savez où Marthe envoie ses lettres à sa mère?

Je reconnais que Marthe n'a pas la maturité de caractère qui lui serait utile pour tirer parti des circonstances en sa faveur. Tantôt elle plie trop, tantôt elle s'emporte trop. Si à chaque scène de son mari, elle avait mis des conditions au pardon qu'elle lui accorde, elle serait maintenant maîtresse de la position. Mais elle manque d'expérience, elle se laisse terroriser, comme faisait, hélas, la pauvre Mme Clément, qui elle aussi s'était laissée séquestrer moralement. Mais parce qu'on la force d'écrire souvent ce qu'elle ne pense pas, et qu'elle dément quand elle peut en trouver l'occasion (tu le sais bien puisqu'elle t'a écrit de chez moi), ce n'est pas une raison pour nier sa malheureuse situation et l'abandonner à son malheureux sort, sans chercher à la soulager autant que possible.

Comment peux-tu faire à ce méchant homme l'honneur de le croire soumis à la logique? et de croire à l'action de la Providence? Il se moque de l'une comme de l'autre, et si, tout en détruisant sa femme à force de la rendre malheureuse, il voudrait néanmoins qu'elle nous survive pour recueillir nos successions, il désire encore bien plus que nous mourions vite pour avoir plus facilement raison de la mère et de l'enfant. Nous ne nous faisons pas illusion, parce que nous savons de source certaine qu'il souhaite la mort de tout ce qui le gêne, même de ceux auxquels il doit de l'argent, et il ne se dit pas que les héritiers se feront payer tout de même.

Tu vois donc bien que ce ne sont pas des *terreurs folles* qui me rendent si inquiète pour Marthe et pour Georges. Tu comprendras, je l'espère qu'Éléonore si fatiguée de tout cela puisse tant craindre pour elle-même qui est obligée de sortir seule, puisque la force et la faculté de respirer l'air extérieur me font défaut la plupart du temps.

Quand tu seras reposé, n'oublie pas ma pauvre Marthe. Lorsque tu te seras rendu compte de sa santé, si elle croit pouvoir recevoir la famille de son mari, je t'autorise pleinement à commander à Antibes ou à Nice un pâté de trois à quatre kilos, un beau gâteau plat de quatre francs, une pièce de charcuterie convenable et deux beaux chapons pour rôtir. Marthe est heureuse de recevoir bien. Tu lui remettras deux cents francs de ma caisse de Sangy, et je te rembourserai d'ici tous les frais de voyage et de menu. Mais avant tout, vois sa santé, afin qu'elle ne se fatigue pas; vois l'accueil de la famille. Tâche de bien les pénétrer tous de la pensée salutaire que notre famille ne se désintéresse d'aucun de ses membres.

Te laissera-t-on en colloque intime avec Marthe? Si on le fait, assure-toi bien de la solitude des alentours!... car les murs ont des oreilles. Outre les choses de santé et de procédés, tâche de savoir si M. Robert a emprunté comme il disait vouloir le faire. S'il a fait signer quelque chose? Où ils en sont à cette fin d'année? Je sais qu'on ne peut pas saisir le chalet ni le mobilier. Grâce à la reconnaissance que j'en ai fait faire à ma fille par son mari, puisque c'est dotal. Je sais que les diamants que j'ai donnés à ma fille (trois mille francs) sont au Mont de

Piété et que s'ils ne sont pas retirés à la fin de l'année, ils seront vendus à vil prix par l'établissement. Quelle comédie me jouera-t-il cette année pour avoir les cinq cents francs nécessaires pour dégager les diamants?

Jamais M. Robert ne m'a parlé de ses affaires, j'ai soufflé à Marthe de lui dire que s'il me témoignait plus de confiance, je verrais ce qu'il y aurait à faire. Mais cet homme est si faux, il trompe tellement ceux qui ont des rapports avec lui qu'il ne peut ni ne veut établir loyalement sa situation. D'abord il n'accepterait aucun conseil de réforme et il ne sait pas se soustraire aux injonctions de sa mère qui exige ce qui ne lui est pas dû. Quand elle sent de l'argent au chalet, il lui en faut absolument, c'est un fauve qui sent la chair.

Je te quitte, mon cher Charles, car voilà une lettre bien longue, quoique faite en plusieurs séances. Je t'embrasse bien tendrement et réclame des nouvelles. Ta sœur affectionnée,

Émilie.

CHARLES DE CERILLEY
À ÉMILIE DE MONTBOURG
Hyères, le 13 novembre 1897.

Ma chère Émilie,

Le voyage s'est bien effectué en trois parties, mais Madeleine à son arrivée à Hyères était à bout de forces, son pauvre ventre bien endolori, les traits bien tirés et l'estomac bien embarrassé.

Revenons une dernière fois à cette question délicate de mon voyage à Mougins.

J'y mets pour condition absolue et bien réfléchie que tu m'autoriseras à répondre à ton gendre ta véritable adresse s'il me la demande, et non ton texte, que tu n'as pas pesé : « *Mais vous savez où Marthe envoie ses lettres à sa mère.* » Cele ne rime à rien, car il sait très bien que ce n'est pas *là* que tu es. Je ne puis jouer à ses yeux un rôle ridicule, indigne d'un homme. Vous vous hypnotisez dans une terreur sans fondement sérieux. Ton gendre qui n'a affaire qu'à des femmes se plaît à les terroriser et, pour rien au monde, je ne veux qu'il s'imagine que je porte des jupons, par conséquent si tu persistes dans ton thème, j'aurais le regret de te dire que pour respecter ta volonté je ne puis le faire *qu'en n'allant pas à Mougins*. Oui ceci est absolu.

D'autre part, aller *chez lui* sans y être invité ni par lui ni par ma nièce, de son aveu, je ne le puis pas non plus. Me vois-tu arrivant chez lui, même après m'être annoncé, et me faire loger et nourrir chez lui! Ou bien, ce qui serait sans nom, descendre à l'hôtel pour chambre et table en ne leur faisant qu'une ou deux visites!

Quand Madeleine sera en état de se passer de moi d'un samedi à un lundi soir, j'irai à Mougins *si nous sommes d'accord sur tous les points.* Sinon, non, puis tu ne me dis pas clairement si je dois remettre tes deux cents francs à Marthe *ouvertement ou secrètement.* Je présume que c'est *secrètement.* Mais encore faut-il le dire clairement. Quant au moyen, c'est facile à trouver sur les lieux.

Je te retourne ci-inclus la lettre de Marthe. Sans doute l'entérite se traite par des adoucissants. Le docteur de Lyon a traité Madeleine uniquement par le régime, sans aucun remède. Peu manger, peu boire, repos absolu, ceinture pour soutenir le ventre. Jamais de crudités, régime lacté, viande blanche et pas le soir, fruits cuits, légumes, mais jamais d'acides, voilà c'est pour cela que nous ne voyons aucun docteur ici.

En ma qualité d'oncle qui a vertement blâmé ton gendre en lui écrivant, je dois éviter le reproche d'indiscrétion indélicate. Comment faire pour la question invitation? Il ne tient pas du tout à me voir, c'est certain, il ne lui en coûterait rien pour venir ici, qu'il ne viendrait pas, j'en suis sûr. Quant à lui proposer de mener sa femme chez nous dans une maison inconnue de lui, c'est imaginaire. Mais dis-moi donc, Marthe sait-elle que vous êtes à Montpellier, avec ton système de poste à renvoi? C'est un mystère dangereux qui a toutes les plus mauvaises qualités.

A tête reposée, je vais commencer le triage et la mise en ordre du dossier de Marthe. La partie à élaguer la ferait pendre. J'ai là un travail délicat à faire pour élaguer pas mal de tes lettres. Cette partie te sera rendue ou à Éléonore qui en fera ce qu'elle voudra. J'ai tout conservé. Ah, que c'est panaché et monté en couleurs compromettantes! Ce n'est pas même bon à montrer à votre avocat, car l'imagination y a trop de part. Tout ceci n'infirme pas le fond de la question, mais lui fait beaucoup de tort, c'est pour cela qu'on perd souvent les meilleures causes.

Ton gendre doit me craindre beaucoup parce que j'ai peu parlé et qu'il sait bien que je l'attends sous l'orme. Je te répète que tu vois trop souvent le crime partout. Il y a bien assez de mal vrai sans aller le doubler et le tripler par l'imagination. C'est la tendance de ta nature, et pour certains cas où tu as été dans le vrai, cela t'a donné une confiance exagérée dans tes appréciations. La légèreté coupable de certains sujets les fait souvent appeler criminels. J'en ai de fortes preuves, jusqu'à preuve du contraire ton gendre est à mes yeux un mal élevé, mal embouché quand il n'est pas bridé. De là à en faire un homme capable de tout, il faut se réserver plus que tu le fais. Oh, si Marthe avait le caractère équilibré, elle se ferait respecter et craindre de tout son entourage cupide, qui en abuse! Ils sont forcés de suivre malgré eux la morale de l'intérêt car enfin d'un trait de plume leur politique peut être punie dans ce monde. Seulement il faut le faire savoir avec énergie. On ne craint que les forts.

Adieu, ma chère Émilie. Ton frère affectionné,

Charles de Cerilley.

CHARLES DE CERILLEY
À ÉMILIE DE MONTBOURG
Hyères, le 17 novembre 1897.

Ma chère Émilie,

Je fais à ton dévouement maternel un grand sacrifice de dignité personnelle en allant à Mougins le 24 novembre prochain.

Mais, je prendrai les devants et je déclarerai à ton gendre que mon opinion d'homme a toujours été que une fois parties de Grasse vous ne cachiez pas votre adresse. Ta santé seule est une excuse et cela va lui faire un grand plaisir. Voilà ce que je prévois, tout en lui faisant un reproche à le faire rougir.

Je m'annonce à Mougins dès le courrier de ce jour pour le 24 afin que Marthe ait tout le bénéfice de cette perspective. Si ton gendre a la fâcheuse idée de protester contre votre résidence actuelle cachée, je ne me gênerai pas pour lui en dire les motifs.

Ne parle donc pas plus de divorce que de séparation car, religion à part, quel remariage la pauvre Marthe pourrait contracter??? Cela tombe sous le sens, et ton avocat ne peut que conclure comme moi, *s'il est bien au courant de la position,* ce qui ne me paraît pas probable.

Si la dysenterie se calme chez Marthe, c'est très bon, et il est tout naturel que l'estomac reste malade à la suite pour un temps donné. Ne t'inquiète donc pas outre mesure. Je verrai bien par mes oreilles, par le narré des faits s'il y a analogie avec l'état de Madeleine et te ferai un rapport détaillé.

Je jette vite ma lettre à la poste. Adieu, ma chère Sœur.

Charles de Cerilley.

CHARLES DE CERILLEY
À ÉMILIE DE MONTBOURG
Hyères, le 20 novembre 1897.

Ma chère Émilie,

Si je ne m'étais pas déjà annoncé à Mougins pour le 24, ton texte de réponse à ton gendre au sujet de votre adresse cachée s'il me pose la question, ce qui est probable, me déciderait à n'y pas aller. Ce faux nez que tu me colles ne me convient pas, et je te préviens bien que si la question est posée par ton gendre, je répondrai que, ta santé ayant besoin de vie calme, je t'ai donné le conseil de t'éloigner de Grasse et que je devais observer, quant à ta résidence un silence que moi homme je n'observerais pas pour moi. C'est le moins que je puisse dire, sous peine de passer pour ce que je ne suis pas. Ne cherche pas à me convertir à tes idées sur ce point. J'y suis barre de fer. Sous le prétexte fallacieux de ne pas créer des difficultés en laissant voir qu'il y a des divergences entre nous, tu me ferais jouer un rôle que je repousse tout net, et plutôt que de le jouer, je rentrerais sous ma tente absolument. Fais bien attention, car tu peux et dois me croire sur parole. On passe aux femmes des faiblesses qu'on ne passe pas aux hommes; c'est pourquoi je ne veux pas avoir l'air d'avoir conseillé les vôtres.

Je ferai tes commandes pour Mougins, et porterai ce que tu m'annonces.

J'attends une réponse de ton gendre à qui j'ai demandé si c'est bien à Antibes qu'il faut descendre du chemin de fer et prendre l'omnibus pour Mougins.

Adieu, ma chère Sœur, mille tendresses pour vous deux. Ton frère affectionné,

Charles de Cerilley.

Sois assurée à la fois de ma prudence et de ma dignité personnelle pour moi et les miens. Affaire de tact et de dignité, toutes choses qui commandent le respect.

CHARLES DE CERILLEY
À ÉMILIE DE MONTBOURG
Hyères, le 21 novembre 1897.

Ma chère Émilie,

Ton gendre ne m'a pas encore répondu pour me fixer sur la station du chemin de fer où je dois m'arrêter pour aller à Mougins par l'omnibus. Je crois que c'est à Antibes ou à Cannes, mais je demande à être fixé. Pourquoi ne répond-il pas, alors que tu m'as répondu à la lettre partie par le même courrier? S'il est absent, sa femme n'ouvre donc jamais ses lettres de famille? Réponds-moi courrier par courrier et s'il faut retarder mon voyage de vingt-quatre heures, je le ferai. Si j'étais sûr qu'il y a là-dessous du mauvais vouloir, je ne ferais pas du tout le voyage.

Le pâté de deux kilos, hachés très fin, volaille et veau avec beaucoup de gelée bien cristallisée est commandé pour mardi soir et coûtera .... 10 F.
belle volaille de Bresse .... 5 F.
boîte de gaufrettes de 850 g. .... 4 F.

total *19 F.*

Je sais bien que la réponse de ton gendre peut venir ce soir ou demain, mais ce peu d'empressement prouve bien que ma visite ne leur fait pas le moindre plaisir.

Je porte vite ce mot à la poste. Ton frère affectionné,

Charles de Cerilley.

CHARLES DE CERILLEY
À ÉMILIE DE MONTBOURG
*Hyères, le 23 novembre 1897,
11 h 30 du matin.*

Ma chère Émilie,

Débauche de lettres, mais je sens que tu as besoin d'être tenue vite au courant des détails de l'heure présente.

1° Je viens de recevoir ton colis effets. J'enlève *avec soin* toute trace de Montpellier.

2° Je reçois en même temps la dépêche de ton gendre qui me dit textuellement : « *Mougins 23 novembre, 10 heures matin.* Réponse partie samedi 20, ignorons pourquoi pas reçue. Vous attendons mercredi 4 h 16. Serai gare Cannes avec voiture. Amitiés. Robert. »

J'avais écrit dimanche à Marthe pour l'aviser de mon arrivée le 24, lui demandant pourquoi son mari ne m'avait pas répondu : absence ou perte de ma lettre.

Je lui ai annoncé les deux cents francs à remettre à son mari pour les soins de sa santé à elle. Je lui disais aussi que je leur apportais de ta part pâté, volaille et palmiers, tout cela vaut bien plus que la dépêche. Je serais bien surpris de la perte réelle de ma lettre quoique la chose ne soit pas absolument impossible. Je dois avoir l'air de le croire.

Si tu n'avais pas déjà parlé à Marthe de deux cents francs à son mari pour sa santé, je ne lui en remettrais que cent et cent en secret à Marthe. Mais tu en parles à Marthe dans la lettre que tu me charges de lui remettre. A mon avis, c'est trop *à la fois* pour ton gendre. Pas moyen de réduire maintenant parce que ton gendre le sait.

Je m'attends à être bichonné par politique. Sois tranquille, je serai sur la réserve, et cependant ne négligerai rien pour sonder la position présente et à venir. Ma qualité d'oncle me donne le droit d'enquêter *par sollicitude.*

Il était temps que cette dépêche de ton gendre arrive. Son silence sentait mauvais. Je serais parti quand même, m'étant annoncé, mais l'horizon se rembrunissait.

Je t'écrirai soit de Mougins soit à mon retour et avec tous les détails voulus et recueillis. Ton frère affectionné,

Charles de Cerilley.

MARTHE CARON D'AILLOT
À ÉMILIE DE MONTBOURG
Mougins, le 27 novembre 1897.

Chère Maman,

Je tiens tout d'abord à te remercier avec tout mon cœur de m'avoir offert l'appareil dynamo-vital qui me fait beaucoup de bien. J'ai reçu également les cinq plaques que tu m'as également adressées et dont je me sers avec le même succès. Grâce à ce traitement, les coliques cessent comme par enchantement. Cette eau qui me court sans cesse dans mon dos finira par disparaître complètement par ce traitement.

Tu me gâtes par trop, chère Maman, avec toutes les jolies et bonnes choses que tu m'as envoyées par notre cher oncle que je suis bien heureuse d'avoir pendant quelques jours, trop courts malheureusement, mais enfin je n'en suis pas moins satisfaite d'avoir reçu l'oncle chéri et de l'avoir choyé de mon mieux. Mon chat certes s'est bien joint à moi pour l'entourer d'affection. La poule de Bresse, chère Maman, était tendre et le pâté à la gelée bien haché et bon, mais bon bon, je me suis vraiment régalée avec. J'ai peu mangé un blanc mais je n'ai pu la faire au pot-au-feu, mais bien au four avec une bonne farce bien conditionnée, pas épicée, mais bien comme il faut. Le bouillon, bien que m'étant ordonné, n'est point digéré par mon estomac, ça me fait courir au cabinet comme un chat qui a la foire, donc je le raye absolument de mon régime. Je prends mon peptone dans un bouillon maigre qui ne me fait pas aller.

Les deux cents francs, chère Maman, nous ont fait un autre grand plaisir, ils me seront utiles pour toutes les autres choses dont je pourrais avoir besoin et je t'en remercie avec effusion. Éléonore n'a point à s'inquiéter, je ne m'écarte nullement de mon régime et tous les alcools en sont soigneusement écartés ainsi que le vin, ainsi rassurez-vous bien toutes les deux, je tiens à répéter que je suis très bien soignée par mon mari qui, en toute vérité, ne cesse de m'entourer d'affection, de soins et de toutes sortes d'attentions qui me touchent tout plein. S'il n'était pas là pour me suppléer dans les devoirs du ménage et de la cuisine, je ne sais vraiment pas comment je me tirerais d'affaire car ma bonne, bien que commençant à mieux faire la cuisine, sera toujours une profonde empotée, je le crains fort.

Je ne puis encore écrire un mot à la bonne Éléonore pour la remercier de son mot si plein de cœur, mais ce n'est que partie remise. Je dis oui oui pour la purée de fois gras, elle passera admirablement, oui oui. Merci merci, avec toutes mes forces qui commencent à revenir. J'ai deux bouillottes, celle de cuivre à mes pieds et une bouteille de verre sur mon ventre, mon édredon et deux couvertures sur le lit, tu vois que je suis au chaud et qu'il n'y a aucune crainte à avoir pour moi. Je ne prends plus de douches tant que je suis malade.

Pour ce qui est de vous venir, moi, pour que vous me soigniez, je vous aime certes bien profondément, mais comme je te le répète, je ne veux pas rester longtemps loin de mon mari. Il me le faut, ainsi je reste ici, ne t'en contrarie pas, mais c'est ainsi, je ne puis pas me passer de lui.

Encore mille tendresses. Ta bien affectionnée fille,

Marthe.

CHARLES DE CERILLEY
À ÉMILIE DE MONTBOURG
Hyères, le 28 novembre 1897.

Ma chère Émilie,

Rentré à Hyères hier à deux heures, je viens te rendre compte de ma mission.

A mon arrivée à Cannes, ton gendre m'y attendait avec sa voiture. A Mougins, Marthe heureuse de me voir avait auprès d'elle ses deux belles-sœurs, qui m'ont paru d'abord assez pincées, puis la détente s'est faite peu à peu car elles sont restées là assez longtemps. Mon aisance les a mises à leur aise.

Le lendemain matin j'ai causé seul à seul avec Marthe couchée, je lui ai remis tes cent francs secrets, Robert était venu dans la chambre de Marthe, je lui ai remis les deux cents francs de ta part, dont il a remercié comme si c'était de moi. J'ai répété : c'est de la part de votre belle-mère pour les soins de votre femme. Nouveau remerciement *anonyme*.

Nous sommes partis lui et moi en promenade, parlant de la pluie et du beau temps, puis à un moment donné, comme je parlais de toi en général, il m'a planté la question attendue : « Enfin, où est-elle? — Oh! lui ai-je répondu, je ne puis vous le dire, c'est-à-dire, je n'ai pas la permission de vous le dire et puisque vous ouvrez vous-même la question, je vais être très franc avec vous, tout en respectant *le secret qui ne m'appartient pas*. Eh bien, j'ai donné à votre belle-mère et à ma nièce le conseil de partir de Grasse, dès lors que leur vie, à leur point de vue, *y était troublée*. On vous accuse d'avoir carillonné à leur porte plusieurs fois à des heures indues pour les effrayer, ce qui sur des femmes délicates pouvait produire de fâcheux effets. » *Il s'en est assez mal défendu,* mais, faisant semblant de le croire sur parole, j'ai ajouté : « C'eût été un jeu coupable de gamin, pour le moins », et il en est convenu.

J'ai attaqué ensuite la question Georges et lui ai demandé ses intentions : comme il est déjà très au courant des vôtres, savoir qu'on veut lui retirer toute direction, et le réduire à zéro, il se rebiffe et refuse de s'annihiler entièrement.

Je lui ai observé que ses moyens financiers ne lui permettaient pas de subvenir à une éducation entière et que, dès lors que vous étiez disposées toi et Éléonore à conduire cette œuvre à bon port, il avait gros intérêt à vous donner satisfaction dans la limite nécessaire pour sauvegarder *la dignité personnelle de chaque partie :* il a accepté la base de ce principe dont les articles restent à discuter. Ainsi, il demande à le voir et à l'avoir *assez* pour que cet enfant le considère comme son père légal. C'est juste, du reste, il se réserve d'en parler à sa mère, absente à Paris pour un mois pour candidature matrimoniale de son fils docteur.

Il paraît qu'avant le mariage de Marthe tu as eu avec ton futur gendre des confidences bien imprudentes au sujet de la santé de ton mari, même avant la naissance de ta fille. Il en a conclu, après le mariage et en présence de certains phénomènes, qu'elle avait le sang vicié. Cela étant à ses yeux, il ne se souciait pas d'avoir des enfants viciés d'elle. Aujourd'hui qu'il a consulté et fait vérifier et qu'il voit qu'il n'en est rien, il en voudrait, me dit-il, et rien ne vient, par suite de la matrice un peu détraquée.

La perspective de ne jamais avoir d'enfant de Marthe le rattache au petit Georges, il me l'a dit très sérieusement, sur un ton que je trouve plus beau que nature, mais auquel j'ai applaudi, avec empressement et éloge pour y encourager.

Marthe s'applaudit des soins que son mari lui donne, elle l'aime réellement malgré les scènes de ménage qui ont eu lieu. Du reste elle déclare en avoir besoin, et reconnaît que souvent elle a manqué d'équilibre avec lui. Le fait est que maintenant elle raisonne beaucoup mieux, réplique plus à propos et avec une netteté qui la fait mieux respecter. Elle avait vraiment besoin d'être domptée, mais il lui aurait fallu une bride du Nord plus parlementaire qu'une bride du Midi qui blesse souvent par sa violence.

L'effet moral de ma visite a été considérable en bien. On avait de fortes préventions et elles se sont évanouies ou du moins, elles en ont l'air. Bref, je suis en position de me faire écouter les oreilles ouvertes, ce qui est beaucoup.

Le fâcheux au début du mariage a été que Marthe a tout avoué à son mari de ses faits et gestes et de tes dires à ce sujet. N'as-tu pas exagéré de bonne foi? Mets-toi à la place de ton gendre!

Dans tes lettres à Marthe, tu as parlé des d'Aillot d'une façon compromettante pour toi, car ton gendre les a lues pour la plupart. La guerre alors était fatale et aurait éclaté de la même façon sur tout autre terrain. Tu vois que j'en ai appris bien long.

Mon ton modéré et ferme m'a fait prendre très au sérieux par ton gendre, et lui a prouvé que l'urbanité des formes n'excluait pas la plus grande énergie.

J'ai trouvé ici à mon retour la réponse de ton gendre datée du 20, *mais* le timbre de la poste est du 24 à 25, preuve qu'elle a été mise à la poste en même temps que sa dépêche. Tu vois bien que d'abord il n'a pas eu envie de me voir. Aujourd'hui il en est enchanté, car il ne savait pas de quel bois j'allais me chauffer. Il a été très gentil, moi aussi, tout en lui disant de fortes vérités aussi pralinées que possible pour les faire passer.

On a trouvé tes présents culinaires excellents, et il est certain que tes deux cents francs à ton gendre ont fait un effet merveilleux. A ce sujet, Marthe m'a dit que son mari les lui remettrait pour sûr, puisqu'ils étaient pour sa santé. Je le lui ai fait répéter à deux fois, tant cela me surprenait.

Voici le coût de mon voyage :

chemin de fer aller	10,55	F
à Robert	200	F
à Marthe	100	F
à la servante	5	F
aux domestiques étrennes	3,50	F
chemin de fer retour	10,55	F
pâté de 2 kilos	10	F
volaille	4	F
palmiers (1,075 kg)	6	F
	total	349,60 F
tu m'as envoyé	100 F	349,05 F
ta caisse libre était de	249,05 F	
excédent en dépenses *(une misère)*		0,55 F

Quant à mes deux déjeuners aux gares de chemin de fer, cela me regarde, c'est comme si j'avais mangé chez moi à Hyères.

C'est tout de même très raide que ta fille ignore ton adresse, mais je me suis tu par respect pour le secret que tu veux que je garde. Elle est très bien décidée à ne jamais rien signer. Enfin elle trouve que son mari est bien plus doux depuis quelque temps. J'espère que ma visite et toutes nos conversations auront des conséquences heureuses; que les angles aigus s'arrondiront peu à peu et que si la reprise de vos rapports à distance reste impossible, il y aura au moins un *modus vivendi* épistolaire direct et pratique. Je le désirerais beaucoup. J'ai fait de mon mieux, le mandat d'intermédiaire impartial et juste est parfois bien difficile. Ton gendre a écouté fort bien mes jugements sur ses écarts de paroles. Laisse-moi te parler avec la même franchise fraternelle et dis-moi de même si j'ai bien rempli tes vues.

Ton frère affectionné,

Charles de Cerilley.

ÉMILIE DE MONTBOURG
À CHARLES DE CERILLEY
Montpellier, le 29 novembre 1897.

Mon cher Charles,

J'attendais avec bien de l'anxiété la narration de ton voyage à Mougins, et je te remercie mille fois de ne pas me l'avoir fait attendre. J'espère que ta visite aura produit bon effet pour ma pauvre Marthe. Mais tu as vu par toi-même que mes générosités de tous genres laissent mon gendre indifférent, puisqu'il a affecté de ne remercier que toi. Et pourtant, que n'ai-je pas fait pour eux. Si leur chalet est meublé, à qui le doivent-ils? Néanmoins aux yeux de cette famille, je suis mesquine et avare, parce que je n'entends fournir qu'au jeune ménage.

Je suis bien heureuse de savoir que l'entérite de Marthe n'est pas aussi grave que l'on pouvait craindre. Tu ne me dis pas si elle a pu manger de la gelée du pâté, et sucer un peu de volaille?

M. Robert t'a menti une fois de plus en te disant que je lui ai fait des confidences à propos de la santé de Marthe. *Ce n'est pas vrai du tout.* Il dit cela maintenant pour se donner raison d'avoir attenté à la santé de sa femme par des injections malfaisantes pour l'empêcher d'avoir des enfants et qui seraient devenues nocives pour sa vie si je n'avais mis le holà. Il a poussé l'infamie du mensonge jusqu'à assurer à sa femme que je lui avais dit dans la fameuse conversation qu'il suppose : « J'ai fait tout ce que j'ai pu pour procurer un avortement à Marthe et en vérité je ne comprends pas que cela ne soit pas arrivé. » Je tiens cela de Marthe qui me le citait comme un mensonge de son mari. Quelle horreur! N'ai-je pas fait, au contraire, tout ce qu'il fallait pour amener à bien cette malheureuse grossesse? Mais voilà l'homme!...

Il t'a menti et tu en as la preuve par les timbres de la poste, pour le prétendu retard de sa réponse. Du reste, la dépêche qu'il t'a envoyée, où il dit t'avoir *répondu le samedi à la lettre que tu ne lui as écrite que le lendemain dimanche,* est une assez jolie preuve de mensonge. C'est l'argent attendu qui l'a décidé sur les instances de sa femme à t'envoyer la dépêche, et il a envoyé la lettre en même temps et bêtement, car les menteurs se trompent eux-mêmes quelquefois.

Mais je t'affirme que si M. Robert avait témoigné le moindre regret de ses torts, je lui aurais rouvert ma maison à cause de Marthe. L'aumônier de l'hospice de Grasse a tenté plusieurs fois de lui faire exprimer ce regret que nous attendions, mais à chaque fois il a répondu qu'il ne se reconnaissait *aucun tort.*

Adieu, mon cher Charles, je t'embrasse bien tendrement. Ta sœur affectionnée,

Émilie.

MARTHE CARON D'AILLOT
À ÉMILIE DE MONTBOURG
Mougins, le 10 décembre 1897.

Chère Maman,

J'ai reçu ce matin une petite caisse renfermant de nouvelles gâteries dont je te remercie de tout mon cœur, mais une lettre m'aurait fait encore plus de plaisir car franchement je ne sais à quoi attribuer ton silence aussi bien que celui d'Éléonore, car si l'une de vous est malade, l'autre du moins pourrait, il me semble, donner signe de vie. Je suis très énervée de ne rien voir venir de vos côtés que, ma foi, j'en ai pleuré, oui, oui, vous êtes des monstres, j'en ai assez d'avoir ma maladie sans que tu m'émotionnes comme cela, il ne m'en faut pas, tu ne cesses de me le répéter dans tes lettres, et tu m'en donnes.

Je vais beaucoup mieux, je n'ai plus de sang dans les selles, ni de peaux. Mes coliques existent bien toujours, un peu, mais vont en s'amoindrissant. Les selles sont également moins fréquentes, quatre ou cinq fois dans les vingt-quatre heures et simplement en diarrhée.

Vous devez avoir bien froid. Ici le temps est beau, ne t'inquiète pas de moi, j'ai du feu dans ma chambre et le soleil donne toute la sainte journée.

Je fais des applications sur toile de sac, c'est-à-dire que je les découpe et cloue les morceaux de drap que tu m'as envoyés de Grasse.

Je découpe, ça ne me fatigue pas, car pour les autres travaux, je ne puis pas encore m'y remettre. J'ai complètement oublié de te dire combien Marie te remercie des foulards que tu m'as envoyés pour ses enfants. Cette brave Marie, de temps à autre je l'emploie, elle ne prend pas de grosses journées, abat beaucoup d'ouvrage et est surtout d'une rare honnêteté, ce qui est bien rare de nos jours parmi les domestiques. C'est encore un de ces vieux meubles de famille d'autrefois, mais hélas, c'est une espèce qui disparaît comme toute chose de ce monde!

Comme je vais écrire un mot à Éléonore, je te laisse pour ne pas me fatiguer trop car tout en reprenant des forces, il me faut me ménager encore énormément.

Je t'embrasse bien tendrement, chère Maman.

Marthe.

ÉMILIE DE MONTBOURG
À CHARLES DE CERILLEY
Montpellier, 13 décembre 1897.

Mon cher Charles,

Il faut, pour que tu comprennes le retard de ma correspondance qui a inquiété Marthe que je t'en explique la cause bien involontaire. *Aussitôt* l'arrivée de ta première lettre contenant des détails sur Mougins, j'ai répondu à celle de ma fille contenant ton petit mot, au moment de la quitter. Comme toujours je l'ai adressée sous double enveloppe à Edwige mais le facteur ayant passé en l'absence de ma belle-sœur, la bonne par excès de précaution l'a mise dans un tiroir que l'on ouvre rarement, et elle a oublié de le dire à sa maîtresse. C'est bien par hasard qu'Edwige l'a trouvée, et moi je me tourmentais de ne pas recevoir des nouvelles, pendant qu'on me faisait un grief de ne pas écrire!...

On traitait cela de silence obstiné, voilà comment on juge à faux quand on veut trouver des torts aux gens!

Hier, tu m'as envoyé la lettre de M. Robert se plaignant du mauvais effet produit sur la santé de sa femme par cette inquiétude; j'en suis désolée, et n'ai pas attendu la seconde lettre que Marthe, disait-il, devait m'écrire, et que je n'ai pas encore reçue, pour répliquer de suite que la personne qui s'était chargée de mettre ma lettre à la poste l'avait oubliée absolument et m'en avait fait des excuses, après avoir enfin fait sa commission. Le croiront-ils?

Mais j'admire que mon gendre se mette si fort en souci des petites émotions bien involontaires que je puis causer à ma fille par un retard de courrier, tandis qu'il se met si peu en peine de celles bien autrement sensibles que peut lui causer la discussion concernant Georges? Puisque nous devons le laisser encore un an en nourrice, et que tu en étais prévenu, j'espérais que cela donnerait à Marthe le temps de se remettre au moral et au physique.

Sa lettre est très correcte, elle tromperait facilement ceux qui ne la connaissent pas. Il veut profiter de l'effet qu'il a cherché à produire sur toi par l'exposé touchant des sentiments *que tu as trouvés plus beaux que nature,* et il s'en croit si assuré qu'il se met dans tes bras! et qu'il t'assure de son besoin de calme dans les relations familiales, quand sa femme est sérieusement malade des scènes de tous genres qu'il lui a faites! depuis trois ans et demi!...

Pour en venir là, il faut que devant toi il ait mangé un bon morceau de sa belle-mère et qu'il pense avoir absolument empoigné ton estime. Ce serait amusant pour la galerie, si les coups de fusil en perspective pour l'enfant, si le regret exprimé de ne pas trouver de bandit à sa solde pour nous détruire n'étaient présents à notre mémoire...

Tu me dis que l'on me blâmera de me servir de l'impuissance où il est de faire les dépenses que nous ferons pour l'enfant. Je m'en bats l'œil, car on saisit par où l'on peut les êtres dangereux de cette espèce.

Pour le reste, attendons les bons conseils.

Je t'embrasse bien tendrement. Ta sœur affectionnée,

Émilie.

CHARLES DE CERILLEY
À ÉMILIE DE MONTBOURG
Hyères, le 17 décembre 1897.

Ma chère Émilie,

Ta dernière lettre renferme diverses erreurs que je vais essayer de mettre au point.

1° Contrairement à ce que tu crois, ton gendre a été d'une réserve très grande à ton sujet et n'a pas mangé, comme tu dis, *devant moi un*

221

bon morceau de sa belle-mère, ce que je n'aurais pas supporté. Au seul grief articulé par toi touchant sa santé, avariée selon toi par son défaut de barbe, signe certain selon toi de la connaissance avec sainte Véronique, je ne pouvais moins faire que de dire que ce signe n'était pas du tout probant et que ta formule était blâmable. Mais c'est à ce moment que j'ai expliqué le motif et les causes de votre départ de Grasse, basé sur ce qu'il était à tort ou à raison accusé de carillonner ou faire carillonner à votre porte à des heures indues dans une intention coupable de troubler votre repos et par suite votre santé, que j'avais moi-même donné le conseil de vider les lieux. Il s'en est défendu, mais mollement, et j'ai fortement incriminé le procédé de quelque main que ce soit. Or, qui avait intérêt coupable à le faire? Tu le vois, j'ai serré la vis très fortement, mais avec la forme voulue pour laisser les oreilles ouvertes pour tout entendre. Tu as donc tort de croire qu'il m'a fait sa dupe par ses beaux semblants de sentiments. Je suis très persuadé que j'ai fait beaucoup de bien à ton jeune ménage par mes réflexions en les forçant à réfléchir pour le présent et pour l'avenir. L'un et l'autre se sont emballés très souvent et avaient besoin d'un contrepoids de calme. Dieu veuille que mon intervention porte des fruits durables. Marthe m'a dit *en particulier* qu'elle avait pris de bonnes résolutions à cet égard, et je l'y ai beaucoup encouragée. Tu vois que c'est prudent à toi de ne pas prendre à la lettre toutes ses réflexions et ses expressions.

2° Je n'ai posé à ton gendre aucune de vos conditions probables touchant Georges, le champ est donc libre. Or, comme tu n'as pas l'air de priser beaucoup mes idées à ce sujet, je te prie de prendre avis auprès de ton avocat-conseil, de le lui faire formuler par écrit, ce qui aura plus de poids aux yeux de ton gendre. Je veux bien servir d'intermédiaire de cette façon, mais je ne puis me charger personnellement *que de ce que je pourrai approuver entièrement.* C'est pour cela que je réclame un tableau complet avec tous ses détails et d'une autre main que la mienne.

Eh bien, les violences en paroles de ton gendre dans des moments d'irritation *très admissibles* n'ont plus de valeur. Mon Dieu! que je voudrais vous convertir toutes deux à cette idée juste! Mais vous êtes hypnotisées et j'ai tort à vos yeux. J'en suis bien désolé, puisque cela trouble vos santés et la quiétude de votre vie de chaque jour. C'est un grand malheur.

Adieu, ma chère Émilie. Ton frère affectionné,

Charles de Cerilley.

CHARLES DE CERILLEY
À ROBERT CARON D'AILLOT
Hyères, le 26 décembre 1897.

Mon cher Neveu,

Je vous remercie de votre affectueuse lettre reçue hier et des bonnes nouvelles que vous me donnez de la santé de Marthe.

Votre tante est ressuscitée depuis un mois : teint, pouls, forces, locomotion aisée, gaité, tout va bien mieux. Elle chantonne souvent, ce qui est un bien bon signe. Bref, je suis ravi de ce retour sérieux à la santé que je n'osais espérer ni aussi prompt ni aussi accentué. Nous ne sommes pas arrivés à la guérison complète, oh, non, mais tout fait penser que nous sommes sur la voie qui y conduit. Pour arriver à bon port, il faudra ne pas s'écarter du régime sévère et revenir dans le Midi chaque hiver. Ce que je dis de votre tante peut s'appliquer à votre femme.

De mon chef, voici ce que je vous propose de dire à votre belle-mère au sujet de l'œuvre qu'elle désire faire pour Georges :

1° Choix pour votre belle-mère de la maison d'éducation, que vous serez appelé à approuver avant qu'il y soit placé. Absolue liberté pour vous de l'y voir et tous vos droits et devoirs de père légal doivent être respectés : à vous de les formuler, naturellement.

2° Tous frais concernant personnellement Georges à la charge de votre belle-mère, et à son défaut, à la charge de votre belle-sœur Éléonore jusqu'à ce qu'il puisse se suffire à lui-même.

3° Prière à vous de vouloir bien approuver ces dispositions ou d'y faire telles observations que vous jugerez à propos.

Je vous prie de partager avec Marthe, mon cher Neveu, mes sentiments les plus affectueux. Votre oncle,

Charles de Cerilley.

MARTHE CARON D'AILLOT
À ÉMILIE DE MONTBOURG
*Chalet Marthe,
le 28 décembre 1897.*

Chère Maman,

Il me tardait d'avoir de tes nouvelles et je commençais à désespérer quand ta lettre est venue me remettre un peu de baume au cœur.

Je vais plutôt mieux même bien mieux, mais foirant toujours un peu. Je me suis donné un régime, c'est-à-dire que Robert m'a suppliée d'en prendre un car de moi-même il est probable que je ne m'y serais jamais mise, donc, chère Maman, voici mon menu jusqu'à nouvel ordre : soupe à la semoule au beurre, soupe à la farine de maïs au beurre et au lait, purée de lentilles au beurre, purée de pois verts avec pain grillé. C'est une sorte de soupe que je me fais faire par ma cuisinière qui se décrotte tout à fait.

Mon menu est varié autant que possible sans sortir des prescriptions du docteur et comme les moules et les huîtres y sont admises, je me régale de temps à autre avec ces dernières. Je trouve des moules de l'Océan à Nice. Mon chat va m'en chercher lui-même et c'est une justice à lui rendre qu'il ne néglige aucune occasion de m'être agréable. Les huîtres viennent de la Gironde, elles sont fraîches, très bonnes et pas trop cher, ce qui est un grand point.

Je t'enverrai probablement dans le courant de la semaine prochaine un colis postal contenant le sac à timbres-poste d'Éléonore qui contiendra une clovisse que tu n'as pas et un petit tapis de table de nuit. Je l'ai fait, c'est-à-dire j'ai peint sur toile de sac, l'année dernière (ce n'est pas aussi bien fait que si c'était une artiste, mais enfin c'est moi qui l'ai fait avec toute la patience que j'ai maintenant).

Je joindrai également à ces petites choses la croix que tu avais donnée à la pauvre Mme Clément. En voilà une qui ne me sort jamais de la tête, j'y pense toujours et toujours aussi elle restera dans mon souvenir et dans mon cœur.

Je t'envoie, chère Maman, ainsi qu'à la bonne Éléonore, nos bien affectueux et tendres vœux de nouvel an. Espérons que 1898 sera moins fécond en tristesses que 1897. Soyez aussi heureuses que possible, je voudrais vous dire cela de vive voix et en vous embrassant bien fort, ce que je vous écris là, mais puisque le destin en a disposé autrement, je n'ai qu'à m'incliner sous sa main. Je t'aime bien, va, Maman et tu peux être sûre sûre que je ne doute jamais de ton cœur, Mère chérie.

Il me tarde bien de reprendre mon train de vie habituel, mais avec cette maudite maladie d'estomac il faut prendre tant de précautions que moi ça m'embête furieusement. Sans mon chat qui surveille si je prends bien exactement mes potages et qui fait attention à ce que je ne mange pas trop vite, il y a beau temps que j'aurais envoyé promener le régime, les remèdes et toute la séquellerie.

Oui, je puis prendre maintenant un peu de pain, très peu, mais enfin du pain avec le foie gras qui passe parfaitement. Merci encore et toujours, chère Maman, de tout ce que tu fais pour moi.

Je te laisse, chère Maman. Encore mille tendresses de ta fille,

Marthe.

Je voudrais bien avoir une petite boîte de nic-nac si ça ne t'ennuie pas. Ça me ferait bien plaisir. Ici je n'en trouve pas.

CHARLES DE CERILLEY
À ÉMILIE DE MONTBOURG
Hyères, le 29 décembre 1897.

Ma chère Émilie,

Merci tout d'abord de votre gracieuseté à toutes deux, du beau melon glacé qui nous est arrivé ce matin, il fera bel effet le 5 janvier au déjeuner privé que nous offrons, et nous en dirons la provenance.

Je regrette de t'avoir fait passer la dernière lettre de Robert d'Aillot, car tu lis trop entre les lignes. Tu t'es méprise sur sa phrase ainsi conçue : « ...grâce au régime sévère auquel je l'ai soumise un peu par force, maman aidant, immédiatement les coliques qui ne cessaient de la torturer ont presque disparu, et les selles deviennent insignifiantes ». En effet notre docteur a fait suivre à Madeleine un régime très sévère au point que l'anémie devenait très accentuée. Or, moi qui puis juger *de visu*, et de Marthe et de Madeleine, je déclare que Madeleine a été infiniment plus éprouvée que Marthe. Je ne puis qu'approuver son mari sur la sévérité de son régime parce que j'ai vu de mes yeux que Marthe s'en écarterait volontiers, car rien n'est bien cousu chez elle.

Dès lors que tu ne veux ni texte, ni traité avec ton gendre, il ne reste plus qu'à vivre au jour le jour. Choisis l'établissement que tu voudras, agis à ta guise sans le consulter. Il *ne dira rien,* mais il me semble que le cas échéant tu l'armes de son droit paternel violé et méconnu. Marthe m'a demandé si elle ne ferait pas bien de me faire détruire son testament, son mari montrant de bons sentiments. Je l'en ai dissuadée, lui observant que sa conservation pouvait être utile, tant qu'elle ne jugeait pas à propos d'en faire un autre. Elle reconnut que j'avais raison.

Quant à quitter Mougins pour plus ou moins de temps, *elle ne le veut pas*. Elle a besoin d'y rester, elle me l'a dit en causerie très particulière, seule avec moi. Ne t'alarme donc pas outre mesure.

Ton gendre ne formule aucune demande sinon qu'on ne le passe pas par profits et pertes en tant que dignité personnelle. Si tu lui donnes satisfaction sur ce point, tout ira sur des roulettes, et tu auras toutes les autorisations. Mais si tu as l'air de le mal poser devant le public par des restrictions malsonnantes, il vaut bien mieux vivre au jour le jour, et que Georges soit de fait sous votre gouverne personnelle, absolue. Oh, on n'y objectera rien, mais songe à la situation *étrange* que tu vas créer à cet enfant qui ne viendra à Mougins qu'à l'âge d'homme peut-être!!! Quels rapports entre lui et ses parents? Voilà longtemps que je traite ce sujet, tu y trouves toujours des obstacles; il n'y a qu'à vivre au jour le jour, *le temps,* comme tu le dis, étant un grand maître. J'ai déjà écrit quelque chose en ce sens général à Mougins. La cause me semble entendue.

Adieu, ma chère Émilie. Ton frère affectionné,

Charles de Cerilley.

225

Marthe s'est plainte à moi *en particulier* de ce que tu tapais trop sur son mari, qui voyait tes lettres. Elle te supplie de te taire absolument. Seule à seul avec moi elle ne m'a pas parue aussi martyre que tu te le figures. Marthe reconnaît elle-même qu'elle a souvent exagéré *de son côté :* tiens bien compte de cet aveu bien librement exprimé.

MARTHE CARON D'AILLOT
À ÉMILIE DE MONTBOURG
Mougins, le 29 décembre 1897.

Chère Maman,

Je rouvre ma lettre pour te remercier avec effusion de toutes les gâteries sans nom dont tu ne cesses de me combler ainsi qu'Éléonore qui est bien la meilleure des sœurs de penser toujours à distraire une pauvre malade comme moi. C'est une vraie charité qu'elle fait là, car je m'ennuie beaucoup d'être obligée de prendre toutes les précautions nécessaires pour mon état et c'est le cas où jamais de dire que j'en ai plein les pantalons. Tu es bien bonne, trop bonne, chère Maman, de joindre encore un billet de cent francs à tes autres bichonneries. Merci, merci, je me procurerai de la sorte un peu plus souvent des huîtres et des moules. Je ne sais quels termes employer pour t'exprimer tout ce que mon cœur renferme d'affection, d'amour pour toi, Mère chérie. Si je pouvais aller me suspendre à ton cou, t'embrasser, de toutes mes forces, comme je le ferais volontiers, mais hélas je ne pourrai me remuer de longtemps, mes boyaux ont été tellement raclés que je ne puis me permettre d'aller souvent voir mes chers d'Artagnan et mes poulettes bien-aimées, car dès que je suis un peu longtemps à voyager sur mes jambettes, la colique et le mal de rein m'empoignent aussitôt. Quelle patraque je suis. Va, je n'ai pas aussi bonne mine que lorsque je suis allée te voir à Grasse, j'ai même maigri. Dame, il y a bientôt trois mois que j'ai la courante et cette maladie est loin d'avoir du charme.

Je te renouvelle tous mes vœux de nouvel an, ainsi qu'à ma chère sœur Éléonore. Je la remercie des jolis livres qu'elle m'envoie. Aussitôt reçus, je m'empresserai de lui donner mon appréciation, mais je suis sûre d'avance qu'ils ne peuvent être que fort intéressants, Éléonore étant certes assez bon juge en la matière.

Je vous laisse à regret, mais je suis un peu lasse, j'ai un peu repris mes travaux à l'aiguille et suis vite fatiguée, aussi je ne puis faire beaucoup à la fois.

Encore mille trillions de tendresses de ta fille,

Marthe.

1898

CHARLES DE CERILLEY
À ÉLÉONORE DE MONTBOURG
Hyères, le 3 janvier 1898.

Ma chère Éléonore,

Ta lettre nous fait grand plaisir par les bons souhaits qu'elle renferme; mais je vois que ta mère est de plus en plus susceptible des bronches. Elle a tort de s'alarmer sur l'état de santé de Marthe. Ta tante a été bien autrement éprouvée, et le docteur l'avait soumise à un régime bien plus sévère que celui de Marthe. *Il faut cela pendant la période aiguë*. Robert d'Aillot a très fort raison de faire suivre le régime sévère *à la lettre*.

Je t'envoie la lettre que ta sœur vient d'écrire à ta tante pour le jour de l'an. Vous jugerez ainsi de son état. Or, ce que j'ai vu de mes yeux, entendu de mes oreilles, seul à seule avec elle, me prouve que sa lettre est sincère.

Mon voyage à Montpellier est décidé en principe, mais l'époque est incertaine.

Je dissuade ta mère de tout mon pouvoir d'aller à Nice pour y soigner Marthe *qui n'en a nul besoin*. Du reste, elle ne voudrait pas : 1° parce qu'elle ne veut quitter ni son mari ni son chez elle; 2° elle ne le doit pas, parce que ce départ pour santé, alors que les femmes ne manquent pas auprès d'elle, serait mal vu par le public. Une femme, soucieuse du nom qu'elle porte, ne doit pas se livrer à la critique. Ces réflexions sont de moi seul, et pour vous seules.

Adieu, ma chère Éléonore, ta tante se joint à moi pour te dire ainsi qu'à ta mère ses bons souhaits bien opportuns, bien spéciaux et qui, certes, n'ont rien de la banalité du jour de l'an en général. Nous vous embrassons toutes deux bien tendrement. Ton oncle bien dévoué,

Charles de Cerilley.

MARTHE CARON D'AILLOT
À ÉMILIE DE MONTBOURG
Mougins, le 4 janvier 1898.

Chère Maman,

Je te remercie de ton offre de me soigner chez toi, mais malgré tous vos bons soins et votre affection pour moi, vous ne pourrez jamais me remplacer mon mari, je te le dis une fois pour toutes, afin que tu t'en pénètres bien. Puis

227

je ne veux pas aller dans une pension de dames. Ah, mais non, par exemple, je ne le veux pas du tout.

J'ai bien reçu les cent francs et la caisse avec le kilo de chocolat, la boîte de tapioca, les gaufrettes et le fromage, tout cela a été accueilli avec grand plaisir, je t'en ai déjà parlé dans ma lettre datée du 31 décembre, mais tu ne l'as sans doute pas encore reçue.

Je te recommande la tisane de géranium sauvage, c'est ce qui va finir de me guérir définitivement.

Je vais t'envoyer jeudi un colis postal contenant le sac d'Éléonore, ton tapis, une boîte contenant un échantillon d'un produit nouveau qui remplace très bien la graisse blanche, l'huile et le beurre, très agréable au goût : la végétaline (c'est le nom de ce produit qui est tiré de la noix de coco) revient au prix modique de quatorze sous le kilo. Nous en faisons usage depuis quelque temps et je trouve cela très économique.

Je t'avoue franchement, chère Maman, que ta lettre m'a mise de mauvaise humeur et que tout en t'aimant de tout mon cœur, je ne veux pas quitter et mon mari qui m'est indispensable et ma maison. Mais pauvre toi que ferais-tu de moi au bout de huit jours que je serais avec vous sans mon matou. Non, non, chère Maman, j'ai un homme, je ne le quitte pas. Merci quand même. Je te remercie de ton offre, mais c'est impossible.

Je t'embrasse bien tendrement ainsi que la chère *blessée*. Toute à toi.

Marthe.

ÉMILIE DE MONTBOURG
À HENRI DE CERILLEY
Montpellier, le 5 janvier 1898.

Mon cher Henri,

Marthe a rechuté, cela coïncidait avec le retour de sa belle-mère qui est très dure pour elle. Il y a du mieux à présent, Dieu veuille que cela dure! Quand il l'a vue si malade par suite des scènes perpétuelles qu'il lui avait faites, son mari a dû avoir peur. Je n'ai pas caché que les docteurs que j'ai consultés pour elle attribuaient cette maladie à des émotions et des préoccupations pénibles, qui devaient cesser avant tout pour qu'un traitement médical puisse amener la guérison. J'ai écrit que le mari était sérieusement intéressé à conserver la vie de sa femme, parce que de sa vie, de sa santé et de son bonheur, l'avenir dépendait sérieusement. Il a dû réfléchir tout en se plaignant de ce qu'il appelle *mes pointes*, car il sait qu'il perdrait beaucoup s'il perdait sa femme!

A ce moment-là ton père est allé à Mougins et M. Robert a bien su le flagorner pour s'attirer ses sympathies. Il a inauguré pour sa femme les soins affectueux inusités jusqu'alors, et Marthe, au bonheur, n'a pas dit à ton père tout ce dont elle avait à se plaindre. Mon frère enchanté s'est fait l'intermédiaire de mon gendre pour obtenir de nous, à propos du petit G..., des concessions que nous ne devons pas faire car les engagements qu'il prendrait en retour ne seraient qu'illusions puisque légalement il pourrait en tout temps reprendre ses droits.

Quant à des promesses de sa part, même écrites, comme il les traite de *fictives,* et ne les tient pas, nous n'y croyons jamais parce qu'il n'a ni cœur ni honneur! Mais ton père était si bien gobé qu'il a fallu batailler pendant près de deux mois et avoir les conseils d'un avocat bon jurisconsulte. Cette lutte m'a été pénible, je te l'assure, car je devais au contraire pouvoir compter sur mon frère que je tiens au courant de tout! J'y ai mis tout le calme et la patience possibles, afin que notre affection fraternelle n'en souffre pas.

Ah! tu as raison, mon cher Henri quand tu abomines la classe aristocratique *manquant d'honneur,* parce qu'alors elle manque de sa vertu fondamentale. Ses membres sont d'autant moins recommandables que le passé honorable de leurs ancêtres les écrase! Ceux qui n'ont que l'orgueil des vertus d'autrui suivent une fausse voie qui les égare. Mais, Dieu merci, il y a encore des gentilshommes comme toi, et la race n'en est pas perdue. Je t'embrasse très tendrement, mon cher Henri ainsi que ta femme et les enfants. J'aime à reposer mon cœur sur vous et Éléonore en fait autant.

Ta tante affectionnée,

Baronne de Montbourg.

ROBERT CARON D'AILLOT
À CHARLES DE CERILLEY
Mougins, le 8 janvier 1898.

Mon cher Oncle,

J'ai bien reçu votre lettre et les propositions qu'elle contient sont tout à fait à ma convenance en principe, sauf quelques légères observations que je vous soumettrai dans quelques jours, alors d'une façon officielle, vous n'aurez plus qu'à les transmettre, mais en principe j'accepte ce que vous proposez sans modifications et serai heureux si l'affaire peut s'arranger au gré de tous.

Marthe va mieux, sa diarrhée a cessé et les selles sont devenues régulières une fois par jour. Cependant depuis hier, à la suite d'un coup de froid sans doute, elle a eu quelques coliques venteuses qui n'ont heureusement pas été suivies d'orages. J'attribue ce retour à un coup de froid car en même temps elle a eu mal à la gorge et quelques maux de reins. Dans deux ou trois jours, il n'y paraîtra plus, je pense, elle ne s'est pas écartée de son régime qu'elle suivra encore longtemps avec une rigueur à laquelle je veille. C'est une maladie si ennuyeuse qu'elle ferait vraiment perdre patience à un saint, enfin il faut plus que jamais faire contre mauvaise fortune bon cœur et c'est ce que nous faisons.

Je vous laisse mon cher Oncle, en vous répétant que dans quelques jours vous recevrez une lettre acceptant vos propositions, que vous pourrez soumettre aux intéressées.

Veuillez agréer, mon cher Oncle, avec mes meilleures caresses et celles de Marthe pour vous deux une cordiale et affectueuse poignée de main.

Robert Caron d'Aillot.

CHARLES DE CERILLEY
À ÉMILIE DE MONTBOURG
Hyères, le 22 janvier 1898.

Ma chère Émilie,

Il est fâcheux qu'il n'y ait pas d'hôtel près de chez vous; mais un quart d'heure de marche (à pied) ne me fait pas peur quand ce ne sont pas des quarts d'heure doubles ou triples. J'aimerais mieux la chambre d'hôtel que la chambre du loueur de voiture, mais à défaut de la première je n'ai aucune prévention contre la seconde, à propreté égale. Je ne tiens pas du tout au luxe, surtout pour trois ou quatre nuits. Ce que tu me dis de la voirie de Montpellier me fera attendre une saison plus sèche. J'accepte avec plaisir l'hospitalité de ta table, mais je te préviens que je suis d'une frugalité de plus en plus grande. Déjeuner : un plat de viande et légumes, un dessert ou deux, un café avec l'esprit sain, et voilà. Le soir, idem, moins le café. Je fais maigre le vendredi, me portant bien. Chaque matin, un bol de lait en me levant, je trouverai cela à l'hôtel sans doute.

Mme Milan m'a dit que durant son entérite, période aiguë, elle prenait deux lavements de suite : le premier aux fleurs de camomille pour vider l'intestin, et le second à l'amidon; pour Madeleine c'était à l'acide borique, puis le docteur a supprimé l'acide borique pour ne faire que du régime dont nous nous trouvons bien. Avant tout, il faut beaucoup de calme physique et moral.

Je ferai tout mon possible pour retourner à Mougins, bien convaincu de l'utilité de ce voyage par l'influence morale qui résulte déjà du premier voyage. Tu m'amuses avec ta crainte de séduction sur mon esprit. Je me croyais à l'abri par mon âge. Bénis la Providence de me voir écouté. Cela résulte à la fois de mon caractère impartial et de la manière dont j'ai pris leur essai de chantage en répondant alors à ton gendre et à sa mère. Tu as eu peur de l'effet de mon ton, tu vois bien aujourd'hui qu'il est bon et si bon que tu trouves qu'on me cajole trop.

Je présume que ton gendre arrivera la semaine prochaine; d'ici là prépare ta réponse à sa lettre que je t'ai envoyée. Écris-moi au plus tôt, pour que le facteur ne m'apporte pas une lettre de Montpellier pouvant être vue par lui. Le facteur met les lettres dans un panier en bas et que l'on hisse par une ficelle après avoir entendu le coup de sonnette du facteur. Eh bien, il pourrait fort bien sortir de sa chambre, et voir *à l'arrivée* des lettres les timbres de la poste et l'écriture de l'adresse. C'est très simple, et naturel de sa part à lui *attendant* des lettres pour son compte.

Adieu, ma chère Sœur, partage nos tendresses avec Éléonore. Ton frère affectionné,

Charles de Cerilley.

ÉMILIE DE MONTBOURG
À CHARLES DE CERILLEY
Montpellier, le 25 janvier 1898.

Mon cher Charles,

Tu n'as pas transmis nos propositions dans toute leur teneur, ou bien mon gendre ne tient pas compte de nos conditions, puisqu'il persiste à maintenir ses droits légaux. S'il tient à sa prétention, nous, de notre côté, nous refusons tous engagements pour le présent et pour l'avenir. Mais nous pourrons, *volontairement,* continuer la tâche que nous avons commencée pour Georges, sous le contrôle d'hommes qui connaissent les filières conduisant aux grandes écoles pour arriver à une carrière libérale et honorable. Nous seules devons être juges du moment où l'enfant pourra être mis dans un établissement dont nous nous réservons le choix et le lieu. Nous n'admettons pas, non plus, le mot « dépenses personnelles » qui est trop élastique; nous serons juges du nécessaire.

Et maintenant causons des alentours de ce que mon gendre nomme l'« affaire »! Jusqu'à présent, dans son reçu du trimestre, il mettait simplement : « Reçu de ma belle-mère Mme de Montbourg, pour le trimestre de la rente dotale de ma femme la somme de... » Cette fois il a cru devoir ajouter : « Reçu de Mme de Montbourg sans domicile connu... » Pourquoi ne pas dire : « Sans feu ni lieu? » Ce serait encore mieux! N'est-ce pas une impertinence de plus pour me remercier de l'exactitude de mon envoi d'argent?

J'espère bien que la santé de Marthe lui permettra de rester chez vous à Hyères pendant que son mari ira à Marseille et à Aix. Tâche de lui inspirer le courage de soustraire son fils au milieu dangereux pour lui et pénible pour elle qu'elle connaît bien. C'est son *devoir* et son *droit*.

Je t'embrasse bien tendrement. Ta sœur affectionnée,

Émilie.

Mon cher Oncle*,

Maman me charge de vous dire qu'elle ne voit pas du tout que ce soit l'émotion agréable causée par l'idée du voyage qui ait rendu Marthe souffrante de nouveau, mais plutôt celle bien pénible de la discussion de l'*affaire* Georges. Dieu veuille que son mari vous la conduise et que cela tourne du bon côté.

Éléonore.

<table>
<tr><td>M. MARTIN
À ÉMILIE DE MONTBOURG
Grasse, le 11 février 1898.</td><td>Madame la Baronne,
Mme Martin hier a eu le plaisir de voir
Mme d'Aillot et dans la situation de</td></tr>
</table>

Madame la Baronne,

Mme Martin hier a eu le plaisir de voir Mme d'Aillot et dans la situation de celle-ci le plaisir a été vivement partagé. Monsieur votre gendre était à Cannes ce jour-là. Ces dames ont pu pendant un quart d'heure s'entretenir sans témoin. Tout d'abord madame votre fille ne voulait rien dire, mais enfin convaincue que c'était pour son bien elle a fini par faire entrevoir la vie qu'on lui permet de vivre. Elle ne peut écrire *une* ligne *à qui que ce soit* sans la permission et le visa de son mari : elle n'a jamais un sou à sa disposition et c'est vous dire que les cinquante francs qui lui ont été remis ont été les bienvenus. Néanmoins cette somme n'a pas été acceptée d'emblée car il en coûtait à Mme d'Aillot de recevoir de l'argent à l'insu de son mari : sur les instances de Mme Martin elle a consenti à les prendre et il paraît même que cela a été pour elle un véritable bonheur. Mais elle a recommandé en vous écrivant de bien vous rappeler dans vos lettres de ne pas lui parler des cinquante francs en question, car son mari lisant tout ce qu'elle reçoit ou envoie ne manquerait pas de demander des explications qui ne pourraient être qu'orageuses.

Notre devoir, Madame, est de vous dire que madame votre fille a bien maigri, ce qui n'a rien d'extraordinaire avec la diarrhée qu'elle a. A son dire, elle ne va pas moins de vingt à vingt-cinq fois par jour à la selle et d'après le médecin il n'y a que des soins continus qui pourront la guérir. Mme d'Aillot aime le poisson, c'est presque le seul aliment qu'elle digère bien. Malheureusement à Mougins elle ne peut s'en procurer aussi souvent qu'elle voudrait. Ne pourrions-nous arranger une combinaison pour lui en faire parvenir de Grasse de temps en temps par l'intermédiaire des fromagers? Nous ferons comme bon vous semblera.

Mme d'Aillot ne quittera jamais son mari, c'est ce qu'elle a déclaré à ma femme. Il ne lui paraît pas possible d'être soignée par vous dans

---

* Ajouté par Éléonore, sur la même lettre *(NdE)*.

une villa à Nice ou dans les environs, car, prétend-elle, son mari ne pourra jamais vous voir.

Néanmoins *l'opinion de Mme Martin* est que si on revenait à la charge plusieurs fois sur ce chapitre Mme d'Aillot voyant sa santé s'affaiblir de jour en jour finirait par se rendre auprès de vous avec la perspective de voir tous les jours son mari qui ne devrait jamais se trouver en face de vous.

Madame votre fille a donc une entérite assez sérieuse et aux soins matériels qu'on peut lui donner il lui faudrait la tranquillité morale qu'on lui refuse. Dernièrement Mme *d'Aillot mère* ayant mal parlé de vous, Mme Robert lui a répondu comme elle devait et a voulu la mettre à la porte du chalet. Le fils alors est arrivé et a ordonné à sa femme, Mme Robert, d'avoir à recevoir sa belle-mère sinon affectueusement du moins poliment quand celle-ci se présenterait.

Il y a tellement de choses à vous dire que malgré moi mon style s'en ressent. Je vous prierai donc, Madame, de m'excuser du décousu que vous remarquerez dans ma lettre.

Il paraît que le 26 mars prochain le frère de M. d'Aillot médecin à Paris doit se marier. Il est plus que probable que M. Robert ira au mariage de son frère. Madame votre fille a promis de nous avertir de ce départ, si toutefois il a lieu, et Mme Martin alors s'empresserait de se rendre à Mougins. D'ici là, Madame, vous aurez le temps de prendre telles dispositions qui vous sembleront les meilleures pour arriver à établir avec madame votre fille, nous et vous des intelligences durables et secrètes. Mme Martin a donné en partant du chalet une petite étrenne au garçon domestique qui sert votre fille. Il ne serait peut-être pas impossible de s'en servir en le payant : il y a aussi une fille de service, mais qui ne paraît guère intelligente et il serait à craindre qu'elle ne trahisse sa maîtresse au profit de son maître.

Il est bien entendu, Madame, que dans vos lettres à Mme d'Aillot il ne faudra pas lui parler de la visite de Mme Martin à moins qu'elle ne vous en ait parlé elle-même.

J'oubliais de vous dire que, devant ses belles-sœurs, Mme d'Aillot avait fait à ma femme un éloge pompeux de son mari.

Mme Martin et moi vous prions, Madame et Mademoiselle, de bien vous soigner pour lutter contre l'influenza et de nous croire vos bien dévoués,

Martin.

P.S. Mme Robert dans la crainte que son mari un jour ou l'autre se trouve en votre présence vous recommande de brûler toutes les lettres confidentielles qu'elle a pu vous écrire.

MARTHE CARON D'AILLOT
À ÉMILIE DE MONTBOURG
Mougins, le 14 février 1898.

Chère Maman,

J'ai oublié dans ma lettre d'avant-hier de te demander un peu d'argent pour faire un cadeau à mon beau-frère Louis qui doit se marier dans le courant de mars. Je n'ai jamais compté assister à ce mariage, surtout étant malade, et mon mari n'ira pas davantage à cause de la dépense que le voyage occasionnerait.

J'ai été obligée de renoncer à l'horrible tisane à la corne de cerf dont parle la recette du bon M. Devaux, cela me donnait des envies de vomir terribles. Je suis obligée de me remettre encore au géranium sauvage qui ne me cause aucune nausée, je bois aussi de l'eau de riz additionnée de rondelles de citron cuites avec le riz, ce qui me fait une tisane qui me calme beaucoup la soif que je ressens et j'alterne ainsi les tasses de géranium et la tisane rafraîchissante. Comme je t'écris le soir et que j'ai la bonne habitude de dormir après mon souper sur ma chaise-longue, je dors à moitié en t'écrivant. Je voulais écrire aussi un mot à Éléonore, mais j'ai plus envie de dormir que d'écrire davantage, aussi je remets à plus tard cette occupation.

Je t'embrasse bien tendrement, chère Maman. Toute à toi.

Marthe.

ÉMILIE DE MONTBOURG
À CHARLES DE CERILLEY
Montpellier, le 19 février 1898.

Mon cher Charles,

Je t'envoie une lettre nouvelle de Marthe qui, tu le verras, a retardé tant qu'elle a pu une demande d'argent, et qui ne la fait que par ordre, car elle déteste bien tous les d'Aillot. Tu avoueras que M. Robert ne manque pas de toupet, car enfin, il a reçu le trimestre il y a un mois!

Si le notaire ne t'a pas encore envoyé les trois cents francs, il ne va pas tarder de le faire, et dans ce cas-là je te prierais d'avancer cent francs, car je tiens à prouver à mon gendre que *ce qui est au fuseau, ne se retrouve pas à la quenouille*. Je pense que tu m'approuveras; si je refusais, ma pauvre fille souffrirait des horreurs qu'on dirait de sa mère! Mais en envoyant les cent francs, tu pourrais dire qu'une bague fait toujours plaisir à une jeune femme et que, pour bien moins de cent francs on en trouve de fort jolies. De toi, M. Robert le prendra bien, moi je ne puis donner aucun conseil, tu le sais bien.

Tu as laissé ici, mon ami, une réputation d'homme excellent inretrouvable, le phénix des maris, le respectueux des religieuses, et le meilleur des frères! Tu penses bien que je fais chorus avec enthousiasme et que nous avons encore gagné dans l'estime de ces dames, par la rareté d'un tel phénix dans notre famille. Quand elles sauront que tu es en relations avec le frère de leur évêque, ce sera bien mieux encore! A propos, conserve bien son adresse, parce que nous pourrions avoir besoin de lui.

Je suis très heureuse des longues causeries que nous avons pu faire et qui sont utiles à la situation par les impressions qu'elles nous ont laissées de part et d'autre. J'ai pris plus de confiance en ton appui, et tu as vu que tout en me tenant sur la défensive avec dignité, je n'ai pas de haine. Quant à la méfiance elle est nécessaire pour notre sûreté.

Je t'embrasse bien tendrement, mon cher Charles. Ta sœur affectionnée,

Émilie.

ROBERT CARON D'AILLOT
À CHARLES DE CERILLEY
Mougins, le 11 mars 1898.

Mon cher Oncle,
Votre lettre nous a fait plaisir, ainsi que l'annonce de votre visite pour le 13 avril.

Marthe va très bien en ce moment et voilà j'espère cette fois l'entérite mise à la porte. Nous usons toutefois de précautions afin d'éviter un retour fâcheux et ses conséquences. J'en suis heureux, elle reprend ses forces et engraisse à vue d'œil, son appétit est revenu et je suis obligé souvent d'arrêter son ardeur de peur d'une reculade. Elle a eu, ces jours-ci, quelques névralgies faciales qui l'ont bien fait souffrir. C'est à la faiblesse que je les attribue, je les ai arrêtées avec de la cérébrine qui a fait un effet merveilleux. J'espère qu'elles seront conjurées en prenant toutefois certaines précautions contre le froid, le temps si vilain dont nous jouissons en ce moment est en grande partie cause de ces vilaines surprises.

La course d'automobiles a eu à lutter avec un temps affreux aussi ces pauvres messieurs n'étaient-ils pas brillants à leur passage à la plaine d'Antibes, ceux qui montaient des tricycles étaient tellement couverts de boue qu'ils n'avaient plus que les yeux indemnes. Ils faisaient peine à voir. Avec du beau temps, c'eût été d'un grand intérêt, c'est vraiment regrettable.

Je suis heureux d'avoir fait un adepte de plus au cyclisme, vous voyez que ce n'est pas si difficile d'apprendre, je suis sûr que bientôt vous serez à même d'entreprendre une excursion en vélo. Ce sera très agréable et l'an prochain nous ferons quelques promenades aux environs d'Hyères à bicyclette. Je vous engage à persévérer et ne pas prendre vos quelques chutes au sérieux, c'est le métier qui entre bien!!

Mon affaire marche bon train, j'ai vu ce matin le greffier de tribunal de commerce d'Antibes qui m'a dit avoir reçu l'ordre d'afficher, ce qui va être fait, après quoi il adressera au parquet une lettre élogieuse sur mon compte, signée du président du tribunal disant qu'il n'y avait aucune opposition à la réhabilitation, que je mérite à tous égards — ce sont ses propres paroles que je vous répète pensant que ça vous fera plaisir d'être tenu au courant de cette affaire.

Je vous laisse, mon cher Oncle, en vous priant de faire toutes nos caresses à ma tante en en gardant pour vous une large part.

Robert Caron d'Aillot.

MARTHE CARON D'AILLOT
À ÉMILIE DE MONTBOURG
Mougins, le 26 mars 1898.

Chère Maman,

Je te remercie de tout mon cœur de ton offre de m'envoyer des plats tout prêts pour que je ne me fatigue pas, mais nous n'aurons notre belle-sœur et son mari qu'en août ou septembre. Comme tu es bonne, chère Maman, de penser toujours à ta fille. Merci, merci, tu as pensé à ma fête, chère Maman, merci à toi, merci aussi à la bonne Éléonore qui elle aussi pense à sa sœur Marthe. Tes flanelles me font bien plaisir. Oui je n'ai plus ma pauvre Mme Clément, elle me manque bien, je le vois tous les jours, bien que je travaille, elle faisait tant de choses dans la maison et puis c'était elle, quoi, tandis que maintenant...

Mon chat est bien gentil pour moi, pauvre petit rat, va, il est gentil pour sa tite femme. Mes couvées, chère Maman, sont en bonne voie, j'ai trois poules qui couvent des canards et une qui couve des poulets dont j'attends l'éclosion mardi. Tu vois que si toutes ces couvées réussissent nous aurons pas mal de volaille pour le marché et cette année nous vendrons de nos poulets et coin coin.

Je te remercie bien fort de t'intéresser à ces couvaisons, toutes ces mamans poules me donnent affaire, va. Tous les matins je les lève pour les faire manger et boire, les premières mises à couver se remettent d'elles-mêmes sur les œufs, mais les autres font un sabbat abominable dans la cuisine où je leur donne à manger. Car pour m'éviter la peine d'aller et de venir au poulailler mon chat m'a fait installer les couveuses dans la salle à manger et je leur donne à manger dans la cuisine.

Je suis bien contente de te savoir mieux, chère Maman aimée, soigne-toi bien, je t'en prie. Il est vrai que tu as Éléonore qui te tient sous bonne garde comme tu dis.

A toi, chère Maman, encore des tendresses de ta fille,

Marthe.

MARTHE CARON D'AILLOT
À ÉMILIE DE MONTBOURG
Mougins, le 13 avril 1898.

Chère Maman,

Notre cher oncle nous est arrivé en bonne santé et pas trop fatigué, il nous reste jusqu'à dimanche soir, bien que ce ne soit pas beaucoup, nous sommes cependant bien contents de l'avoir plus longtemps que la dernière fois.

Je suis bien contente de te savoir assez bien pour que tu puisses faire quelques promenades en voiture, à ce que mon oncle m'a dit; Éléonore va bien aussi, à ce qu'il paraît. Allons, tant mieux, je suis heureuse de ces bonnes nouvelles, crois-le, chère Maman, car cela me fait bien de la peine lorsque j'apprends que tu es souffrante.

Que de gâteries, chère Maman, que ce rôti de veau est donc beau et comme il sera bon, et ce pâté dans la croûte dorée me fait venir l'eau à la bouche, ce gâteau dont la pâte fine sera savourée avec une dévorante gourmandise, tout cela a été reçu à bras ouverts. Je te renouvelle tous mes bien affectueux remerciements, ainsi que des jolis bas écossais, des excellents bonbons de pâte de coing, des pastilles de chocolat, papier à lettres, des flanelles et des livres qu'Éléonore a joints à toutes les bonnes et jolies choses que tu m'as envoyées par l'oncle Charles. Les bouteilles de champagne dont tu me parlais dans ton avant-dernière lettre auraient été accueillies avec le plus grand plaisir dans une autre circonstance moins triste, mais mon oncle et ma tante ont pensé que ce n'était pas une occasion pour faire sauter les bouchons de champagne et nous sommes entièrement de leur avis et ce n'est pas avec cette pauvre tombe à peine fermée que nous pouvons être en joie. Je te remercie quand même, chère Maman, d'avoir encore pensé à cela, ce sera pour une autre fois, merci, merci.

Je me porte très bien, mon entérite me laisse en paix, ainsi rassurez-vous toutes les deux sur mon compte. Du reste, mon oncle pourra en écrire, je ne vais pas fermer ma lettre ce soir afin de lui laisser la place de te parler de moi.

Je vais un peu lui tordre le cou, ça me semblera un peu que c'est toi, chère maman, que j'aime bien, crois-le, s'il te plaît.

Je remercie bien fort Éléonore de ces deux volumes qui me font plaisir. Jules Verne écrit avec beaucoup d'esprit et il y a toujours quelque chose à apprendre tout en se distrayant agréablement. Oui, cela me fait plaisir, ainsi doublement merci.

Marthe.

Robert me charge de te remercier personnellement de toutes les gracieusetés que tu nous as envoyées par l'oncle.

Ma chère Émilie*,

A mon arrivée à Cannes, j'ai trouvé la voiture de Robert et le ménage à la gare, heureux de me revoir.

Marthe va très bien et a bonne mine, de plus elle est fort heureuse et est dans les meilleurs termes avec tous les membres de sa nouvelle famille. Je suis fort heureux de voir cela dont je souhaite et espère le maintien très stable.

Demain je conduis Robert et Marthe à Nice, et leur offrirai à déjeuner.

Comme tu le vois par la lettre de Marthe, toutes tes commissions ont été faites et reçues avec reconnaissance personnelle exprimée.

Adieu, ma chère Émilie. Ton frère affectionné,

Charles de Cerilley.

CHARLES DE CERILLEY
À ÉMILIE DE MONTBOURG
Hyères, le 19 avril 1898.

Ma chère Émilie,

Je ne prends pas mon papier deuil aujourd'hui car mon journal de voyage doit être long et que j'ai besoin de beaucoup de place. Je suis rentré hier soir par un temps affreux et ai trouvé Madeleine pas mal et heureuse de me revoir.

Avant de te narrer chaque journée, que je te dise bien vite que Marthe va très bien et est très heureuse. Ceci est positif, se voit et elle me l'a répété plusieurs fois en particulier. Cela est si vrai qu'elle voudrait que je détruise le testament qu'elle m'a confié, tu le sais, l'année dernière. J'ai obtenu d'elle qu'elle le laissât subsister encore entre mes mains, son bonheur étant encore de trop fraîche date. Par exemple, elle désire ardemment que tu détruises ou mettes en lieu sûr les quelques lettres qu'elle t'a écrites sur le dos de son mari durant la période aiguë de leurs querelles, car, dit-elle, si tu venais à manquer brusquement et que, *scellés posés,* on trouve ces lettres dont son mari aurait alors connaissance, ce serait la perte radicale de son bonheur. Ceci est très grave, il y a donc à en tenir compte : mon avis est que tu n'exposes pas ces lettres à être mises sous scellés, opération que ton gendre a le droit de réclamer, même à distance. Ceci dit, je reprends la narration de mon journal.

Première journée du 13 : Marthe est venue à Cannes me prendre à la gare avec son mari. Le soir, Mme d'Aillot et ses filles sont venues souper, et tes provisions (pâté et jambon fumé) ont servi le soir même;

---

* Ajouté par Charles, sur la même lettre *(NdE).*

le rôti de veau a été cuit le lendemain. J'ai bien accentué ton envoi en m'adressant à Marthe qui a dit combien tu étais bonne. Sur ce, petit murmure approbateur.

Le soir même j'ai remis à ton gendre le billet de cent francs. Remerciement encore anonyme, mais tu vas voir ce que j'ai fait : le lendemain matin Marthe vient causer seule vers mon lit et me dit que sa vie est très heureuse, et qu'elle se loue des procédés de tous les membres de la famille sans exception. « Alors, lui ai-je dit, pourquoi ton mari affecte-t-il à propos des cadeaux de ta mère apportés par moi, " merci mon oncle ", et non " merci à ma belle-mère " ? » A ce moment, Robert entre, et j'ai continué mon observation lui disant : « Un coup de chapeau, de la part même de votre ennemi, réclame de vous la réciprocité, n'est-ce pas ? Par conséquent, un cadeau *reçu* réclame un témoignage de gratitude. — Sans doute, sans doute, mon oncle et je vous charge de le dire à ma belle-mère. — Mais, lui ai-je répondu, il vaut mieux que ce soit vous qui chargiez votre femme de le dire *de votre part*. » Il en est convenu parfaitement devant Marthe. Il n'est pas éloigné même de la disposition de t'écrire sa gratitude s'il était sûr de t'être agréable. Du reste, je l'en ai dissuadé parce qu'il ne faut pas aller trop vite ni de part ni d'autre.

Le 14, après déjeuner, nous sommes tous montés au Fermet chez l'oncle Tavelle. On nous a reçus au jardin : M... a été fort aimable avec moi. Je me suis extasié sur la vue et après avoir causé de plusieurs sujets, j'ai demandé à M. Tavelle du Fermet de me faire admirer le pourtour du château d'où on a trois vues, dont la principale sur la mer côté de Nice. Nous étions seuls, lui et moi. Vite, j'en profite pour aborder la question d'Aillot et jeune ménage. Il est au courant de tout, blâme son neveu et son entourage d'avoir à plusieurs reprises humilié Marthe pour un passé qui n'est que le résultat d'un état maladif. Nous nous sommes entendus sur tous les points.

Le 15, j'ai mené Robert et Marthe à Nice pour la journée : promenade à pied avant déjeuner à 11 h 15 puis cafés, puis visite à son frère l'architecte, puis voiture pour grande course en dehors de Nice autour des résidences de la reine d'Angleterre et M. Félix Faure. Puis rafraîchissements : bière et bavaroise pour Marthe ; enfin visite à la couveuse artificielle maternelle où nous avons vu un bébé venu au monde à six mois avec un poids d'un kilo soixante. J'ai offert *tous* les frais de ce petit déplacement qui ne dépassent pas vingt-trois francs cinquante et cela m'a fait bien plaisir à moi-même.

Marthe a été ravie de ce petit voyage à Nice. Elle me l'a dit plus de dix fois.

Le 16, nous avons dîné chez Mme d'Aillot qui s'est mise en frais pour moi, qui ai pu ne faire que très peu d'honneur, car hors de chez moi, mon estomac devient rebelle.

Enfin, en nous quittant à la gare de Cannes par un fichu temps Robert m'a répété : « Adieu, mon oncle, tâchez de continuer l'œuvre. — Oui, ai-je répondu, mais aidez-moi. » Et c'est entendu.

Conclusion : ce second voyage a achevé le bien que le premier a semé, car c'est à dater de fin septembre que le calme est non seulement revenu, mais que les attentions, les petits soins sont réguliers. Jamais la moindre allusion au passé, enfin pas le plus petit nuage, m'a affirmé Marthe à plusieurs reprises. Elle me charge de te remercier de tout son cœur des cent francs en or que je lui ai remis *secrètement.* Je lui ai demandé ce qu'elle faisait de cette ressource secrète : elle s'en sert un peu pour elle, un peu pour le ménage quand il y a besoin. « Mais, alors, ton mari s'aperçoit de quelque chose d'anormal? » Elle lui répond : « Ça, c'est ma petite *réserve* », et il n'insiste pas, et ne furète pas, mais devinant bien sans le dire que ces fonds ne tombent pas de la lune.

Marthe désire beaucoup avoir la nouvelle et dernière photographie de Georges dont tu lui as parlé. La première image est toujours sur leur cheminée de chambre.

Marthe m'a demandé où tu étais, mais j'ai gardé un silence inviolable. La pauvre enfant a soif de te voir ainsi que sa sœur. Voilà qui est bien, mais ce qui est fâcheux c'est qu'elle ne désire pas du tout avoir des enfants et le dit.

Maintenant Robert explique sa crainte de ne pas avoir d'enfant à l'avenir par quelque chose de renversé à la matrice et non par l'atrophie des ovaires. En effet, l'injection au sublimé est bien médicale à *telle dose,* mais devient châtreuse à *telle dose.* Une visite au spéculum, lui ai-je dit, fixerait sur le défaut de position de la matrice. Dans tous les cas ce ne sera jamais une cause de regret chez Marthe et cela m'afflige pour elle. J'ai gardé mes impressions internes, car le sentiment maternel *est* ou *n'est pas.*

Je crois n'avoir rien oublié dans ce journal.

Je suis heureux d'avoir rempli ma mission à Mougins, à ta satisfaction, je l'espère, et d'avoir procuré à tes enfants le plaisir de la journée à Nice où ils n'ont pas eu un centime de dépenses. C'est mon cadeau personnel et aussi de ménage.

Adieu, ma chère Sœur. Ton frère dévoué,

Charles de Cerilley.

ÉMILIE DE MONTBOURG
À HENRI DE CERILLEY
Montpellier, le 25 avril 1898.

Mon cher Henri,

Ton père m'a écrit que Marie doit venir à Lyon le 5 mai prochain pour y subir une opération assez grave, et en même temps il me défend de lui en parler par lettre afin de ne pas inquiéter ma belle-sœur, à laquelle on cache les choses qui peuvent l'émotionner. Mais, puisque tu auras mon frère chez toi avant l'opération, je t'en prie, fais-lui bien observer, *en particulier,* les dangers qui peuvent en résulter. Ici à côté de notre appartement, une jeune fille a succombé tout dernièrement à une opération à la matrice que la chirurgie prétendait réussir *toujours.* C'était pour rendre les époques moins douloureuses. Juge des regrets des parents! Or, pour Marie, il s'agit paraît-il d'une déviation qui ne l'empêche pas de vivre, et que la nature seule pourrait peut-être modifier avec le temps.

A la mort de mon premier enfant, l'émotion m'avait tordu l'organe maternel. J'en ai souffert, mais en ce temps-là on ne pratiquait pas les opérations à la légère, et l'emploi d'une pommade à la belladone a remis l'organe en place avec le temps! J'aurais consenti à passer ma vie étendue sur une chaise longue; quant à une opération, *jamais!* Maintenant les médecins jouent trop facilement la vie des femmes, et font de nombreuses victimes. J'ai cru devoir t'en écrire, mon cher Henri, parce que tu as de l'influence sur ton père, et qu'il est urgent de réagir contre la tendance médicale à user et abuser en ce moment des clients qu'ils savent pouvoir payer les talents des opérateurs.

Et pendant que tu y seras, tu devrais bien tâcher de dissuader ton père de son engouement pour la bicyclette. A son âge, l'ébranlement causé par les chutes n'est pas sans danger, et tu sais qu'il vient d'en faire une assez brutale. Je n'ai pu réussir à lui faire abandonner cet exercice.

Les deux visites de mon frère à Mougins ont produit bon effet pour le bonheur de Marthe, parce que ces lâches ont peur de la barbe, et qu'il s'est posé en énergique redresseur de torts, *pour d'autres.* Tu vois qu'il n'est pas difficile *à un homme* de faire rentrer leurs griffes, tandis qu'ils font les méchants vis-à-vis des femmes! Ah! mon Dieu, le bon temps que c'était où la reine Berthe filait et que les chevaliers étaient des preux!

Sur ce je te quitte, mon cher Henri, en t'embrassant de tout mon cœur, ta tante bien affectionnée,

Baronne de Montbourg.

ROBERT CARON D'AILLOT
À CHARLES DE CERILLEY
Mougins, le 30 mai 1898.

Mon cher Oncle,

Voilà déjà longtemps que je voulais vous écrire, mais j'en ai toujours été empêché par diverses circonstances, la principale ma récolte de foin qui m'a donné un souci énorme à cause du temps : la première moitié a été enfermée très belle, mais la seconde partie, j'ai eu une peine inouïe pour la préserver de la pourriture.

Marthe va toujours très bien. Nous avons cru un moment pouvoir vous annoncer une grande nouvelle, preuve évidente d'une parfaite santé, malheureusement après un retard bien marqué de quatorze jours et divers symptômes sur la présence desquels je ne suis pas encore revenu, nous avons dû perdre tout espoir momentané, quitte à recommencer le mois prochain, cela prouve certainement que la santé de Marthe a fait de grands progrès et que son entérite lui a fait faire peau neuve, ce dont je suis on ne peut plus ravi.

Sans nouvelles de mon acceptation aux demandes de ma belle-mère, donnez-moi, je vous prie, le résultat de vos négociations et l'effet produit.

Je vous laisse mon cher Oncle, en vous embrassant bien fort, ma tante et vous, Marthe se joint à moi pour en faire autant.

Robert Caron d'Aillot.

ÉMILIE DE MONTBOURG
À CHARLES DE CERILLEY
Montpellier, le 29 juin 1898.

Mon cher Charles,

Voici la composition de notre villa ici. Au rez-de-chaussée : salon, petit salon, salle à manger, cuisine, et en dehors débarras avec lieux d'aisances; au premier : ma chambre, l'escalier, la chambre d'Éléonore, une chambre à donner et des lieux d'aisances à l'anglaise pour les maîtresses; au deuxième étage : chambre de la bonne, deux grands cabinets, dont je fais lingerie et pendoirs, une chambre de débarras, enfin un belvédère pour les amateurs de paysages, de feux d'artifice ou de la géographie du ciel. Sous l'escalier il y a un caveau qui fait office en même temps. Plus en dehors et en face de la porte de la villa, un cabinet pour provision de bois à brûler. Les charbons et les sarments sont dans les débarras avec les lieux d'aisances. Tu vois que c'est assez complet, nous y sommes parfaitement indépendantes. Quatre départs de poste et quatre distributions par jour. La boîte est contre la maison du propriétaire à cinquante pas de chez nous.

Notre bonne semble devoir nous convenir, nous la payons trente francs par mois, ce qui fait trois cent soixante francs. Mais comme elle a deux enfants et une vieille mère et qu'elle a été obligée de laisser son mari qui est acoquiné avec une autre femme et qu'il lui fallait néanmoins porter toute la charge du ménage, nous serons obligées par notre cœur charitable à lui donner souvent.

Je suis bien aise que tu aies trouvé convenable ma lettre à mon gendre, elle m'a coûté beaucoup. Éléonore trouve que j'avais l'air de relever de maladie. Le fait est que l'estomac s'était bien resserré de nouveau. Je reculerai autant que possible notre incognito, car c'est notre sécurité. Les indiscrétions bien prouvées de M. Robert nous avaient rendu le séjour de Grasse impossible, il en fera autant ici pour nous être désagréable et nous faire du mal. Or mes forces physiques s'amenuisent, je ne puis mener une vie nomade sans coup férir et si nous étions obligées de quitter Montpellier, cette fois ce serait pour l'Amérique. Advienne que pourra, ce n'est pas une plaisanterie, je t'assure, mais nous saurons nous donner la paix à tout prix.

Je t'embrasse bien tendrement, mon cher Charles. Ne t'expose pas aux insolations. Ta sœur bien affectionnée,

Émilie.

CHARLES DE CERILLEY
À HENRI DE CERILLEY
Sangy, le 24 août 1898.

Mon cher Henri,
Grosse et grave affaire!
Marthe a fui de Mougins pour se réfugier chez sa mère. J'ai reçu lundi matin une dépêche de R. d'Aillot conçue ainsi : « *Affaire très grave, urgente, ici, Mougins, prévenez belle-mère, Marthe disparue* — Signé : Robert. » Deux heures plus tard dépêche de ta tante : « *Marthe ici, ta présence urgente, position grave* — Signé : Émilie. » Durant ces deux heures entre les deux dépêches j'ai cru à un suicide peut-être. J'ai répondu à ta tante et à Mougins que ma santé très éprouvée par la chaleur m'empêchait de braver à mon âge un danger très grave. Ta pauvre tante dans son affolement n'y a pas réfléchi. J'attends les détails car je n'ai encore que les dépêches. Je présume que R. d'Aillot aura été brutal et Marthe aura fui. L'affaire va s'instruire en famille d'abord et il va me falloir tout entendre avec calme et impartialité.

J'invite ta tante à suivre les avis de son avocat-conseil, car elle se défie de moi depuis longtemps, elle me croit prévenu.

Meilleures tendresses de ton père affectionné,

Charles de Cerilley.

ALEXIS TAVELLE DU FERMET
À CHARLES DE CERILLEY
Nice, le 28 août 1898.

Monsieur,

Je reçois votre lettre du 26 août et j'avais déjà reçu deux lettres de Mme de Montbourg, m'informant de la pénible affaire. J'espère qu'il n'y a rien de trop grave en tout cela, Marthe me paraît avoir suivi le conseil d'une imagination trop exaltée, du moins j'aime à le penser ainsi.

Je n'envisagerais pas sans effroi pour l'une et l'autre des parties les conséquences d'une action judiciaire, aussi ferai-je mon possible pour la leur épargner. Je suis donc tout disposé à vous aider dans la voie d'un accord amiable et je me mets à votre entière disposition dans ce but. Veuillez, Monsieur, me dire ce que vous pensez qu'on puisse faire, et ce que je dois tenter d'accord avec vous.

Recevez, Monsieur, l'expression de mes sentiments les plus distingués.

A. Tavelle du Fermet.

Je redescends au Fermet la semaine prochaine et j'y verrai Robert.

CHARLES DE CERILLEY
À ÉMILIE DE MONTBOURG
Lyon, le 28 août 1898.

Ma chère Émilie,

Arrivé hier soir après une journée mortelle de chaleur j'ai reçu ce matin, retournées ici, ta lettre et celle de ton gendre renfermant celle ci-incluse qu'il me prie de faire parvenir à sa femme.

Henri trouve, comme moi, que la note est très exagérée, mais que Marthe peut bien aussi exagérer, qu'il convient de temporiser, avec calme et fermeté sans rien casser brusquement. Si les faits sont bien prouvés et qu'il soit évident qu'une rupture définitive doit être maintenue, il vaudrait beaucoup mieux arriver à un accord amiable sanctionné par acte sous l'autorité d'un juge, mais dans son cabinet privé et sans y mêler le tribunal. Car alors ton gendre se défendra et, s'il brûle ses vaisseaux, il mettra au jour tout le passé de sa femme et ce sera lamentable pour tous et pour toi en particulier. D'autre part l'hystérie ne se guérit que par les glaces de l'âge et pendant pas mal d'années tu vivras sur un volcan. Tu n'as pas assez réfléchi à ces dangers. Marthe enfin peut-elle prouver les menaces de mort formulées contre elle par son mari? Si oui, oh alors pas de remèdes, il faut se séparer radicalement.

Je crains de voir de l'exagération partout, le passé de Marthe te l'a prouvé maintes fois, et d'autre part elle parle d'une façon violente dans ses lettres de son mari. Tu as bien fait d'écrire à M. du Fermet, moi je l'ai fait aussi. Son avis sera prépondérant pour moi, car il doit bien connaître son neveu.

Adieu, ma chère Émilie remets la lettre ci-incluse à Marthe pour qu'elle en juge. Je t'embrasse tendrement. Moi, ma santé s'oppose à ce que je brave la chaleur, et sembler ne pas le croire est mal de ta part, c'est même blessant pour moi, je te le dis pour ta gouverne. Ton frère affectionné,

Charles de Cerilley.

Quand le moment d'une solution sera venu, ce sera alors que ma présence sera utile; mais pour l'étude, à quoi servirait mon déplacement qui ne pourrait être que court? Et nous sommes loin d'avoir des idées communes sur toute la ligne. J'aime mieux te voir écouter des étrangers qui peuvent penser comme moi dans la majorité des cas, si on les met bien au courant.

CHARLES DE CERILLEY
À ÉMILIE DE MONTBOURG
Lyon, le 30 août 1898.

Ma chère Sœur,

Ta douleur maternelle obscurcit ton don de pénétration en qui tu as une confiance absolue. D'autre part tu veux oublier que tu t'es plainte à moi de la *duplicité inconsciente* de ta propre fille Marthe. C'est un des caractères de l'hystérie, et le docteur Brouardel le professe. Tu crois sur parole et *à la lettre*, aujourd'hui, les allégations les plus graves; tu pars en guerre, tu parles tribunal à ton gendre *sans attendre* les conseils demandés. Tu veux croire qu'il n'est *plus question d'hystérie, Dieu merci, dis-tu,* et tu vas de l'avant sans réfléchir que l'hystérie est bel et bien là; qu'elle ne se calmera que par la glace de l'âge, où ta fille est loin d'être. D'ici là peux-tu répondre de ce qui peut se passer! Je le répète, si les menaces de mort ont été réellement proférées, il faut se séparer radicalement, mais sans procès. On peut dresser un acte amiable et la vie de tous les jours de Marthe sera l'objet d'une surveillance exacte si possible. Le passé rend sceptique sur l'avenir. Ne va pas t'indigner de cette réflexion qui te serait faite avec moins de convenance par l'avocat défenseur de ton gendre.

Je suis à ta disposition pour transmettre à Mougins ta demande des effets de Marthe. Mais où vas-tu les faire adresser et à qui?

Demande à Marthe s'il est vrai que le jour où elle attendait le retour de son mari ou les jours précédents, elle a menacé de *coup de fusil ceux qui cherchaient à la calmer.* Voilà un fait à élucider, et il est grave aussi. J'ai la lettre de ton gendre qui l'articule. J'écoute, j'enregistre, je fais provision de documents.

D'après ta lettre, la jeune fille en visite à Mougins aurait bien dit *à ton gendre devant Marthe qu'il avait bien le droit de la battre, et*

qu'il devrait l'étrangler pendant qu'elle dormait. Cette scène prise à la lettre n'est pas croyable, ou bien il faut tout prouver. Ne serait-ce pas plutôt un propos entendu à travers une porte ou mal rapporté?

Tu vas procéder à une véritable séquestration d'enfant avant toute décision régulière et à l'insu du père légal, dès lors que tu vas retirer Georges de nourrice, et que tu caches ta résidence. Je te l'ai dit plusieurs fois, et je n'y peux rien. Tu vois bien que je ne puis t'être utile puisque tu ne m'écoutes presque jamais.

Tu te plains très amèrement que j'ai révélé à ton gendre que Marthe s'était réfugiée chez toi, mais sans lui dire ta résidence. Tu te laisses aveugler par la peur qui te rend injuste à mon endroit et t'empêche de scruter à fond la situation. Tu n'as jamais réfléchi une minute que ton gendre est nanti de par la loi de droits sur sa femme; que la voyant disparue de son foyer, il avait le droit et le devoir de la chercher partout, et c'est ce qu'il avait commencé à faire par enquêtes personnelles et en réclamant les secours de la justice pour arrêter ces démarches dont le retard ne pouvait être que fâcheux. J'ai cru devoir lui dire qu'elle était auprès de toi, mais je te le répète, sans lui dire où. Tu veux absolument te cacher, *je respecterai ton secret,* mais crois-tu que s'il le voulait ton gendre ne pourrait pas découvrir ta retraite en vertu de ses droits de mari que seule une décision de justice, sur laquelle je reviendrai tout à l'heure, peut lui enlever. Tu me demanderas comment? Mon Dieu, la filière serait bien simple : muni de ta lettre disant que ta fille est *dans une maison respectable* et de la mienne disant qu'elle est chez toi, Robert d'Aillot n'aurait qu'à aller trouver le procureur de la République et le prier sur ces données de le mettre à même de recouvrer sa femme. Ne sachant où te prendre et pour plus de rapidité, le magistrat s'adresserait à moi ou à Edwige dont on connaît l'adresse, pour avoir la tienne, et, mis en demeure officiellement, nous ne devrions, même en apparence, nous faire les complices d'*une séquestration.* Je ne veux pas te dire que tout cela sera, mais je tente de te prouver que la chose est légalement possible.

De plus, personne ne comprendra que Marthe fuyant son mari soit dans une *maison respectable autre que celle de sa mère.* A quoi cette équivoque rime-t-elle au fond? A vous nuire à toutes. Enfin la terreur que ton gendre t'inspire au point de vue matériel n'a aucun fondement raisonné, surtout maintenant. Il n'a jamais maltraité sa femme physiquement que je sache et il a intérêt à être correct avec vous toutes.

Tu ne peux t'en rapporter exclusivement à ta fille en proie à une très grande surexcitation au moins morale. Tu ne dois pas la constituer partie et en même temps seule juge de l'opportunité et de l'efficacité d'une action judiciaire. Il faut, comme je te le dis, contrôler le bien-fondé de ses dires; la pauvre enfant a beaucoup souffert, cela est certain, mais son chagrin ne lui fait-il pas grossir beaucoup les causes de ses souffrances?

Crois-moi, je t'en supplie, il faut avant tout pour ne pas la compromettre et te compromettre, connaître la vérité à fond, et n'agir que sur des faits bien prouvés.

La procédure à suivre me semble devoir être celle-ci : que tu demandes toi-même ou par ton conseil au procureur de la République de Grasse de faire une enquête à titre *officieux* sur tous les faits argués par Marthe : comme magistrat, il a des moyens d'information qui font défaut à des parents, lesquels, d'ailleurs, n'auraient *pas l'autorité voulue pour délier les langues* et amener les confidences ratificatives des plaintes de Marthe, plaintes fondées, je ne m'inscris pas en faux, mais qu'il faut absolument *prouver* comme réalité avant de marcher de l'avant dans une affaire terrible de conséquences pour le présent et pour l'avenir.

Une fois cette enquête faite, et qui ne peut être faite bien complète que par un magistrat, nous délibérerons en famille sur la situation vraie et le parti à prendre. A ce moment, bien éclairé, tu me trouveras, comme tu m'as toujours trouvé dans toutes les circonstances graves de ta vie.

Ah, si je ne te sentais si malheureuse, nos divergences de vues trop fréquentes et surtout tes injustes et blessants soupçons me feraient lâcher le manche après la cognée.

Joignons-nous de notre mieux, car notre tâche sur la terre ne semble pas terminée, si cela entre dans les décrets de la Providence.

Adieu, ma chère Émilie, médite sur tout ce que je te dis, ne te hâte pas de me répondre, et attends d'être fixée par tes conseils très éclairés *par toi et par la communication de cette lettre mémoire.*

Je t'embrasse de tout mon cœur, ainsi que mes nièces. Mes enfants en font autant. Ton frère affectionné,

Charles de Cerilley.

CHARLES DE CERILLEY
À ÉMILIE DE MONTBOURG
Lyon, le 1er septembre 1898.

Ma chère Émilie,

Remets ma lettre à Marthe après l'avoir bien lue, dis-moi ce que M. Tavelle du Fermet t'a écrit, et ce que tu lui as répondu. Cela me guidera dans la réponse que j'ai à lui faire.

Je crois que Marthe a eu la tête très chauffée par un sentiment de jalousie causée par les familiarités qu'elle rapporte de son mari avec la jeune fille en visite de quinze jours à Mougins avec *sa sœur.* C'était toujours fort déplacé et dangereux pour Marthe avec le tempérament qu'elle a et qui est maladif. Si ce principe est admis, tout ce qui s'est passé s'explique comme conséquence et nous ne serions qu'en présence d'un accès de fièvre. Eh bien, on ne brise pas son présent et son avenir pour un accès de fièvre.

Réponds-moi vite, et trace-moi ma voie. Si nous nous entendons tout ira bien; dans le cas contraire, je ne puis que rester sous ma tente et gémir.

Je t'embrasse tendrement. Ton frère dévoué,

Charles de Cerilley.

CHARLES DE CERILLEY
À MARTHE CARON D'AILLOT
Lyon, le 1er septembre 1898.

Ma chère Marthe,

Je vois avec douleur que je suis méconnu par vous trois. Je sais bien que tu es bien malheureuse, et que tu me l'as caché par ordre de ton mari. J'ai fait ce que j'ai pu pour développer chez lui l'esprit de notre famille, faisant un peu équilibre à l'esprit d'intérêt. Pour ma récompense, vous avez trouvé que j'étais séduit. Je te conjure de bien examiner le fond de la question : qu'y voit-on?

1º Pas de sévices matériels, c'est-à-dire que tu n'as pas été battue.

2º Des motifs de jalousie, communs à beaucoup d'autres femmes bien plus en position que toi de s'en offenser et qui cependant ne fuient pas le domicile conjugal pour cela seul.

3º Le mépris qu'on t'a témoigné est ce qu'il y a de plus sérieux. J'en ai causé avec M. Tavelle du Fermet, et il le condamne. Mais, la main sur la conscience, à certains moments de querelle conjugale, est-il bien étonnant que ton mari t'ait reproché certains faits malheureux qu'il n'a appris qu'après votre mariage? N'a-t-il pas droit aux circonstances atténuantes?

4º Les menaces de mort non réciproques articulées de part et d'autre semblent tellement hors nature, qu'une enquête seule, et bien faite, peut prouver les faits ou leur exagération, enquête officieuse seulement car je réprouve un procès qui sera perdu par vous, je le crains fort. Oh, je ne suis pas cru, mais j'espère que des conseils étrangers auront le don de se faire écouter.

La vie indépendante est tellement semée de dangers pour toi, ma pauvre Marthe, que si je pouvais prévoir le résultat de l'enquête que ton oncle Tavelle du Fermet pourrait faire sans bruit, je serais le premier à te dire : reviens à ton mari qui, s'il a fait des fautes regrettables, prendra ta fuite temporaire comme une leçon et un avertissement, que son intérêt mis en danger rendra plus éloquents.

Je vous conjure de ne pas perdre de vue les conséquences néfastes d'un procès scandaleux. S'il te faut un chevalier pour rentrer à Mougins, je m'offre à t'en servir à un moment où je serai libre. Je suppose que la chose sera possible, et je le désire de toute mon âme. Donc, en attendant, pas de coup de tête et pas d'huile sur le feu. Voyons, dis-moi : ce que je te dis là te paraît-il sensé et frappé au bon coin de l'esprit de famille? Si c'est non, n'en parlons plus et à la grâce de Dieu.

L'enquête est-elle utile?

Oui, si les griefs articulés sont graves en fait, mais *non* s'ils ne reposent que sur des formes fâcheuses pour vous deux. En effet, sous le rapport moral, vous vous jetez réciproquement à la tête des reproches, de bien vilains mots.

L'enquête relèvera les paquets de boue, mais ne lavera pas vos taches qui n'ont besoin que de silence. A toi de voir en âme et conscience si tu as beaucoup à gagner à une enquête, ce dont je doute un peu. Y perdre tous deux est plus probable. Réfléchis donc bien alors qu'il en est temps. Relis bien la lettre de ton mari que j'ai envoyée à ta mère. Passe bien son plaidoyer au laminoire de ta critique, et sans parti pris.

Adieu, ma chère Marthe, j'espère que tu réfléchiras sagement à tout cela et ne douteras plus de mon dévouement. Je t'embrasse de tout mon cœur, ainsi que ta mère et ta sœur. Ton oncle affectionné,

Charles de Cerilley.

CHARLES DE CERILLEY
À MARTHE CARON D'AILLOT
Lyon, le 9 septembre 1898.

Ma chère Marthe,

Je serai laconique dans ma réponse à ta grande lettre dont le but est de me tâter sur la question des divorces. Je réponds nettement que ni moi, ni la famille entière n'accepterons cela et que, le cas échéant, vous marcherez seules *avec toutes les conséquences.* Si tu l'obtiens du tribunal, il sera prononcé contre toi indubitablement, c'est-à-dire que tu en paieras en argent la façon à ton mari. Et puis, que sais-je ce que le tribunal ordonnerait? Maintenant que tu es chez ta mère et que nous sommes loin d'être du même avis sur plusieurs points, il ne peut me convenir de garder ton testament que tu m'as confié à ma rentrée à Sangy, je te le retournerai sous le couvert de ta mère par lettre recommandée.

J'attends avec impatience la réponse de ton oncle du Fermet sur l'enquête qu'il est prié de faire. C'est déjà bien rare de voir un oncle du sang enquêter ainsi! C'est un témoignage de très haute confiance, mais fera-t-il cette enquête sérieusement? J'en doute car je m'attends à ce qu'il se récuse comme trop proche parent de son neveu.

249

D'autre part, ton mari t'accuse nettement de l'avoir trompé en son absence, chez lui et dans son lit, avec son domestique, celui que j'ai vu cet hiver à Mougins. Il n'a pas parlé de cela dès ses premières lettres et il peut dire qu'il n'a appris cela que quelques jours plus tard. Suppose qu'il invente tout, tout, y compris les témoins qu'il dit avoir, ce serait vouloir être convaincu de calomnie odieuse que la justice punirait d'une façon rigoureuse. A toi de voir *le fort* ou *le faible* de cette nouvelle et triste question. Je dois te paraître trop calme devant cela, mais ce n'est que pour un temps. Je cherche la lumière et ce n'est pas commode car, toi-même, tu m'as joué la comédie, dis-tu, à Mougins et cependant *seule avec moi* qui t'ai conjurée de me dire la vérité sur ton bonheur en ménage. Tu m'as parue alors très sincère, comme lorsque de ton propre mouvement tu m'as dit, *seule avec moi,* que tu désirais que je détruise le testament que tu m'as confié. Je t'ai dissuadée de le faire pour sauvegarder un avenir inconnu. Tu avoueras bien que je n'étais pas séduit, alors? Et qui l'était donc? Toi. Et la preuve, c'est que tu as résisté longtemps aux appels de ta mère qui prend sur elle des responsabilités qu'elle devrait mieux prévoir.

Tous tes griefs, considérés en gros et en détail, dépeignent bien une situation où on trouve de la part de ton mari :

1º De la spéculation sans amour comme mobile unique de son mariage.

2º Des traitements moraux méprisants qu'il nie à tort, mais dont dans l'espèce tu ne peux te faire une arme légale.

3º Du chantage vis-à-vis de ta mère, et dont tu as souffert par les privations qu'il t'imposait.

4º Mais on ne relève pas de sévices matériels, et quant à sa conduite privée, ne va pas faire rire le tribunal en te montrant jalouse, toi surtout.

5º Ton mari déclare ne plus te vouloir, la bataille ne va donc s'engager que sur la rente à lui payer, car le tribunal lui en allouera une. Quelle sera-t-elle? De plus de la moitié, probablement, parce qu'il n'a pas de fortune. Que dira-t-on pour après ta mère?

6º Ta fuite ayant lieu *le jour même du retour de ton mari semble redouter son retour* et pourquoi? Il s'en fait un argument. Penses-tu n'avoir rien à te reprocher? Peux-tu opposer témoins à témoins? Oh, qu'il me tarde d'y voir clair! Je refoule mon émotion et je m'impose le calme de l'esprit pour bien juger des faits.

Adieu ma pauvre nièce, je vous embrasse toutes bien affectueusement mais bien tristement.

Ton oncle dévoué,

Charles de Cerilley.

P.S. Es-tu allée dîner avec ta bonne à la fabrique en partie carrée avec Guillaume et sa femme? Même fait chez toi, potage, tarte à l'oignons, plusieurs bouteilles de vin, un demi-litre de rhum, scènes d'orgie, ivresse de ta part, protestation de ta bonne que tu aurais forcée de marcher sous menaces.

Deux feuilles de timbres pour effets de mille francs ont été apportés chez toi. Ton mari craint que tu aies fait des billets pour acheter le silence. Ce Guillaume, femme et enfants ont quitté le pays et passé la frontière. D'après ton mari, tu serais allée chercher Victorin chez lui, et suivie de ta bonne sur ton ordre. Quel tissu d'horreurs! Oh, qui va être confondu? Je garde l'original chez moi, et j'invite monsieur ton oncle à se faire dire par son neveu tout ce qu'il m'écrit pour qu'il le vérifie sur place avec son expérience d'avocat qui en a l'habitude.

Pense de moi ce que tu voudras, mais aie au moins le bon goût de ne pas me traiter en ennemi pour ne pas me forcer à te lâcher.

Si malheureusement l'affaire se plaide devant le tribunal ton mari qui sait *tout ton passé, par toi-même,* et il me l'a prouvé à ma grande surprise, fera mettre tout au jour par son avocat. Ces précédents donneront créance aux accusations de l'heure présente, et aux témoins invoqués. Voilà le danger très grave que je te signale.

Ah, je déplore ta fuite! L'enquête dira quels en ont été les vrais motifs.

Aujourd'hui, en face des accusations de ton mari, tout retour est impossible et te voilà dans une impasse redoutable. Si ta mère venait à te manquer, tu dois te *cloîtrer volontairement* avec ton fils dans une maison à discipline sévère et protectrice.

Tu ne dois pas demander le divorce :

1º Parce que tu es chrétienne et que dans notre monde c'est une tache qu'on rejette de son sein, sauf le cas où on a épousé un monstre d'iniquité dont l'Honneur défend de porter le nom. Ici, ce n'est pas le cas, malgré tous les griefs que tu as, et qui n'ont pas l'importance que vous leur donnez.

2º Je ne crois pas que ton mari le demande, parce qu'il n'a pas intérêt à accentuer qu'il ne t'a épousée que par intérêt de fortune.

3º Il préférera conserver le droit de te faire surveiller comme terrain de chantage, je le suppose. Comme mari, il se fera indiquer ta résidence par la police, maintenant que la lutte est ouverte, il en a le droit.

Ta mère parle à ta tante Sophie de maîtresse imposée : si au su et au vu de toi, il a entretenu une concubine dans ta maison, c'est bien là le cas d'une maîtresse imposée. Voilà l'injure grave dont parle la loi. Mais, de simples galanteries même risquées, comme de vilains jeux de mains peu graves devant toi, ne riment pas avec le mot de maîtresse imposée. Ce qui a pu se passer au-dehors de la part de ton mari n'y rime pas non plus. Il faudrait encore prouver qu'il t'a trompée au-dehors.

CHARLES DE CERILLEY
À ÉMILIE DE MONTBOURG
Lyon, le 16 septembre 1898.

Ma chère Émilie,

Si mon lombago mélangé de sciatique ne mettait un obstacle invincible à tout déplacement, je partirais sur l'heure pour aller à toi. Tu dois être déjà préparée à de fâcheuses nouvelles qui viennent de se confirmer par la lettre que je viens de recevoir de M. Tavelle du Fermet dont voici la copie textuelle :

« *Le Fermet, le 14 septembre 1898,*
« Monsieur, Conformément au désir que vous exprimez dans votre lettre du 8 courant, j'ai interrogé les diverses personnes que Robert m'a désignées pour établir les très graves accusations qu'il a formulées contre sa femme. A dire vrai, je n'en croyais pas un mot tant qu'elles étaient dans sa bouche à cause de l'exagération même qui me semblait attachée à son récit. Je suis obligé de convenir que tout a été confirmé.
« Anna, domestique, m'a rapporté avec détails tout ce qui est reproché à sa maîtresse dès le vendredi, jour du départ de Robert. Marthe est allée dîner à la fabrique avec un faucheur et sa maîtresse. Elle a vraisemblablement bu avec excès (j'ai parfois constaté sa tendance à cet égard). A une heure du matin, en la compagnie de la bonne, elle est allée chercher un jeune paysan du nom de Victorin, l'a emmené avec elle, et a passé la nuit avec. Le lendemain soir samedi le fait s'est renouvelé, elle était encore au lit avec Victorin le dimanche matin. Il n'est pas venu le mardi, mais le mercredi Marthe est allée le relancer au champ où il travaillait chez un propriétaire qui confirme le fait. On a soupé le soir ensemble chez Robert avec un canard tué pour ce souper. On a envoyé dîner le petit domestique chez sa mère afin de ne pas l'avoir comme témoin. Non seulement ce garçon, mais sa mère confirment cette partie de la déposition. Le jeudi, nouvelles agapes à la fabrique; les allures de Victorin allé ce soir-là chez le barbier pour se bichonner ont attiré l'attention. Le vendredi Marthe a fait laver les draps de son lit par une femme qui a reçu ses confidences au sujet de Victorin. Enfin, circonstance caractéristique, le faucheur, sa maîtresse et Victorin ont quitté le pays peu de jours après la rentrée de Robert. Le départ de Marthe le jour même de l'arrivée de son mari revêt, en présence de ces faits, une couleur significative. Robert étant absent depuis une semaine, les griefs antérieurs n'expliqueraient pas le départ. La jalousie ne s'expliquerait pas mieux, car ce mobile, exaspéré par un retard de

retour de plusieurs jours, aurait dû être atténué par l'annonce du retour même. On s'explique mieux que la crainte de la divulgation de ce qui s'était passé ait entraîné Marthe à s'enfuir.

« Quoi qu'il en soit, vous voyez ce que produirait l'enquête si elle était judiciaire. Les personnes que j'ai entendues donnent des détails qu'il paraît difficile d'inventer, et le témoignage du principal témoin Anna se trouve confirmé par les faits de moindre importance qu'elle relate. Je persiste donc à croire qu'il serait utile d'étouffer cette affaire par un divorce auquel on trouverait des raisons moins scandaleuses; on peut organiser cela, mais il faut se mettre d'accord. Je plains peu Robert qui n'a trouvé que ce qu'il a cherché; je ne me mêlerai pas d'un procès, parce que je ne veux pas être publiquement mêlé à un mariage dont on m'avait caché les conditions.

« Dans cet ordre d'idée, je suis à votre disposition et à celle de Mme de Montbourg qui me paraît bien à plaindre et tout à fait digne d'intérêt.

« Recevez, Monsieur, l'expression de mes sentiments bien distingués. - Signé : A. Tavelle du Fermet. »

Médite bien ce rapport de M. du Fermet que tu as envisagé depuis longtemps comme un homme sérieux en qui on pouvait avoir la plus grande confiance. Pèse bien les faits qu'il articule et les témoignages qu'il cite, et demande-toi si un tribunal ne serait pas fortement impressionné. En regard, nous avons les dénégations absolues de Marthe. Adjure-la bien de te dire toute la vérité, car le moment est solennel et de toute gravité. Si selon les apparences tout est malheureusement vrai, ou en grande partie vrai, *il faut,* comme le dit M. du Fermet, étouffer un procès public et atrocement scandaleux et arriver à une transaction à laquelle avec ton conseil nous travaillerons tous.

Tu ne me dis pas de quelle manière ton adresse a été surprise par ton gendre, chez son oncle, je présume que tu la lui avais donnée.

La visite des deux agents des mœurs, provoquée par ton gendre, est un commencement de chantage qui ne peut que lui nuire et je le lui dis.

Ce que tu me dis de l'état du petit Georges est fort inquiétant. Je dis à ton gendre que les soins éclairés de deux docteurs lui sont prodigués, et que malgré cela l'inquiétude existe. Je lui dis ce qu'il a et que je le tiendrai au courant. Mets-moi à même de le faire.

Je suis inquiet de ta santé, ma pauvre Sœur, au milieu de ces terribles épreuves. Je t'embrasse avec tes filles de toute la force de mon affection dévouée. Ton frère affectionné,

Charles de Cerilley.

253

CHARLES DE CERILLEY
À ROBERT CARON D'AILLOT
Lyon, le 16 septembre 1898.

Mon cher Neveu,

Je vous avise de la part de ma sœur que le petit Georges qui est chez elle est très malade depuis quelques jours de la dysenterie. Les soins les plus éclairés des docteurs lui sont prodigués. Malgré cela l'inquiétude existe. Je vous tiendrai au courant.

J'ai reçu le rapport tristement détaillé de votre oncle. J'en communique la copie à ma sœur, et quand j'aurai sa réponse, je me mettrai en rapport avec lui.

Vous avez envoyé à votre belle-mère deux agents de la police des mœurs, je réprouve cette taquinerie très blâmable sans motif, dès lors que vous savez votre femme chez sa mère et sa sœur. A s'en référer à vos lettres et aux affirmations de Marthe, et au rapport circonstancié de votre oncle d'autre part, il en résulterait que de chaque côté il y a de graves griefs dont la proportion reste à établir. Ceci demandera du temps et un esprit impartial dont je ne me départirai pas.

Croyez, mon cher Neveu, à mon désir de voir apporter à cette triste affaire la solution la plus équitable pour les deux parties.

Charles de Cerilley.

CHARLES DE CERILLEY
À HENRI DE CERILLEY
Sangy, le 22 septembre 1898.

Mon cher Henri,

Réponse reçue de ta tante qui semble très impressionnée par le rapport. Elle reconnaît que les apparences sont contre M... qui a écrit à son oncle du Fermet son démenti indigné. Elle n'a pas vu Victorin qui était aux champs, mais seulement sa belle-mère chez laquelle elle est allée chercher des légumes; elle a appris des choses très graves sur R... le jour même de son retour annoncé, et comme elle lui aurait fait de graves reproches, des malheurs étaient à craindre. Voilà pourquoi elle a fui, dit-elle. *C'est faible.* R. d'Aillot a écrit à Sainte-Apolline ses griefs avec menaces de scandale en cas de non-satisfaction pleine et entière. Sophie me fait passer cette lettre que je joins au dossier.

Le petit G... va un peu mieux; on espère le sauver. Les selles sanglantes ont cessé mais la faiblesse est très grande. J'ai avisé le père légal et en même temps je l'invite à ne pas recourir à la taquinerie et aux menaces de scandale car on ne cédera *rien* à ces moyens.

Ton père affectionné,

Charles de Cerilley.

CHARLES DE CERILLEY
À ÉMILIE DE MONTBOURG
Lyon, le 22 septembre 1898.

Ma chère Émilie,

Ta réponse m'est arrivée hier matin ici. J'avais hâte de la recevoir pour pouvoir accuser réception de son rapport à M. du Fermet, en connaissance de cause. Je ne puis que lui répéter la négation absolue de Marthe sans rien y ajouter.

Maintenant, de toi à moi : il ne suffit pas de nier, il faut battre en brèche chaque accusation et attaquer les témoignages contre elle par d'autres témoignages qui les détruisent, ou jettent tout au moins un grand doute capable de faire présumer une odieuse calomnie, puisque, dis-tu, Marthe est aimée et estimée à Mougins, et non son mari.

Il faut donc de toute nécessité que l'avoué à sa rentrée fasse une enquête pour contrôler celle de M. du Fermet. Si Marthe, tout en protestant, n'est pas blanchie par une enquête contradictoire, elle sera regardée comme coupable et sera forcée de faire pont d'or à son mari pour éviter le scandale public.

Ou bien il y aura débat public *à huis clos,* je le suppose, mais on sait bien que le jour du débat se répand dans le public qui brode sur le canevas qu'on lui livre.

Subissez le divorce demandé par ton gendre, je le suppose, mais *ne le demandez pas.* Principes à part, je ne veux pas être associé à une tache de famille.

Je voudrais bien savoir ce que Marthe a appris de terrible sur le compte de son mari *le jour même de sa rentrée de Mougins.* Cela en vaut-il la peine? Pourquoi ne pas me le dire à moi qui cherche la lumière dans votre intérêt à toutes?

J'écris à ton gendre et je lui copie tout le passage de ta lettre qui a trait à Georges, puis je lui dis la protestation indignée de sa femme qui en a écrit à son oncle.

Je ne dis rien de l'enquête à ton gendre, sinon qu'il faut que sa femme se disculpe sur preuves à intervenir. J'ajoute que je vous invite tous à la patience dans cette recherche de la vérité, *car on ne cédera rien à la menace, qui ne pourrait être qu'une très mauvaise note pour la partie qui en ferait usage.*

Dis-moi si Marthe· invoquait le témoignage du curé de Mougins?

Puis les voisins de Victorin pourraient dire s'il s'est *absenté plusieurs jours de suite de chez lui,* puisque ton gendre affirme que son indigne bordel a duré *plusieurs jours.*

Hélas, les apparences sont terriblement contre elle! Il faut qu'elle les détruise ou en fasse douter, sans cela elle est condamnée d'avance.

Adieu, ma chère Sœur, j'espère que si vous sauvez le pauvre enfant vous irez toutes mieux. Partagez-vous mes tendresses de frère et oncle affectionné.

Charles de Cerilley.

CHARLES DE CERILLEY
À HENRI DE CERILLEY
Sangy, le 26 septembre 1898.

Mon cher Henri,

J'ai appris de Montpellier la mort du petit Georges. Marthe continue à nier tout avec résolution. Elle croit que Victorin a fui pour ne pas être appelé en témoignage contre son mari. Quant à la cuisinière, elle ne serait pas surprise que son mari eût couché avec elle! Tu vois cette double politique de boue. C'est à n'y rien comprendre et tant pis pour les coupables s'ils vont de l'avant. Je crains qu'il y ait de la Honte pour eux tous, et je la laisse à leur initiative personnelle et réciproque.

Figure-toi que ta tante avait le projet de faire des circulaires fairepart du décès de son petit-fils avec les noms des père, mère, grandsmères, et *oncles, tantes et parents!* Oh j'ai protesté pour ces derniers, ne voulant pas qu'on me rie au nez dans nos pays. Il est donc décidé que tout se bornera *au Midi* comme circulaires.

Cette mort de l'enfant est grosse de conséquences présentes et futures. D'abord c'est une boussole de moins pour la mère.

Ta tante semble faillir dans la défense qu'elle laisse à sa fille qui continue à nier absolument. Je le prévoyais. Mais il me prend des doutes de tous les côtés. Quel océan de boue, quelle mer... de Honte!

M... nie être allée réveiller Victorin accompagnée d'Anna. Elle ne connaît pas sa porte. Anna mentirait donc? M... dit que son mari avait la manie de croire qu'elle couchait avec l'un puis avec l'autre, et qu'elle en avait pris son parti. En tout cas ce n'est pas quand on a de pareils soupçons qu'on laisse sa femme *seule* quinze jours.

Marthe dit encore que son mari riait fort de la manière dont il me trompait, et de ma naïveté (à laquelle elle-même travaillait par sa comédie personnelle), tout cela est honteux! Si je ne me retenais pas, je lui répondrais avec vigueur, mais à quoi bon? J'ai bien le temps.

Adieu, mon cher Henri, mille tendresses en infusion. Ton père affectionné,

Charles de Cerilley.

ÉMILIE DE MONTBOURG
À ADÈLE DE CERILLEY
Montpellier,
le 30 septembre 1898.

Ma chère Adèle,

Merci de la sympathie que vous nous témoignez, et aussi de l'avoir adressée à ma pauvre Éléonore qui avait pris si à chœur et si maternellement la tâche difficile que la Providence avait semblé nous confier. Les décrets du Ciel sont insondables et notre affliction bien grande, mais au milieu de notre chagrin, il nous reste la certitude du bonheur éternel du cher petit, avec la conscience d'avoir fait tout ce qu'il est possible pour le conserver.

A cause des chaleurs prolongées, nous l'aurions laissé à la campagne jusqu'à la mi-octobre; mais en arrivant ici, Marthe craignant que son mari et sa belle-mère le prennent pour otage et en fassent un enfant martyr, a demandé instamment qu'on le fasse venir et comme les jeunes enfants de l'enclos, rentrés depuis quelques jours, étaient et sont encore en bonne santé, nous avions lieu d'espérer qu'il en serait de même de Georges. Dieu ne l'a pas voulu, et a fait sa volonté contre la nôtre. Hélas! Il m'a pris mon fils et j'ai dû me soumettre!...

Mes filles me chargent de vous remercier tendrement de votre sympathie. Éléonore vous répondra dès que cela lui sera possible, elle est épuisée de douleur et de soins donnés; le cher petit ne voulait qu'elle, malgré les gardes qui n'ont jamais manqué. Marthe est écrasée de chagrin, d'émotions et des calomnies de son mari qui la noircit de toutes les façons.

Heureusement notre avocat va revenir de vacances et pourra nous guider en cette triste affaire où il faut la plus grande prudence pour éviter les effets d'un odieux chantage. Mon frère avait donné tant de preuves d'intérêt au misérable comédien qui nous tourmente qu'il comptait absolument sur son intervention en sa faveur.

Je vous embrasse bien tendrement, ma bonne Adèle, ainsi qu'Henri et vos enfants. Mes filles s'unissent à moi. Ne nous laissez pas sans nouvelles. Votre tante bien affectionnée,

Baronne de Montbourg.

CHARLES DE CERILLEY
À HENRI DE CERILLEY
Sangy, le 30 septembre 1898.

Mon cher Henri,

R. d'Aillot m'a écrit une lettre de menaces sur sa b.-mère qu'il rend responsable de la mort du petit Georges. *Mort*, dit-il, *qui devait arriver puisqu'il était un obstacle.* Qu'est-ce à dire? C'est donc un meurtre? Je lui réponds qu'il divague, car on a épuisé pour le salut de l'enfant toutes les ressources de l'art et du dévouement, que je prends sa lettre pour une déclaration de guerre, et que, comme son oncle du Fermet qui a rompu avec lui, je rentrais sous ma tente et que j'observerai le silence à son égard, et je signe tout sec. J'ai avisé ta tante avant d'envoyer mon mot tout sec. M. du Fermet m'écrit de son côté qu'il doute de la véracité des témoignages qu'il a recueillis, et pense que les juges douteront aussi, tu vois que l'affaire prend une couleur de chantage accentué. On pourra peut-être aboutir à un infâme complot ourdi contre Marthe afin de noircir la cause de sa fuite. Cette nouvelle attitude loyale de M. du Fermet après son rapport est très précieuse. Son neveu fait des fautes qui pourront l'enferrer. Marthe continue à protester de son innocence maritale avec une constante énergie. Ceci mis en face du chantage de son mari, et de la disparition des deux principaux témoins hommes, donne à réfléchir. Je doute maintenant de la culpabilité de Marthe et j'incline à voir un accès violent de jalousie comme cause unique de son départ de Mougins.

Ton père affectionné,

Charles de Cerilley.

Mon cher Charles,

Mon Éléonore est bien malade, cette dysenterie ne s'arrête pas, et elle est si faible, son estomac est si délicat que ce sera miracle si nous la sauvons. Le docteur ne m'a pas caché que la cure est difficile. Ah mon frère, que je suis malheureuse et brisée de tant de douleurs à la fois! En vérité, c'est trop!

L'avocat vient ces jours-ci, mais comment avoir la tête à tout? Et le méchant homme presse et multiplie ses horreurs pour arracher une partie de la fortune de sa femme! Mais elle en aura besoin et au reste elle n'est pas disposée à récompenser des calomnies dont il lui tarde d'être lavée. Elle ne peut rester sous de pareilles accusations!

En ce moment M. R... règne à Mougins par la terreur! Menaçant tous ceux qu'il sait disposés en faveur de Marthe. Mais le 10 octobre il part pour faire treize jours de service militaire en manœuvre à Draguignan et Avignon. On tâchera d'utiliser ce temps-là, si Dieu nous aide pour Éléonore.

Je ne puis plus que t'embrasser bien tristement, mon cher Charles. Ta sœur affectionnée,

Émilie.

MARTHE CARON D'AILLOT
À HENRI DE CERILLEY
Montpellier, le 4 octobre 1898.

Mon cher Henri,

J'ai été bien touchée de ta lettre si pleine de cœur à laquelle j'étais loin de m'attendre.

Croirais-tu bien que mon mari n'a pas demandé une seule fois (et il savait G... malade) de ses nouvelles, et quand il a su la mort de mon pauvre enfant il n'a non plus envoyé je ne dirai pas un mot affectueux, mais au moins quelques lignes convenables. Rien, pas un mot. Oh! je sais bien qu'il ne pouvait pas l'aimer, mais puisqu'il se pique d'avoir des sentiments de hautes convenances il aurait pu écrire une lettre sinon tendre mais du moins convenable. Enfin n'en parlons plus c'est fini, maintenant bien fini. Je ne reviendrai jamais plus avec lui et j'espère qu'un bon divorce me rendra tout à fait libre vis-à-vis de lui.

Toi du moins mon cher Henri tu as un foyer de tendresse où vous vous partagez j'en suis sûre les peines et les joies communes, cela devrait être toujours, mais malheureusement chacun n'a pas ton bon cœur et des sentiments aussi élevés que les vôtres à tous deux.

Ce langage dans ma bouche doit te surprendre, mais j'ai tant souffert depuis trois ans que je me suis mariée que je me suis mis du plomb dans la tête comme l'on dit dans nos montagnes, et ma foi la souffrance et l'expérience que j'ai acquise à mes dépens m'ont mûri le caractère, je t'assure. Du reste la souffrance est une rude maîtresse d'école je t'en réponds! Il y a peu de femmes qui aient je crois plus cruellement souffert que moi, car *rien* ne m'a été épargné, *rien rien*. Tu me demandes si j'ai des preuves certaines que Robert ait couché avec cette demoiselle. Dame je n'y étais pas mais je m'en suis aperçue quand même car mon mari a manqué de finesse et il a dû négliger de faire quelque chose de sorte que je m'en suis fort bien aperçue. Si je te vois un jour je te donnerai plus de détails, mais ce n'est pas très convenable de le faire dans une lettre de deuil, lis entre les lignes en attendant des explications plus nettes.

Pour augmenter les chagrins dont notre mère est accablée, Éléonore à la suite de tous ces tristes événements a pris une violente dysenterie toute semblable à celle qui m'a tant éprouvée l'année dernière. Il faut espérer qu'elle s'en tirera quand même, mais comme elle est beaucoup moins forte que moi elle en souffre davantage. Puis tu sais que pour lui faire prendre des remèdes c'est la croix et la bannière car elle a toujours été têtue comme une mule mais c'est une maladie de famille, le pauvre Émile l'était passablement, moi je le suis également beaucoup et Georges l'était à lui tout seul plus que tous nous autres.

Je me permets de t'embrasser, mon cher Henri, toute à toi,

Marthe.

MARIE DE CERILLEY
À ÉMILIE DE MONTBOURG
Sangy, le 9 octobre 1898.

Ma bien chère Tante,

J'ai été bien douloureusement surprise à l'annonce de cette mauvaise nouvelle. Je savais bien Éléonore bien fatiguée tout dernièrement mais je ne m'attendais pas à un dénouement si subit. Ma pauvre chère tante quelle nouvelle et terrible épreuve le bon Dieu vous envoie : je suis près de vous par la pensée et le cœur et mes prières se joignent aux vôtres pour notre chère défunte. Il faut être mère aussi, ma bonne tante, pour comprendre dans toute son étendue votre grande douleur. Et c'est une petite consolation, n'est-ce pas, de sentir que l'on n'est pas seule à pleurer et à regretter celle qui n'est plus. Dès que je pourrai aller dans le Midi, ma première visite sera pour vous, ma chère tante. Je désirerais tant que nous puissions de vive voix vous offrir toutes nos consolations et vous redire toute notre affection que vous connaissez déjà. Mon cher papa est auprès de vous, je sais. J'en suis bien heureuse. Dans un tel moment il vous sera bien utile et vous donnera un peu de courage. Embrassez-le bien pour nous. Marthe doit être bien affectée, il est si triste de voir partir sa sœur. Je la plains doublement dans les circonstances si tristes où elle se trouve aussi. J'unis bien souvent mes peines aux vôtres car la sainte Vierge n'abandonne jamais ceux qui ont recours à elle.

Adieu, ma bien chère Tante. Je vous embrasse tendrement ainsi que papa et Marthe. Votre nièce qui vous aime tendrement.

Marie.

ÉMILIE DE MONTBOURG
À CHARLES DE CERILLEY
Montpellier, le 11 octobre 1898.

Mon cher Charles,

Remercie mes sœurs et leurs enfants de leur sympathie. En ce moment il m'est impossible de répondre, car il faut conserver toutes mes forces à mettre en ordre les nombreuses lettres et préparer le mémoire qui s'appuiera sur elles et ce n'est pas facile à cause de ma faiblesse et des douleurs de tête que ce travail me cause. Ce matin Victorin me dit que cet hiver, lorsque M. Robert est parti pour Paris, assister au mariage de son frère, laissant sa femme bien souffrante d'une reprise d'entérite, fruit de nombreuses scènes, *il a entendu M. d'Aillot menacer sa femme de lui brûler la cervelle avec le revolver qu'il tenait à la main, parce qu'elle ne voulait pas signer un billet.* Marthe a résisté vaillamment. Victorin *l'attestera* devant le tribunal. Il me dit : « Madame je suis témoin de tant de choses pénibles pour Mme Robert qu'il m'est difficile de me les rappeler toutes. Mais ce qui me revient à la mémoire, *je le certifierai.* Je ne crois pas qu'aucune autre femme ait pu persévérer à tant souffrir. » Je le fais causer pour mettre son nom en face des griefs articulés. Dieu veuille me donner la force d'aider à la défense de Marthe; mais je sens bien qu'en me prenant Éléonore, Dieu m'a retiré une partie de ce qui me restait de temps à vivre.

Envoie-moi, je te prie, le modèle des lettres de faire-part. Les salésiens de Marseille dont ma pauvre enfant était coopératrice les imprimeront.

Merci de tout cœur de tout ce que vous faites pour moi, c'est la charité à une morte en vie à laquelle aucune amertume n'est épargnée. Je vous embrasse tous de tout ce qui me reste de cœur. Ta sœur bien malheureuse,

Émilie.

ÉMILIE DE MONTBOURG
À CHARLES DE CERILLEY
Montpellier, le 12 octobre 1898.

Mon cher Charles,

Pendant que vous pouvez entourer ma chère Éléonore de vos larmes et de vos prières, je suis obligée de rester sur la brèche et de poursuivre le classement des documents utiles à Marthe; car les émotions et ressouvenances de tout ce qu'elle a souffert lui ramènent des dispositions à l'entérite.

Hier l'avoué a répondu à Mᵉ Tassin qui m'a renvoyé sa lettre : c'est une plainte en adultère qui a été déposée au parquet de Grasse par M. d'Aillot. La plainte a été retournée par le parquet qui n'a pas cru devoir poursuivre. Mais le mari a été autorisé à se pourvoir partie civile.

Marthe a reçu une bonne lettre de Mougins qui l'assure des sympathies des habitants. Victorin me dit que le mari et la femme auront l'énergie de signer pour Marthe à l'enquête que nous allons proposer à l'avocat. Victorin cherchera et il propose un homme courageux et discret pouvant faire la chose avec discrétion. Ce garçon-là qui est naturellement timide est enragé contre M. d'Aillot : il remuera ciel et terre pour le punir d'avoir attenté à sa réputation, sans tache jusqu'à présent et comme le parquet a reconnu son innocence en renvoyant la plainte à M. d'Aillot, il a repris courage et le poursuivra jusqu'au bout, dit-il. Dans tous les cas, pour commencer il dira par le menu tout ce qu'il sait. Les habitants de Mougins seraient contents de voir humilier les d'Aillot qu'ils détestent. Dieu veuille que le renvoi de la plainte par le parquet leur donne le courage d'attester la bonne et honorable conduite de ma fille depuis son mariage, et la connaissance qu'ils ont eue des outrages et mauvais procédés endurés par Marthe. J'espère que la femme qui a écrit aujourd'hui voudra bien reconnaître qu'elle a

261

fait manger ma fille se trouvant mal de faim, parce que son mari lui fermait tout! Et dire que ce gredin, bourrant ses poches des gâteaux et friandises que j'envoyais à ma fille prenant sa convalescence, les croquait toute la journée à son nez, et devant les domestiques!... Voilà les petits soins dont ce mari qui se disait si affectueux, entourait sa femme! Tout Mougins la plaignait et accusait mon gendre de la faire mourir de faim. Lui, va invoquer la rigueur du régime imposé, mais il l'outrait à dessein pour affaiblir sa femme et physiquement et moralement, espérant qu'en continuant les scènes qui n'ont pas manqué il viendrait à bout de son énergie, pour en obtenir tout ce qu'il voudrait de sa fortune. Je suis à bout, mais je veux t'embrasser bien tendrement en te remerciant de tout ce que vous faites tous pour moi. Ta sœur désolée,

Émilie.

Ma chère Tante,
J'aurais répondu plus tôt à vos bonnes lettres, mais je suis tellement ahurie au milieu de tous ces chagrins que vous voudrez bien m'excuser. Je vous remercie de tout cœur des bonnes paroles que contiennent vos lettres mais il n'y a que le temps qui pourra me donner les consolations qui ne manquent pas à ceux qui sont comme moi doués d'une énergie que rien ne peut briser, car il me faut une rare fermeté de caractère pour me maintenir sur la brèche et me défendre contre ma canaille de mari que le diable emporte.

Ne vous inquiétez point de mon avenir, je me prendrai une occupation en harmonie avec mes goûts et l'expérience que j'ai acquise à mes dépens me défendra contre les défaillances du cœur.

Je ne quitterai jamais ma mère, du reste je suis solide au poste, et à cœur vaillant, le reste est facile. Jamais je ne ferai la moindre peine à ma mère, la pauvre sainte femme a assez de son lot de douleurs, sans que je vienne de gaîté de cœur ajouter à ses peines de nouveaux chagrins.

En répandant quelques bienfaits autour de moi et m'occupant activement je me consolerai petit à petit, mais pour le moment, la plaie est saignante, je vous le jure, chère tante, enfin patience, qui vivra verra.

Toute à vous du meilleur de mon cœur, votre nièce et filleule désolée,

Marthe.

ÉMILIE DE MONTBOURG
À CHARLES DE CERILLEY
Montpellier, le 15 octobre 1898.

Mon cher Charles,

Bien peu d'habitants de Sangy ont assisté aux funérailles de mon Éléonore! L'avocat ne m'a écrit qu'une lettre de condoléances. Je l'attends aujourd'hui. Le notaire m'a conseillé de laisser tout en l'état pour Marthe jusqu'à ce que sa situation soit réglée, afin d'éviter tout embarras avec M. d'Aillot qui pourrait bien faire le mort si sa femme ne l'actionne pas.

Marthe a été menacée si souvent qu'elle ne se rappelle plus de quel billet il s'agissait quand Victorin a entendu!

En répondant à Clémence, je lui ai dit que Marthe était près de moi depuis cinq semaines, ayant été obligée de quitter son mari qui la rendait trop malheureuse. Je n'ai rien dit de l'enfant ni de sa mort, c'est inutile.

Marthe ne sortira qu'avec Louise pour le marché ou le cimetière, cela lui suffit pour le moment car le temps devient mauvais et elle souffre des dents par l'humidité.

Le poulailler est prêt à recevoir les poules, elles coucheront l'hiver dans le cabinet en face. Je fais acheter des lapins pour occuper Marthe, et Victorin va semer des légumes qu'elle cultivera. Ces petites occupations l'intéressent.

Tu nous rendras service en faisant un sommaire de l'affaire de Marthe qui complètera le mien, mais ne tarde pas à envoyer le dossier que tu as à Sangy.

Je t'embrasse bien tendrement, mon cher Charles. Je ne sais comment je puis vivre avec une pareille désolation. Il paraît que je suis faite pour souffrir. Ta sœur malheureuse,

Émilie.

MARTHE CARON D'AILLOT
À CHARLES DE CERILLEY
Montpellier, le 16 octobre 1898.

Mon cher Oncle,

Je viens de recevoir une bonne lettre du maire de Mougins qui m'a écrit à la place de sa mère qui souffre depuis longtemps d'un affaiblissement de la vue. J'ai pensé que cela vous serait agréable de voir cette lettre et je vous en envoie la copie textuelle. Vous verrez combien j'étais estimée à Mougins et comme tout ce que dit M. Robert sonne faux, il m'est doux au milieu de mon chagrin de voir qu'au moins je peux compter sur l'appui du maire de Mougins, c'est un bon atout dans mon jeu. J'espère avoir sous peu d'autres lettres aussi bonnes du reste des notabilités de Mougins.

Robert d'Aillot crachera en l'air et ses calomnies lui retomberont sur le nez, ce sera bien fait.

Maman irait plutôt un peu mieux ces jours-ci. Dame elle n'est pas encore bien vaillante, la pauvre! Mais je fais de mon mieux pour lui éviter tout travail pénible. Vous pouvez compter sur moi, ainsi que sur Henri, je suis près de ma mère et ne la lâcherai pas, soyez tranquille, je vous le répète encore une fois, je suis solide au poste et rien ne me fera démarrer de mon poste.

Je vous laisse, mon cher Oncle, pour vaquer aux affaires du ménage.

Toute à vous du meilleur de mon cœur, mes amitiés respectueuses à ma bien chère tante.

Marthe.

ÉMILIE DE MONTBOURG
À CHARLES DE CERILLEY
Montpellier, le 16 octobre 1898.

Mon cher Charles,

M. d'Aillot ne s'est pas tenu pour battu : hier un huissier d'ici a apporté une assignation à Marthe pour le 4 novembre prochain, à comparaître devant le tribunal de Grasse et s'entendre condamner pour adultère. Nous attendons Me Tassin mardi prochain, il tracera la marche à suivre. Je t'ai dit qu'il a envoyé à l'avoué de Grasse ordre de faire opposition au paiement du trimestre qui sera confié au président du tribunal afin qu'il fixe la provision pour les frais de justice et la pension que le mari doit fournir à sa femme pendant la durée de l'instance. Il n'en restera guère pour M. d'Aillot, et ses traites à payer, gare les créanciers! Cela le rendra peut-être plus souple.

Marthe sort tous les jours, mais la tête lui fait toujours mal, du côté où son mari lui a donné des coups de poing, son oreille gauche est complètement sourde et la droite commence à le devenir. Demain elle consultera un spécialiste, car je craindrais un abcès dans la tête. Ah! pauvre enfant! Pourquoi est-elle restée si longtemps avec cet être brutal?

Par la lettre du maire de Mougins, tu vois qu'elle a conservé la bonne estime du pays. Cela donnera courage à l'avocat.

Je t'embrasse bien tendrement. Ta sœur affligée,

Émilie.

CHARLES DE CERILLEY
À ÉMILIE DE MONTBOURG
Sangy, le 17 octobre 1898.

Ma chère Émilie,

Ce que tu me dis de ta santé m'inquiète. Prends l'avis de ton docteur. Sans doute tu fais bien de mettre toutes affaires en ordre car avec un monsieur comme ton gendre il faut être en règle sans attendre la justice qui, en pareil cas, est systématiquement longue.

Je crois bien qu'on sait ici la naissance de Georges, car lorsque François a dit à sa cuisinière la mort de ta fille, elle a dit : « C'est celle qui a... qui a... » Elle n'a pas achevé. François a appuyé sur la qualité de célibataire pour couper court. A moi on me demande si Marthe a des enfants, je continue à répondre non.

Je vais m'occuper du sommaire de l'affaire de Marthe. J'ai été absorbé jusqu'à présent. On m'a senti de retour et on me prend mon temps.

Voici la copie de la note que m'a remise sur ma demande M. le curé pour les funérailles de première classe de la pauvre Éléonore : j'ai bien fait de te conseiller quatre prêtres assistants et non pas six ou huit. C'est d'ailleurs ce qu'on a fait pour Émile.

« *Note :*

droit curial	30 F
levée du corps à Sangy	10 F
droit fixe de la fabrique	10 F
deuil	10 F
marguillier et sonneur	20 F
4 enfants de chœur	8 F
organiste	5 F
4 prêtres assistants	80 F
déjeuner des 4 prêtres assistants	10 F
	183 F

Le prix d'une fosse ordinaire est de six francs, celle de Mlle de Montbourg étant par ses proportions le double des autres, le marguillier en laisse l'estimation à M. de Cerilley. »

J'opine pour dix francs pour la fosse, le cube n'étant pas exactement le double. La note des cierges gros et petits : 48,25 francs. J'ai donné aux porteurs vingt francs. J'ai donné à monsieur le curé deux bouteilles de ton bordeaux et de moi une bouteille de vieille eau-de-vie fine.

Je vais t'envoyer ce que j'ai du dossier de Marthe. J'ai gardé les correspondances antérieures à son mariage, car c'est inutile à produire.

Nous pensons à toi et à Marthe à tout moment. Il me tarde de savoir quel va être le plan de campagne de Me Tassin. A Mougins, on ne bouge pas. Ne vaudra-t-il pas mieux offrir une base financière avant d'attaquer? Si on accepte, on peut éviter bien du scandale. Si on a peur à Mougins, on acceptera et ce sera tant mieux pour tous. On s'entendra pour le divorce ou la séparation. M. du Fermet peut y aider *officieusement* mais pas autrement.

Adieu, chère Sœur, partage nos affectueuses condoléances avec Marthe. Ton frère bien dévoué,

Charles de Cerilley.

ABBÉ BOSSET
À ÉMILIE DE MONTBOURG
Grasse, le 17 octobre 1898.

Madame la Baronne,

Mme Marthe me permettra de vous adresser la réponse que je dois à sa lettre d'hier. Pauvre mère, le bon Dieu vous accable. Je ne trouve point d'expression pour vous plaindre. Il n'y a que Dieu qui puisse adoucir tant d'amertumes. Je le lui demande avec toute la ferveur dont je suis capable. Plaise à lui de vous aider à porter une croix si lourde. Est-il possible qu'il vous ait retiré ce seul secours, cette excellente fille qui paraissait si indispensable dans vos pénibles luttes. Vous voilà donc seule en face d'un rude devoir, et quelque mérité que fût le repos, il vous faut encore désirer de vivre. Il ne faut pas que vous perdiez courage. La fille qui vous reste encore serait trop malheureuse, que dis-je, elle serait perdue sans vous. Il faut que vous viviez pour l'aider à surmonter les difficultés qui l'attendent. Ranimez donc votre courage, Madame, et vivez. Il vous reste encore un grand devoir. Son accomplissement fera votre joie et un jour, peut-être, serez-vous un peu consolée par lui de tous les déboires qui vous arrivent.

Ne prenez en ce moment aucune détermination extrême au sujet de Marthe. Je ne sais pas si une rupture lui serait favorable, et s'il ne vaudrait pas mieux un arrangement. Dans la lettre qu'elle m'écrit, elle me parle déjà de se remarier. Je crains bien qu'avec elle vous ne soyez jamais sur un terrain solide. Je ne veux rien vous conseiller, Madame, avant de vous avoir lue vous-même. Je veux ici rester sur les sympathies que j'éprouve pour vous dans les malheurs qui se sont succédé si rapidement. Je cherche en vain dans toutes mes connaissances, je ne trouve personne d'aussi éprouvé. Je n'ai jamais non plus rencontré une énergie plus grande. Il faut que vous ne la perdiez pas dans l'accablement actuel. Dieu vous la conserve pour vous et surtout pour votre seule fille, qui en a tant besoin.

Écrivez-moi vous-même un mot dès que vous le pourrez et croyez-moi bien, Madame, votre bien compatissant et dévoué,

A. Bosset.

Me TASSIN
À ÉMILIE DE MONTBOURG
Montpellier, le 17 octobre 1898.

Madame,

J'ai bien reçu votre lettre du 15 octobre. Vous me dites que Mme d'Aillot est assignée pour le 4 novembre. Si c'est pour répondre à une demande en divorce, sa présence à Grasse sera *indispensable;* elle devra se présenter dans le Cabinet de M. le président du tribunal. La loi oblige ce magistrat à essayer un rapprochement et à amener une réconciliation entre les époux.

En cas d'insuccès, le Président autorisera votre fille à avoir une résidence séparée de celle de son mari pendant la durée de l'instance et il fixera la pension que vous devez à M. d'Aillot, et qu'il peut vous contraindre à lui payer en vous faisant signifier un commandement en vertu de son contrat de mariage.

Je vous donne le conseil d'accompagner votre fille, si rien ne s'y oppose.

Veuillez agréer, Madame, l'assurance de mon respectueux dévouement,

Me Tassin.

CHARLES DE CERILLEY
À ÉMILIE DE MONTBOURG
Sangy, le 19 octobre 1898.

Ma chère Émilie,

Je t'adresse mon précis de l'affaire de Marthe. Je l'ai construit avec brièveté et méthode, non comme un plaidoyer mais comme notes à soumettre à Me Tassin, votre avocat.

L'assignation étant pour le 4 novembre à Grasse, il me semble que la *présence* de Marthe n'y est pas nécessaire, mais il faut que son avocat y aille pour la défendre, le parquet ayant renvoyé la plainte à son auteur, ce dernier a pensé faire peur en appelant l'affaire en justice de paix pour vous faire capituler. Si Marthe se sent innocente, elle doit se défendre coûte que coûte. Ah! ces malheureux billets vont faire un triste effet malgré l'explication que j'en donne! Qu'en pense Me Tassin? La lettre du maire de Mougins est bien bonne à mettre au dossier.

As-tu conféré avec Me Tassin? Quel est son programme de défense? Est-il d'avis d'une offre de telle rente pour éviter le scandale d'un procès, même à huis clos? Du reste le scandale va éclater à la justice de paix de Grasse le 4 novembre, et alors, il ne reste plus que la décision de la justice devant laquelle la justice de paix va renvoyer l'affaire, je le présume.

La croix (bois) est commandée pour la tombe de la pauvre Éléonore. Quand veux-tu que le service de quarantaine se fasse? Avant notre départ du 15 novembre pour que nous puissions y assister. J'opine qu'on ne convoque que deux prêtres étrangers à dix francs par tête et non vingt comme pour funérailles et levée de corps, ou bien rien que le curé de Sangy? Fixe-moi à l'avance.

Toutes les personnes avec qui je parle prennent une vive part à ton chagrin de la mort si rapide de la pauvre Éléonore.

Je t'ai adressé avant-hier vos testaments qui n'ont plus raison d'être et doivent être refaits, au plus tôt. Je suis débordé de détails et n'ai que

267

le temps de vous embrasser toutes deux du meilleur de notre cœur. Ton frère affectionné,

Charles de Cerilley.

CHARLES DE CERILLEY
Précis sur l'affaire d'Aillot
Octobre 1898.

1º M. R. d'Aillot a fait un mariage exclusivement d'argent en acceptant la concession. Il savait l'existence de l'enfant naturel de sa future femme, et son affection hystérique qui comporte *toutes les conséquences ordinaires hors mariage.* Il a escompté par avance la fin prochaine de la future belle-mère, et b. sœur et m'a fait part des renseignements qu'il avait sur ce point, vu leur état de santé.

2º M. R. d'Aillot savait donc l'affection hystérique puisque, à Sangy, il a dit à sa future tante, Mme de Cerilley : « Figurez-vous que Marthe m'a demandé de devancer pratiquement le mariage, ce à quoi je me suis refusé. » Or, sa femme affirme maintenant que la proposition venait de lui.

3º Voyant que sa b. mère ne mourrait pas au gré de ses désirs et pouvait durer, il s'est mis à troubler son repos de toutes les façons à Grasse, et c'est pour cela que Mme de Montbourg a fui au loin et lui a caché son adresse pour avoir un repos nécessaire à sa vie.

4º M. R. d'Aillot a dominé sa femme par la terreur, la menace répétée pour que sa famille se fît illusion. Moi, oncle, je déclare avoir été sa dupe parce que ma nièce a été forcée par l'intérêt de sa fausse position à me jouer la même comédie pour avoir une paix relative. M. Tavelle du Fermet m'a avoué qu'on avait fait beaucoup souffrir sa nièce injustement mais que la situation était bien meilleure (avril 1898). J'étais déjà allé à Mougins fin novembre 1897.

5º L'enfant de Mme R. d'Aillot meurt à Montpellier de la dysenterie. M. R. d'Aillot m'écrit qu'il en rend ces dames responsables parce que, dit-il, on n'avait pas le droit de retirer l'enfant de nourrice sans sa permission. Or, il a donné et laissé la gouverne matérielle de l'enfant à sa belle-mère et sa belle-sœur, et ose m'écrire : « *L'enfant est mort, cela devait arriver puisqu'il était un obstacle.* » Ceci respire l'accusation d'homicide, et demande une interrogation par la justice. C'est très grave.

6º La fuite de Mme R. d'Aillot s'explique par un trop vif sentiment de jalousie uni à une vie conjugale de tyrannie. Elle affirme que son mari s'est laissé aller à ses yeux et à ceux de plusieurs témoins à des manières d'être trop libres avec Mlle L.S. telles que toute femme n'aurait pu les supporter *sous ses yeux.* Si elle n'est pas partie dès le lendemain de l'absence de son mari, c'est qu'elle a voulu mûrir son projet.

7° A son retour, M. R. d'Aillot exprime sa surprise, sa douleur, son désespoir, sa tendresse pour sa femme sur un ton qui sent l'exagération calculée. Voir ses lettres au dossier.

Huit jours après, voyant la position perdue, il change de tactique et du sentiment passe à la menace, car avant tout, il lui faut de l'argent; beaucoup d'argent pour venger son honneur outragé. C'est alors seulement qu'il produit ses accusations d'adultère avec son ex-domestique. Son oncle, M. Tavelle du Fermet est prié par nous de faire une enquête amiable, et le résultat amène le doute dans son esprit. Voir sa lettre au dossier. Les témoignages qu'il recueille sont entachés d'invraisemblance, et la preuve c'est que le parquet de Grasse a renvoyé à son auteur sa plainte en adultère après une seconde enquête faite par M. le juge de paix.

8° Ma nièce, sans expérience et ignorant absolument la valeur de l'argent, a fait des billets pour reconnaître des soins et du dévouement à sa personne dans la pensée que son départ était définitif. On cherchera à tirer parti contre elle de cette apparence d'achat du silence de témoins. Je le répète, Mme R. d'Aillot dans cette circonstance a été inconsciente de son inexpérience, et ce qui le démontre, c'est qu'elle n'a pas fait de billet au profit de celui que son mari lui donne pour complice.

9° Mme R. d'Aillot, alors qu'elle croyait avoir toute confiance en son mari, et très éprise de lui sous l'influence de son tempérament maladif, lui a fait librement l'aveu de tous ses écarts de conduite d'avant son mariage. Une femme qui agit de la sorte prouve sans réplique son dévouement aveugle, absolu au compagnon de sa vie. Aussi, tout le temps de leur union, Mme R. d'Aillot a une conduite irréprochable, et la voix publique est pour elle. Comment supposer que tout à coup sa conduite ait changé du tout au tout?

10° Guillaume le faucheur était malade ainsi que sa femme, et ma nièce était leur sœur de charité. Il n'y a rien de commun avec l'orgie relatée par M. R. d'Aillot sur le témoignage d'Anna, témoignage *à bien peser.* Guillaume qui blâme M. R. d'Aillot a cru prudent de ne pas être appelé en témoignage contre lui. Victorin, le prétendu complice, n'a fait qu'une courte absence, et est revenu à Mougins à la disposition de la justice pour défendre son innocence et la vérité.

11° Dans toutes les questions à scandale, hors les caractères bien trempés, il y a beaucoup de gens qui préfèrent tout d'abord fuir ou se taire comme s'ils étaient accusés d'avoir volé les *tours de Notre-Dame.* La justice à l'habitude de ces faiblesses du cœur humain.

MARTHE CARON D'AILLOT
À HENRI DE CERILLEY
Montpellier, le 19 octobre 1898.

J'ai appris avec peine que ton voyage de Montpellier à Sangy n'avait pas été très bon pour ta santé. J'aime à croire que dans quelque temps, il n'y paraîtra plus. Je t'envoie ci-joint l'ordonnance que je t'avais promise. Je crois qu'elle te sera salutaire pour ta toux persistante. Maman commence à se remettre petit à petit à flot, mais elle ne s'écoute pas et si je n'étais pas là pour lui répéter sur tous les tons et sur tous les rythmes de ne pas se fatiguer, elle serait à plat de lit de bonne heure et mille diables ce n'est pas le moment, d'autant plus que ma crapule de mari m'a envoyé par un huissier une assignation pour le 4 novembre devant le tribunal civil et correctionnel de Grasse pour m'entendre condamner comme adultère et à payer un franc de dommages et intérêts. C'est bien d'Aillot. Que penses-tu de ce galant homme, lui qui se pique d'être galant! Je partirai d'ici le 31 de ce mois pour Grasse afin de me reposer avant d'aller à la barre du tribunal. Mon avocat viendra à Grasse, ce qui fait que je ne serai pas seule.

J'ai bien hâte que cette affaire soit terminée car j'en suis bien ennuyée.

Je te laisse mon cher Henri pour laisser place à maman. Toute à toi du meilleur de mon cœur,

Marthe.

ÉMILIE DE MONTBOURG
À H. ET A. DE CERILLEY
Montpellier, le 19 octobre 1898.

Mon cher Henri, ma bonne Adèle, Souffrez que je vous réponde en même temps, bien que Marthe me trouve un peu mieux, je vaux trop peu de chose pour les émotions constantes qui sapent mon pauvre individu.

Notre avocat est venu enfin. C'était la santé de sa femme qui le retenait. Il a bien fait causer Victorin et lui a donné rendez-vous ce matin dans son cabinet pour le questionner encore et lui donner ses instructions pour ce qu'il aura à faire à Mougins par ses amis. J'ai bien fait de le retenir, mais il va partir aujourd'hui. Dieu veuille que M. d'Aillot ne sache pas qu'il est venu ici.

Marthe te dit, mon cher Henri, que son mari lui a envoyé une assignation en correctionnelle pour le 4 novembre. Elle ira deux jours avant voir l'avocat avec Louise et logera chez les Martin ou une veuve respectable de nos amies. Je préférerais les Martin. Je doute que ton père puisse y aller. Pour moi les forces me manquent trop, j'y resterais en route, et Marthe a encore besoin de moi. Que nous sommes à plaindre! Je vous embrasse tous les deux bien tendrement ainsi que vos enfants. Ta tante désolée,

Émilie.

ÉMILIE DE MONTBOURG
À CHARLES DE CERILLEY
Montpellier, le 20 octobre 1898.

Mon cher Charles,

J'ai attendu que la conférence avec Me Tassin ait eu lieu pour répondre à tes lettres du 17. Victorin est parti hier à une heure de l'après-midi et doit être arrivé chez sa sœur à Nice où il va rester quelques jours encore avant de rentrer à Mougins. L'avocat, dans son cabinet, l'a serré de près dans ses questions, *et lui a démontré que si l'adultère est prouvé, il en aura pour six mois de prison. Le pauvre garçon a répondu : « Monsieur, je vous dirai toujours la même chose : c'est que je suis parfaitement innocent* de tout ce qu'on m'impute, et que c'est une calomnie d'un bout à l'autre, une méchanceté de M. d'Aillot parce que pour lui j'ai trop vu et entendu ce qu'il faisait endurer à Madame. Je suis bien connu des habitants de Mougins, puisque j'y suis né et j'espère bien que le maire et d'autres me donneront une attestation de conduite irréprochable. Mes voisins ont déjà témoigné que je n'ai jamais découché de chez ma mère, et ils ne refuseront pas de l'attester par écrit ou par leur présence. » Il est convenu que Me Tassin les assignera. Il a remis à Victorin une grande feuille de papier avec l'en-tête suivant : « Nous attestons que pendant tout son séjour à Mougins Mme d'Aillot jeune a toujours eu une conduite exemplaire; qu'elle s'est acquis nos sympathie, estime et respect, et que si elle a quitté le pays, c'est à cause des mauvais traitements de son mari. »

Victorin *doit charger ses amis sûrs de faire signer en secret* par tout ce qu'il pourra de la population, car on ne peut rien faire ostensiblement.

Je lui ai bien recommandé de faire aussi par des amis sûrs effrayer la cuisinière et autres témoins de M. d'Aillot des suites de leurs faux témoignages, parce que cela n'en restera pas là.

Notre avocat m'a dit hier qu'il est indispensable que Marthe soit appuyée à l'audience du 4 novembre prochain par la présence d'un homme de la famille. Il demandera le huis clos au procureur de la République, parce que la nature des choses reprochées par M. d'Aillot, et qui nécessiteront de vertes réponses, ne peuvent que nuire aux deux familles considérables. Tu pourrais demander à M. du Fermet d'agir dans ce sens auprès des magistrats de Grasse. Me Tassin estime que, au point où en sont les choses, il faut un jugement écrasant pour M. d'Aillot dont toute la correspondance depuis le départ de sa femme

271

est à exploiter contre lui. Sa méchante âpreté au gain le rend très inconséquent. Me Tassin croit fermement qu'il sera condamné de *par lui-même* et qu'il ne sortira pas fier du tribunal.

Dis-moi si je peux compter sur toi pour rejoindre Marthe à Grasse. Elle ira le 31 avec Louise.

Marthe ne s'inquiète pas outre mesure des mensonges de son mari et s'apprête à répondre sur un ton indigné et le *front haut,* forte de son innocence maritale. Quant au passé, l'avocat dit qu'il ne doit pas en être question, M. d'Aillot ayant accepté un passé hystérique et le sachant bien, d'après ce qu'il a raconté à Sangy. Je suis à bout! avec de mauvaises digestions et des coliques, le présent m'écrase et l'avenir m'effraie.

Je t'embrasse bien tendrement, mon cher Charles. Ta sœur affligée,

Émilie.

CHARLES DE CERILLEY
À ÉMILIE DE MONTBOURG
Sangy, le 20 octobre 1898.

Ma chère Émilie,

Je suis inquiet comme toi de ce mal d'oreille de Marthe; sans doute les vésicatoires sont très indiqués pour expurger et détourner l'humeur. Mais, mon Dieu, pourquoi la pauvre enfant a-t-elle tu la brutalité de son mari? Et à quelle occasion s'y est-il livré? Il faut que Me Tassin en prenne note détaillée. Cela lui servira très fort. Ah, je comprends bien maintenant qu'elle ait le sang tourné, elle a été terrorisée et il importe de le faire ressortir vivement dans les débats. Je pense que mon précis sera utile à Me Tassin, il verra à traiter avec sagesse les libertés prises par M. Robert d'Aillot avec Mlle L.S. sans dépasser la mesure de la prudence. Tu me diras sans doute que Me Tassin ira à l'audience de Grasse du 4 novembre.

Si Anna joue le rôle de faux témoin et d'ingrate odieuse, il sera bien juste de la faire punir selon la loi, si Me Tassin en trouve le moyen et le juge à propos. Appelle bien son attention là-dessus.

Avant d'accuser M. Robert d'Aillot de brutalité physique sur la personne de Marthe, il faut avoir des preuves légales, c'est-à-dire des témoignages autres que ceux de Marthe; sans cela il niera cyniquement, et mieux, se servira de l'accusation sans preuve pour crier à la calomnie, ce qui serait grave contre elle. Pesez bien cela. La présence de Marthe à l'audience de Grasse :

1º serait pernicieuse à sa santé par suite de la violente émotion inévitable par suite des débats et de la présence de son mari;

2º Marthe pourrait s'intimider et cela nuirait grandement aux moyens de défense de son avocat qui sera bien plus à son aise étant seul;

3º Dans tous les procès de ce genre la décence exige que les parties directement intéressées se fassent représenter par leur défenseur respectif. Les comparutions personnelles dans les cas de divorce ne se font que dans le cabinet du juge. Parle de tout cela à M⁰ Tassin. Donne-lui mon adresse pour qu'il puisse m'écrire s'il a quelque chose à me demander.

M⁰ Tassin a sagement fait d'envoyer Victorin à Nice chez sa sœur car à Mougins il n'aurait pas été à son aise peut-être, d'un autre côté son absence de Mougins sera sûrement interprétée par M. Robert d'Aillot, en sa faveur à lui. Il est bon qu'il soit revenu à Mougins un certain nombre de jours durant lesquels son ex-maître ne lui a rien dit du tout. *Ceci est à noter.*

Tiens-moi au courant de la santé de Marthe. J'espère que cette humeur sera facile à expurger, mais il faut agir de suite.

Il me semble que la justice ne pourra pas condamner Marthe sur des apparences, et ce qui me le fait croire, c'est le renvoi à son auteur, par le parquet, de la plainte qu'il lui a déposée. C'est donc du scandale pur qu'on cherche pour tâcher d'intimider. Dès lors que le bruit est public, on n'a rien à perdre à se défendre, et à le mettre au défi de faire la preuve dès lors que Marthe est sûre de son innocence. Quand même, quelle horrible épreuve! Et que je vous plains toutes deux! Courage, et que Dieu fasse triompher la vérité.

Mille tendresses pour vous deux, de nous deux. Ton frère bien dévoué,

Charles de Cerilley.

ÉMILIE DE MONTBOURG
À CHARLES DE CERILLEY
Montpellier le 20 octobre 1898.

Mon cher Charles,
Je t'ai écrit ce matin, mais ta lettre du 19 arrive et je me hâte de te dire qu'il s'agit pour Marthe non pas de la justice de paix, mais de la police correctionnelle, assignation en adultère, envoyée par M. d'Aillot. Tu vois qu'il pousse jusqu'au bout son chantage! M⁰ Tassin n'approuve pas une offre d'argent parce que ce serait reconnaître une culpabilité honteuse. Il faut que cet indigne mari soit flagellé par la justice. *L'avocat tient absolument à ce que Marthe y soit et réponde aux reproches de son mari,* s'il y a lieu, mais comme je le lui disais ce matin *il faut absolument qu'elle soit accompagnée par toi ou ton fils. C'est un immense service à me rendre,* car les forces ne me reviennent pas. Impossible de monter dans un wagon, et j'ai les entrailles tellement fatiguées que le mouvement du voyage ferait éclore la dysenterie ou l'entérite. Tes raisins me sont bien utiles. Merci à vous deux.

M⁰ Tassin revient demain, je lui remettrai ton précis, et d'ici là j'aurai avancé de mettre en ordre les lettres utiles depuis le commencement du mariage, afin d'éclaircir la situation de longue main. Je n'ai pas reçu le dossier que tu dois m'avoir envoyé de Sangy. L'as-tu recommandé? Pour les testaments, ils sont arrivés et détruits.

Hélas! que c'est cruel de n'avoir pas le temps de pleurer en paix mon Éléonore!... Marthe suit ses traitements, mais le moral souffre et influe sur le sang.

Pourra-t-on réparer le mal causé par cet atroce coquin? Les révolutions perpétuelles ont tourné le sang de la pauvre enfant. Mille tendresses. Ta sœur affectionnée,

Émilie.

ÉMILIE DE MONTBOURG
À CHARLES DE CERILLEY
Montpellier, le 23 octobre 1898.

Mon cher Charles,

Tout à l'heure le docteur va poser les sangsues derrière l'oreille gauche de Marthe et demain on en mettra derrière la droite, pour essayer d'éviter une opération très douloureuse.

Moi je suis prise d'une diarrhée sanglante. Sera-ce entérite ou dysenterie, Dieu le sait. Dans tous les cas, je vais faire mettre mon testament recommandé à la poste; demain, car aujourd'hui les bureaux doivent être fermés.

Mon gendre a fait adresser *de Cannes* une seconde assignation à sa femme pour le 4 novembre. Sans doute afin qu'on le sache un peu plus, ou bien c'est une tentative de chantage de plus. Cette assignation émane de son avocat.

Tu vois comme je suis tranquille. Et ce tourment de savoir si tu accompagneras Marthe, c'est un bien grand service que tu me rendrais, mon frère. J'ai reçu le dossier que tu m'as adressé.

Les étouffements de Marthe sont nerveux. Elle commence à souffrir du célibat; mais la marche et des calmants vont lui faire du bien. Le docteur a compris son état. Pauvre enfant, elle aurait encore bien besoin de moi! Mais je suis contente que tu sois bien au courant de tout ce qu'elle a souffert, afin que tu veuilles bien la prendre sous ta protection. Dieu fera le reste.

Je t'embrasse bien tendrement, mon cher Charles, et je me remets entre les mains de la Providence. Ta sœur bien affectionnée,

Émilie.

ÉMILIE DE MONTBOURG
À CHARLES DE CERILLEY
Montpellier, le 25 octobre 1898.

Mon cher Charles,

Aussitôt à son retour Mᵉ Tassin est venu m'apporter une lettre de notre avoué qu'il avait trouvée en arrivant chez lui. M. du Fermet est allé le voir pour reprendre les négociations d'argent afin d'éviter si possible le scandale du procès, il exprime le désir de s'entendre personnellement avec toi, mais *de visu* et *de auditu*. Mᵉ Tassin pourra consacrer, en ce moment, cinq à six jours à nos affaires à Grasse où il arrivera le 2 au matin. Plus tard ce lui sera impossible. Par conséquent il ne faut pas penser à faire renvoyer l'affaire. Mᵉ Tassin tient absolument à ta présence à *toi*. Henri ne peut avoir la même action sur M. du Fermet. Comme abandon d'argent, Mᵉ Tassin conseille de laisser à M. d'Aillot les dix mille francs qui appartiennent à Marthe sur le chalet et d'y ajouter dix mille francs une fois donnés pour ne plus entendre parler de ce vaurien. La vente partielle de Saint-Savin va aider Marthe à se délivrer de ce tyran.

Pendant ce séjour à Grasse on fera les formalités nécessaires pour le divorce et la régularisation de la situation de Marthe chez moi.

On a mis des sangsues derrière l'oreille gauche de Marthe, elles ont beaucoup saigné et elle souffre tout de même. Jeudi ou vendredi on recommencera du côté droit.

Pour moi c'est une entérite, l'âge et la faiblesse la rendent très sérieuse. Mais il me faut vivre encore, c'est-à-dire vivoter pour tirer Marthe des griffes du diable.

J'ai envoyé mon testament recommandé, Marthe n'a pas encore fait le sien. Malgré que je la presse, elle n'en fera qu'à sa tête.

Je suis tout à fait au lit, on va me chercher une personne de plus pour que Marthe puisse faire de l'exercice.

Je n'ai plus que le temps de t'embrasser bien tendrement. Ta sœur affectionnée,

Émilie.

CHARLES DE CERILLEY
À ÉMILIE DE MONTBOURG
Sangy, le 25 octobre 1898.

Ma chère Émilie.

Oui, tu peux compter sur moi pour assister Marthe à Grasse où j'arriverai le 3 au soir à l'hôtel que tu m'indiqueras, le même qu'à Mᵉ Tassin, qui fait bien de voir à l'avance les témoins de Marthe.

M. Tavelle du Fermet doit désirer le huis clos. Il vaut mieux le laisser agir lui-même, car si nous avons l'air de chercher l'ombre, on exploitera cette apparence de crainte.

Je m'attends à un tissu d'horreurs à entendre. Il faudra que notre attitude soit digne et ferme, sans que notre indignation déraille, car il faut en imposer à monsieur ton gendre. Inculque bien à Marthe qu'il ne faut pas qu'elle déraille de colère devant le tribunal. Ce serait se perdre. Qu'elle soit ferme, calme, digne.

Qu'a dit Me Tassin de mon précis?

Adieu, ma chère sœur bien éprouvée, je prie Dieu de t'assister. Je ferai de mon faible côté l'humainement possible.

Charles de Cerilley.

MARTHE CARON D'AILLOT
À HENRI DE CERILLEY
Montpellier, le 27 octobre 1898.

Mon cher Henri,

Puisque tu as huit jours de libres, je serai bien plus tranquille si tu venais auprès de maman pendant mon absence, car elle est très faible et suis bien inquiète de la laisser seule, avec des gardes-malade, c'est vrai, mais il vaut mieux que tu sois près d'elle au cas où il faudrait m'envoyer une dépêche. Je t'en prie, mon cher Henri, tire-moi de peine en venant dimanche car je vais partir lundi par le train de sept heures un quart le matin, et serai à Grasse le soir à sept heures du soir. Ainsi j'ai absolument besoin de toi.

Sois notre interprète bien affectueux près de ta femme, excuse-moi de disposer ainsi de toi, mais je serais bien plus tranquille en te sachant près de maman. J'ai assez de mes chagrins intimes sans avoir encore l'angoisse de savoir maman sans personne de la famille.

Je t'envoie de la part de maman cinquante francs pour ton voyage. Toute à toi.

Marthe.

HENRI DE CERILLEY
À CHARLES DE CERILLEY
Lyon, le 29 octobre 1898.

Cher Papa,

La lettre ci-incluse vous mettra au courant. Je pars pour Montpellier demain dimanche. Je ne pouvais refuser du moment qu'on savait que j'avais ma liberté officielle du dimanche 30 au dimanche 6 novembre et franchement la tante est trop à plaindre pour qu'il ne soit pas répondu à son appel.

Mais je ne pourrai excéder le 6 novembre. De Montpellier, je vous écrirai tous les jours à Grasse.

Mille tendresses pour vous et maman. Votre fils affectionné,

Henri.

CHARLES DE CERILLEY
À ÉMILIE DE MONTBOURG
Grasse, le 3 novembre 1898.

Ma chère Émilie,

L'affaire se présente très bien : les messieurs côté d'Aillot ont été terrifiés de toutes les correspondances de ton gendre qui s'est coulé lui-même. C'est au point qu'ils vont accepter ce qui est dû sur le chalet et autres créances, total environ dix-huit mille francs. Ils rendront le mobilier et les reconnaissances du Mont de Piété. Les frais du divorce seront à la charge de Marthe.

L'audience du 4 novembre n'aura pas lieu. Le reste de la procédure du divorce n'aura lieu que plus tard alors que je serai à Hyères, libre de conduire Marthe ici quand il devra y avoir comparution des époux chez le président du tribunal. Pendant ce temps qui demandera au moins huit jours, Marthe restera chez nous à Hyères.

M. Tavelle du Fermet a été très bien.

Aujourd'hui, M. Robert d'Aillot doit assister à la deuxième conférence à Cannes avec ces messieurs : on préfère que je ne sois pas présent.

Je conduis ce matin Mᵉ Tassin auprès de Marthe pour qu'il lui rende compte de la première entrevue, et s'il y a accord complet et signé, Mᵉ Tassin repartira de Cannes pour Montpellier.

Ce soir à cinq heures et quart je conduirai Marthe chez son avoué pour qu'il lui rende compte de tout, et la connaisse.

Si tout est terminé, nous pourrons repartir, Marthe, Louise et moi pour Montpellier vendredi matin.

Je n'osais pas espérer un tel succès. Vos défenseurs sont habiles et intelligents.

Avocat et avoué m'ont félicité d'avoir collectionné toutes les correspondances qui ont jeté un jour prodigieux sur toute l'affaire et donneront la victoire. On a tout lu l'important aux adversaires qui ont été convaincus du chantage et ont senti la partie perdue pour eux.

La pierre angulaire du plaidoyer c'est l'irresponsabilité maladive de Marthe et son mari s'est appliqué *dans ses lettres* à la démontrer.

La stratégie de l'avoué est que Marthe fasse sommation à son mari de la reprendre (affaire de forme pour avoir le haut du pavé); si son mari accepte, elle refusera pour cause d'injure grave par suite de l'accusation d'adultère. Il faut dresser ses batteries pour que le divorce soit prononcé contre le mari. Ce soir tout sera terminé pour le moment, et s'il n'est pas trop tard, j'écrirai. Je prépare une adresse, et au besoin, je te tracerai au crayon le résultat final, car tu dois avoir soif de le connaître au plus tôt.

Adieu, chère Sœur chérie, il me tarde de te revoir, et de te trouver mieux. Cette lettre te fera du bien. Mille tendresses pour toi et Henri que je serai heureux de revoir aussi. Ton frère affectionné,

Charles de Cerilley.

MARTHE CARON D'AILLOT
À HENRI DE CERILLEY
Montpellier, le 17 novembre 1898.

Mon cher Henri,

Je t'aurais écrit beaucoup plus tôt si je n'avais pas tant souffert de mes oreilles, hier je suis allée me faire faire une petite opération à l'oreille gauche. L'opération n'a pas été trop douloureuse. Je me sens mieux et j'entends mieux aussi, sans être cependant parfaitement rétablie.

Mais cela ne m'empêchera pas d'être à Grasse pour en finir avec M. d'Aillot.

Maman va mieux heureusement, car elle nous a fait bien peur il y a deux ou trois jours. Le docteur a demandé une consultation avec le Dr Grasset qui est une des lumières de la Faculté de médecine de Montpellier. Ces messieurs m'ont déclaré qu'ils espéraient sauver maman, mais que ce serait très long et, comme je leur demandais si je pouvais m'absenter, ils m'ont répondu que oui, que je pouvais m'en aller à Grasse, qu'il n'y avait pas péril pour maman.

Mais c'est égal, j'ai été bien inquiète ces temps derniers et même un jour j'ai été sur le point de t'envoyer une dépêche ainsi qu'à ton père. Maintenant maman va mieux mais elle a pris froid en montant et descendant de son lit pour aller sur sa chaise de malade. Pour faire prendre de la quinine à notre chère malade il a fallu comme l'on dit la croix et la bannière, car ta chère tante est loin d'être docile, aussi lorsqu'elle me dit que je suis têtue, je lui réponds que je tiens d'elle et de mon pauvre père.

Je crois, que nous aurons fort affaire pour la faire se relever de cette maladie, mais la perte de la pauvre Éléonore est de beaucoup dans sa maladie, le chagrin la mine. Je ne puis à mon très vif regret être pour elle ce qu'était Éléonore. Je fais ce que je peux et quand on fait ce qu'on peut, on fait ce qu'on doit. Mais je te prie de croire qu'il m'est infiniment douloureux de ne pouvoir mieux faire. Aussi je conjure chacun de ne jamais parler à ma mère de ma sœur car chaque fois qu'elle en parle, elle prend de tels accès de fièvre que cela peut mettre sa vie en danger.

Je ne puis t'écrire bien longuement, mon cher Henri, car cela me fatigue beaucoup à cause de mes oreilles.

Toute à toi du meilleur de mon cœur,

Marthe.

MARTHE CARON D'AILLOT
À HENRI DE CERILLEY
Montpellier, le 23 novembre 1898.

Mon cher Henri,

Ta bonne lettre a fait bien plaisir à notre chère malade, elle t'en remercie bien tendrement.

Je n'ai malheureusement pas de bonnes nouvelles à te donner de sa santé qui paraissait se remettre, mais avant-hier elle nous a fait une peur épouvantable. Maman a craché du sang pur à plusieurs reprises, puis sa poitrine s'est prise et depuis avant-hier elle souffle si péniblement que ça vous en arrache l'âme. Le docteur l'a trouvée tout à fait affaissée et ce matin même il l'a trouvée bien plus mal encore qu'hier. Il paraît qu'il a dit à la sœur que le cœur ne battait pas bien, le côté gauche est très pris, un vésicatoire mis hier soir n'a pas bien pris. J'ai demandé au docteur ce qu'il pensait de l'état de maman. Il m'a dit : « Je la trouve très mal. — Mais, lui ai-je dit, dois-je télégraphier à mon oncle? — Pas encore, m'a-t-il dit, mais peut-être plus tard. »

Si je vois maman plus mal demain ou après-demain, j'enverrai une dépêche à ton père, mon bon Henri, car vois-tu c'est épouvantable, voici trois mois que je suis ici et voilà deux êtres qui partent, encore une tombe bien chère que je vais voir s'ouvrir. Que je suis malheureuse de tout ceci, heureusement j'ai Louise qui m'est d'un grand secours dans cette maladie car elle aide avec tout son dévouement et il lui faut encore me soigner par-dessus le marché. Va, elle est *bien précieuse.*

Nous avons une vieille cuisinière qui est très douce et qui fait toute la besogne dans la cuisine et soigne bien les bêtes.

Si maman était décédée, je n'irais pas à Grasse pour l'audience du 30 novembre, mais si elle est assez bien pour que je parte lundi soir, je partirai par un train du soir afin d'être à Grasse le mardi. J'y passerai le mercredi et le soir je repartirai pour ici afin d'y être le jeudi 1er décembre.

Je t'embrasse le cœur bien triste, mon cher Henri. Toute à toi,

Marthe.

CHARLES DE CERILLEY
À HENRI DE CERILLEY
Montpellier, le 27 novembre 1898.

Mon cher Henri,

Ta tante va mieux, ce qui le prouve, c'est le pouls, la voix, la force et ses impatiences. Je puis rentrer à Hyères demain lundi soir vers neuf heures. Le docteur la dit guérissable mais à la merci du moindre accident qui peut la tuer en vingt-quatre ou quarante-huit heures. C'est le grand danger, car nous allons du côté du froid.

Ta tante m'a beaucoup parlé de ses dispositions *en général* à ton sujet.

279

Elle se préoccupe *des frais de mutation* et a le projet, si Dieu lui rend un peu de santé, de te remettre *de la main à la main* un certain capital *pour les couvrir.* Tu lui servirais l'intérêt à un taux inférieur à celui qu'elle retire : 2 % au lieu de 3 %. Mais elle ne me dit pas s'il s'agit de deux domaines ou d'un seulement. Elle me charge de te prier ainsi qu'Adèle de ne pas tant appuyer sur *vos sentiments filiaux* et ses *sentiments maternels, pour ne pas effaroucher Marthe qui lit vos lettres à elle adressées.*

Ta tante a remarqué que depuis la mort d'Éléonore, Marie (ta sœur) s'est mise *tout à coup* à lui écrire et lui récrire de la façon la plus tendre et la plus *significative.* Mais ta tante, sans me dire clairement qu'elle ne lui donne rien, m'a fait cette réflexion : *je suis bien aise de réparer dans une certaine mesure les pertes que ton bon Henri a subies de la part de ses beaux-parents.* Je lui ai rappelé que cette perte était de deux cent mille francs.

Tenez donc compte tous deux de l'avis très bien motivé et intentionné que vous donne votre tante.

Avec sa permission j'ai pris note de tout ce qu'Éléonore a laissé de valeurs.

Aujourd'hui, après tous les décès acquis, la fortune de Marthe tourne autour de quatre cent mille francs y compris la moitié de celle de sa mère sur laquelle elle peut disposer de plus de deux cent cinquante mille francs de par la loi. Rien de précis là-dedans, car il y a dans la liquidation une foule de questions qui s'entrecroisent, se compensent et jouent parfois le rôle de trompe-l'œil. Bref, j'en sais aujourd'hui plus long que jamais. La délicatesse m'a empêché de trop questionner.

Marthe m'a demandé à qui sa mère donnait Le Moutier à cause du pied à terre. Je lui ai répondu la vérité, savoir : « *Je ne sais pas.* » Ta tante n'a pas plus parlé de ses dispositions à Marthe que celle-ci n'a parlé des siennes à sa mère. Marthe me déclare vouloir garder son secret. *Ne t'étonne pas alors, ai-je observé, que ta mère agisse de même à ton égard.*

Le docteur sort d'ici. Il m'autorise à partir demain et en cas de danger nouveau me fera télégraphier. Lui, ne m'aurait pas fait mander *cette fois,* il est convenu que je ne bougerai que sur un signe de lui.

Voilà une lettre qui t'intéressera, je crois, beaucoup.

Nous vous embrassons tous bien tendrement. Ton père affectionné,

Charles de Cerilley.

CHARLES DE CERILLEY
À HENRI DE CERILLEY
Montpellier, le jeudi 1ᵉʳ décembre
9 heures du matin.

Mon cher Henri,

J'arrive de Grasse où j'ai reçu hier à une heure une dépêche alarmante du docteur et nous sommes partis le soir même à 7 h 34.

Ta pauvre tante est perdue! Le cœur est pris, et le mal marche vite : question de peu de jours, je le crains; aussi je ne bouge pas d'ici. Ta tante se voit en danger et pense néanmoins à tout jusqu'à faire prendre deux mille francs au Crédit Lyonnais. Je te télégraphierai en cas de besoin.

Ton père affectionné,

Charles de Cerilley.

TÉLÉGRAMME. CHARLES DE CERILLEY À HENRI DE CERILLEY.
Tante décédée 11 heures. Funérailles lundi. De Cerilley.

CHARLES DE CERILLEY
À ADÈLE DE CERILLEY
Montpellier, le 2 décembre 1898.

Ma chère Adèle,

Mᵉ Tassin, le notaire que votre tante a consulté pour son testament et qui l'a fait ouvrir par M. le président du tribunal, est venu hier soir nous en donner lecture. Eh bien, Henri hérite tout seul de la *moitié* de la fortune de sa tante à commencer par les deux domaines qu'elle possédait à Sangy. Je ne veux pas retarder l'élan de votre reconnaissance.

Je suis bien troublé par cette mort qui a été superbe de courage. Je donnerai des détails à Henri. Votre tante expirait à onze heures après une nouvelle communion devant nous.

Le corps partira demain samedi vers onze heures et doit arriver dans la nuit du dimanche à lundi. J'ai laissé l'heure à la disposition de M. le curé pour les funérailles.

Adieu, ma chère Fille, je vous embrasse tous bien tendrement, mais le cœur bien brisé par cette fin de martyre. Votre père affectueux,

Charles de Cerilley.

SOPHIE DE MONTBOURG
À CHARLES DE CERILLEY
Sainte-Apolline,
le 5 décembre 1898.

Mon cher Charles,

Je veux que ma lettre te prouve et aussi à Marthe combien nous sommes de cœur avec vous aujourd'hui — de cœur, de larmes et de ferventes prières! Je suis bien sûre que notre pauvre sœur a offert sa vie pour Marthe. Puisse-t-elle y puiser des conditions de salut et de bonheur relatif. Ton petit mot de ce matin me dit que vous avez pu revenir à temps de Grasse. Aussi qu'elle avait reçu tous ses sacrements avec une admirable résignation. Je ne saurais assez te dire mes profonds regrets. Prier auprès de son pauvre corps, martyr de tant de souffrances physiques et morales, eût été pour moi la seule consolation possible et je sais combien notre pauvre sœur Clémence partage mes regrets. Mais nous prions tant de loin que prières et sacrifices obtiendront peut-être davantage que notre consolation.

J'ai choisi et fait expédier la plus belle et solide couronne que j'ai trouvée ici. Tu la mettras pour moi sur le cercueil de notre bien-aimée sœur. Elle devra arriver dimanche soir en gare à Sangy.

Mon pauvre Frère, quel voyage! Et quelle cruelle journée! Je ne doute pas que Marthe soit avec toi. Je vous embrasse tous, Henri compris. Bien tendrement et tristement. Ta sœur qui t'aime,

Sophie.

CLÉMENCE DE CERILLEY
À HENRI DE CERILLEY
le 12 décembre 1898.

Mon cher Henri,
Ton père m'a écrit au lendemain de la très cérémonieuse lettre datée encore de Sangy et à laquelle j'ai répondu hier à Hyères. Il s'est dévoué depuis si longtemps à notre pauvre sœur que je comprends parfaitement les dispositions faites en ta faveur. Elle y a vu un double motif de juste gratitude, puis de confiance envers toi, mon cher enfant, plus en état que nul autre de continuer ton père et son dévouement familial. Je te félicite de cette marque d'amitié, d'estime et de confiance de la tante hélas! si éprouvée en ce bas monde!

Je fais dire messe sur messe, et suis toute disposée à participer à un trentain grégorien, si on pouvait s'entendre en famille pour le faire réaliser en prenant des dates *fixées et convenues*. Je ne me charge pas de tout le trentain, parce que notre tarif paroissial est *élevé*.

Cependant, ces jours-ci, je fais prier plus instamment en raison des tristes affaires de Marthe. J'ai écrit à ton père mon sentiment et à Marthe aussi. La loi religieuse *formelle* est : que celui qui a l'initiative de la demande de *rupture* est *absolument* coupable. On peut le subir *si la loi canaille* de l'État *appuie la demande,* mais en *profiter* est impossible sans crime. Il n'y a qu'à *protester* et publiquement s'il le faut contre *la demande puisque* d'où qu'elle vienne, et *quelle* que soit la promesse faite à sa mourante, il n'y a de possible sans pécher que la *séparation judiciaire* aussi sévère *qu'on voudra,* mais qui laisse la porte ouverte sur le retour à des sentiments meilleurs et à l'union retrouvée.

Je te parle en confiance, mon cher Henri, parce que je t'aime et estime ton cœur et ton jugement.

J'ai assaisonné ma lettre à Marthe de tact prudent et d'assez d'affection pour faire passer mes conseils en l'*engageant* à s'enquérir : si elle ne se trouverait pas dans quelqu'un des cas où la suprême autorité religieuse à Rome admet qu'il y ait eu *nullité* de mariage. J'en ai connu au moins *deux* qui ont été suivies de sanction approbative à Rome. Les parties ont donc pu en bénéficier sans remords et sans déshonneur moral.

J'ai senti *le devoir* de toucher cette corde avant qu'il y ait un *prononcé* de jugement criminel. Malheureusement légal! Quelle canaillerie que cette loi Maquet!!!

Je t'embrasse de tout mon cœur. Partage avec Adèle, mais garde mes réflexions sévères pour toi seul et brûle ma lettre. Tu juges certainement les choses *comme moi*, étant droit comme je te connais. Ta tante dévouée,

Clémence de Cerilley.

SOPHIE DE MONTBOURG
À HENRI DE CERILLEY
Sainte-Apolline,
le 13 décembre 1898.

Merci, mon cher Henri, de ta longue lettre, si pleine de détails que j'espérais et que ton père n'a pas eu le temps de me donner. Avec quel désespoir ta pauvre tante a fini sa vie! Y a-t-il rien au-dessus de cette mort d'Éléonore suivie des déterminations *quand même* de Marthe! Une mère pouvait-elle souffrir davantage? Je me doutais bien à ses lettres d'un cynisme visant l'inconscience que le cœur et l'esprit de la pauvre fille étaient bien bas. Rien ne nous étonnera d'elle comme conséquence et nous comprenons très bien le testament de sa mère. Nous sommes bien aises, ton oncle et moi, que ta tante t'ait choisi pour l'héritier de sa partie disponible. Mon cher Henri à tous les points de vue, tu devais l'être et l'être seul : car si ta pauvre cousine se laissait dévaliser dans le milieu où elle va se jeter, un seul pourrait la sauver de la misère noire. En nous donnant son mobilier de salon ta pauvre tante a eu, sans doute, l'intention de nous donner un dédommagement pour la partie de fortune des Montbourg qui passe entre tes mains de par sa part d'héritage d'Émile et d'Éléonore; et nous lui en sommes reconnaissants. Nous verrons après l'inventaire de la valeur attribuée à ces meubles le moyen le moins coûteux pour les amener jusqu'en Normandie (c'est-à-dire la traversée de toute la France!). Pour les tableaux ce sera plus facile. Lorsque tu feras faire les photographies coloriées du portrait de ta tante, tu seras bien aimable de demander à l'artiste ce qu'il ferait payer une seconde image. Si mes moyens me le permettaient, j'en demanderais une, ce n'est qu'à titre de renseignements.

Comme décharge de la pauvre Marthe, je crois bien que son mari a dû la rendre très malheureuse et la malmener, sinon tout à fait la battre brutalement; car elle lui était attachée quand même. Elle l'avait dit à sa mère qui me l'a écrit. Je crois que c'est l'esclave battu qui a pris sa liberté! Hélas! Si tu savais combien peu elle a connu les charmes d'un milieu d'éducation distinguée, tu t'étonnerais moins de son penchant pour le commun qui l'a flattée dans son isolement.

Ta pauvre tante a *tant souffert* de n'avoir pas écouté mes conseils et d'avoir eu trop de confiance en sa fille! Que les reproches s'arrêtent sur les lèvres à son endroit. Comme tu le dis, il n'y a plus rien à faire pour la pauvre enfant et son paysan lui vaudra encore mieux que le trottoir. Ah! Élevez autrement vos enfants! Que la Paix soit la base de leur éducation, que leur première communion soit très bien préparée et faite dans une pure et religieuse atmosphère bien recueillie.

Robert d'Aillot aurait-il demandé le divorce, s'il avait pu prévoir toutes les morts? L'enfant mort, la honte aurait disparu et la fortune lui serait restée, tant pis pour lui. Quelles ont été ses exigences pour ne pas faire de scandale? Marthe m'a écrit qu'il ne voulait plus souscrire aux conditions passées par son oncle du Fermet, et que son avoué lui conseillait de tenir bon. J'espère que ton père nous donnera des détails après la réunion d'aujourd'hui à Grasse.

Adieu, mon cher Henri, quand nous reverrons-nous? et où? Je voudrais que ce soit ici et que ton père puisse vous accompagner. Ta tante bien affectionnée,

Sophie de Montbourg.

CHARLES DE CERILLEY
À HENRI DE CERILLEY
Grasse, le 14 décembre 1898.

Mon cher Henri,

Aujourd'hui a eu lieu à trois heures la dernière tentative légale de conciliation dans le cabinet du président. Nous étions là, Marthe, Me Tassin et moi quand soudain M. d'Aillot, au mépris de sa parole, est entré raide comme balle dans le cabinet sans me saluer. Me Tassin et moi, sommes sortis et la séance a duré au moins une demi-heure, puis M. d'Aillot est sorti laissant Marthe passer devant lui. Il est passé devant moi très vite et sans saluer et Marthe nous a fait à Me Tassin et à moi le récit suivant : M. d'Aillot a fait du sentiment tout en persistant dans ses accusations, promettant le pardon et le dévouement sans bornes, ce que du reste il dit dans une lettre de deux pages adressée hier à Marthe sous le couvert des Martin. Cette lettre est jointe au dossier et Me Tassin dit qu'elle est précieuse et qu'il faut la conserver comme un modèle de comédie.

Le président a fait selon la loi tous ses efforts auprès de Marthe pour la fléchir, mais elle a été très ferme jusqu'au bout, elle repousse ses dernières accusations sans les discuter.

Le président est très au courant et n'a fait que jouer son rôle.

M. d'Aillot lui a dit que Marthe n'avait jamais une idée à elle, ce à quoi elle a répondu : « J'ai toujours fait votre volonté par force et que parfois vous m'avez menacée de votre revolver. » « Vous voyez cette femme, Monsieur le président, a-t-il repris, *elle n'a pas d'éducation, elle ignore même certains tours de la langue française.* » C'est idiot, comme aussi quand il a dit au président : « Il y a quelque chose d'étrange dans la mort de cet enfant qu'on retire plein de vie de nourrice et qui meurt quinze jours ou trois semaines après, puis c'est sa tante, puis la grand-mère! » Autre idiotisme; il divague et ne sait ce qu'il dit. Bref tout est fini pour nous ici, il faut trois mois pour que le jugement soit rendu et soit définitif.

L'acte de vente de Saint-Savin ne peut se passer qu'après ces délais; mais on va proposer à M. d'Aillot de donner sa procuration pour la levée des scellés et inventaire et liquidation. Un modèle va être demandé à Me Tassin. Si M. d'Aillot y acquiesce, on lui fera un cadeau supplémentaire immédiat de cent à trois cents francs, car il doit être à la famine et en effet il a maigri! S'il fait des difficultés, on le sommera par justice et on retirera toute gracieuseté. On le tiendra bien en bride.

Marthe est très émue de cette rude épreuve. Je la mène chez nous à Hyères pour l'y reposer quelques jours.

Les Martin me paraissent jouer double jeu et jaloux de l'influence que peut avoir Louise. C'est visible, ils s'en cachent très mal.

Adieu, mon cher Henri, nous t'embrassons de tout cœur, ton père affectionné,

Charles de Cerilley.

SOPHIE DE MONTBOURG
À CHARLES DE CERILLEY
Sainte-Apolline,
le 18 décembre 1898.

Mon cher Charles,

Merci de ta longue lettre qui comble toutes les lacunes de notre compréhension : Clémence aurait eu besoin d'être mise au courant pour ne pas semer son explosif à tort et à travers, avec la meilleure intention du monde! Je lui ai répondu par la situation finale sans les détails de la route.

En attendant, mon cher ami, j'admire que d'A... se contente de la somme de dix-neuf mille francs qui lui fera un bien mince revenu. Il faut que la procédure le tienne bien en laisse! Qu'il se soit mis en bien mauvais cas! Je comprends alors que sa femme ne se risque pas à reprendre le joug. La pauvre fille faisait bien son jeu en se disant irresponsable elle-même; sans songer que les irresponsables se font enfermer! Quoi qu'elle fasse, il serait bon que tu lui dises que cette affirmation la rendra l'esclave de celui qui voudrait en abuser, *quel qu'il soit,* et qu'il serait plus adroit de ne pas le dire même à son mari civil. Hélas, c'est peut-être déjà fait! Si c'est celui nommé par d'A...

Je ne veux pas, mon cher Charles, que l'attente de la réponse d'Honoré puisse te faire croire que nous sommes fâchés de la bonne chance d'Henri. A coup sûr, *non!* Et je lui ai écrit tout de suite nos affectueuses félicitations. *Il est vrai qu'Émilie aurait pu songer qu'une part de l'héritage de ses enfants va quitter les Montbourg mais elle en était absolument libre comme Marthe l'est de sa moitié et de la fortune de Montbourg;* personne n'a *rien à y prétendre.* Ton Henri doit bénir la Providence à deux genoux car c'est elle qui a tout conduit. Il a fallu que les morts arrivent dans l'ordre où elles sont arrivées pour que notre sœur ait fait ce testament. L'amour des petits Chinois avait remplacé chez Éléonore l'amour de la famille, si elle avait survécu à sa mère, il n'aurait peut-être rien eu du tout.

Le cousin de Saint-René est-il au courant de la situation actuelle? Et des intentions de Marthe? Le pauvre cousin ne quitte plus son lit depuis un mois et ne peut plus écrire. Ses quatre-vingt-trois ans rendent sa maladie grave. Il a maintenant une religieuse garde-malade. Elle ne le laissera pas finir sans sacrements : c'est l'important.

Je n'ai pas pu offrir à Marthe de venir à Sainte-Apolline, je lui ai dit seulement qu'elle trouverait en nous un asile affectueux, si elle en sentait le besoin (son histoire est trop connue ici par le peuple).

Il me tarde de connaître le résultat de votre dernier voyage à Grasse. Et la marche de l'affaire. Y a-t-il plaidoyer quelconque? *As-tu bridé aussi le journal de la localité?* C'est à ne pas oublier. S'il se tait on ne saura rien ici. Mais il suffit du racontar d'une seule Provençale pour l'ébruiter.

Adieu, mon bon Frère, c'est Noël dimanche, mes plus tendres vœux iront demander à la crèche tous les biens de l'âme et du corps pour toi et les chers tiens. Je t'embrasse bien tendrement. Ta sœur qui t'aime,

Sophie.

CHARLES DE CERILLEY
À HENRI DE CERILLEY
Hyères, le 23 décembre 1898.

Mon cher Henri,

Mᵉ Tassin ayant conçu un peu de doute sur la suite dans les idées de Marthe et craignant pour sa créance d'honoraires qu'il fixe à trois mille francs pour toute consultation et plaidoirie le 9 janvier, plus trois cents francs pour ses deux voyages à Grasse, m'en a écrit et m'a insinué de lui en faire l'avance sauf mon recours contre la succession. Sans formuler mon refus, je lui ai répondu que j'avisais ma nièce et lui disais d'aller le voir pour le rassurer : ces messieurs ont la main assez lourde pour courir quelques risques, et d'autre part, dans l'espèce, on ne peut discuter leurs chiffres, vu que c'est grâce à leur habileté que l'on doit une solution aussi heureuse au double point de vue financier et du scandale réduit à sa plus simple expression.

Marthe est restée quatre jours chez nous ici avec Louise, enchantées toutes deux de ce petit séjour. Marthe est très sensible à nos bons soins et conseils, elle semble disposée à bien suivre nos avis, savoir : soigner d'abord sa santé, et tâcher de se faire une vie active et très indépendante sur un terrain neuf : ce qui veut dire essayer de *s'en passer*. Or sa santé clochant beaucoup et souvent, elle est hantée par l'idée qu'elle n'a aucun intérêt à emplâtrer un mari sur le dévouement duquel elle ne peut compter.

J'ai écrit au notaire de Normandie *qui ignorait la mort de ta tante*, pour le mettre au courant et lui expliquer la cause du retard imposé aux acquéreurs de Saint-Savin, attendu que la situation de ma nièce ne sera tranchée que dans trois mois. Mais, qu'on s'occupe d'obtenir de M. d'Aillot une procuration moyennant un cadeau de cent à trois cents francs; en cas de refus, Mᵉ Tassin remplira les formalités pour être autorisé par le tribunal à se passer de lui de toute façon, on tendra à s'activer le plus possible et M. d'Aillot n'a pas intérêt à soulever des difficultés, car alors, on retirerait tout accord et on le ferait exproprier. Les acquéreurs de Saint-Savin, qui font une superbe affaire, menacent *pour la frime* de renoncer à l'affaire si « on lambine trop ».

Je te préviens que Marthe désire avoir le bahut ancien de la salle à manger de sa mère. C'est le mieux, tu le sais. Nous sommes d'accord que le bon goût doit laisser le choix à ta cousine sur tout ce qu'elle désirera avoir dans son lot. Voilà pour le principe; dans la pratique je ferai appel aux convenances réciproques. De cette façon tout le monde sera content. Je tiens comme à une bonne œuvre que Marthe soit touchée de nos procédés à son égard, et cela dans son intérêt présent et futur. Tout ceci n'a pas empêché M. d'Aillot de lui écrire (une fois par les Martin) qu'elle était entourée de ravisseurs de sa fortune.

Elle m'a prouvé que les Martin sont des cupides et des faux amis faisant le jeu de M. d'Aillot.

Ta tante Sophie a bien su faire sentir que ta tante aurait pu songer qu'une partie de la fortune de Montbourg sortait de la famille de Montbourg par la voie *de la part* d'enfants décédés, *dévolue* à ta tante. Tu vois bien que le bout de l'oreille se montre presque toujours.

Adieu, mon cher. Ton père affectionné,

Charles de Cerilley.

MARTHE CARON D'AILLOT   Mon bon Henri,
À HENRI DE CERILLEY   Je suis bien touchée des sentiments
Millau, le 29 décembre 1898.   d'affection que tu m'exprimes, je te prie
de croire également aux miens. Merci des bons vœux de nouvel an que tu m'offres. Oui, espérons que 1899 sera moins douloureux pour nous tous et bien que j'aie le cœur bien déchiré par la suite des événements qui viennent d'avoir lieu, je te remercie encore des bonnes paroles que ta lettre renferme.

Tu seras sans doute un peu surpris en voyant ma lettre datée de Millau, mais deux jours après notre arrivée à Montpellier mon hérisson a été appelé par dépêche près de sa mère malade. Je ne me suis pas souciée de rester seule avec Marguerite qui est sourde comme un pot et je suis partie avec mon hérisson.

Tu vois que notre repos n'a pas été de longue durée. Sauter ainsi d'un wagon dans un autre est parfois agréable, mais avec les maladies, il faut prendre son parti de tout. Je souffre de ma goutte aux mains, sauf cela le reste de ma personne va bien.

Tu es bien fou de me gâter ainsi, merci mille fois des gâteries dont tu m'entoures. Je te promets de savourer tes bonbons en conscience à mon retour à Montpellier quand nous serons bien rassurées sur l'état de la mère de Louise. Nous retournerons à Montpellier.

Je t'embrasse bien tendrement, mon bon Henri, ainsi que ta femme et tes chers enfants. Toute à toi,

Marthe.

1899

MARTHE CARON D'AILLOT
À CHARLES DE CERILLEY
Millau, le 4 janvier 1899.

Mon cher Oncle,

Me Tassin m'a avisée qu'il avait reçu la procuration que nous avions demandée à M. d'Aillot. Je serai lundi soir à Montpellier. Je ne m'engagerai point, car je tiens à ce que vous soyez présent à toute cette affaire de liquidation et je le lui dirai quand je serai à son étude.

J'ai écrit à M. Tourville de vous adresser les fermages de Saint-Savin et l'autorisant à les verser entre vos mains jusqu'à ce que la liquidation des affaires de ma mère soit faite. Oui, je me suis occupée d'un logement à Millau, j'en ai plusieurs en vue, mais je ne louerai que quand je serai ici; j'en verrai un demain qui me plaît car il y a un grand jardin entouré de murs et nous serions seules dans la maison. Demain j'irai voir la propriétaire et nous visiterons les appartements car il fait trop mauvais temps aujourd'hui pour les visiter.

Millau me plaît beaucoup, je m'y porte bien et vous ne me reconnaîtrez pas à votre venue à Montpellier car j'ai pris une mine de nonne et j'ai une tête de pleine lune.

Louise mon hérisson me charge de vous remercier de votre bon souvenir, sa mère sera assez bien pour nous permettre de retourner lundi. Mon hérisson vous remercie également de vos souhaits pour sa mère.

M. Tassin m'a avisée que lundi avait lieu le jugement de divorce. Il tient à ce que ce soit définitif et brusquera les choses.

Toute à vous,

Marthe.

CHARLES DE CERILLEY
À HENRY DE CERILLEY
*Montpellier, le 19 janvier 1899,
7 heures du matin.*

Mon cher Henri,

J'aurai achevé à 11 h 30 le triage des papiers. Demain emballage des tableaux et le soir signature des vacations de l'inventaire.

En triant les papiers, j'ai découvert une broche améthyste, perles et or, oubliée. Selon le bracelet, elle va être prisée trente à quarante francs.

Plus une belle montre aux initiales de ta tante aux roses (diamants). C'est, je crois, sa montre de mariage. Comme il n'y a pas de couronne, Marthe peut bien la prendre et la porter les jours de fête malgré ses goûts ruraux.

Tu feras bien de pousser une pointe ici aux jours gras, 11-12 février, pour t'entendre avec Marthe pour certains détails du mobilier : en deux jours, vous ferez plus qu'en un mois à distance.

Il n'y a rien à déduire à *Marthe,* en dehors de ce qui concerne toutes les conséquences de sa fuite et son divorce, et en dehors du chalet, des huit mille francs de dettes impayées et des mille huit cents francs de billets, et de tous les déplacements faits *pour elle.* Ce que sa mère a pu payer pour la réhabilitation de M. d'Aillot est noyé dans ses gracieusetés maternelles en dehors de la dot.

Je présume que, *tout payé,* tu auras à placer net un capital de plus de vingt-cinq mille francs. Si on te donne de bonnes valeurs, garde-les telles quelles. Ce sont des frais de courtage de moins.

Bref, tu as plus de bonheur encore que nous le pensions d'abord et mille fois tant mieux.

Le Christ est très joli, en bon état et maman t'en fera honneur tel quel quoique la dorure soit un peu terne. Le velours est encore supportable, même pour elle qui est *proprette.*

Pas de glace pour toi, pas de service, pas de linge. Il faut tout cela à ta cousine pour monter sa maison. Ta tante avait pas mal vendu à Saint-Savin. J'en ai trouvé le détail que tu verras quelque jour.

Marthe est toute dolente d'esprit et de corps à plusieurs points de vue, il y a, comme sur mer, des grains dans son être. Si elle était sans *aucune affection autour d'elle,* elle tirerait une bordée quelconque, c'est certain. Louise est son tout, son appui, son conseil de chaque jour, son aide, sa compagnie, son soutien moral. C'est heureux, j'en suis convaincu.

Nous serons à Millau samedi ou lundi soir pour trois jours francs pour moi. Marthe pourra t'attendre ici vers le 11-12 février. Sa cuisinière y restera et tu la trouveras toujours.

Adieu, je vais à la besogne. Nous vous embrassons tous bien affectueusement. Ton père bien dévoué,

Charles de Cerilley.

CHARLES DE CERILLEY
À MARTHE CARON D'AILLOT
Hyères, le 11 février 1899.

Ma chère Marthe,

Pendant que ton cousin est chez toi, je veux être aussi près de vous deux au moins par la causerie épistolaire. Il nous semblera se voir et entendre par la pensée du cœur ceux qui ne sont plus, et dire que c'est au pluriel qu'il faut en parler!

As-tu commencé à faire faire tes emballages? Ne te presse pas outre mesure pour aller à Millau; il faut que les lieux d'aisances soient faits. Pour moi, je n'accepterais pas d'aller dehors par tous les temps; oh, mais non.

J'ai fini le triage des papiers : Dieu, quelles correspondances palpitantes d'un douloureux intérêt!!! et comme il est important de les bien conserver! C'est ta protection.

Si tu as besoin d'argent avant la fin de la liquidation tu sais où en prendre : M. Tassin a entre les mains plus de cinq cents francs libres pour toi. Si Henri est à court, dis-lui que je suis à même de lui faire une avance de quatre cents francs qu'il me dit lui manquer pour boucler son courant.

Si Montpellier n'était pas plus loin que Marseille, il est certain que j'y serais avec vous deux; mais il faut que j'y aille encore une fois, et si je pouvais profiter de notre départ, ce serait une économie de fatigue et d'argent.

Adieu, ma chère Marthe, nous vous embrassons toi et ton cousin du meilleur de notre cœur. Un bon salut à Louise. Ton oncle affectionné,

Charles de Cerilley.

CHARLES DE CERILLEY
À HENRI DE CERILLEY
Hyères, le 16 février 1899.

Mon cher Henri,

J'ai reçu ta lettre de mardi après le départ pour Millau. J'approuve tout ce que tu as dit et fait. Voici un projet de lettre pour Marthe. Dis-moi ton avis : j'ai limé les angles de ma pensée tant que j'ai pu. Je suis outré intérieurement de tant de duplicité. Que diable, je veux bien que l'hystérie soit une passion indomptable; mais elle ne nous rend inconscient que pendant les *crises,* et dans les intervalles libres, l'âme honnête fait appel à la protection pour les moments de crises, l'a-t-elle fait? *Non,* elle a tantôt été cynique avec sa mère, tantôt a joué la comédie de tout genre, mentant par intérêt ou par crainte, roublarde jouant de la franchise moitié par nature et moitié par ruse pour se donner du crédit. J'estime donc qu'avec elle, il faut un mélange, ou plutôt une *alternance* de sentiments et de *vérité dure* au second plan.

Si d'ici en août, il y avait le moindre accroc à la parole qu'elle t'a donnée, je te préviens que ma porte lui serait interdite à Sangy.

Renvoie-moi mon projet de lettre à cette malheureuse Marthe avec tes observations. Tu as vu et entendu, tu as conféré avec Me Tassin, tu peux être bon juge du moment actuel palpitant d'un triste intérêt.

J'attends la lettre de Marthe, si elle tarde trop, je lui écrirai selon mon projet ci-inclus.

Tu as bien fait de vite refouler ta première pensée, de nous l'expédier à Hyères, cette pensée ne vaut rien du tout. Elle ne l'aurait pas voulu n'étant pas à son aise avec sa tante, il eût fallu la loger à l'hôtel et songe aux dangers de la vie marécageuse! et qui a fait ses preuves depuis longtemps! Oh, non, jamais sous notre nez. L'instant de besoin inspirera sa protection : c'est notre suprême et dernière sauvegarde, s'il plaît à Dieu, ce dont je doute. Ce serait pourtant bien vu : la Providence devrait protéger les fous et les malades d'esprit, ce qui n'est pas. Le aide-toi le ciel t'aidera est seul vrai.

Le 17 février 1899. Adèle dont je reçois la lettre me dit que mon avance de quatre cents francs te rendra service en ce moment, je n'attends pas ta réponse, et je te les fais passer ci-inclus.

Cette malheureuse Marthe m'écœure au-delà de toute expression. C'est une malade répugnante plutôt qu'une vicieuse. Mais c'est cette duplicité rouée qui vous irrite. Alors qu'elle fait parade de franchise, on doit se dire : ne ment-elle pas encore?

Crois-tu que Victorin soit venu de *son chef* cette dernière fois, ou bien s'il a été appelé? Je soupçonne que Louise le favorise pour éloigner le danger d'un retour au domicile conjugal que Marthe regrette *ne pouvoir* rejoindre quand elle se porte bien. Or, c'est le sentiment de la trahison qui lui donne la force de résister. Si elle se colle ou épouse son V..., elle aura tôt fait de le réduire à la plus simple expression; car il n'est pas de force à tenir tête à une hystérique.

Je prévois des événements fâcheux sans que personne y puisse rien, on ne régente pas une femme de vingt-sept ans comme une fille de quatorze à quinze ans.

Adieu, mon cher Henri. Je broie du noir sur ce triste avenir. Ton père affectionné,

Charles de Cerilley.

Nous apprenons à l'instant la mort de M. de Saint-René, sans famille aucune. C'est triste! A qui va revenir son petit avoir?

LOUISE GALOURET
À HENRI DE CERILLEY
Millau, le 19 février 1899.

Monsieur,

J'ai cru vous faire plaisir et en même temps remplir envers vous le devoir que je me suis imposé de vous tenir au courant de ce qui pourrait se passer en venant m'entretenir un instant, cher Monsieur, de votre chère Mme Marthe à laquelle vous avez témoigné tant d'attachement et de sympathie.

Notre voyage s'est très bien passé quoiqu'un peu triste car Madame a bien pleuré durant le trajet. J'ai fait de mon mieux pour la rassurer et à l'heure qu'il est elle est très bien. Sa santé est très bonne, nous nous promenons, nous nous distrayons du mieux car c'est à ce seul prix que Madame pourra vaincre son caractère un peu fougueux. Mais présentement, tout va pour le mieux et si Dieu nous vient en aide, tout aura un bon résultat, elle se dit toujours prête à tenir les promesses qu'elle vous a faites de n'avoir jamais plus aucune relation ni avec cet individu ni avec tout autre.

Cependant, cher Monsieur, nous n'avons rien reçu de monsieur votre père, alors je suis très inquiète de ce silence donc je vous serais très obligée si vous vouliez bien me répondre deux mots et me dire simplement ce que M. de Cerilley vous a dit à votre lettre lui faisant part de cette malheureuse affaire, car soyez bien persuadé, Monsieur, que je ferai tout ce qui dépendra de moi pour maintenir les choses dans le bon état qu'elles sont présentement car il serait à regretter que Monsieur votre père voulut agir en violence ou menaces envers Madame, ce qui ferait avorter les bonnes dispositions dans lesquelles elle se trouve. Demain lundi je pars pour le déménagement et serais heureuse de savoir de vos nouvelles. Madame reste pendant ma courte absence à la surveillance de ma famille qui l'entoure de leurs soins si bien que moi.

Je vous prie donc, cher Monsieur, de vouloir bien interpréter pour moi mes sentiments les plus respectueux à Monsieur votre père et lui dire de bien vouloir user de beaucoup d'indulgence à notre égard si l'on veut arriver au bon résultat qui, je l'espère, se réalisera si rien ne brusque.

Espérant vous lire au plus tôt, recevez, Monsieur, mes sentiments les plus respectueux.

Louise Galouret.

CHARLES DE CERILLEY
À HENRI DE CERILLEY
Hyères, le 19 février 1899.

Mon cher Henri,

J'étais persuadé de la culpabilité de Marthe. On doit envoyer promener Victorin qui a le toupet de chercher du chantage. Celui de M. d'Aillot a été inutile. Qu'il en soit de même pour celui du valet. Nous avons affaire à une hystérique inconsciente et une folle et menteuse comme toute l'espèce. Dès lors qu'elle sait que tu m'as mis au courant, j'estime que mon silence à son endroit aura la signification de tout ce dont je l'ai prévenue, c'est-à-dire que je ne la verrai plus, qu'elle ne mettra plus les pieds à Sangy et que tout ce que je pourrai faire, c'est administrer ses deux donations jusqu'à nouvel ordre.

J'ai remarqué à Montpellier que Marthe et Louise allaient souvent en ville et y passaient plusieurs heures sans jamais indiquer l'emploi de leur temps. J'ai eu le soupçon de quelque rendez-vous louche, mais non avec l'ex-valet! Aujourd'hui tout est clair. Quelle boue! Ah, pauvre sœur, quel martyre!

Louise préférait bien que Marthe pût se passer de mâle, mais puisqu'il y a nécessité, je soupçonne qu'elle préfère encore Victorin à tout autre, ils partageront le gâteau.

Tout ce que Marthe a de fortune deviendra la proie de son entourage; c'est certain, et si elle vit assez longtemps pour en voir le bout, ses vieux jours seront horribles. Ta pauvre tante a montré un grand sens; sa bouche maternelle démentait souvent ce que son sens intime lui révélait. Il est inutile que Marthe me redoute; elle me sait homme de parole.

Tu as fort bien agi avec Victorin comme énergie et as bien fait de le menacer de la police. Je ne vois de tous côtés que de la turpitude. Il y a un grain de folie. Je vois cette malheureuse à la mer. Marthe ne sera connue à Millau que sous le nom de Mme de Montbourg. Ta tante Sophie voudrait qu'elle prît un nom de guerre. Mais c'est matière à commettre des faux, et pas n'est besoin de ces nouveaux dangers.

Tu as bien fait d'approuver les cent francs que Marthe a donnés à son Victorin pour qu'il file.

Si ces turpitudes maladives et folles se savent un jour, dans notre entourage, nous n'avons qu'à avouer le cas d'hystérie inconsciente. C'est la bosse du bossu.

Ta longue lettre de mardi soir m'a remué plus que surpris tant j'avais des soupçons. Mais c'est la triste clarté que nous avons. Gardons tout entre nous, si possible. Ton père affectionné,

Charles de Cerilley.

As-tu rapporté les vingt monnaies anciennes, la pièce d'or du roi Murat, la montre?

Savais-tu que le propre de l'hystérie est que les désirs ne peuvent *jamais* arriver à la vraie jouissance, à l'assouvissement? C'est le désir toujours en l'air avec intermittence de crises. Quelle terrible maladie!

Quand l'état est trop aigu et permanent, c'est la folie plus ou moins accentuée : il peut arriver qu'on soit obligé quelque jour de la faire enfermer. J'appellerai l'attention de Me Tassin là-dessus.

CHARLES DE CERILLEY   Mon cher Henri,
À HENRI DE CERILLEY   J'adresse ma lettre à Marthe et j'en
Hyères, le 20 février 1899.   garde copie jointe aux tiennes traitant
du même sujet. Elle n'ose pas m'écrire et il est bon que je la rassure sur mon état d'âme à son endroit. Il n'est pas bon de pousser la sévérité jusqu'à la brutalité intempestive. Quand il faudra briser nettement, s'il y a lieu, je ne balancerai pas. En attendant, retardons cette extrémité de tout notre pouvoir.

Le mieux serait, pour Sangy, que tu lui permettes d'habiter ta maison du Moutier gratuitement, comme si elle en était propriétaire, tant qu'elle resterait comme elle est, c'est-à-dire libre, mais pas de V... Elle s'y trouverait à son aise, bien plus qu'au château où elle viendrait prendre ses repas le dimanche et le jeudi quand cela lui ferait plaisir. Voilà ce que maman me charge de te dire. Mais c'est à toi à prendre l'initiative auprès de Marthe. Si elle accepte, n'est-ce pas une protection très affective, bien pratique? Mais encore faut-il qu'elle le veuille. J'aimerais mieux cela pour elle tout l'été que de lui voir acheter une propriété en Aveyron. A Sangy, elle aurait la chasse plusieurs mois.

Maman a la pensée de t'offrir pour ta fête une cafetière russe quatre tasses de café, si vous n'avez pas cet objet, car on ne prend du bon café que par ce moyen pratiqué sous vos yeux. Réponse.

Anna avait dit la vérité toute nue, ce que je comprends le moins, c'est le chiffre de neuf.cents francs à Guillaume. Elle n'aura pas voulu faire de jalousie entre les deux. Victorin, lui, a été d'abord payé en nature.

Nous en verrons bien d'autre, je le crains, et c'est un gros sacrifice que je fais que de lui faire proposer le *modus vivendi* de Sangy comme je te l'explique, plus haut. Je redoute du scandale. Elle paiera ses amours, et son passé normand lui a rendu la manœuvre très facile. A première sottise, il faudra la faire filer, mais comme effet local ce sera *trop tard*. Réfléchis bien donc avant de lui fournir le moyen et le temps de se créer *sous nos yeux des relations coupables*. En Aveyron, c'est loin de nous tous et c'est ce qui m'en plaît. Qu'elle vienne aux vacances, soit, c'est limité, mais trop longtemps c'est trop dangereux.

Adieu, mon cher Henri. Ton père affectionné,

Charles de Cerilley.

P.S. Ta pauvre tante avait si bien la notion de la position qu'elle n'a fait aucune demande d'asile à aucun de nous pour la malheureuse enfant. Elle s'en est rapportée à notre conscience, à notre sagesse, d'une façon tacite, il est certain que nous devons plus de protection à Marthe que tous les autres membres de la famille, en raison de la libéralité dont tu es l'objet. Mais cette protection veut être *demandée et méritée*. Nous l'offrons, sous conditions de moralité, c'est notre devoir et nous sommes très disposés à le remplir. Ce que j'ai fait jusqu'à ce jour est un sûr garant de ce que nous ferons à l'avenir, *tant qu'on nous le rendra possible*.

Ta tante que j'ai questionnée sur ce qu'il faut penser de M. Loubet, me répond : autrefois monarchiste, l'opportunisme en a fait un républicain très opportuniste, c'est-à-dire double. Mme Émile Loubet est une bonne chrétienne, et ta tante voit là la source de toutes les réussites de cette famille. On croit à Paris que l'opinion générale du pays n'est pas avec le nouveau président de la République; il met son intelligence qui est le double de l'ordinaire au service de la duplicité. Ta tante a envoyé un télégramme de félicitations à M. Loubet natif de Marsanne. Amour maternel, voilà ce dont tu es capable pour les épaulettes de ton fils. Ton oncle le tutoyait, en somme mettons-nous à sa place, nous aurions agi de même. Mais c'est tout de même drôle.

Ta tante Clémence est affectée par son rhumatisme. Elle demande un souvenir minuscule de sa sœur. Je lui enverrai une photographie de vingt ans d'âge mais qui la lui rappellera encore bien, surtout à elle qui ne l'a pas vue depuis 1868.

LOUISE GALOURET
À HENRI DE CERILLEY
Montpellier, le 26 février 1899.

Monsieur,

Je n'ai qu'à vous remercier beaucoup d'avoir bien voulu répondre à ma lettre et surtout d'avoir bien voulu prendre le rôle d'avocat auprès de monsieur votre père pour obtenir son indulgence auprès de Mme d'Aillot. Soyez persuadé, Monsieur, que je ferai tout ce qui dépendra de moi pour l'éviter d'aller se briser contre des écueils pareils auxquels elle est si portée car je crois bien que Dieu aidant nous parviendrons à maîtriser un peu les rênes; c'est ce que je tâche de faire rapport à sa famille et son sort malheureux dans lequel elle se jetterait si elle venait à continuer la marche qu'elle avait prise. Elle m'a écrit de Millau, elle me dit être en très bonne santé et attend avec impatience que j'aille la rejoindre, ce que je vais faire aujourd'hui lundi car j'ai hâte moi aussi de rentrer, je voulais partir samedi, je n'ai pas pu. Enfin, c'est terminé, grâce à Dieu et ce soir, je reverrai mon pays natal.

Je vous expédie la caisse de livres comme vous le désiriez en port dû et à l'adresse donnée. J'oubliais de vous dire, Monsieur, que Madame m'a transmis une lettre de Monsieur votre père très affectueuse et pleine de meilleurs conseils. Je vous en remercie beaucoup car c'est grâce à vous que Madame trouvera grâce auprès de son oncle qui doit être son seul appui et son seul confident.

Si Monsieur a quelque chose à me dire, je suis toujours à Millau chez ma sœur qui me ferait parvenir les lettres sans même que Mme d'Aillot s'en doute.

Veuillez, je vous prie, vouloir bien compter sur moi pour tout ce dont je puis être capable et qui pourrait vous être utile.

Je vous salue très respectueusement.

Louise Galouret.

CHARLES DE CERILLEY
À HENRI DE CERILLEY
Hyères, le 9 mars 1899.

Mon cher Henri,
Il pleut encore aujourd'hui. Rien de mieux à faire que de causer avec ses enfants.

Pas de nouvelle lettre de Marthe depuis celle où elle me dit que la mère de Louise a pris une attaque et qu'elle ne peut aller seule à Montpellier où Me Tassin l'appelle pour signer une procuration pour la vente de Saint-Savin. M... ne veut pas être connue à Millau sous le nom de Mme d'Aillot, force est donc d'aller à Montpellier, Me Tassin ne pouvant pas lui *envoyer* la pièce *à signer*. Il faut que cela se passe sous ses yeux. D'où retard forcé d'au moins huit jours.

M. d'Aillot est cruellement puni par où il a péché. Malgré tout il est à plaindre. Oui, c'est la jalousie qu'il a follement fait naître avec ses folâtries avec Mlle L. S. qui a tout chambardé. Quelle imprudence folle de sa part! Mais quelle abjection d'aimer son valet! Ta pauvre tante a manqué à sa mission faute de direction dans l'éducation de sa fille à qui il fallait alors le couvent de bonne heure, ou le mariage hâtif, et la mère ne l'a pas compris! Elle était aveuglée par la mort de ses deux premiers enfants, morts de méningite.

A Toulon avant-hier, à sept heures du soir, on a tiré deux coups de revolver sur une sentinelle qui, ahurie, n'a pas songé à faire feu. Elle a vu fuir six individus. De plus on a trouvé un paquet de trente cartouches de dynamite près d'une poudrière ou caserne. Tout cela indique une connexité avec la catastrophe du Lagoubran et se lie avec le grand chambardement dont les dreyfusards ont menacé si on ne leur donne pas satisfaction.

A Sangy, ma jument de gauche, poussive, m'inquiète : elle avait l'autre jour une crise d'oppression très vive : le vétérinaire est venu et lui a fait appliquer 1 200 grammes de moutarde et ordonné la mise au pré les jours de beau temps. J'attends de ses nouvelles. Si je la perds, je ne changerai mon attelage que l'année prochaine. La grêle de juillet 1898 m'a pris trois mille cinq cents francs.

Maman va bien maintenant : ni sang, ni glaires. Un peu de mollesse dans les jambes suite de sa crise de nerfs. Et Adèle? Moi, je vais à merveille.

Les quêtes pour la catastrophe circulent et récoltent beaucoup. La Chambre a voté deux cent mille francs comme premier secours. Dire que l'État ne doit rien de par la loi! Mais, celle de l'humanité???

Adieu, mon cher Henri. Ton père affectionné,

Charles de Cerilley.

LOUISE GALOURET
À HENRI DE CERILLEY
Le Monastère, le 5 avril 1898.

Monsieur,

J'ai hâte de répondre à votre lettre et vous rassurer sur l'état de santé de Madame. J'ai été il est vrai un peu négligente à vous donner de nos nouvelles mais ayant écrit à monsieur votre père le 28 mars, je pensais que l'on vous aurait mis au courant de tout. Madame va maintenant assez bien quoique pas très forte car elle a eu un abcès à la joue gauche qui l'a fait horriblement souffrir et qu'elle n'a trouvé un peu de repos que lorsque le docteur l'a eu percé. Elle s'est trouvée à cause de cela très faible car elle n'avait pu pendant ce temps prendre aucun aliment, la figure étant d'une enflure extrême et ayant même des difficultés à avaler un peu de lait. Le docteur lui fit prendre des vins fortifiants, une bonne nourriture et maintenant elle est à peu près revenue à son état normal. Elle vous écrira au premier jour et a été très heureuse de savoir de vos nouvelles et vous remercie beaucoup des bontés que vous lui témoignez. Quant à son tempérament, vous le savez, Monsieur, cela ne passe guère tout d'une fois, mais enfin présentement et depuis notre installation au Monastère elle est à peu près tranquille, s'occupant avec moi dans la maison, nous promenant, causant ensemble, enfin une vie qui sera, je l'espère, très bien si cela continue toujours comme maintenant. Elle se trouve très bien ici, le temps est splendide et si sa santé pouvait devenir un peu meilleure, je crois que tout irait pour le mieux.

Recevez, Monsieur, tous mes sentiments les plus respectueux. Votre toute dévouée,

Louise Galouret.

MARTHE CARON D'AILLOT
À HENRI DE CERILLEY
Le Monastère, le 10 avril 1899.

Mon cher Henri,

Je suis bien en retard pour répondre à ta bonne lettre, mais j'ai été si fatiguée de triste façon que ce n'est qu'aujourd'hui que je puis me mettre à ma correspondance.

J'ai acheté une petite jument avec sa voiture et son harnais, le tout fouet en main cinq cent cinquante francs, cela me fait plaisir d'avoir ce petit équipage, car je ménage ainsi mes jambes qui me font toujours un peu souffrir.

Ne te mets pas en peine de me chercher un chien, j'en ai acheté un qui est un vrai petit amour, tout charmant, tu m'en donneras des nouvelles quand tu le verras.

Ma main ne peut plus écrire, sois mon interprète bien affectueux près de ta femme que je remercie avec tout mon cœur de sa bonne offre hospitalière de me recevoir, mais cette année, je ne remue plus de chez moi, j'ai trop peur des attaques de goutte.

Louise t'envoie tout son affectueux respect. Toute à toi,

Marthe.

LOUISE GALOURET
À CHARLES DE CERILLEY
Le Monastère, le 26 avril 1899.

Monsieur,

J'ai hâte de vous faire connaître les nouvelles que nous avons eues au sujet de M. d'Aillot. Nous avons reçu hier de M. Martin la liste des objets que M. d'Aillot veut bien remettre, liste bien inférieure à ce qui lui est demandé car beaucoup de choses y manquent, notamment des choses assez importantes. Il manque un lit complet, celui où couchait la cuisinière, les deux canapés du salon, le service de faïence, toutes les dentelles représentant paraît-il une valeur de mille deux cent cinquante francs, un peu d'argenterie, enfin du linge jusqu'à des chemises de Madame qui sont supprimées.

M. d'Aillot avait écrit de sa propre main au bas de cette liste qu'il tenait à la disposition de Madame tous les objets se trouvant chez lui et ne lui appartenant pas, mais il dit n'avoir aucune responsabilité des objets manquant vu que Madame par son départ a livré la maison aux étrangers et qu'il ignore ce que tout est devenu. Madame accepte volontiers ce qu'il veut bien offrir mais elle m'a fait écrire à M. Martin qu'elle tenait à avoir ses deux canapés du salon, ainsi que son service qui lui vient de sa tante. Donc nous allons attendre la réponse de M. Martin et selon ce qu'il y aura nous partirions immédiatement afin au moins que ce soit fini. Madame va mieux, elle ne tousse presque pas, ses vésicatoires sont à peu près secs, mais ses mains la font encore souffrir de cette malheureuse goutte.

Recevez, Monsieur, mes sentiments les plus respectueux.

Louise Galouret.

MARTHE CARON D'AILLOT
À CHARLES DE CERILLEY
Le Monastère, le 3 mai 1899.

Mon cher Oncle,

Je vous envoie ci-joint la copie de la lettre que M. Tubert vient de m'écrire.

Veuillez, je vous prie, m'expliquer ce que cela veut dire. Ce monsieur me dit que je désire trente mille francs d'acompte du 15 au 20 mai. Je n'ai rien écrit de semblable, mais, tout en voulant bien vous occuper de mes affaires, je voudrais que vous me teniez un peu plus au courant de la vente du château, car cela me regarde personnellement. Ne tardez pas trop à me répondre sur ce que je dois écrire à M. Tubert. Mais je vous en prie, mon cher Oncle, tenez-moi un peu au courant de mes affaires.

Pour ce qui est de M. d'Aillot et de ce qu'il me retient, je ne veux rien faire estimer, enterrons au plus vite cette malheureuse affaire, dès que j'aurais la réponse de M. Martin me donnant le jour où il sera possible de faire le déménagement, Louise partira avec son beau-frère, je ne veux à aucun prix avoir encore des tiraillements avec mon ex-mari, puis voyez, cher Oncle, il n'a pas trop d'argent, plus tôt il aura ses douze cent cinquante francs, mieux il pourra se débrouiller, ainsi ne lui faisons pas d'ennui pour cela. Que Dieu l'accompagne. Je lui souhaite beaucoup de bonheur s'il trouve une autre femme aussi bêtement bonne que moi tant mieux pour lui!

Merci de vouloir bien soigner les tombes qui restent seules à Sangy, pour la Toussaint, j'y enverrai des couronnes, hélas tout cela ne me les rend pas.

Soyez, mon cher Oncle, mon affectueux interprète près de ma tante et de ma cousine, sans oublier mon cousin dont je serais bien aise de voir un peu plus souvent l'écriture.

Toute à vous, cher Oncle, du meilleur de mon cœur,

Marthe.

MARTHE CARON D'AILLOT
À HENRI DE CERILLEY
*Le Monastère,
le 15 mai 1899.*

Mon cher Henri,

Enfin, j'ai vu reparaître ton écriture car j'étais très affectée de ton long silence.

Je suis heureuse de te savoir en bonne santé, ainsi que ton cher entourage. Tu es bien aimable de m'offrir tes deux jolis bouls-terriers, je les accepte avec d'autant plus de plaisir que j'aime fort cette race, donc tu peux me les envoyer quand tu voudras, avise-moi du jour où tu les enverras car je tiens à aller les prendre à la gare moi-même, dis-moi si ces charmants animaux sont habitués à la soupe et aussi leurs noms.

Je te remercie chaleureusement d'avoir pensé à moi à cette occasion, tu peux être convaincu qu'ils seront bien soignés.

Adèle doit être bien mécontente de moi qui ne lui écris pas, mais je t'avoue franchement mon cher Henri qu'elle m'intimide beaucoup, elle est très bonne, oui je le crois mais je n'ose lui écrire car mon peu de style m'embarrasse beaucoup, sois mon interprète affectueux près d'elle, et embrasse bien tendrement tes enfants pour moi.

Je suis en assez bonne santé pour le moment, les promenades me font grand bien.

Je t'embrasse bien affectueusement, mon cher Henri, en te remerciant à nouveau de tes jolis chiens car je serai radieuse de les avoir chez moi. Toute à toi,

Marthe.

MARTHE DE MONTBOURG
À CHARLES DE CERILLEY
Le Monastère,
le 23 mai 1899.

Mon cher Oncle,

J'attendais pour vous écrire d'avoir quelques nouvelles à vous donner. J'ai reçu un journal de Cannes qui m'a été envoyé par M. Martin et sur ce journal était inscrit mon divorce (aux torts et griefs de M. d'Aillot) parfaitement enregistré à Cannes. Voilà donc une chose enfin finie, mais je vous avoue franchement que je préférerais que M. d'Aillot n'ait pas donné lieu à de telles choses, enfin le vin est tiré, il faut le boire.

Il m'a fallu aller à Montpellier il y a quelques jours signer un papier utile à M. Martin, mais dès que je me fatigue un tant soit peu, mes jambes enflent que c'est une pitié. Enfin, maintenant, je vais un peu mieux.

Je vous laisse à regret, mon cher Oncle, mais je souffre si cruellement de ma main que je ne puis écrire plus longtemps.

Marthe.

G. VALLON, CURÉ DE SAINT-SAVIN,
À CHARLES DE CERILLEY
Saint-Savin, le 24 mai 1899.

Monsieur,

Je prends la liberté de vous écrire au sujet des fermiers de Mme de Montbourg à Saint-Savin. Ces pauvres gens m'ont fait part de leur terrible situation et comme c'est une famille très religieuse et de mes meilleurs paroissiens, je crois, en conscience, être obligé de m'intéresser à leur triste sort, et j'espère, Monsieur, que vous ne verrez dans ma démarche près de vous qu'un sentiment de juste équité.

A la mort de M. Émile, je me souviens très bien de vous avoir vu et parlé pendant quelques instants, et ce souvenir m'engage à tenter près de vous cette démarche que je fais de moi-même.

La famille de ces fermiers jouit depuis dix-sept ans de la ferme de Saint-Savin. A la fin du premier bail, eux qui étaient arrivés sur cette ferme avec un riche mobilier étaient en retard. Mme la Baronne *leur fit signer* un nouveau bail de huit mille francs disant qu'ils s'acquitteraient. Du jugement de tous les cultivateurs du pays, c'était bien trop cher; il était impossible qu'ils en fissent l'argent; je pourrais vous donner à ce sujet toute référence. Pendant dix-sept ans, ils ont travaillé comme de véritables ouvriers à leur tâche, père, mère, enfants, ne recevant personne, et se privant de choses que même les journaliers se permettent. Vous savez le prix du beurre, un franc dix la livre; il est impossible de faire huit mille francs de cette ferme.

Le nouveau propriétaire ne compte la louer que cinq mille francs. Ainsi vous voyez la différence, et je me demande comment ils ont pu arriver à payer ce qu'ils ont payé jusque-là.

Et voilà des personnes chrétiennes, observant la loi du dimanche, tenant bien leur maison, ne faisant aucune dépense superflue, travaillant, je dirai comme des forçats, qui vont être réduites absolument à rien. Je vous assure, cher Monsieur, que mon cœur de pasteur et de prêtre saigne à cette pensée. Vous me direz pourquoi ont-ils pris un second bail? Parce qu'ils étaient enchaînés par le premier, et qu'un lacet passé au cou est bien difficile à rompre. Car de leur faute, il n'y en a pas. Oh, je vous en conjure, cher Monsieur, laissez-leur leur pain; car s'ils doivent vous payer l'année présente il ne leur restera rien, et moins que rien, ce serait véritablement à désespérer pour nos braves et bons fermiers d'être respectueux en tout et partout de la loi de Dieu.

Pardonnez-moi, cher Monsieur, de vous écrire ces choses; mais encore une fois, je me crois obligé en conscience à le faire, me rappelant que je suis pasteur et père, surtout de ceux qui donnent le bon exemple.

Et je prie en terminant le bon Dieu d'exaucer ma prière près de vous.

Daignez agréer, Monsieur de Cerilley, l'expression de mes sentiments les plus respectueux.

G. Vallon.

CHARLES DE CERILLEY
AU CURÉ DE SAINT-SAVIN,
Sangy, le 29 mai 1899.

Monsieur le Curé de Saint-Savin,

Fin 1898 le fermier devait un chiffre rond de vingt mille francs, il lui a été fait remise de moitié, sous condition de paiement à la Saint-Michel prochaine et intérêt d'un an à 4 %, plus le fermage courant. L'éloquence de ces chiffres vous mettra en face de la charité éclairée que nous avons pratiquée et qui vaut mieux que la charité aveugle qui ne doit pas porter le nom de charité.

Recevez, Monsieur le Curé, l'assurance de mes sentiments distingués.

Charles de Cerilley.

MARTHE DE MONTBOURG
À HENRI DE CERILLEY
Le Monastère, le 1ᵉʳ juin 1899.

Mon cher Henri,

Je t'envoie deux lettres que ton père m'a envoyées, l'une du curé de Saint-Savin qui prend fait et cause pour le fermier, tu verras que cette espèce de seau à charbon cherche à nous en imposer, aussi ton père lui écrit très sèchement, il fait très bien car le curé est un vilain bougre qui s'entend avec le fermier pour nous ennuyer. C'est un encouragement au vol, voilà la vertu du curé Vallon, mais s'il est normand, je le suis aussi moi et suis au courant de leur roublardise. Ne te laisse pas attendrir par sa lettre au style mystique car c'est un couillon de la plus belle eau.

Je suis désolée de te donner tant de tracas pour l'envoi de tes chiens et te remercie bien affectueusement du don que tu m'en fais. C'est bien gracieux à toi de leur avoir mis des colliers à mon nom, c'est une attention dont j'ai été vivement touchée. Je crois qu'il vaudrait mieux faire voyager ces deux charmantes bêtes en caisse à claire-voie, lorsque j'étais à Saint-Savin, je m'occupais du commerce des chiens et me suis toujours bien trouvée des envois en caisse à claire-voie. Il faut simplement leur donner abondamment à manger dans leur caisse et écrire en gros caractères sur leur caisse, prière de donner à manger aux chiens.

Je t'aurais écrit plus tôt, mon cher Henri, mais tes lettres m'ont trouvée au lit avec une espèce de fluxion de poitrine qui m'a bien fatiguée. Enfin, grâce aux soins dévoués de ma chère Louise, je vais mieux et peux me lever maintenant, ce qui fait qu'elle va partir pour Mougins où elle sera mercredi pour faire le déménagement. Je ne serai pas seule pendant ce temps car sa mère viendra me tenir compagnie.

Je te laisse à regret, mais ma main n'en peut plus.

Partage mes caresses avec ton entourage. Toute à toi,

Marthe.

MARTHE DE MONTBOURG
À HENRI DE CERILLEY
Le Monastère,
le 14 juin 1899.

Mon cher Henri,

Tes deux ravissants toutous sont arrivés à très bon port à Millau, et sont bien habitués avec nous, ma jument même leur fait un accueil affectueux, j'ai augmenté ma ménagerie d'un petit chien albanais tout blanc âgé de deux mois, ce petit animal répond au nom de Boulette.

Le déménagement de Mougins s'est très bien effectué. Robert d'Aillot a été très bien car il a aidé lui-même à emballer tous les meubles et objets. Nous ne nous attendions certes pas à une pareille chose. Tout a été rendu en bon état, mais que ce déménagement m'a été pénible à faire faire. Je t'avoue franchement que si les meubles ne m'avaient pas été donnés par ma mère, je les lui aurais laissés tous.

Enfin, tout cela est terminé, mon ex-mari va se remarier le mois prochain. Il fait bien car il ne peut rester seul, il épouse une ancienne institutrice anglaise que je connaissais un peu, mais qui est de dix ans plus âgée que lui. Cette demoiselle tient un restaurant à Nice. Tout cela est fort triste, mon cher Henri, mais je t'assure que je lui pardonne tout ce qu'il m'a fait souffrir, qu'il soit heureux avec sa nouvelle compagne.

Quant à moi, je n'ai nulle envie de me remarier je me sens bien au calme dans ma vie d'ermite et j'y reste joyeusement au milieu de ma petite meute de cinq chiens dont les voix harmonieuses me charment bien mieux que les plus beaux concerts que l'on trouve dans le monde.

Je ne suis pas en très bonne santé car depuis le 1er décembre où j'ai pris ce coup de froid à Sangy, je n'ai cessé de tousser. Aussi je vais prendre de sévères mesures pour faire cesser cet état de choses.

Tu me ferais bien plaisir en m'envoyant la généalogie des chiens, car je compte les exposer à Millau où il y aura bientôt une exposition. Je suis sûre qu'ils auront le premier prix, ce dont je serais très flattée, ne mettant d'ambition que pour mes bêtes.

Je t'embrasse bien affectueusement, mon cher Henri, en te remerciant à nouveau de ton joli cadeau. Toute à toi,

Marthe.

LOUISE GALOURET
À CHARLES DE CERILLEY
Le Monastère, le 29 juin 1899.

Monsieur,

Madame me charge de vous faire savoir de ses nouvelles par mon entremise car la goutte la fait assez souffrir aux mains. Elle a eu de forts crachements de sang et le docteur la fait partir au Mont-Dore (Puy-de-Dôme) afin de lui fortifier la poitrine. C'est, paraît-il, le sang qui afflue à la poitrine, ce qui pourrait devenir dangereux, alors nous partirons lundi prochain et dès notre arrivée nous vous donnerons notre nouvelle adresse.

Pour ce qui est de la liquidation, je crois qu'elle ne sera pas finie de sitôt car M. Tassin dit qu'il faudrait qu'il ait tous les comptes sous la main pour arriver à quelque chose, alors Madame vous prie de vouloir bien envoyer tout ce qui nous est dû pour la succession ou pour sa part à M. Tassin afin que cela finisse car cela traîne assez longtemps.

Madame reçoit aussi une lettre de M. Tubert lui disant qu'il n'avait plus que trente-huit mille francs à verser sur l'achat de Saint-Savin alors que Madame ne savait que la somme de cinquante mille qui avait été versée entre les mains de M. Tassin, elle ignore quand l'autre somme a été payée et à qui, ce qui l'inquiète un peu car elle prétend que l'on pourrait bien l'aviser lorsqu'il y a quelque chose de nouveau dans ses affaires, alors elle saurait à quoi s'en tenir tandis qu'elle ne peut rien répondre à M. Tubert car elle ne veut pas lui faire voir le peu de cas que l'on fait de la tenir au courant de ses affaires. J'en écris en même temps à M. Tassin et elle pense savoir bientôt à quoi s'en tenir.

Recevez, Monsieur et Madame, mes sentiments les plus respectueux.

Louise Galouret.

MARTHE DE MONTBOURG
À CHARLES DE CERILLEY
Mont-Dore, le 18 juillet 1899.

Mon cher Oncle,

Mon état de santé est toujours le même et il y a quatre jours j'ai eu un étouffement prolongé qui a failli m'emporter. J'ai consulté un spécialiste à Clermont-Ferrand, qui m'a bien auscultée et après examen sérieux il m'a déclaré avec franchise que c'était un état grave, mais qu'avec un traitement sérieux, je pourrais peut-être me tirer d'affaire. Je serais bien aise que la liquidation ne finisse qu'en août, car je tiens à bien faire mon traitement ici, et je tiens fort à ma peau.

Rassurez-vous, cher Oncle, je me suis bien pourvue de vêtements chauds et Louise est bien couverte aussi. Je vous envoie par ce courrier une boîte par la poste. Dans cette boîte, il y a une liseuse en laine du pays pour ma tante et un porte-plume en pierre du pays également pour elle, puis il y a aussi une pipe en bois du pays et une brosse à barbe montée en pierre du pays pour vous.

Les chiens sont sous bonne garde.

Je vous embrasse tous les deux, cher Oncle et chère Tante, de tout cœur.

Marthe.

MARTHE DE MONTBOURG
À HENRI DE CERILLEY
Mont-Dore, le 22 juillet 1899.

Mon cher Henri,

Nous te remercions de tout cœur de tes charmantes broches qui nous ont fait le plus grand plaisir.

Je te remercie également des photographies des ancêtres des chiens blancs ainsi que de leur généalogie. Tu as bien fait d'envoyer les photos de tes petits chats à deux pattes, ils paraissent très gentils, surtout, ils te ressemblent beaucoup, aussi seront-ils aussi bons que toi.

Mon hérisson aurait bien voulu t'écrire pour te remercier, mais aujourd'hui elle est indisposée par un remède destiné à faire disparaître un ténia qui la ronge.

Les eaux m'ont fait grand bien, mais il me faudra sans doute plusieurs saisons ici pour être définitivement rétablie.

Ton père m'écrit qu'il a attrapé un coup de soleil aux yeux, et qu'il voit bien qu'il va être obligé de débrider (chose qu'il aurait dû faire depuis longtemps car à son âge, c'est imprudent de s'éreinter comme il le fait).

Je te quitte à regret pour aller boire mon demi-verre d'eau.

Toute à toi,

Marthe.

LOUISE GALOURET
À HENRI DE CERILLEY
Mont-Dore, le 28 juillet 1899.

Monsieur,

J'ai hâte de vous donner de nos nouvelles et de vous remercier de la broche que vous avez bien voulu m'envoyer. Je vous en remercie de tout cœur et suis très touchée du bon souvenir que vous voulez bien m'accorder. Lorsque samedi dernier Madame vous écrivait, je me trouvais fatiguée par suite d'un remède que j'avais pris pour faire disparaître le ver solitaire et qui cependant n'a pu réussir à l'expulser de chez moi, cela fait que je restais couchée toute la journée du samedi car cela m'avait bien éprouvée, alors Madame sortit un peu seule dans l'après-midi. Elle fut prise d'un grand malaise dehors et on me l'apporta à l'hôtel en voiture. J'aidais à la déshabiller et dès qu'elle fut au lit, elle perdit tout à fait connaissance et une grande crise de nerfs qui lui dura au moins une heure, ce qui me fit une peur terrible. Le docteur a attribué cela à la fatigue du traitement car il est très fatigant d'autant plus qu'étant très anémiée, les nerfs la dominent plus facilement. Enfin, ça a mieux allé depuis, mais elle a de temps en temps pendant la nuit quelques petits accès de fièvre. Hier encore elle a resté couché toute la journée et le docteur lui a diminué le traitement qu'il serait pourtant si nécessaire qu'elle puisse suivre car si cette maladie ne peut être arrêtée, elle serait condamnée pour jamais n'en guérir, ce qui serait très malheureux à son âge, les docteurs ne le lui ont pas caché et lui ont recommandé de grandes précautions si elle voulait pouvoir se guérir car c'est le sommet du poumon gauche qui est atteint. Pendant que je fais ma lettre, le docteur vient la voir, il la trouve mieux qu'hier, il lui ordonne des promenades mais en voiture, sans nulle fatigue, mais le poumon est toujours à peu près et il décide de lui mettre des pointes de feu lundi prochain. C'est un très bon docteur, très doux et qui vient tous les deux jours la voir et plus lorsque je vais le prendre.

Recevez, Monsieur, mes sentiments les plus respectueux.

Louise Galouret.

MARTHE DE MONTBOURG
À HENRI DE CERILLEY
Le Monastère, le 26 août 1899.

Mon cher Henri,

Bien que tu sois un peu flemmard pour nous écrire, je veux tout de même te donner de nos nouvelles qui sont assez bonnes pour le moment, bien que la goutte me fasse souvent visite (chose dont je me passerais fort bien).

Je crois, mon cher Henri, que tu es propriétaire de bons vignobles. Tu me ferais bien plaisir en me vendant une petite barrique de cinquante litres de vin blanc, mon médecin du Mont-Dore m'ayant ordonné d'en boire avec de l'eau de Vichy. Je sais que ton vin ne sera pas frelaté. Dis-moi donc tes prix.

Je crois que ton père est chez toi, sois mon interprète affectueux près de lui et de ta femme. Toute à toi.

Marthe.

P.S. Tu serais bien aimable de m'envoyer un numéro du *Chasseur français*.

MARTHE DE MONTBOURG
À CHARLES DE CERILLEY
Millau, le 27 août 1899.

Mon cher Oncle,

Je vous envoie ci-joint la réponse de M. Tourville, vous verrez comme ce monsieur répond à mes questions. Il prétend qu'il vous a dit tout ainsi qu'à M. Tassin, c'est bien malheureux que moi qui en définitive étais la propriétaire de Saint-Savin ne puisse avoir des détails sérieux. M. Tourville me compte pour rien mais je lui ferai voir que je suis quelque chose. Je lui ai écrit qu'il était absolument ridicule de vous donner à vous plus de détails qu'à moi, il m'a refusé de répondre.

Ma santé ainsi que vous l'a dit Louise s'est très bien trouvée des eaux du Mont-Dore, ainsi que des pointes de feu que je devrai continuer ici. J'ai pris mon permis de chasse et mes jambes goutteuses se trouvent fort bien de cet exercice, je dors bien et mange à l'avenant.

Dans l'attente de vous lire bientôt, croyez à ma sincère affection.

Marthe.

MARTHE DE MONTBOURG
À HENRI DE CERILLEY
Le Monastère,
le 28 octobre 1899.

Mon cher Henri,

Écris toi-même à M. Tourville, car moi je ne veux plus lui écrire, il ne veut me donner aucun détail, de sorte que je ne veux plus m'occuper de correspondre avec une huître pareille.

Je te remercie beaucoup de ton offre de vin et je l'accepte avec plaisir. Tu me feras cet envoi dans quelques jours. Je me porte parfaitement grâce aux bons soins de ma chère Louise qui me soigne de tout son cœur.

J'ai reçu de bonnes nouvelles de ton père, ce qui m'a fait sensiblement plaisir.

Partage avec ton cher entourage tous mes sentiments affectueux. Toute à toi,

Marthe.

MARTHE DE MONTBOURG
À HENRI DE CERILLEY
Sangy, le 5 novembre 1899.

Mon cher Henri,

Profitant de ces beaux jours, je suis venue à Sangy faire une visite pieuse à mes chers défunts et en même temps vous voir tous, car je vous arriverai mardi à 11 h 37 matin en gare. Je compte vous donner deux jours.

Louise est avec moi comme toujours. Tu seras bien aimable de me donner une chambre où nous puissions être ensemble, car avec mes fatigues parfois subites, la goutte, il m'est nécessaire par prudence d'avoir toujours ma garde fidèle avec moi.

Mon oncle m'a fait faire hier la visite détaillée des quatre domaines au point de vue des constructions et réparations.

Il m'a donné toutes explications et montré tous les comptes de la succession. Nous sommes d'accord sur ce qu'il m'a dit.

Je vous embrasse tous tendrement. Toute à toi,

Marthe.

MARTHE DE MONTBOURG
À HENRI DE CERILLEY
Le Monastère,
le 13 novembre 1899.

Mon cher Henri,

Nous sommes arrivées à bon port à Millau, où tout notre monde a été bien content de nous revoir.

Laisse-moi te remercier à nouveau avec tout mon cœur de l'accueil chaleureux que tu nous as fait. Ton affection si vraie m'a consolée de bien des déboires. Je ne saurais trop te dire comme ta femme m'a été sympathique, aussi je te le dis en toute vérité, vous êtes les seuls de la famille que j'aime.

J'ai donné les ordres pour qu'on se mette immédiatement à faire les réparations de ma maison, aussi dans le délai de quinze à vingt jours, je serai installée dans mon nouveau local. Si le temps continue à être beau, je me remettrai à chasser les culs blancs et autres oiseaux, car, n'ayant pas de chien, je ne puis prétendre abattre des lièvres.

Nous espérons que tu voudras bien nous écrire souvent, nous donnant des nouvelles de ton excellente femme, et de tes chers petits enfants.

Mon hérisson vous envoie à tous les deux toutes ses amitiés. Et moi, mon bon Henri, je t'embrasse bien tendrement, ainsi qu'Adèle qui a su par sa tendresse s'acquérir une amie qui l'aimera toujours.

Je n'oublie pas non plus dans mes caresses tes enfants. Toute à toi,

Marthe.

P.S. Si la petite photographie de maman est prête, envoie-la-moi et sois chez ton photographe quand la grande sera prête, car j'y tiens beaucoup. Dans quelques jours, je t'enverrai nos frimousses.

MARTHE DE MONTBOURG
À HENRI DE CERILLEY
Le Monastère,
le 27 novembre 1899.

Mon cher Henri,

Je te remercie de ta bonne lettre que j'ai reçue ce matin et à laquelle je réponds immédiatement. Tu ne me dis pas si M. Tassin t'a écrit. A moi, il ne m'a pas répondu et, il y a de cela huit jours, tu m'avais promis de le presser et je vois que tu ne le fais pas. Je ne veux pas attendre à l'année prochaine car ce monsieur se fiche depuis assez longtemps de nous. Écris-lui de ton côté car je veux que d'ici au 15 décembre tout soit fini, car j'irai chercher mes papiers à cette époque. Je ne veux plus de lambinerie.

Je te remercie de m'avoir fait envoyer le vin que tu m'as si aimablement offert, aussitôt qu'il sera arrivé, je t'en accuserai réception, mais je t'en prie, réponds-moi de suite si M. Tassin t'a écrit. Je ne sais pas quelle est la bête que tu appelles Morelle, je ne connais pas cet animal-là.

MARTHE

Est-ce une espèce de canard sauvage, ou un autre oiseau de terre?
Je ne t'écris pas plus longuement cette fois-ci car j'arrive de la chasse où je n'ai rien tué qu'un rouge-gorge et je suis fatiguée.

Partage en famille tous mes sentiments affectueux, bons baisers aux enfants. Toute à toi,

Marthe.

1900

HENRI DE CERILLEY
À CHARLES DE CERILLEY
Saint-Étienne, le 10 janvier 1900.

Cher Papa,

Nous sommes venus ici pour la corvée de visites, malgré les grèves dissipées en partie du chef des mineurs qui ont repris le travail. Pour les passementiers, ce sera plus long et plus délicat, car il y a à considérer : *du côté des fabricants :* que le ruban n'est guère à la mode depuis longtemps et que s'ils augmentent le prix de façon ils seront en infériorité sur la concurrence étrangère; *du côté des ouvriers :* qu'il est notoirement reconnu que le passementier ne gagnait pas suffisamment sa vie. Les bagarres de la semaine dernière ne sont pas l'œuvre des grévistes mais de quelques anarchistes qui se sont montrés à l'occasion. Les grévistes ont plutôt le tempérament gouailleur que destructeur à en juger par le spectacle que j'ai eu sous les yeux aujourd'hui sur la place Marengo.

Depuis trois semaines que dure la grève des passementiers, l'Administration avait toléré à tort dans les rues les longues théories d'hommes et de femmes avec drapeaux et musiques. Dans ces longs cortèges de parfois cinq à six mille personnes on chantait d'un air joyeux une carmagnole accommodée aux circonstances du cru; pas de voies de fait, mais à la suite de l'échauffourée de jeudi dernier, un arrêté préfectoral a interdit le retour de ces manifestations. Alors, depuis ce moment, on voit sur la place Marengo, noire de monde, les passementiers et passementières, se promener par groupes de quatre à cinq, quelquefois deux à deux par files de vingt personnes, faisant semblant d'égrener leurs chapelets qu'elles ont ostensiblement à la main, d'autres psalmodiant à mi-voix des antiennes, d'autres abordant un groupe avec ces mots pince-sans-rire : « *Pax vobiscum mon frère. Et cum spiritu tuo.* Eh, Catherine tu ne viens pas? — Attends, j'ai encore une dizaine à dire. » Et pendant ce temps, les sergents de ville circulent placidement.

Quoi qu'il en soit de ces gestes pacifiquement satiriques, la situation est triste et les esprits ne peuvent que s'aigrir d'une attente de solution déjà trop longue. Toutes les troupes sont consignées, la garnison comprenant déjà trois régiments est renforcée par les cuirassiers venus de Lyon.

Les fabriques d'armes sont gardées militairement. On attend, on espère toujours une solution qui ne paraît toujours pas, étant donné l'état complexe des parties adverses.

Nous vous embrassons, Papa et Maman, de tout notre cœur. Votre fils affectionné,

Henri.

MARTHE DE MONTBOURG
À HENRI DE CERILLEY
Le Monastère,
le 18 janvier 1900.

Mon cher Henri,

Je n'ai pas répondu plus tôt à ta lettre car j'ai attendu d'être rétablie d'un coup de froid, pris en chassant sur les bords d'une rivière, il m'a fallu garder trois jours de lit, ce qui fait que je ne t'ai pas répondu plus tôt. Mais rassure-toi, mon indisposition ne me laisse qu'une extinction de voix. Mon hérisson me fait tenir au chaud avec défense absolue de reprendre la chasse.

Je ne trouve rien de mieux à faire que de suivre ses avis car j'aime mieux me passer de chasser que de prendre une fluxion de poitrine.

Pour ce qui est de l'abbé Bosset, je suis complètement de ton avis, il faut lui donner le temps de s'exécuter sans lui tordre le cou. Il a été très bon pour moi quand nous étions à Grasse.

Quant à la maison de la Religieuse, Maman ne voulait pas qu'elle servît à être une auberge, aussi avant de la louer au premier venu, je tiens à ce qu'on examine les offres avant de louer cette maison. Je crois remplir un devoir sacré envers la mémoire de ma mère en t'écrivant comme je le fais à ce sujet. Puis il faut la vendre à un petit fermier si l'on trouve. Du reste, elle aura des amateurs car elle est très agréable.

Les journaux parlent encore de la grève de Saint-Étienne, et disent que l'on craint de graves accidents. Sois prudent et prends toujours avec toi ton camarade de route.

Toute à toi. Mille caresses autour de toi.

Marthe.

MARTHE DE MONTBOURG
À HENRI DE CERILLEY
Villa Marthe, le 20 mai 1900.

Mon cher Henri,

Nous avons bien regretté que tu n'aies pu venir avec nous en Belgique. Franchement tu pourrais bien y aller, parce que la Belgique est un pays à voir. Nous avons reconnu que les Belges sont cent fois plus aimables et plus accueillants que les Français, nous avons été tellement choyées partout dans ce pays que nous garderons longtemps le souvenir de leurs gracieusetés. Pour ma part, s'il ne m'avait pas fallu hâter mon retour à cause de ma maison, j'y serais volontiers restée plus longtemps tant je me plaisais dans ce beau pays.

De Belgique nous sommes retournées à Paris pour voir plus en détail ses monuments et l'Exposition qui mérite à tous les points de vue de visiter. C'est beau! C'est magnifique à voir! et ça vaut bien le voyage mais le village suisse est le pavillon le plus gracieux à visiter, ça m'a donné envie d'aller plus tard voir ces belles montagnes sur le vif alors, mais ce n'est pas cette année que je mettrai ce projet à exécution, j'ai assez voyagé cette fois-ci et je veux rester chez moi un peu.

Je suis charmée de savoir que Paul a repris son grade de capitaine dans l'armée car franchement un Cerilley n'était pas à sa place en faisant la profession de commis voyageur. Je ne suis pas allée le voir à Paris et tu vois que j'ai bien fait puisque je ne l'aurais pas trouvé.

Puis, vois-tu, je ne tiens pas du tout à faire de nouvelles connaissances, sa femme est une magnifique poupée qui serait bien placée à l'Exposition, mais qui ne s'entendrait pas avec moi qui suis loin d'en être une. Tu serais bien gentil, mon bon Henri, d'aller chez Grivolat lui commander mon fusil que je voudrais en calibre 24, percussion centrale, une clef sur le pontet et du prix de cent quatre-vingts francs, comme cela j'aurais mon arme pour l'ouverture. Tu sais que j'aime mieux une bonne arme que les plus belles parures du monde.

Nous avons ramené un chien malgache parfait pour la garde. Tu le verras quand tu viendras. Dis-moi quand tu comptes venir?

Toute à toi,

Marthe.

MARTHE DE MONTBOURG
À HENRI DE CERILLEY
Villa Marthe, le 2 août 1900.

Mon cher Henri,

Je trouve à mon retour une lettre de Bouchard demandant encore un délai. *Je ne veux pas le leur accorder,* ils me demandent aussi une réponse que je ne leur donnerai pas. Je te charge de tout. Écris à M. Tourville pour qu'il agisse en notre nom et fasse tout pour que nous soyons payés. Ces gens-là abusent et il ne faut pas nous laisser attendrir car depuis 1887, ils auraient pu se libérer de leur dette.

Je t'envoie ci-joint la lettre de Bouchard que tu feras bien de faire saisir car ils pourraient bien filer sans tambour ni trompette comme l'on fait souvent en Normandie.

En attendant le plaisir de te lire, je t'embrasse avec tout mon cœur.

Marthe.

MARTHE DE MONTBOURG
À HENRI DE CERILLEY
Villa Marthe, le 31 août 1900.

Mon cher Henri,

J'étais allée passer quelques jours dans une campagne aux environs de Millau, ce qui fait que ce n'est qu'en rentrant chez moi que j'ai pu toucher la lettre chargée que tu m'as envoyée.

Je pense que tu as agi pour le mieux avec Bouchard, néanmoins, fais attention qu'il rembourse le reste l'année prochaine.

Nous sommes heureuses de savoir ton fils débarrassé de l'animal féroce et carnassier qui avait élu domicile dans son estomac.

J'ai reçu une lettre de Vincent me demandant de lui prêter huit mille francs pour l'aider à finir de payer ses dettes. Je tâcherai de l'aider pour la moitié, mais je désirerais savoir s'il est solvable, toi qui te connais en affaires, mieux que moi, donne-moi ton avis de suite afin que je puisse lui répondre quelque chose. Je te recommande de ne pas en parler à ton père.

Toutes mes tendresses à ta chère femme et à tes chatons. Mon hérisson me charge de toutes ses amitiés pour toi et ta moitié et de ses caresses pour tes petits mimis. Toute à toi,

Marthe.

MARTHE DE MONTBOURG
À HENRI DE CERILLEY
Villa Marthe,
le 15 décembre 1900.

Mon cher Henri,

J'aurais répondu plus tôt à ton affectueuse lettre qui m'a fait beaucoup de bien, si je n'avais mon hérisson au lit avec un gros catarrhe bronchique, voilà déjà sept jours qu'elle est couchée sans se lever, sauf de temps à autre pour faire faire son lit. Elle tousse beaucoup, aussi mon médecin la soigne avec beaucoup de dévouement et d'attention, il vient souvent la voir et moi je suis devenue garde-malade. J'ai quelqu'un pour me faire la cuisine aussi je puis rester près de ma bien-aimée malade.

C'est tout naturel que je me dévoue à elle, car elle a *bien du dévouement* pour moi. Louise est tout à la fois une sœur et une mère, moi qui n'ai plus personne qui me touche de bien près, plus de foyer, je me sens toute réconfortée par sa tendresse et son indulgente bonté, moi qui suis loin d'être pieuse, je remercie Dieu de m'avoir donné un tel appui.

Je te confie, mon cher cousin, l'arrangement des tombes de mes chers défunts et même je me range à ton avis d'avoir du marbre noir-gris, mais par exemple, je ne veux pas d'imitation de n'importe quel genre germant dans la cervelle de ton père et *je veux* un entourage en fer forgé, peint en noir et les armoiries comme nous l'avons dit et *c'est toi seul* qui t'en occuperas.

Je remercie de tout cœur ta chère femme de sa si bonne lettre, mais je trouvais tout naturel de lui offrir ma maison si elle avait eu l'intention de changer de climat pendant quelque temps.

Je t'embrasse bien tendrement. Toute à toi,

Marthe.

P.S. Le docteur de Montpellier est mort, donc je ne puis lui écrire dans l'autre monde, du reste je vais mieux.

Comme je ne fréquente pas la gent ecclésiastique, fais mettre pour Émile ce que tu trouveras de mieux allant avec son caractère aimant et élevé.

MARTHE DE MONTBOURG
À ADÈLE DE CERILLEY
Villa Marthe,
le 24 décembre 1900.

Ma bonne Adèle,

Je vous aime trop pour laisser écouler cette fin d'année sans vous offrir mes vœux bien sincères de nouvel an. Je vous souhaite donc une année nouvelle, sans tristesse et sans maladie. Prenez votre cher cœur à deux mains et pensez que bientôt peut-être vous ne resterez pas à Lyon dont le climat ne vous va pas. Soignez-vous bien.

Je voudrais que nous soyons aux beaux temps pour vous garder en Aveyron. Si l'année prochaine vous veniez me voir, ce serait un vrai bonheur pour moi, songez-y, je vous en conjure, chère Cousine aimée, et comptez toujours sur moi pour essayer de vous être agréable, car malgré mon rude caractère, votre adorable et doux sourire m'a tout à fait conquise.

Mon hérisson est bien en convalescence maintenant, ce qui me rend bien joyeuse. Elle est si complètement dévouée pour moi que je m'y suis profondément attachée. Que serais-je devenue si je ne l'avais plus vue, je crois que ma vie eût été bien désolée, car il est bien rare de rencontrer de nos jours un vraiment ami. J'ai un trésor, je le garde !

Toute à vous, chère Cousine et Amie,

Marthe.

si, malheureusement l'affaire de plaider
devant le tribunal, ton mari qui sait tout
ton passé, passe même, et il me l'a
prouvé à ma grande surprise, s'en
mettre tout debout par son avocat,
les précédents donneront créance aux
accusations de l'Heuve préventif, et aux
témoins invoqués. voilà le danger
très grave que je te signale.

ah, je déplore ta fuite! l'inquiétude où
quels en ont été les vrais motifs.

aujourd'hui, en face des accusations de
ton mari, tout est tombé d'un passé tt.,
et te voilà dans un impasse redoutable.
si ta mère venait à te manquer, tu
vois te chercher volontairement avec
ton fils dans une maison à discipline
sévère et protectrice..
tu ne dois pas demander le divorce:
1° parceque tu es chrétienne et que
dans notre monde c'est une tache
qui ne s'efface de ton être, sauf le cas
où on épouse un monstre d'iniquité
dont l'Honneur défend de porter le nom
ici, ce n'est pas le cas, malgré tous
les griefs que tu as, et qui n'ont pas
l'importance que vous leur donnez.

Charles de Cerilley à Marthe Caron d'Aillot, 9.9.98 (p. 251).

1901

MARTHE DE MONTBOURG
À HENRI DE CERILLEY
Villa Marthe, le 13 mai 1901.

Cher Chat angora,

Tu te montres avare de tes lettres et depuis longtemps je n'ai pas eu de tes nouvelles ni de celles de ton cher entourage.

Je t'annonce, mon cher Chat angora, la première communion de Gabrielle, fille de mon hérisson. Première communion qui a lieu le 9 juin. Cette enfant ne vous oubliera pas dans ses prières. C'est ma foi le plus beau jour de sa vie, car après il n'y a guère de plus beau temps pour une enfant. Certes, si je pouvais revenir en arrière à mon plus jeune âge, je le ferais volontiers, surtout sachant ce que je sais aujourd'hui, je me garderais de tous beaux langages car la vie a ses épines durement acérées.

Nous nous portons très bien, le temps est superbe et nos montagnes aveyronnaises couvertes d'un magnifique tapis de verdure, le rossignol roule des notes harmonieuses chantant à plein gosier la beauté de la nature. Je me réjouis, mon bon Chat, d'avoir ainsi organisé ma vie d'ermite (c'est-à-dire ne recevant personne), car autrement, je sors souvent avec ma voiture dans la campagne, j'aime respirer l'air pur à pleins poumons dans les montagnes et je me trouve fort heureuse. Pour rien au monde, je ne voudrais renoncer à la douce et paisible existence que j'ai maintenant, ayant eu assez de douleurs pour avoir bien gagné la douce quiétude dont je goûte maintenant la bienfaisante rosée.

Je t'embrasse bien tendrement ainsi qu'Adèle et tes chats. Bien à toi,

Marthe.

MARTHE DE MONTBOURG
À HENRI DE CERILLEY
Villa Marthe, le 25 mai 1901.

Cher Chat angora,

Je te remercie de ta bonne lettre et de tes sentiments durables d'amitié. Je t'approuve beaucoup de ne pas donner la maison de la Religieuse à moins de mille deux cents francs, elle les vaut haut la main. Quand tu viendras apporter ton appareil de photo, tu me feras plaisir. Nous chasserons bien, avec mon chien Zut, et je ferai tout mon possible pour t'être agréable et te faire passer le temps que tu nous resteras le mieux possible sans trop d'ennui pour toi, cher Chat angora.

J'ai eu de bonnes nouvelles de tante Sophie, mais l'aîné des garçons de Christian s'est cassé le poignet en faisant de la gymnastique. Avec ces petits monstres-là, il faut toujours avoir des inquiétudes. J'ai gardé un excellent souvenir de l'accueil que la tante Sophie m'a fait à Sainte-Apolline, aussi sommes-nous assez souvent en correspondance affectueuse. Il paraît qu'elle a été très touchée de ma venue lors de la mort du pauvre oncle Honoré.

En attendant de te lire à nouveau, je t'embrasse bien tendrement, ainsi que ta femme et tes chatons. Bien à toi, Chat chéri,

Marthe.

<table>
<tr><td>MARTHE DE MONTBOURG
À HENRI DE CERILLEY
Villa Marthe, le 12 juin 1901.</td><td>Cher Chat angora,
Nous sommes bien chagrins de vous sa-
voir, toi et ta femme, souffrir de cette</td></tr>
</table>

méchante grippe, nous espérons vivement que vous serez bientôt tous les deux rétablis, heureusement tes chatons ne sont pas malades. Que veux-tu mon bon Henri, la vie est ainsi faite, la vie est un oignon qu'on épluche en pleurant.

Ton père m'a écrit au sujet des pierres tombales. Quand même que ce soit à ce qu'il dit trop cher, ça m'est égal car ces pierres recouvriront des êtres loyaux et pleins de bonté, ils méritent bien cela!

Je te remercie de tout mon cœur de débattre ainsi mes intérêts contre ton père, il n'est pas commode, mais je le laisse dire et n'en fais qu'à ma tête. Tu sais, si ma mère ne m'avait pas rapporté les aimables paroles de son frère, je n'aurais pas pu les savoir, mais il est bien le digne frère d'Harpagon. Je m'en suis bien aperçue depuis longtemps.

Tu as très bien fait d'écrire à Bouchard car il ne faut pas leur faire grâce maintenant, et s'ils veulent encore lambiner, fais faire une saisie provisoire : lui est loyal, mais sa femme porte ses culottes et le mène par le bout du nez, puis elle est fausse comme un jeton. Quant à l'entourage des pierres tombales, je suis de ton avis de ne le faire placer que l'année prochaine, car celle-ci est bien chargée. Je t'approuve en tout, mon bon Chat, et te remercie à nouveau de ton zèle affectueux.

Tu m'excuseras si je ne t'écris pas plus longuement mais j'ai une migraine affreuse et suis fatiguée.

Bien à toi, doux Chat angora,

Marthe.

MARTHE DE MONTBOURG
À HENRI DE CERILLEY
Mont-Dore, le 3 août 1901.

Mon bon Chat angora,

Nous sommes arrivées à bon port à destination, aussi je m'empresse de t'écrire de suite afin d'avoir au plus tôt de vos nouvelles à tous.

J'écrirai ces jours-ci à M. Tourville pour la maison de la Religieuse, car il faut nous débarrasser de cette maison qui en définitive ne nous rapporte absolument rien. Je suis convaincue que je vais me remettre complètement avec ce bon air des sapins et l'eau qui fait grand bien également. N'empêche que ce n'est pas bien agréable d'aller aux aspirations, car enfermée dans une salle avec quinze ou vingt personnes transpirant à qui mieux mieux, c'est affreux, enfin tant pis! Du moment que cela guérit, il faut bien supporter quelque chose.

J'ai écrit à l'abbé Bosset que nous lui donnions quittance du restant de l'argent qu'il nous devait. Cet excellent homme en a été vivement touché.

Donne-moi au plus tôt de tes nouvelles, cher Chat angora. Bien à toi,

Marthe.

M. BOUCHARD, VOITURIER,
À HENRI DE CERILLEY
Caen, le 5 novembre 1901.

Monsieur,

Je vous envoie cent cinquante francs sur cinq cents que je vous dois encore. Je ne puis en ce moment vous en donner davantage. Vous voyez, Monsieur, que je ne demande pas mieux que de vous payer, mais c'est que je suis pas riche et j'ai bien du mal à gagner ma vie. Je vous enverrai le reste le plus tôt possible et j'aime à croire que monsieur et madame votre cousine ne me feront pas de misère.

Je vous remercie, Monsieur, à l'avance. Votre serviteur,

Bouchard.

MARTHE DE MONTBOURG
À HENRI DE CERILLEY
Villa Marthe,
le 25 novembre 1901.

Mon cher Henri,

Je t'avais bien dit que les Bouchard se fichaient de nous, il ne faut plus les laisser en repos, nous avons assez attendu comme cela, et même avec trop de patience.

Si Bouchard ne s'exécute pas le 1er décembre, tu feras très bien de le faire poursuivre par un huissier et ferme. Bien entendu qu'il paiera tout le papier timbré qu'il nous forcera à dépenser pour le faire payer ce qu'il nous doit.

Ma santé se refait maintenant, j'échappe ainsi aux douces pointes de feu, je n'ai pas à dire du mal de ce traitement qui m'a fait le plus grand bien, mais il paraît que mon catarrhe n'en avait pas besoin : j'en avais parlé à mon docteur qui m'avait répondu que ce n'était pas nécessaire, il m'a donné une excellente potion pour arrêter la toux qui me secouait comme un prunier, je m'en suis trouvée très bien.

Nous sommes bien heureuses de vous savoir en bonne santé tous. La neige a fait son apparition à Millau, il fait un froid de loup, il me faut faire du feu dans les appartements, autrement l'on gèlerait sur place. Aussi je ne sors plus et me tiens au coin du feu, comme un petit chat.

Je me suis remise à la peinture, ma main souffrant moins de la goutte. C'est un agréable passe-temps, et bien que je ne sois pas une artiste, je suis contente de mes œuvres.

Je t'embrasse tendrement. Bien à toi,

Marthe.

MARTHE DE MONTBOURG
À HENRI DE CERILLEY
Villa Marthe,
le 30 décembre 1901.

Mon cher Henri,

Tu m'as comblée en m'envoyant cette magnifique coupe de Baccarat, c'est vraiment beaucoup trop beau pour moi qui n'ai rien fait d'extraordinaire pour avoir de si belles et bonnes choses car les chocolats et autres contenus dans la coupe sont excellents. Ah! si j'étais près de toi, comme je te tirerais volontiers les moustaches pour me gâter comme tu le fais, ainsi que ta chère femme que je remercie également avec tout mon cœur.

Vous viendrez donc tous cette année, c'est-à-dire l'année prochaine. Nous sommes si près de la nouvelle année, autant vaut dire qu'on y est. Quel bonheur de vous avoir, tous sous mon toit! Je vous aime tant, moi, et vous remercie mille fois de la chaude tendresse dans laquelle vous voulez bien m'envelopper.

Ma main va bien maintenant, mais elle m'a fait bien souffrir. Maintenant elle fait peau neuve.

Merci encore, merci toujours, il me tarde de vous avoir tout près de moi.

Bien à toi et à Adèle de toutes les forces de mon cœur.

Marthe.

P.S. Fais comme tu voudras pour la feuillette de vin blanc que tu as la bonté de m'offrir, tu es un angora charmant.

1902

Mon cher Henri,

Nous ne sommes pas contentes de toi, tu nous avais promis de nous donner tes enfants pendant les vacances de Pâques, et tu manques à la parole donnée, c'est *très mal* à toi, tu es le plus vilain chat angora que la terre porte. Aussi, je me rappellerai longtemps de ce procédé peu aimable pour nous et pour moi en particulier.

Presse Bouchard, car il lanterne à plaisir et je n'entends pas qu'il se fiche de nous plus longtemps.

Viens quand tu pourras, tu nous feras toujours plaisir.

Le hérisson t'envoie ainsi qu'à ton cher entourage toutes amitiés. Bien à toi,

Marthe.

TÉLÉGRAMME. LOUISE GALOURET À HENRI DE CERILLEY.
Samedi 24 mai 1902, 10 h 25.
État stationnaire pas d'aggravation. Demain consulte avec Grasset Montpellier. Écrirai aujourd'hui. Galouret.

Mon cher Henri,

Ta tante m'apporte ta lettre et la dépêche de Louise à toi. J'envoie dépêche à Louise avec prière de répondre de suite, et s'il y a du danger pour la pauvre Marthe, je partirai à l'instant. Je t'en avise. Je ne me soucie pas de te voir faire ce voyage en ce moment à peine relevé de grippe. Moi, je vais bien, aussi bien que possible pour mon âge.

Je suis inquiet de cette bronchite grave! Marthe a un gros sang et chez elle les maux peuvent prendre une gravité rapide.

Si tu recevais quelque chose, je suis bien sûr que tu userais du télégraphe. Espérons que le danger se dissipera. Je te préviens que je me

321

mets sous vapeur et qu'à moins de contre-avis de toi, je suis prêt à partir au premier signe de vrai danger.

Ton père affectionné,

Charles de Cerilley.

TÉLÉGRAMME. LOUISE GALOURET À CHARLES DE CERILLEY.
Samedi 24 mai 1902, 15 h 20.
Pas d'aggravation ni danger immédiat. Toujours stationnaire. Demain consulte avec Grasset de Montpellier. Galouret.

CHARLES DE CERILLEY
À HENRI DE CERILLEY
Sangy, le 25 mai 1902, dimanche matin.

Mon cher Henri,
Ci-incluse la dépêche reçue ce matin. J'attendrai donc un avis d'appel ultérieur pour aller à Millau au premier signal inquiétant. J'ai bien pesé les mots de la dépêche de Louise et tous ici nous n'y avons pas vu d'appel, mais un avis sur la situation.

La consultation avec M. Grasset prouve bien que c'est grave.

Ma route est tracée soit de nuit, soit de jour, à tout événement, c'est moi qui marcherai et non toi.

Je vais à la messe et porte cette lettre à la poste.

Ton père affectionné,

Charles de Cerilley.

TÉLÉGRAMME. LOUISE GALOURET À HENRI DE CERILLEY.
Samedi 24 mai 1902, 17 h 25.
Madame plus fatiguée. Arrivez de suite. Galouret.

TÉLÉGRAMME. LOUISE GALOURET À HENRI DE CERILLEY.
Dimanche 25 mai 1902, 4 h 35.
Madame décédée ce matin deux heures. Prévenir Monsieur Charles. Pas répondu à mon télégramme. Galouret.

TÉLÉGRAMME. CHARLES DE CERILLEY À HENRI DE CERILLEY.
Dimanche 25 mai 1902, 14 h 00.
Je pars ce soir Millau à 23 h 30 de Lyon. J'avise Louise. De Cerilley.

TÉLÉGRAMME. ADÈLE DE CERILLEY À HENRI DE CERILLEY.
Dimanche 25 mai 1902, 20 h 25.
Docteur et moi te supplions prendre plus grandes précautions à cause diphtérie. Pas coucher maison si pas tout désinfecté. Écris exactement. Bien inquiète. Sois bien prudent. Adèle.

EDWIGE DE CERILLEY
À HENRI DE CERILLEY
Le 26 mai 1902.

Mon cher Henri,

La triste dépêche de Louise expédiée hier ne me parvient que ce matin à cause de la fermeture de la poste le dimanche.

Je suis bien attristée de penser que tu seras arrivé trop tard et que la pauvre enfant est morte sans personne de la famille à son chevet, ce sera la goutte remontée au cœur ou à la poitrine qui l'aura emmenée si vite. A-t-on au moins songé au secours de la religion, cela me tient en grand souci. Si tu le peux, donne-moi quelques détails. Vas-tu ramener son corps à Sangy? Si cela est, je ferai mon possible pour assister aux funérailles, j'espère que j'irai mieux.

J'apprendrai avec plaisir que Marthe a continué pour toi ce que sa mère avait commencé, elle t'aimait beaucoup. C'est tout de même triste de partir si jeune, pauvre enfant!...

Je t'embrasse de tout mon cœur, remercie Louise de toutes ses dépêches, hélas à cette distance, tout se complique trop.

Tante Edwige.

SOPHIE DE MONTBOURG
À CHARLES DE CERILLEY
Sainte-Apolline, le 27 mai 1902.

Mon cher Charles,

Hélas! Quelle rapidité foudroyante pour notre pauvre Marthe!

Je recevais ta lettre seulement hier lundi et la pauvre M... était morte de la veille dimanche... C'est ce que m'a répondu Louise à ma dépêche. Quelle horrible inquiétude j'ai que la pauvre Marthe n'ait pas pu avoir à temps les secours religieux! Il me tarde immensément de le savoir. Avait-elle désiré être inhumée près de sa mère à Sangy?

Je vais faire dire une messe ici. Je suppose que M... aura fait des dispositions et que tu vas rester quelques jours à Millau pour les exécuter.

Écris-moi le plus tôt possible, j'ai soif d'une certitude religieuse.

Je t'embrasse bien tendrement et bien tristement. Ta sœur bien affectionnée,

Sophie.

LÉON DE MONTBOURG
À CHARLES DE CERILLEY
Lisieux, le 28 mai 1902.

Mon cher Oncle,
J'ai été bouleversé par le télégramme de
ma mère m'annonçant la mort de la
pauvre Marthe et je regrette bien vivement de n'avoir pas pu lui rendre
les derniers devoirs, mais d'après mon calcul, je ne pouvais pas arriver à
Millau à temps pour l'inhumation. De plus, je suis un peu souffrant, mais
n'en dites rien à ma mère pour qu'elle ne s'inquiète pas inutilement.
Vous vous serez trouvé seul de la famille à assister à la triste cérémonie.
Pauvre Marthe! Je l'aimais bien parce que je crois qu'elle avait un excellent cœur, et elle me le rendait. Donnez-moi des détails, je vous prie,
sur sa maladie et sur sa mort. J'ignorais même qu'elle fût malade. Mais
avec un tempérament comme le sien, tout était à redouter. Voilà tout un
côté de la famille éteint et en quelques années. C'est affreusement triste.

Son corps sera-t-il rapporté près de sa pauvre mère? A-t-elle reçu
les derniers sacrements?

Adieu, mon cher Oncle, votre neveu affectionné,

Léon.

AMÉLIE DE MONTBOURG
À CHARLES DE CERILLEY
Caen, le 29 mai 1902.

Mon cher Oncle,
J'ai été renversée par la mort de cette
pauvre Marthe. Le bon Dieu certes a
bien fait de la retirer de ce pauvre monde où elle avait une vie si impossible, mais que je la plains la pauvre enfant qui aurait mérité mieux par
son bon cœur.

Je me réjouis de voir les propriétés se concentrer en les mains
sérieuses d'Henri. Quant à Louise, je souhaite que tout ce bien acquis
l'ait toujours été loyalement, et qu'elle ait vraiment mérité cette bonne
fortune. On voit des choses si horribles qu'on se prendrait volontiers
à douter du dévouement et de la fidélité des meilleures domestiques qui
ont tout intérêt à voir disparaître leurs maîtresses, et vraiment il eût
été plus juste que cette fortune retournât aux Montbourg avec un legs
raisonnable à la bonne. Enfin, cette pauvre tante Émilie est éprouvée
dans tous les siens, et voilà tout ce ménage, toute cette souche disparue.
C'est dans les vues de Dieu probablement, et nous ne pouvons que les
voir s'exécuter avec confiance et foi.

A-t-elle pu être administrée, cette pauvre petite, s'est-elle vue à l'ago-
nie? Êtes-vous arrivé à temps pour lui parler encore? Je vais prier pour
elle avec le ferme espoir que le bon Dieu lui aura été très miséricordieux
et la dédommagera. Que de mystères et quels coups foudroyants
tombent autour de nous, mon cher Oncle. En enterrant les vôtres, mon
cher Oncle, vous mériterez d'avoir une fin *douce et pieuse*, mais deman-

dez-la quand même pendant que vos proches, dont je suis, ajoutent à la prière que ce soit le plus tard possible.

Dites-moi si la foi s'est réveillée au cœur de Marthe quand elle a dû se voir en danger, pauvre enfant.

Dites à Henri que j'applaudis au retour dans ses mains des propriétés de Sangy, mon cher Oncle, et laissez-moi vous embrasser très affectueusement et respectueusement, ainsi que ma tante.

Amélie.

SOPHIE DE MONTBOURG
À CHARLES DE CERILLEY
Sainte-Apolline, le 31 mai 1902.

Mon cher Charles,

Les dispositions de la pauvre Marthe, faites ou refaites deux jours avant sa mort, ne correspondent guère à sa dernière si affectueuse lettre que j'ai encore; car l'oubli des Montbourg y est absolument complet. Louise à laquelle j'ai demandé les détails de la maladie me dit qu'elle a été prise le 11, et elle n'a télégraphié à Henri que le samedi 24!! (après testament fait). Marthe m'avait écrit il y a deux mois en me priant instamment d'aller la voir à Millau. J'en étais hors d'état et lui en ai exprimé tous mes regrets. Se sentait-elle en dépendance? Et désirait-elle s'en affranchir? Pauvre femme!!! J'ai senti par moi-même depuis que je suis veuve l'âpreté des serviteurs. Voilà le second ménage que je mets à la porte. Ils voulaient tous me mettre en tutelle. Il me tarde de recevoir ta lettre de détails. Henri réunit les domaines d'Émilie, c'est cela de sauvé, du moins, pour la famille. Je m'attendais bien à ce qu'elle fît une bonne part à Louise, mais *tant,* c'est raide en vérité!

Adieu, mon cher Charles. Ta pauvre sœur bien branlante,

Sophie.

ADÈLE DE CERILLEY
À CHARLES DE CERILLEY
Lyon, le 2 juin 1902.

Mon cher Père,

Vous ne sauriez croire dans quel ahurissement je suis encore de tous les événements si rapides. Pauvre Marthe, mourir si jeune, mais c'est affreux! Moi qui suis patraque depuis si longtemps, vous pensez si cela me frappe. Depuis huit jours, j'ai éprouvé le besoin de voir le docteur deux fois ne me sentant aucun mal, cela vous donne une idée, vous qui me connaissez bien et m'aimez bien aussi, ce qui m'est si doux à penser, dans quel état j'étais.

Je suis bien heureuse qu'Henri ait ces deux domaines, c'est superbe mais si extraordinaire car enfin ayant partagé déjà avec elle la moitié de la fortune de sa mère, la voilà qui lui donne encore beaucoup, car Henri a maintenant à Sangy une bien belle terre, tout cela me fait bien plaisir, pour nous d'abord mais surtout pour les enfants. Par exemple, je me sens bouillir et d'une indignation épouvantable en pensant que cette garce de Louise a *tout pris* aux Montbourg. Vous savez, c'est indigne, je n'ai pas d'expression pour rendre ce que je ressens. Ah, quelle habile femme, comme elle a su bien faire et capter la pauvre Marthe si faible de caractère du moins avec cette Louise qui avait su l'enjôler à fond. Vous avez été admirable avec elle de retenue et de convenance, moi, si j'avais été là, je n'aurais pas pu me tenir et il aurait bien fallu qu'elle avalât ce que j'aurais eu à lui dire.

Henri n'a reçu aucune lettre de personne. Je crois par moments qu'il recevra de maigres félicitations car on sera jaloux, et pourtant ce sont des biens des Cerilley qui reviennent à un Cerilley!... tandis que pour les Montbourg, c'est tous leurs biens propres qui disparaissent et vont à une domestique dont le dévouement de *quatre ans seulement* a été bien intéressé, quelle femme adroite!...

Merci des fruits confits, vous m'avez fait bien plaisir de penser à moi. Adieu, mon cher Père. Votre fille affectionnée,

Adèle.

VALENTINE DE MONTBOURG
À CHARLES DE CERILLEY
Paris, le 3 juin 1902.

Cher Monsieur,

J'ai appris par Christian la mort prématurée de la pauvre Marthe et les autres détails par Sophie à laquelle vous les aviez envoyés. J'espère que la pauvre enfant aura fini chrétiennement, la présence du curé, comme témoin du testament public, en serait une preuve. A ce propos, le notaire de mes petits-enfants auquel je parlais de ce testament en allant chercher chez lui comme je le fais tous les trois mois mon certificat de vie, pour ma pension militaire, me disait de demander la communication du testament, ceci étant un droit des héritiers du sang. J'ai toujours pensé que Marthe laisserait tout ce qu'elle possédait à sa femme de chambre, et c'est encore heureux qu'elle ait donné à monsieur votre fils ses domaines de Sangy. Je trouve que c'est bien juste, vous avez été toujours si dévoué à vos frères et sœurs.

Je ne sais pas le nom du notaire de Millau et je n'aurais pas fait cette démarche. Mais le notaire me dit que les parents des enfants le désirent et me reprocheraient de ne pas le faire, voulez-vous alors être assez bon pour me dire le nom du notaire de Millau auquel le mien écrira.

Partagez avec Mme de Cerilley l'expression de ma fidèle affection, cher Monsieur. A vous,

V. de Montbourg.

Mᵉ TASSIN
À HENRI DE CERILLEY
Montpellier, le 4 juin 1902.

Cher Monsieur,

Je reçois à l'instant votre lettre du 3 courant me faisant part du décès de votre cousine Marthe de Montbourg à Millau et de ses dispositions testamentaires.

Je suis tout surpris de cette nouvelle, car je n'ai été avisé de rien, ce qui ne m'étonne pas de la part de la bonne Louise sur le compte de laquelle je suis fixé.

J'étais dépositaire d'un testament olographe de Mᵐᵉ Marthe, mais après son installation à Millau et sur les sollicitations que vous pouvez comprendre, elle est venue me le retirer et elle a attendu le jour même de son décès pour en faire un autre.

Cette pauvre dame n'était pas bien consciente de sa position sociale et de sa fortune, il est encore bien heureux qu'elle vous ait laissé les domaines. Le surplus de sa fortune devait avoir déjà pris un autre chemin avant son décès.

Il faut plaindre cette bonne dame et cette triste fin.

Veuillez recevoir l'expression de mon entier dévouement et de mes sentiments affectueux.

Mᵉ Tassin.

HENRI DE CERILLEY
À CHARLES DE CERILLEY
Lyon, le 4 juin 1902.

Cher Papa,

J'ai écrit longuement à Léon et tante Sophie leur exprimant notre pénible impression de voir que Louise avait toute la fortune de Montbourg et exprimant tous mes regrets de voir que Marthe n'était pas revenue au fond à des sentiments plus justes pour cette partie de sa famille malgré les rapports affectueux avec Léon et son voyage à Sainte-Apolline. La vérité est qu'il y avait une apparence de retour que j'avais encouragée de mon mieux et de tout cœur, mais que le temps (qui a manqué) aurait seul consolidée tant Marthe avait hérité des impressions de sa mère qui, elle, aurait certainement rendu aux Montbourg en grande partie ce qui en venait. Mon sentiment, ma conviction est que Louise n'a pas *capté* au sens strict du mot, elle a été servie par les circonstances, elle n'a pas envenimé les intentions de Marthe, mais n'a rien fait non plus pour les ramener. Marthe a fait son testament en toute liberté et lucidité d'esprit comme le curé d'abord et le notaire ensuite nous l'ont dit. Ah, son affection pour Louise était profonde, il suffirait pour s'en convaincre de lire les appréciations toutes de tendresse qu'elle écrivait sur le compte de sa « chère Louise ». C'était *son tout,* comme elle me le disait : « C'est ma compagne, c'est ma garde-malade, c'est mon comptable, car croirais-tu, me disait-elle, que je ne sais même pas faire une addition, enfin au besoin mon secrétaire. »

Sans Louise, Marthe devenait la femme de Victorin, elle me l'a dit nombre de fois et elle était sincère. J'ai vu les choses de trop près pour pouvoir en douter.

Vous me direz l'appréciation de tante Sophie sur l'ordre des familles dans la lettre de faire-part.

Adieu, cher Papa. Votre fils affectionné,

Henri.

LOUISE GALOURET
À HENRI DE CERILLEY
Millau, le 5 juin 1902.

Monsieur,

N'ayant point encore eu des nouvelles de votre voyage, j'en augure cependant qu'il se sera bien passé. Lundi et mardi prochain on fera ici le service de neuvaine pour la pauvre chère Madame, c'est-à-dire qu'on célébrera dix messes. Si donc vous pouvez, Monsieur, assister ces jours-là à quelques messes et prier à son intention, je vous en serais très reconnaissante et du haut du Ciel où Dieu l'a sans doute admise, elle nous protégera tant qu'il nous sera donné de vivre ici-bas.

Soyez assez bon, Monsieur, pour me donner de vos nouvelles et de celles de toute votre aimable famille, cela me fera toujours le plus grand plaisir, nous causerons souvent de la chère disparue qui revivra ainsi par la pensée au milieu de nous, car croyez, Monsieur, que malgré l'entourage de ma famille, je me trouve bien seule et bien triste dans cette maison. Elle était si bonne pour moi que jamais je ne pourrai l'oublier et que je ne puis me faire à l'idée d'être séparée d'elle pour toujours, je la vois toujours partout ici et si mes moyens me l'avaient permis immédiatement, j'aurais quitté cette maison où j'ai été si heureuse et qu'un grand malheur est venu pour toujours troubler mon bonheur car elle était pour moi non une maîtresse, mais une sœur, une amie sincère et dévouée. Les scellés ne sont pas encore levés, le juge de paix faisait des difficultés à cause de mon mari. Cependant, d'après mon contrat de mariage, un avocat a écrit au juge pour qu'il opère cette levée, je pense donc que demain ou après-demain je pourrai nettoyer la maison qui en a un certain besoin, et puis je vous enverrai alors quelques petits souvenirs de celle qui vous aimait tant, ainsi que sa chère photographie. Dès que vous aurez fait le brouillon des lettres de faire-part, veuillez être assez bon, Monsieur, pour m'en procurer un afin que j'en fasse imprimer quelques-uns pour les personnes que Madame fréquentait en correspondance, soit ici, soit au-dehors.

Recevez, Monsieur, toutes les sympathies de ma famille et l'assurance de mon profond dévouement.

Louise Galouret.

CHARLES DE CERILLEY
À ADÈLE DE CERILLEY
Sangy, le 6 juin 1902.

Ma chère Adèle,
Votre lettre a été la bienvenue nous donnant de bonnes nouvelles de vous tous.
Moi, je paye mes excès de fatigue. Voilà trois nuits que je ne dors presque pas.

Ci-incluse une lettre de Mme Valentine de Montbourg me demandant le nom du notaire qui a reçu le testament de Marthe. C'est le droit des héritiers de sang de savoir le texte du testament, mais qu'ils ne me demandent pas mon témoignage car Henri et moi sommes trop fixés sur la volonté très *précise* de Marthe. Ceci ne nous empêche pas de regretter l'oubli *voulu* des Montbourg, à part cela, la liberté légale de tester est chose *sacrée*.

Maman a su indirectement que notre femme de chambre branlait au manche pour nous quitter peut-être d'ici à un mois ou deux. Par conséquent, il nous faut chercher en silence. Tâchez donc de nous trouver à la remplacer dans ce laps de temps. Gages : trois cent cinquante à trois cent soixante francs par an. Je cherche ailleurs aussi. Quelle plaie que cette lanterne magique des domestiques : le désordre est dans toutes les têtes.

Tout le monde a applaudi à l'héritage d'Henri. Léon m'a écrit et je lui ai répondu. Je conserve toutes les réponses dont je fais un dossier.

De longtemps, je n'achèterai aucune valeur française, tant l'avenir politique est noir. Nous passerons par une crise et le plus tôt sera le meilleur. Le peuple devra voir qu'on le trompe depuis longtemps en exploitant ses mauvaises passions. Pour cela, il faut la crise *générale*. Nous y marchons. Préparons-nous-y pour traverser l'épreuve le moins mal possible, car ce sera peut-être dur mais pas très long, car dans notre siècle tout va très vite en toute chose.

Notre député collectiviste a promis aux fermiers la diminution des fermages et ainsi de suite sur toute la ligne.

Adieu, ma chère Fille, nous vous embrassons tous.

Charles de Cerilley.

SOPHIE DE MONTBOURG
À HENRI DE CERILLEY
Sainte-Apolline,
le 8 juin 1902.

Mon cher Henri,

J'ai été si souffrante encore ces jours-ci que je n'ai pu répondre à ta longue lettre de détails sur la mort de la pauvre Marthe. Je commence par te dire que je suis très persuadée que ni ton père ni toi n'avez cherché à éloigner Marthe de laisser aux Montbourg ce qu'il lui en était venu de fortune. Ma belle-sœur a demandé la copie du testament pour sa responsabilité vis-à-vis du conseil de famille de ses enfants et le remettra à son notaire. Ce testament fait l'avant-veille de la mort, sans que la famille ait été prévenue de la maladie datant du 11 mai, peut en effet paraître étrange, tout au moins l'oubli absolu de la famille paternelle ressort encore davantage en regard des lettres, plus courtes depuis deux mois, mais excessivement affectueuses, non seulement pour moi, mais pour tous ses cousins et cousines.

Il y a deux mois, elle me priait instamment d'aller à Millau, elle voulait me parler. Ma santé le rendait impossible malheureusement et je ne soupçonnais pas qu'elle pût avoir besoin de ma présence. Louise ne m'a prévenue en aucune façon de la maladie. Il a fallu que je lui télégraphie à elle-même au reçu de la lettre de ton père et sa réponse a été : « *M*^{me} *décédée hier,* ai prévenu M. Henri. »

A ma demande de détails, elle répond que la maladie a commencé le 11. Que Marthe s'est confessée et a reçu l'extrême-onction. Mais n'a pas communié. Pas mot du testament, bien entendu. Enfin, tout cela est étrange, bien étrange, en vérité. Qu'elle fît une belle part à Louise, même sur sa seule fortune paternelle, rien ne s'y opposait; qu'elle lui laissât une jouissance encore plus grande... Mais au temps difficile où nous vivons, faire entièrement disparaître cette fortune, cela me fait l'effet d'une faute de conscience. Hélas! j'ai fait déjà assez d'expériences des convoitises d'inférieurs depuis que je suis veuve, pour me douter de ce qui s'est passé entre Louise et elle, lorsque la maladie l'a mise en son absolue dépendance morale comme matérielle!...

Je ne doute pas que toutes les précautions aient été bien prises pour la validité de ce testament public. La légataire universelle y avait tout intérêt. La seule consolation de famille est qu'elle a terminé sa vie favorablement et religieusement tandis qu'elle eût pu suivre sa première intention après divorce. Espérons que ses charités lui ouvriront le Ciel. J'ai fait dire une messe pour elle cette semaine quand même.

Je n'avais pas répondu je crois à la question des faire-part. Il est évidemment préférable de n'en pas faire du tout, et de se le dire en famille.

Je conserve ta lettre pour la faire lire à tes cousins et à tes cousines lorsqu'ils me viendront ici.

Embrasse pour moi tes enfants, les voilà de beaux partis!

Je t'embrasse bien affectueusement toi-même. Ta pauvre tante,

Sophie de Montbourg.

J. BOUCHARD, VOITURIER,
À HENRI DE CERILLEY
Caen, le 6 juin 1902.

Monsieur,

Je m'empresse de vous adresser sous ce pli, en mandat poste, le solde soit deux cents francs de la dette que j'avais contractée envers Mme de Montbourg, me trouvant quitte, afin d'éviter des ennuis avec la succession de votre cousine, je vous prie de me faire parvenir mes billets par retour du courrier.

Agréez, Monsieur, tous mes remerciements.

Bouchard.

CHARLES DE CERILLEY
À HENRI DE CERILLEY
Sangy, le 10 juin 1902.

Je n'ai pas reçu de lettre de ta tante Sophie depuis celle du 31 mai.

Je t'ai écrit hier pour te dire que les Montbourg sont très d'avis de ne point envoyer de circulaires et de se contenter des lettres à la main aux parents et intimes. Nous n'avons aucun intérêt à attirer l'attention du public sur Marthe dont la position était très fausse. Quel nom officiel lui donner alors que l'Église ne reconnaît pas le divorce? Le plus simple, c'est de le taire vis-à-vis du public. Mon avis a été aussi approuvé par Paul par lettre de ce matin. Voilà donc une affaire réglée. J'ai écrit à toute la famille et intimes. Écris à l'abbé Bosset à Grasse.

La pauvre Marthe a usé d'une duplicité coupable dans son besoin instinctif de se rapprocher de son sang paternel. Elle a menti toute sa vie; la comédie lui était familière. Je suis bien aise que ta tante Sophie soit dans sa déception très correcte de tout point, dans le fond et dans la forme.

J'avise aussi Louise qu'il n'y aura que des lettres de faire-part écrites à la main et que je les ai faites.

Adieu, encore mille tendresses à vous tous.

Charles de Cerilley.

LOUISE GALOURET
À CHARLES DE CERILLEY
Millau, le 13 juin 1902.

Monsieur,

Votre lettre m'a beaucoup peinée car je vois qu'encore après sa mort la pauvre et chère Mme Marthe n'est pas placée au même rang que les autres membres de la famille et je ne vois pas pourquoi. Est-ce parce que toute sa vie cependant si courte a été pour elle un martyre d'une façon ou d'une autre, on l'avait mariée à un mauvais sujet qui la faisait souffrir de mille manières, il fallut se séparer, est-ce pour cela qu'on doit l'exclure des honneurs qui lui sont dus même après sa mort? Oui elle était *divorcée,* et quoique telle, elle était estimée et aimée de tous ceux qui l'approchaient et aux yeux de Dieu, elle aura été peut-être plus grande que beaucoup de ceux qui ont une religion si hypocrite. Elle était franche, loyale et charitable, qualités qui se rencontrent très rarement. Aussi, Monsieur, pour moi simple étrangère qui m'étais attachée à elle, comme elle s'était attachée à moi, je bénirai et respecterai toujours sa mémoire. J'ai pu l'apprécier et la connaître mieux que personne, eh bien j'ose prédire qu'après la bonne mort qu'elle a faite, ses bonnes œuvres lui auront ouvert la porte du Ciel et c'est là que j'espère la retrouver un jour et c'est ce qui atténue un peu ma grande douleur, elle m'aimait tant, aussi me disait-elle toujours qu'elle avait été la moins bien regardée de la famille et que le jour où Dieu la retirerait, tous en seraient bien aise et si Dieu permet qu'elle voie ce qui se passe sur la terre, elle verra que ses idées s'accomplissent puisque même après avoir été bonne et dévouée pour tous les siens, elle n'a encore pas droit aux mêmes choses que les autres membres de sa famille. Il est vrai que cela lui fait peu de chose à elle, mais pour moi, cela m'a été très pénible. Je ne voudrais pas, Monsieur, que ma lettre vous contrarie, mais je suis franche et dis ce que je pense car jusqu'au dernier jour, je ferai tout pour que la mémoire de Celle qui était pour moi une amie si dévouée soit respectée.

Veuillez, Monsieur, recevoir l'assurance de mes sentiments les plus dévoués.

Louise Galouret.

LOUISE GALOURET
À HENRI DE CERILLEY
Millau, le 13 juin 1902.

Monsieur,

Votre lettre m'est bien arrivée avec son contenu et je vous remercie beaucoup d'avoir bien voulu me l'adresser. En même temps, j'en reçois une de M. Charles qui m'a fait beaucoup de peine et à laquelle je réponds de suite. Vous me demandiez le nombre de lettres de faire-part qu'il me faudrait, et je vous en remercie beaucoup, quand monsieur votre père me dit qu'il a convenu avec la famille de ne faire aucune circulaire, Madame étant divorcée. Je ne vois pas pourquoi, Monsieur, encore après sa mort elle est reniée puisqu'on ne fait pas pour elle ce qu'on a fait pour tous les autres membres de la famille car les personnes à qui ces faire-part devaient être adressés connaissaient tous sa situation et elle n'en était pas moins respectée et estimée. Pour moi, Monsieur, toujours je vénérerai et respecterai sa mémoire. Dieu nous a frappés bien cruellement en nous séparant si brusquement, mais j'espère en Celui qui est miséricordieux.

Croyez, Monsieur, que je suis bien ennuyée de me trouver seule maintenant, elle était tout pour moi comme j'étais tout pour elle. Dès que je serai un peu plus forte pour surmonter ma douleur, je vous enverrai quelques souvenirs, mais je n'ose encore me trouver en face de ce qui lui a appartenu, cela me fait trop de peine. Je vous enverrai aussi sa petite photographie dès que je l'aurai, mais pour le moment, je l'ai chez le photographe afin d'en avoir plusieurs car ici tout le monde l'aimait tant que chacun en voudrait une.

Les scellés ont été levés il y a aujourd'hui huit jours, mes papiers sont partis pour Paris à la direction de la banque et j'en attends la réponse. J'ai un contrat de mariage très bon pour moi, tout est paraphernal, cela fait que je puis diriger ce que j'aurai sans que mon mari ait à s'en mêler, il ne peut que me demander peut-être une pension mais d'ici-là je verrai ce que j'ai à faire et je pourrai demander une séparation.

Recevez, Monsieur, l'assurance de mes meilleurs sentiments.

Louise Galouret.

EDWIGE DE CERILLEY
À HENRI DE CERILLEY
Le 16 juin 1902.

Mon cher Henri,

Merci des détails que tu m'as donnés sur Marthe; malgré ses trous, j'aimais cette enfant qui avait si bon cœur et n'avait peut-être pas été bien responsable de tous ses actes étant donné son tempérament et son éducation extraordinaire!...

J'étais très préoccupée de savoir si elle était morte dans de bons sentiments et puisqu'elle s'est bien préparée je crois que pour elle il est plutôt heureux qu'elle soit partie car elle aurait pu encore se laisser aller ou se remarier...

Elle m'avait promis sa visite pour cet été et je l'aurais reçue avec plaisir. Elle m'avait dit qu'elle ne ferait rien pour les Montbourg et qu'il n'y avait que toi et moi qu'elle aimât vraiment dans sa famille et j'avais bien dit ici à ton père que tu aurais sûrement les domaines de Sangy. Je suis bien contente que tu sois heureux car je t'aime sincèrement.

J'ai été bien longue à te répondre, mais je ne suis pas forte encore, la tête me tourne dès que j'écris un peu, puis j'ai beaucoup de besogne au-dehors et au-dedans; ton père t'a peut-être dit que je m'étais installée seule dans l'appartement de mon père et n'ayant pas la possibilité de payer une domestique, je n'ai qu'une femme de ménage qui vient très peu et je suis obligée de faire presque tout par moi-même, ce qui est pénible à mon âge et n'en ayant pas eu l'habitude.

Jamais de ma vie, je crois, je ne me suis vue aussi gênée. Si Marthe avait vécu, elle m'aurait certainement tirée d'embarras car elle m'avait toujours dit d'avoir recours à elle, ce que je n'avais pas encore fait, mais j'avoue qu'au moment où elle est tombée malade, j'allais lui écrire, sa dernière lettre à moi était des premiers jours de mai et je suis tombée malade le jour où je l'ai reçue. Si je lui avais répondu, elle m'aurait peut-être laissé un petit secours.

Tu me rendrais un service immense si tu pouvais me procurer trois cents francs, je t'en paierai l'intérêt et te les rendrai dès que j'aurai vendu mon vin, j'ai tant à payer pour la fin du mois que j'en perds la tête. Je te prie de ne parler à personne de ce que je te confie, mais vraiment il n'y a qu'à toi en ce moment que je puisse avoir recours.

Je n'ai plus à vendre en fait de meubles ou de bibelots qu'un coffre fort en fer très ancien qui vient de l'abbaye de Cluny. Mon père en avait refusé cinq cents francs, mais je te le laisserai à quatre cents francs s'il te faisait plaisir et s'il ne te convenait pas, tu trouverais bien un amateur pour le lui revendre. La serrure qui tient tout le dessous du couvercle a sept gâchettes et est très curieuse, toute en acier fin, tout est ancien, même la peinture, veux-tu que je te l'envoie en petite vitesse?

Vois-tu, tu ne peux t'imaginer ma triste position et pourtant je ne dépense pas pour ma nourriture un franc par jour; il est vrai que j'ai droit aux légumes et aux fruits du jardin. Ton père t'a-t-il dit que je lui avais remis des papiers de famille que j'ai justement retrouvés dans ce fameux coffre et j'ai pensé que c'était à toi, chef de famille, qu'ils revenaient.

Excuse ma demande, mon cher Henri, et tâche, je t'en supplie, de m'aider, tu me feras bien plaisir en venant me voir cet été et tu verras que je sais bien m'en tirer pour avoir un seul convive.

Je t'embrasse de tout cœur, amitiés à Adèle.

Tante Edwige.

LOUISE GALOURET
À HENRI DE CERILLEY
Millau, le 17 juin 1902.

Monsieur,

Vos deux lettres me sont parvenues hier et j'y réponds de suite.

Je vous remercie de tout cœur de la sympathie que vous aviez toujours témoignée à votre chère et regrettée cousine. Vous seul l'avez aimée sincèrement et soyez persuadé, Monsieur, que tous ses autres parents ne se sont guère intéressés à elle. Voyez-les tous, Monsieur, lui ont-ils envoyé une simple couronne comme dernier hommage, non, et pourtant lorsque nous avons été par exemple à Sainte-Apolline, ne l'a-t-elle pas fait pour les siens et ne s'est-elle pas dérangée pour eux? Voilà comment elle en a été récompensée, heureusement qu'elle n'a point attendu après la reconnaissance humaine. Dieu seul l'aura récompensée de toutes ses souffrances et de tous ses sacrifices et elle veillera sur nous tous, Monsieur, et qu'elle nous obtienne une bonne et sainte mort, comme a été la sienne, c'est ce que je demande toujours et lorsque nous serons tous réunis près de Dieu, alors nous serons heureux et oublierons facilement les larmes que nous versons aujourd'hui.

Pour les circulaires, leurs raisons ne sont guère admissibles, tout le monde ici le trouve très drôle. Je sais qu'il n'y a pas de votre faute et que vous auriez pris son parti contre les autres, mais laissez faire, ces choses là ne peuvent plus l'atteindre aujourd'hui et elle verra comme cela ceux qui l'ont véritablement aimée. Vous n'avez pas bien compris au sujet de Victorin, il n'avait écrit qu'une fois et Madame n'avait pas répondu, donc il était tenu de loin. Dès que vous serez rentré à Lyon, je vous adresserai quelques petits souvenirs de celle qui nous fut si chère à nous tous. Toute ma famille viendra habiter avec moi dès que tout sera mis en ordre, ici je n'ai encore rien touché, cela m'est si pénible.

Mon contrat va bien, mais si je ne puis toucher mes fonds pour exécuter tout ce qu'elle m'a recommandé de faire sans la signature de mon mari, je vais demander la séparation qui me mettrait à l'abri de tout.

Recevez, Monsieur, l'assurance de mes sentiments respectueux.

Louise Galouret.

SOPHIE DE MONTBOURG
À CHARLES DE CERILLEY
Sainte-Apolline, le 20 juin 1902.

Mon cher Charles,

Je reçois ta lettre contenant celle de Louise. La lettre de Louise serait légèrement impertinente à notre égard, car elle dit que Marthe a été bonne pour tous les siens... Ceci est uniquement pour toi et pour Henri. Que lui aurais-tu répondu si, au lieu d'hériter en somme de toute la fortune maternelle à laquelle moi personnellement j'avais un droit de sang, tu eusses été absolument oublié, comme nous le sommes? Je trouve que ta lettre n'est pas absolument indépendante dans sa forme.

Quant à la levée des scellés, je crois que ce n'est pas aussi simple que tu parais le dire à Louise, à moins de loi toute récente, un étranger ne peut être mis en possession des biens légués qu'après renonciation signée des ayants droit du sang.

Or, je ne suppose pas que Valentine signe une renonciation avant d'avoir reçu et fait examiner le testament et nous ne pourrons faire autrement qu'elle.

Comme tu me le dis, trois ans et demi de soins ne motivent pas un don aussi considérable. Je me moque absolument de la question de l'enfant, il s'appelait d'Aillot, de par la reconnaissance, mariage faisant, et n'a rien à faire en la question testament. Si Émilie l'a fait inhumer sous un autre nom, c'est un faux légal. Oui, certes, je crois que notre pauvre sœur n'eût pas agi comme Marthe.

Tu aurais peut-être tort de trop précipiter tes règlements avec Louise, la question reste pendante comme tu le vois. Louise aurait été plus habile de faire faire quelques dons aux Montbourg, plus habile aussi de ne pas avertir que Henri *seul*. Je me souviens encore de tes prévisions d'avenir, alors qu'Émilie avait ses trois enfants vivants... cela me paraissait fou... et l'avenir t'a donné pleinement raison. Pauvre Émilie! Elle a eu une vie bien douloureuse! La voilà réunie à tous les siens maintenant. Elle a dû voir de là-haut que j'avais offert à Marthe de lui laisser le mobilier du salon de Saint-Savin, si ce don lui faisait du chagrin. Nous ne pouvions rien faire de plus, tu l'avoueras.

Je t'embrasse bien tendrement, Ta sœur affectionnée,

Sophie.

CHARLES DE CERILLEY
À HENRI DE CERILLEY
Sangy, le 20 juin 1902.

Mon cher Henri,

Louise s'indigne fort de ma décision approuvée des Montbourg de ne point faire de circulaire de décès de la pauvre Marthe. Je lui ai répondu avec fermeté et dignité, de façon à ne pas la choquer, et même l'honorer.

Que penses-tu de ta tante Philomène qui fait la bête sur le nom de Marthe de Montbourg, et demande dans sa réponse si ce ne serait pas une fille de ma sœur Sophie ou belle-fille? Elle feint de n'y rien comprendre. Je ne réponds pas.

Louise avait envie de faire panache avec la famille. Cela la rehaussait. Je lui dis que le culte de sa reconnaissance ne lui a pas permis d'approcher à leur juste valeur les raisons délicates et sociales qui militent en faveur d'un silence relatif et de bon goût autour de la tombe de notre pauvre nièce.

Son triomphe au bout de trois ans et demi de dévouement très intéresse l'a exaltée et lui fait dire des bêtises, tu le verras par sa lettre qui me sera retournée après que ta tante l'aura communiquée à ses enfants. J'ai envoyé aussi la copie de ma réponse à Louise, je serai fort approuvé pour le fond et pour la forme.

Ta pauvre cousine aurait voulu jouer une infecte comédie vis-à-vis de Sainte-Apolline qu'elle n'aurait pu mieux faire. Mais, nous, on lui a souvent dit qu'elle avait du cœur, beaucoup de cœur, cela l'a flattée, et d'autre part, il y avait chez elle un instinct naturel de se rapprocher de la famille dans la mesure du possible. Aller pleurer avec les siens, ne se refuser *jamais,* elle en a profité sans ménager ni ses forces ni sa bourse. Par conséquent, *pas de comédie.* Mais, *l'espérance déçue* peut vouloir y en voir. Sous ce rapport, il sera de notre devoir de défendre sa mémoire. Ah, par exemple, avoir deshérité tous les Montbourg, d'une façon absolue, pour gorger outre mesure trois ans et demi de dévouement, *c'est hors de toute mesure.*

Je crois comme toi que Louise doit avoir à compter avec son mari, dont elle n'est séparée que de fait. Elle peut être forcée d'entrer en composition avec lui pour être autorisée à accepter l'héritage. C'est une position bizarre.

Adieu, mon cher Henri. Ton père affectionné,

Charles de Cerilley.

CHARLES DE CERILLEY
À SOPHIE DE MONTBOURG
Sangy, le 23 juin 1902.

Ma chère Sophie,

Si tu trouves ma lettre à Louise pas assez indépendante, je me suis pourtant appliqué à l'être, et juste avant tout. La justice consiste à respecter tous les droits même ceux qui nous froissent moralement. Or, ton impression du moment est loin de cet idéal et je t'engage à être bien prudente dans cette question de succession. Il me paraît impossible de dire que Louise ait capté. Tiens, veux-tu un témoin irrécusable? C'est Adrienne, disant à Marthe qu'elle ferait bien un jour de penser à sa famille paternelle : à quoi, Marthe avec sa brutalité bien connue, lui a répondu : « Moi, laisser quelque chose aux Montbourg? *Mais j'aimerais mieux fonder un hôpital pour les chiens enragés!* »

Après cela il faut tirer l'échelle, n'est-ce pas? Je n'aurais pas voulu te répéter ce triste gros mot; mais tu as besoin de revenir d'illusions que tu pourrais regretter.

Dans l'espèce, Marthe a agi dans son droit brutal pour ce qui vous concerne, et il faut le reconnaître, elle a été plus logique à la mémoire de sa mère que sa mère elle-même l'eût été, si elle eut survécu à *tous* ses enfants. Mais je respecte les volontés légales, *et vous faites bien de faire éplucher le testament.*

Je le crois à l'abri de toute faute légale, sauf du côté du mari de Louise peut-être. C'est ce que vous ferez bien de voir. Louise est séparée amiablement, et son mari n'est pas déchu légalement de son droit d'administrateur. La justice a besoin d'y voir clair sur ce point spécial qui pourrait bien les regarder eux seuls.

Une ombre à la mémoire de Marthe, c'est que se rapprochant *par besoin de cœur* de sa famille en allant de son chef à Sainte-Apolline, elle a donné l'illusion d'intentions bienveillantes ultérieures par voie testamentaire, et tout cela pour *rien*. Non, il n'y a pas eu comédie, on ne dispense pas ses forces et son argent dans de pareils voyages d'hiver, durs pour une femme, pour se payer le luxe d'une comédie. Ce n'est qu'illogique, voilà tout.

J'aurais d'autres considérations à te faire valoir pour te prouver l'état d'âme de la pauvre Marthe et de sa mère. Qu'il te suffise de te rappeler que lors des couches malheureuses de M..., ton mari m'a refusé son concours de recherche de maison de refuge à Paris, alors que M. de Saint-René, votre cousin bien éloigné, me l'a donné sans réserve. Émilie et ses filles n'ont jamais oublié cela. Voilà de la logique qui s'impose.

Je t'en prie, réfléchis bien et ne vous lancez pas à l'aventure. Je suis bien documenté et cela ne m'empêche pas de blâmer vivement la solution brutale, mais libre de la pauvre Marthe. C'est le sentiment général ici.

Ton frère affectionné,

Charles de Cerilley.

EDWIGE DE CERILLEY
À HENRI DE CERILLEY
le 24 juin 1902.

Mon cher Henri,
Par le même courrier, ce matin, je reçois ta bonne lettre et le pli contenant trois cents francs du comptoir national auquel j'accuse aussi de suite réception.

Je ne puis assez te remercier de ta bonté pour moi, j'en ai été si émue que cela m'a donné un battement de cœur. Je vais bien prier pour que tout te réussisse et que la santé d'Adèle se raffermisse tout à fait.

Tu dois avoir bien chaud pour tes courses, mais c'est un bon temps pour les foins et les vignes et jusqu'ici il a fait assez mauvais.

Encore merci et baisers bien affectueux.

Tante Edwige.

CHARLES DE CERILLEY
À HENRI DE CERILLEY
Sangy, le 29 juin 1902.

Mon cher Henri,

Ta tante Sophie est bien rentrée dans le rang, sous l'influence de ma lettre. La question en restera donc là. Il y a bien deux points qu'on pourrait relever : 1° l'espèce d'obligation morale (selon ta tante) pour l'héritier de manifester sa reconnaissance par des circulaires. Il y a là une goutte de fiel de leur part. 2° Ta tante estime que j'ai eu le don de prévision au sujet de la disparition des trois enfants de ta tante! Allons donc, pour Émile, c'est le docteur qui lors de sa mort m'a signalé son hydrocéphalie et celle moindre d'Éléonore. Quant à Marthe, me dit-il, elle est solidement bâtie.

Ce n'est que depuis deux ans que je redoutais, pour elle, les maux violents. Mais ta tante y met de la malice et essaye de me poser en prévoyant intéressé. Si sa lettre n'était pas aussi convenable, je le lui dirais, comme les autres vérités.

Tu n'as pas besoin de me renvoyer toutes les lettres communiquées; *garde-les-moi,* voilà tout.

Adieu, mon cher Henri. Ton père affectionné,

Charles de Cerilley.

SOPHIE DE MONTBOURG
À CHARLES DE CERILLEY
*Sainte-Apolline
le 3 juillet 1902.*

Je viens, mon cher Charles, de recevoir par une des hautes notabilités de Millau une lettre pleine de curieux détails sur Marthe et en plus une lettre de part imprimée (faite par Louise évidemment) où je figure en toutes lettres comme *mère de la défunte et Valentine comme sœur!* ... Je suis absolument révoltée de ce procédé et je ne puis l'accepter. C'est un *faux,* su parfaitement faux, puisque Louise a connu la mère de Marthe, que ce faux a pour but de semer la calomnie sur notre branche comme abandon d'une fille dévoyée; cela après avoir fait déshériter mes enfants! C'est par trop fort en vérité, et ne peut pas passer!

Marthe a pris chaud et froid au sortir d'un banquet socialiste qu'elle avait présidé! Voilà où l'avait conduite l'influence de Louise! Le maire radical était de ses relations, d'où les pompiers à son enterrement. Elle a fait de la propagande socialiste pour les élections. L'impression à Millau est que Louise a fait plus que de profiter du vent dans ses voiles.

Tu en savais plus long que moi sur les habitudes de Marthe et je ne te redirai pas ce qui m'en revient, on la croyait de bas étage tout à fait... Louise la dominant entièrement et pas dans le bon sens, paraît-il.

La lettre de faire-part a fait sur ce terrain l'effet d'une bombe! Tout ce qui a connu la famille sait qu'elle est fausse. D'autres y liront que

Marthe est une bâtarde abandonnée par ses parents, par moi, sa mère (?) en tête, c'est par trop fort. Tant pour Henri et toi, tant contre nous, c'est un contraste, tu l'avoueras, comme procédés de Louise.

Adieu, mon cher Ami. Ta sœur affectionnée,

Sophie.

CHARLES DE CERILLEY
À HENRI DE CERILLEY
Sangy, le 5 juillet 1902.

Mon cher Henri,

Ces circulaires fausses sont-elles l'œuvre voulue de Louise et dans quel but? Ou bien la jalousie dans ce bas-fond social a-t-elle monté ce coup inepte? Sois certain que Louise doit être rudement jalousée. Quel est ton avis et qu'y a-t-il à faire vis-à-vis d'elle? Je vais d'abord lui signaler le fait et lui demander explication en même temps qu'un exemplaire de ces circulaires fausses.

Je m'attends à ce que Louise va nier toute participation à ce fait. Sa défense est facilitée par les erreurs de parenté qu'elle ne peut ignorer. Alors, qui a fait le coup?

La lettre de ta tante laisse bien percer sa jalousie contre toi et moi! Qu'elle n'en dise pas trop, je le lui souhaite.

Je crois sans peine que Marthe a dû faire la populaire à Millau. Mais ceux qui ont écrit à ta tante n'ont-ils rien exagéré? Les socialistes n'ont pas l'habitude des pompes religieuses telles que nous les avons vues. Il y a eu de l'éclat de vanité populaire, une ovation démocratique. Voilà pour le public. Sous ces fleurs officielles, il a pu se glisser des serpents jaloux qui ont ignoblement brodé sur un thème connu plus ou moins vaguement.

Tu ne peux te dispenser de protester de ton côté auprès de Louise. Voilà dans quel sens j'en écris à ta tante Sophie que je préviens de ne pas me prendre pour l'avocat de Louise, ce qui est blessant pour moi, et qu'il est temps qu'elle s'arrête dans cet ordre d'idée. Relis bien sa lettre que tu me garderas.

Je dis à ta tante que « nous n'avons jamais rien *su* des habitudes de M... à Millau. Toutes les suppositions sont possibles avec l'hystérie. Mais nous n'avons eu aucune preuve ».

Adieu, mon cher ami, quelle bombe que cette circulaire! C'est une canaillerie de la jalousie pour sûr. Mille tendresses. Ton père affectionné,

Charles de Cerilley.

P.S. Par l'examen de la circulaire, il est probable qu'on saura le nom de l'éditeur et son adresse, alors, je lui écrirai pour savoir qui lui a commandé ces circulaires et combien. Qu'en dis-tu?

HENRI DE CERILLEY
À CHARLES DE CERILLEY
Lyon, le 8 juillet 1902.

Cher Papa,

La haute notabilité de Millau qui a si bien renseigné tante Sophie doit faire partie du monde qui ne peut pas admettre et avec une certaine raison que Marthe recherchait tant la popularité d'en bas. Pour le comprendre, il faut savoir tout le passé. Mais je n'encaisse pas l'histoire de Marthe *présidant* un banquet socialiste. Qu'elle ait participé plusieurs fois à des agapes populaires, je le veux bien, mais laissant le but politique de côté. Quand je voyais Marthe à Millau au mois d'octobre dernier, elle me disait qu'elle ne voyait presque personne. Tante Sophie s'imagine que Louise a fait déshériter ses enfants! Je ne cesserai de le répéter : Louise a simplement profité des idées *personnelles* de la pauvre Marthe. Si Marthe m'eût demandé des conseils, je les lui aurais donnés de façon à ce que, malgré son obstination, sa famille paternelle ne soit pas totalement évincée.

Mais c'était un sujet délicat sur lequel je n'avais pas à prendre d'initiative d'autant qu'elle était très chatouilleuse. Louise a probablement regretté de m'avoir offert la parure de diamants, ou les siens l'auront dissuadée de se défaire d'un bijou de valeur. Dans une lettre de la semaine dernière, elle m'annonce l'envoi de « quelques petits souvenirs ». Or, hier, j'ai reçu pour les enfants deux couverts en vermeil marqués à leur chiffre, pour Adèle une ombrelle mauve neuve, pour moi une épingle de cravate, un fume-cigarettes et un carnier de chasse, toutes choses très simplettes. Mais de parure, point. Comme elle n'en a jamais plus reparlé depuis Millau, j'en conclus qu'elle s'est rattrapée.

Tante Sophie laisse par trop éclater son dépit et en arrive à divaguer.

Adieu, cher Papa, votre fils affectionné,

Henri.

SOPHIE DE MONTBOURG
À CHARLES DE CERILLEY
Sainte-Apolline,
le 8 juillet 1902.

Ta lettre, mon cher Ami, m'a fait plaisir, car je n'aime pas à souffrir plus que de raison d'un fait qui peut partir d'une autre main que de celle supposée. Il se peut que le coup de la lettre de faire-part vienne de d'Aillot. Mais je n'en verrais pas le but, comme tu le dis, tandis que de Louise la lettre expliquerait tout à la fois au public et notre absence à l'inhumation et le testament en sa faveur. Je n'ai pas regardé sur la lettre de part le nom de l'imprimeur avant de la renvoyer. Il y a Millau, pour sûr, mais ordinairement le nom de l'imprimeur est en très fin en marge ou tout au bord en bas. Le mari de Louise n'aurait pas eu un vieux modèle de lettre de famille puisqu'il était séparé lorsque Louise est entrée chez Émilie.

Valentine vient de me dire qu'elle a vu le nom et l'adresse de l'éditeur de Millau sur la lettre de part. Mais elle ne l'a pas copiée. Il existe donc. Oui, toute la famille est sur cette lettre, moi comme *mère*, Valentine comme *sœur,* ensuite je ne me souviens pas de l'ordre, tu y es, Clémence y est, et tous mes enfants.

Le notaire s'est enfin décidé à envoyer la copie demandée par Valentine.

Au point de vue de la mort chrétienne de Marthe, il est mieux qu'elle ne se soit pas remariée divorcée; mais pour le nom qu'elle avait repris? Le résultat mis au jour par la lettre de faire-part est désastreux et je ne sais comment le conjurer pour mes enfants. Comment ne pas l'attribuer à Louise, après la lettre furieuse que tu m'as communiquée d'elle et que mes enfants ont lue? Des jaloux de bas étages en auraient-ils fait les frais? Cela empêchait-il le testament et les faisait-il hériter? En vérité, non, c'est donc inadmissible de ce côté. Je voudrais, hélas! douter de la cause de la maladie et de la mort de la pauvre Marthe, mais *vox populi...* c'est triste, cela aurait passé inaperçu peut-être sans cette lettre de faire-part.

Je t'embrasse affectueusement. Mes enfants se joignent à moi,

Sophie.

Note de Charles : C'est la circulaire du décès d'Éléonore non corrigée qui a servi de modèle très erroné pour le décès de Marthe. C'est donc bien simple.

CHARLES DE CERILLEY
À HENRI DE CERILLEY
Sangy, le 14 juillet 1902.

Mon cher Henri,
Ta tante Sophie est enfin édifiée sur la cause très involontaire de l'erreur des circulaires de Louise, mais combien de divagations cela a fait faire!

Le notaire a envoyé à Valentine de Montbourg ou plutôt à son notaire copie du testament. Les voilà donc tous fixés sur toute la ligne et c'est plus que temps. J'étais énervé de cette correspondance qui prenait une drôle d'allure.

Je vais te prier d'une commission aux Grandes Galeries : à mon dernier séjour chez toi, j'y ai acheté une cafetière que j'ai cru de cinq tasses au moins, et maman la voulait de six tasses, et elle n'en tient que quatre à l'œil. Elle est intacte n'ayant pas servi du tout : elle est dans son carton de départ. Il s'agit de savoir si on la reprendrait pour en livrer une de six tasses réelles, en payant naturellement le supplément de prix. Si oui, dis-le-moi, et je t'enverrai l'objet à changer, par colis postal.

J'ai pris une petite poussée d'eczéma un peu à la cuisse gauche, un peu aux mains, et surtout à l'œil gauche, ce qui m'a bien fatigué hier et la nuit avec insomnie. Ça va mieux et j'espère que ce ne sera pas fort ni long. C'est presque toujours en juillet que cela m'arrive à la suite de quelques travaux manuels un peu forts et au soleil.

Adieu, mon cher Ami. Ton père affectionné,

Charles de Cerilley.

Ma vue baisse et cela m'inquiète un peu.

LOUISE GALOURET
À HENRI DE CERILLEY
Millau, le 20 juillet 1902.

Monsieur,

J'ai été très heureuse de voir que le petit colis vous est parvenu car j'aurais bien regretté que cela fût perdu. Ici tout s'arrange, mon mari ayant été prévenu qu'on le demandait ici est arrivé cette semaine, il m'a donné l'autorisation qu'il me fallait pour accepter la succession. Je pense que maintenant tout sera bientôt terminé, ce qui me tarde beaucoup, surtout pour accomplir ses dernières volontés car la première chose pour moi, c'est de faire ce qu'elle m'a commandé et c'est la plus grande des choses. Avez-vous trouvé la photographie bonne pour faire reproduire, il me semble qu'elle n'est pas mal, seulement la tenue des cheveux n'est pas la même que ces dernières années. Monsieur votre père m'écrivait au sujet des circulaires erronnées qu'on avait envoyées à Sainte-Apolline et qui avaient fâché la famille. Cela a été moi qui avais commis ces erreurs en donnant comme modèle une circulaire qui avait servi à Mlle Éléonore et comme j'avais la tête assez prise je n'ai pas songé à rectifier mais n'en ai fait passer qu'à Millau pour inviter aux funérailles, ce qui ne m'explique pas comment il se fait qu'il y en ait eu dans la famille.

Si vous passez ici nous irons revoir à sa dernière demeure celle que nous regrettons tant, elle sera si heureuse de vous voir près d'elle car, Monsieur, soyez bien persuadé que vous serez toujours ici chez vous, tout est à votre disposition, vous l'aimiez tant aussi vous qui aviez su la comprendre et compatir à toutes ses souffrances, ce qui fait, Monsieur, que je serais toujours si heureuse de m'entretenir d'elle avec vous. Tout Millau la regrette et surtout le quartier où tout le monde avait su l'apprécier. Ce qui me console et doit atténuer à tous la douleur de cette grande perte, c'est qu'elle est morte en bonne chrétienne, c'est là la seule consolation et j'espère un jour lui être réunie pour ne plus jamais la quitter elle et toute sa noble famille qui ont tous été si bons pour moi.

Recevez, Monsieur, l'assurance de mes sentiments les plus respectueux.

Louise Galouret.

Monsieur,

Je vous envoie ci-joint une image avec photographie de la chère et regrettée Mme de Montbourg, cela je crois n'est pas trop mal, mais l'imprimeur a encore commis une erreur au nom, mais je n'ai pu les renvoyer une fois terminées, je pense que cela ne peut fâcher personne car c'est simplement pour la rappeler au souvenir de ceux qui l'ont connue et aimée. J'en adresserai une à monsieur votre père, mais comme l'orthographe du nom est erronnée, cela l'ennuierait peut-être. Donc, soyez assez bon, Monsieur, pour lui dire que s'il en désire une, je la tiendrai à sa disposition et vous voudrez bien m'en prévenir car comme pour les circulaires du décès, la famille entière était offusquée, je ne voudrais pas qu'il en soit ainsi des images car je n'ai jamais eu dans mon idée de faire la moindre peine à personne, mais malheureusement les tristes circonstances ont été cause de cette erreur.

Recevez, Monsieur, l'assurance de mes sentiments dévoués.

Louise Galouret.

Monsieur,

Me voilà rentrée de nouveau chez moi depuis quelques jours après avoir accompli une bien pénible tâche. Je ne puis vous exprimer ma peine lorsque, à Montpellier, j'ai revu cette villa où j'ai été si heureuse, temps malheureusement trop court où trois personnes aimées m'ont été enlevées, au cimetière où il a fallu revoir ce petit cercueil contenant les restes de ce petit ange, il est vrai qu'aujourd'hui il n'est plus à plaindre, il est heureux et a échappé à toutes les misères humaines, cependant je l'aimais bien aussi le cher petit et puis ici douleur plus grande lorsque j'ai revu ce bois fatal qui renferme pour toujours le corps bien-aimé de celle qui fut tout pour moi, oh combien pour moi cela a été triste car maintenant plus rien ici de cette bonne famille, rien que leur souvenir qui durera autant que ma vie. Oh comme cela est pénible, Monsieur, de voir disparaître tour à tour ceux qui sont si bons, la croix est bien lourde et cependant Dieu demande qu'on s'incline sous la main qui nous frappe et il faut obéir. Combien encore je le bénis d'avoir donné à tous ceux que j'ai vu franchir le seuil de l'Éternité une mort douce et pouvant recevoir tous les secours de notre religion. Aujourd'hui, fête des chers Morts, après la messe je suis allée sur leur tombe et j'ai prié pour tous car dans le même souvenir tous se trouvent réunis, ils ont tous été si bons pour moi que je serais la plus ignoble des créatures si jamais leur souvenir s'effaçait de mon cœur. Je n'ai pu faire faire de monument n'ayant pu toucher l'argent assez tôt et maintenant que l'hiver arrive je ne puis m'exposer à avoir des pierres que la gelée pourrait abîmer, je vais le commander et au printemps je le ferai placer. Pour le moment j'avais hâte d'avoir le caveau pour au moins les réunir et c'est ce que j'ai fait et je suis très heureuse au moins qu'ils sont là, maintenant pour toujours. Ici tout le monde va assez bien, moi je ne suis pas très forte car les peines me tuent mais pourvu qu'on puisse se traîner c'est tout.

Je ne crois pas vous avoir dit que mon mari était revenu avec moi, il s'est repenti et j'ai pardonné, la vie est si courte qu'il est inutile de vivre de méchancetés et puis à son âge aujourd'hui, il était malheureux et je l'ai plaint, j'ai tout oublié et j'espère que Dieu nous accordera peut-être encore quelques bons jours car jusqu'ici j'ai été bien malheureuse.

Veuillez, je vous prie Monsieur, présenter tous mes respects à Mme de Cerilley et une bonne caresse aux chers petits et s'ils le désirent, je pourrais leur envoyer quelques cartes postales comme ils en avaient manifesté le désir à la chère disparue. Toute la famille se joint à moi, Monsieur, pour vous renouveler l'assurance de nos sentiments toujours respectueux et dévoués.

Louise Galouret.

CET OUVRAGE A ÉTÉ COMPOSÉ ET ACHEVÉ D'IMPRIMER
PAR L'IMPRIMERIE FLOCH À MAYENNE (3-82)
D.L. 4ᵉ TRIMESTRE 1981. Nᵒ 6047-5 (19825)

Dans la même collection